Kirche im Wort

Ulrich Fischer

KIRCHE IM WORT

Berichte von der Landessynode der Evangelischen Landeskirche in
Baden (1999–2013)

Herausgegeben von Reiner Marquard

EVANGELISCHE VERLAGSANSTALT
Leipzig

Ulrich Fischer, Dr. theol., Jahrgang 1949, studierte Theologie in Göttingen und Heidelberg. 1976 begann er sein Lehrvikariat und schloss seine Promotion ab. 1979 trat Fischer seine erste Pfarrstelle in Heidelberg an. Von 1989 bis 1995 war er Landesjugendpfarrer, von 1996 bis 1998 Dekan im Kirchenbezirk Mannheim. Das Amt des Landesbischofs der Evangelischen Landeskirche in Baden trat er am 1. April 1998 an. Seit 2009 ist Fischer Mitglied des Rats der Evangelischen Kirche in Deutschland (EKD). 2001 arbeitete er als Vertreter der evangelischen Kirche in der Ethikkommission »Sichere Energieversorgung« der Bundesregierung mit, 2013 wurde er in den Rat der Landesregierung für Nachhaltige Entwicklung berufen.

Bibliographische Information der Deutschen Nationalbibliothek
Die Deutsche Nationalbibliothek verzeichnet diese Publikation in der Deutschen Nationalbibliographie; detaillierte bibliographische Daten sind im Internet über http://dnb.dnb.de abrufbar.

© 2014 by Evangelische Verlagsanstalt GmbH · Leipzig
Printed in Germany · H 7705

Das Werk einschließlich aller seiner Teile ist urheberrechtlich geschützt. Jede Verwertung außerhalb der Grenzen des Urheberrechtsgesetzes ist ohneZustimmung des Verlags unzulässig und strafbar. Das gilt insbesondere für Vervielfältigungen, Übersetzungen, Mikroverfilmungen und die Einspeicherung und Verarbeitung in elektronischen Systemen.

Das Buch wurde auf alterungsbeständigem Papier gedruckt.

Cover: Kai-Michael Gustmann, Leipzig
Satz: Mario Moths, Marl
Druck und Binden: Hubert & Co., Göttingen

ISBN 978-3-374-03747-6
www.eva-leipzig.de

Vorwort des Herausgebers

Die Kirchen befinden sich in einer Umbruchsituation. Reformen waren und sind unausweichlich. Kirchenleitendes Handeln steht unter hohem Erwartungsdruck. Entscheidungen bedeuten jeweils Einschnitte und leiten womöglich irreversible Veränderungen ein. Ein Landesbischof trägt insbesondere Verantwortung für die theologische Qualität der Veränderungsprozesse wie für die Art und Weise ihrer Umsetzung.

1998 wurde Ulrich Fischer in das Amt gewählt, 2014 endet seine Amtszeit. Der vorliegende Band dokumentiert die jährlichen Berichte, die der Landesbischof der Evangelischen Landeskirche in Baden, Dr. Ulrich Fischer, vor der Synode jeweils auf den Frühjahrstagungen 1999–2013 vorgetragen hat. Die Berichte enthalten theologisch reflektierte Zeitansagen in evangelischer Perspektive. Sie sind ein Spiegelbild mehr als einer Dekade kirchenleitenden Handelns im Bischofsamt unter dem Blickwinkel unabweisbarer Reformbestrebungen. Ulrich Fischer verankert seine Zeitansagen im Wort der Heiligen Schrift. Die Kirche, die im Wort gründet, ist eine Kirche unter dem Wort. Von dieser Verortung aus versäumt sie weder ihre Bekenntnisbindung noch die notwendigen Aufbrüche.

Die Evangelische Landeskirche in Baden erscheint durch die Berichte als eine in der Evangelischen Kirche in Deutschland (EKD), in der Union Evangelischer Kirchen (UEK) und der ökumenische Gemeinschaft wirksam integrierte Kirche, die kreativ und rezeptiv Anteil hat und Anteil gibt an den momentanen Fragen kirchlichen Handelns. Beispielhaft drückt sich das aus in der Reflexion und Kritik des Impulspapiers »Kirche der Freiheit« und den sich anschließenden Gesprächsprozessen. Die Landeskirche ist an diesem Prozess erheblich beteiligt, reüssiert aber auch selbstbewusst mit eigenen vorausgehenden und nachfolgenden Transformationsprozessen. Der »Leitsatzprozess« der Evangelischen Landeskirche in Baden verstand sich als Beitrag zur Stärkung protestantischer *corporate identity* und der Verständigungsprozess (»Kirchenkompass«) über biblisch-theologischen Leitbilder profilierte die kirchliche Arbeit durch die Förderung zahlreicher Projekte.

Die Berichte dokumentieren ein kleines Stück kirchlicher Zeitgeschichte. Am Beispiel einer Landeskirche tritt durch die Berichte hervor, unter welchen Selbstfestlegungen sich der Protestantismus im schmiegsamen Achten auf Tradition und Moderne der Zivilgesellschaft weder anbiedert noch verweigert. Als Kirche unter dem Wort ist sie zum Glauben, zur Liebe und zur Hoffnung berufen und gesandt. Ulrich Fischer lässt in seinem Spektrum der Themenvielfalt deutlich hervortreten, wie vielfältig diese Sendung ist. Die Berichte handeln u. a. vom Umgang mit der Bibel (Hermeneutik), Gottesdienst, Taufe und Abendmahl, Kasualien, Kirchenreformen, Ökumene und Gemeinschaft der Gliedkirchen der EKD, Mission und Evangelisation, Amtsverständnis, pastorale Profession, Haupt- und Ehrenamt, diakonische Herausforderungen (Armut, Asyl), Kinder, Frauen und Männer, Familie und gleichgeschlechtliche Lebensformen, Stellung zum Krieg, Ökologie und Nachhaltigkeit, Sonntagsschutz und Reformationsjubiläum.

Die Berichte wurden für diese Herausgabe bearbeitet. Die Anmerkungen verweisen auf die relevanten Quellen und hier und da auf sinnverwandte Literatur. Ulrich Fischer hat zu seinen Berichten auch die Expertisen der Mitarbeiterinnen und Mitarbeiter der Referate des Evangelischen Oberkirchenrates aufgegriffen. Ihnen sei an dieser Stelle für ihre stille Mitwirkung ausdrücklich gedankt!

Ulrich Fischer stellt in seinen Berichten die verschiedenen Charismen der Kirche in den Mittelpunkt seiner Betrachtungen. In einer Predigtmeditation zu Röm 12,4–15 schrieb Ulrich Fischer 1991 (CPhNF II/1): »Die Rede von der ›charismatischen Apartheid‹ mag als hart empfunden werden, der damit umschriebene Sachverhalt aber ist vielen unserer Gemeindeglieder nur allzu vertraut: Den Gottesdienst am Sonntagmorgen erleben sie nicht selten als ein Geschenk, in dem die Ordinierten weithin solistisch als Amtscharismatiker agieren und in dem andere Begabungen nicht gefragt sind. Auch kommt der Alltag mit seinen Problemen im Gottesdienst kaum vor, wie auch die Menschen, mit denen man den Alltag gemeinsam gestaltet, im Gottesdienst oft fehlen. Umgekehrt fühlen sich viele Gemeindeglieder in ihrem Alltag von der Kirche allein gelassen, und dieser unter vielen Mühen gestaltete Alltag scheint keinerlei charismatische Qualität zu haben. Trotz dieser Erfahrungen spüren viele Gemeindeglieder in sich die Sehnsucht, die Gemeinde als einen Ort gelebter Gemeinschaft, eines geschwisterlichen Miteinanders zu erleben. Gern würden sie ihre Begabungen, ihre Charismen einbringen. Sie suchen nach einem Ort, an dem sie sich als Gemeinschaft Begabter erfahren können. Der Gottesdienst bietet diesen Ort zu selten, und eine Kommunikationsstruktur für einen Austausch und eine gegenseitige Stärkung der Charismen ist kaum zu finden – vor allem dort nicht, wo auch sonstige Kommunikationsstrukturen durch Zersiedelung, Industrialisierung und andere Veränderungen der Lebenswelt zerbrochen sind.

Das paulinische Bild von der Gemeinde als einer leibhaftig gewordenen charismatischen Gemeinschaft beschreibt also keine Realität in unserer Kirche, aber es ist ein Bild, das tiefe Sehnsüchte in vielen Gliedern unserer Gemeinden ausdrückt. Was können wir tun, um die kirchliche Realität der ›charismatischen Apartheid‹ diesem Bild einer charismatischen Gemeinschaft wenigstens etwas anzugleichen?« Die Beantwortung dieser Frage übersteigt die Möglichkeit eines Berichts, den der Landesbischof vor der Synode gibt, aber jeder Bericht hatte sich dieser Frage zu stellen!

Freiburg, im Februar 2014
Prof. Dr. theol. Reiner Marquard
Rektor der Evangelischen Hochschule Freiburg

INHALT

I BERICHTE

I VERSTEHST DU AUCH, WAS DU LIEST? (APG 8,30)[1]

Am 31. März des letzten Jahres wurde ich in das Amt des Landesbischofs eingeführt. Heute erstatte ich dieser Synode meinen ersten Bericht zur Lage, und ich beginne ihn damit, daß ich einige wenige Worte über meine eigene Lage nach 387 Tagen im Amt sage. So wie mein Dienst an jenem herrlichen, sonnendurchfluteten Frühjahrstag des 31. März 1998 begann, so war er auch über weite Strecken dieses ersten Jahres. Ich weiß mich getragen und unterstützt vom Landeskirchenrat, vom Kollegium und von vielen Mitarbeiterinnen und Mitarbeitern des Evangelischen Oberkirchenrats, im Gebet begleitet von vielen Menschen in den Gemeinden unserer Landeskirche, zumeist zumindest verstanden von denen, zu denen ich spreche, und immer wieder ermutigt durch Rückmeldungen aus Gemeinden und Bezirken. Wenn ich das erste Jahr im Bischofsamt Revue passieren lasse, dann waren die ärgerlichen, die belastenden Erfahrungen weit geringer als jene, die ich als bereichernd und ermutigend empfand. So kann ich nach diesem ersten Jahr im neuen Amt sagen: Ich bin gern Bischof dieser Landeskirche, und hoffentlich spürt man davon auch etwas.

Ich erstatte diesen Bericht am Ende des letzten Jahres dieses Jahrzehnts, dieses Jahrhunderts, dieses Jahrtausends. Man muss kein Prophet sein, um sagen zu können, daß das Jahr 1999 dahingehend ein aufregendes und aufgeregtes Jahr wird, dass es einlädt, die Zeichen der Zeit zu deuten. Zeichendeutung, Zeitdeutung ist angesagt in diesen Monaten vor der Jahrtausendwende. Konjunktur haben nicht nur Hellseher und Wahrsagerinnen, nicht nur Astrologen und Handleserinnen, gefragt sind auch alle jene, deren professionelle Aufgabe es ist, das Leben und seine unterschiedlichen Vollzüge zu deuten und

---

[1] Frühjahrstagung der Landessynode der Evangelischen Landeskirche in Baden, Bad Herrenalb, 22. April 1999.

zu verstehen. Ich meine hier nicht nur die Soziologinnen und die Philosophen, nicht nur die Wirtschaftswissenschaftler und die Kulturhistorikerinnen, ich meine auch uns Theologinnen und Theologen. Denn ist dies nicht eine unserer wichtigsten Aufgaben, Menschen den Sinn des Lebens zu erschließen, Verstehenshilfe zum Leben aus dem Glauben an Jesus Christus heraus zu geben? Ist dies nicht das vordringliche Geschäft der Theologinnen und Theologen, Hermeneutinnen und Hermeneuten menschlicher Alltagserfahrung und biblischer Botschaft zu sein?

Für die Zukunft ist gewiss vermehrt »zur religiösen Deutung der erfahrenen Wirklichkeit im Licht des Evangeliums« (Rüdiger Schloz)[2] die theologische Kompetenz der Pfarrerinnen und Pfarrer gefragt. Eine am Wort Gottes geschärfte Wahrnehmungs- und Urteilsfähigkeit brauchen die Theologinnen und Theologen, um plausibel argumentieren zu können, warum man Christ werden und bleiben soll. Grundsituationen des Lebens sind im Lichte des Evangeliums zu deuten. Die »Texte«, die Pfarrerinnen und Pfarrer zu lesen imstande sein müssen, sind also nicht nur die Texte der Bibel, sondern sind auch Situationen des Lebens. Franz Beckenbauer hat sich in der Woche vor Ostern für Lothar Matthäus als künftigen Teamchef der Nationalmannschaft ausgesprochen, weil Matthäus »ein Spiel lesen« könne.[3] Wer ein Spiel gut lesen kann, der spielt nicht nur für sich, der spielt mannschaftsdienlich. Theologinnen und Theologen müssen das »Spiel des Lebens«, das »Spiel Gottes mit seinem Volk«, auch ihr »eigenes Lebensspiel« und das »Spiel der Gemeinden« lesen können. Lesen-können in diesem umfassenden Sinn ist eine unverzichtbare Voraussetzung für die Profession des Pfarrers und der Pfarrerin.

Dabei wird es darauf ankommen, wie Prof. Wilhelm Gräb es kürzlich beim Theologischen Kongreß der ACK in Karlsruhe ausdrückte[4], einerseits Spuren gelebter Religion in unserer Alltagskultur zu entdecken und zu benennen, andererseits die existentiell-religiösen Sinnpotenziale biblischer Überlieferung und christlicher Glaubenslehre freizulegen und damit den Menschen Hilfen zu vertiefter Selbstdeutung zu geben. Glaube ist nun einmal gedeutetes Leben. Christlicher Glaube hat sein Merkmal darin, dass denen, die aus ihm heraus das Leben deuten, spürbar wird, wie sich ihnen ein un-

---

[2]   Rheinisches Pfarrerblatt 3/1998, 18.
[3]   Mannheimer Morgen vom 1. April 1999.
[4]   Wilhelm Gräb, Was uns unbedingt angeht! Religion zwischen expliziter Lehre und persönlichem Erleben. – In: Endzeit – Wendezeit – Gotteszeit. Signale für die Zukunft. Manuskripte und Vorträge vom Theologischen Kongreß Karlsruhe im März 1999, Arbeitsgemeinschaft Christlicher Kirchen in Baden-Württemberg o. J., 55.57f.

endlich weiter Horizont erschließt, in den sie ihr Leben hineingestellt sehen können. Von diesem Horizont her, der alles umgreift, was sonst unüberschaubar und fragmentarisch erscheint, empfängt das Leben eine Orientierung. Das Spezifische einer evangelischen Deutung des Lebens dürfte dann darin liegen, dass diese es gut aushält, dass andere die Welt im Einzelnen und im konkreten anders »lesen«. Sie misstraut allen, die prinzipiell meinen, nicht noch einmal nachlesen zu müssen, weil sie angeblich schon alles erfasst haben. Evangelische Deutung der Welt ist nachsichtig, weil sie sich in Beziehung stehend weiß zu einem Gott, der nicht selbst zu dieser Welt gehört. Weil sie davon ausgeht, dass Gott die Welt schöpferisch, segnend, richtend und erlösend anschaut, kann sie in allem auf die Welt Bezogenen skeptisch und plural sein. Auf die Welt, auf das Leben ist der letzte und endgültige Blick von uns noch nicht geworfen, unsere Sicht der Welt, unser Lesen des Lebens ist grundsätzlich unabgeschlossen, geheimnisvoll offen. Und darum gehört zum Lesen der biblischen Texte wie der Texte des Lebens auch die Offenheit für das Wirken des Heiligen Geistes.

Aber was haben Theologie und Kirche einzubringen, wenn sie Menschen dazu verhelfen wollen, ihr Leben zu verstehen? Natürlich haben wir zunächst unsere Fähigkeit der Wahrnehmung des Lebens einzubringen, die Nähe zu den Menschen und ihren Fragen, das In-der-Welt-Sein der Kirche, die zahlreichen Berührungen des kirchlichen mit dem gesellschaftlichen Leben, also unsere Kompetenz in sozialen Fragen etwa, unsere Beziehungen hinein in die Arbeitswelt der Industrie, des Handwerks und der Landwirtschaft, unsere engen Bezüge zur Lebenswirklichkeit von Kindern und Jugendlichen über den Religionsunterricht und über die Kinder- und Jugendarbeit, unsere Kompetenz in der Gestaltung wissenschaftlicher Diskurse, unsere Erfahrungen in Fragen der Sozial- und Individualethik usw. All dies benennt aber noch nicht das Proprium kirchlicher und theologischer Hermeneutik. Dieses kommt erst in den Blick, wenn wir unsere Hermeneutik auch und grundlegend an der biblischen Botschaft ausrichten. Es kann nicht gutgehen, wenn Kirche meint, sich in der Deutung der Lebenswirklichkeit verausgaben zu können, ohne sich in dieser Deutung ständig zurückzubeziehen auf das, was Grundlage ihres Seins ist, das von Gott gesprochene Wort, das in Jesus Christus Fleisch geworden ist (Joh 1,14). Es kann aber auch nicht gutgehen, wenn Kirche meint, die heutige Lebenswirklichkeit entweder ausblenden oder zumindest nicht ernst nehmen zu müssen und das Verstehen des Lebens ausschließlich auf das Verstehen des in der Bibel gegebenen Wortes Gottes reduzieren zu können. Weltzugewandtheit und Bibelzugewandtheit schließen sich gerade nicht aus, sondern bedingen einander, denn der Bibel ist nichts Menschliches fremd. Zugespitzt kann man mit Walter Hollenweger sagen: »Je näher ich am biblischen Text bin, desto näher bin ich auch bei den Menschen.«[5]

Diese grundsätzlichen Überlegungen zur hermeneutischen Aufgabe der Theologie möchte ich nun auf einige aktuelle Fragestellungen in unserer Kirche beziehen. Hierbei bitte jetzt schon alle, die meinen, daß ich bestimmte wichtige Themen in meinem Bericht nicht aufgegriffen hätte, um Nachsicht:

I.I   DIE JAHRTAUSENDWENDE: DIE ZEICHEN DER ZEIT DEUTEN

Die Jahrtausendwende ist eine »kritische« Zeit. Vielen Menschen ist das Jahr 2000 zu einer Metapher für neue Hoffnungen geworden, anderen zu einem Katalysator für apokalyptische Stimmungen mit angstmachenden Endzeiterwartungen. Die Jahrtausendwende ist eine Zeit, in der sich Kritisches zu Wort meldet, nämlich die Unsicherheit, mit der die moderne Kultur und Zivilisation erlebt wird. Und inmitten aller Unsicherheit bricht sich das starke Vergewisserungsbedürfnis des Menschen Bahn. Wie lesen wir die Jahrtausendwende – als Endzeit, als Wendezeit, als Gotteszeit? Von welcher Hoffnung sind wir Christinnen und Christen erfüllt angesichts der verbreiteten Unsicherheit an der Schwelle zu einem neuen Jahrtausend? Wenn wir Christinnen und Christen von der Hoffnung sprechen, dann sprechen wir von einer begründeten Hoffnung – von der Hoffnung nämlich, die Jesus Christus begründet hat in seiner Verkündigung des Reiches Gottes. Die durch Jesus mit seiner Botschaft von der heranbrechenden Gottesherrschaft aufgerichtete Hoffnungsperspektive bestätigte Gott in der Auferweckung Christi. Wenn wir in dieser Hoffnung von der Zukunft sprechen, dann sprechen wir nicht von *unserer* Zukunft, nicht von der Zukunft der Welt, sondern von *Gottes* Zukunft. Dann verstehen wir Zukunft nicht als in die Zukunft hinein fortgeschriebene Gegenwart, sondern als einen für jeden Menschen offenen und unverfügbaren Raum. Christliche Hoffnung richtet sich auf die Zeit, in der Gott selbst kommen wird. Deshalb hoffen wir nicht auf das Ende der Welt, sondern auf ihre Verwandlung. Wir hoffen darauf, dass Gott aller Ungerechtigkeit und Gewalt zum Trotz seine Schöpfung vollenden und damit seine Verheißungen erfüllen wird.

Dabei ist für die christliche Hoffnung die Differenz zwischen der Weltgeschichte und dem Weltgericht Gottes grundlegend. Wo Gott als der Richter geglaubt wird, der kommen wird zu richten die Lebenden und die Toten, da rückt irdisches Geschehen an den vorletzten Platz. Der Glaube an ein »Letztes«, das nicht Gegenstand dieser Weltgeschichte ist, macht alle Handlungen

---

[5]   Evangelische Kommentare 7/1995, 404.

und Erfahrungen in dieser Welt zum »Vorletzten«, wie es Dietrich Bonhoeffer genannt hat.[6] Christliche Hoffnung, die diese Dimension des »Letzten« verliert, gerät in die Krise, weil sie sich gefangen nehmen lässt vom Vorletzten. So wird die Jahrtausendwende noch in einem anderen Sinn zur »kritischen« Zeit, insofern als sie Gericht spricht über zu kurz geratene Hoffnungen und befreit zu einer Hoffnung mit langem Atem, zu einer Hoffnung, die sich nicht begrenzen läßt durch unsere menschlichen Unmöglichkeiten, sondern die auf Gottes Möglichkeiten vertraut. An der Art, wie wir als Kirche die Jahrtausendwende lesen und deuten, wird man erkennen, ob unsere Kirche das ist, was das verbale Logo unserer Landeskirche mit Blick auf ihre Zukunft meint und was ein Journalist kürzlich so formulierte: nicht eine Gesellschaft mit beschränkter Haftung, sondern eine Gemeinschaft mit unbegrenzter Hoffnung.

1.2 PROTESTANTISMUS UND KULTUR: DIE KULTURELLEN PRÄGEKRÄFTE DES CHRISTENTUMS ENTZIFFERN

Anfang März veröffentlichten die EKD und die Vereinigung Evangelischer Freikirchen gemeinsam einen Text unter dem Titel »Gestaltung und Kritik. Zum Verhältnis von Protestantismus und Kultur im neuen Jahrhundert«.[7] Mit dieser Schrift wird eingeladen zu einem umfassenden Konsultationsprozess, an dem sich Gemeinden, kirchliche Verbände, Einrichtungen, Werke, Akademien, Erwachsenenbildungseinrichtungen und insgesamt alle Christinnen und Christen, die ihre Stimme einbringen wollen, beteiligen können. Ferner soll diese Schrift dazu dienen, das Gespräch der Kirche mit verschiedenen kulturellen Einrichtungen jenseits der kirchlichen Grenzen zu suchen. Die Schrift bietet sich geradezu als Grundlage an für alle Gespräche, die wir als Kirche auf den verschiedensten Ebenen mit außerkirchlichen Vertretern von Institutionen führen. In diesen Gesprächen wird jeweils exemplarisch danach zu fragen sein, wie sich das kulturelle Leben in unserer Alltagskultur, in der Bildung, in den Medien, in der Kunst und in der Erinnerungskultur lesen und damit das Verhältnis von Protestantismus und Kultur deuten lässt.

Um zu zeigen, in welcher Weise die Schrift »Protestantismus und Kultur« nutzbar zu machen ist für ein christlich verantwortetes Lesen des Lebens, wähle ich das in dieser Schrift entfaltete Beispiel der Sonntagskultur. In die Deutung des Lebens müssen wir verstärkt die Erinnerung einbringen, dass

---

[6]   Dietrich Bonhoeffer, Ethik. Zusammengestellt und hrsg. v. Eberhard Bethge, München 1966, 128–141.

[7]   Gestaltung und Kritik. Zum Verhältnis von Protestantismus und Kultur im neuen Jahrhundert. EKD-Text Nr. 64, Hannover 1999.

die Christenheit mit der Feier des Sonntags des Tages der Auferstehung Jesu Christi gedenkt und dass damit der Sonntag auf die neue Schöpfung verweist, die in Jesus Christus schon Gegenwart ist, aber als vollendete noch aussteht. Wir müssen den Sonntag als Ausdruck des christlichen Grundverständnisses vom Menschen akzentuieren, das besagt, dass der Mensch nicht das ist, was er mit seiner Leistung aus sich macht; insofern ist die Sonntagsruhe praktischer Vollzug erfahrener Rechtfertigung des Gottlosen allein aus Gnaden.

Mit dieser Erinnerung müssen wir uns einmischen in die politische Diskussion um eine dieser Gesellschaft angemessene Gestaltung der Sonntagskultur. In diesem gesellschaftlichen Diskurs haben wir unsere Sicht des Sonntags einzubringen, ferner auch das Wissen darum, daß nach jüdisch-christlichem Verständnis der Wechsel von Arbeit und Ruhe, der Rhythmus von Tätigsein und Feiern zum geschöpflichen Leben des Menschen gehört, der ebenso ernst zu nehmen ist wie die Pflege der leiblichen Gesundheit. Wenn wir bedenken, dass das Gebot der Feiertagsheiligung im Dekalog direkt im Schöpfungshandeln Gottes verankert wird, dann ist damit Wichtiges ausgesagt: Nicht die Steigerung des Arbeitseinsatzes, nicht die Verdoppelung der Kräfte vollenden das Werk, sondern die Ruhe von der Arbeit. Das beinhaltet für den Menschen die Zumutung, dass er den Erfolg seiner Arbeit nicht in Händen hat, aber auch den Trost, dass ihm nicht mehr abverlangt wird, als menschenmöglich ist.

Wenn nun im Zuge der Pluralisierung und Individualisierung des Lebens die kulturelle Institution des Sonntags einer Erosion ausgesetzt ist, dann haben wir dagegen zu protestieren, daß die Unterbrechung des Alltags durch den Sonntag nur noch als ökonomischer Nachteil wahrgenommen wird. »Die Beachtung ethischer Perspektiven mag bei gegebenen wirtschaftlichen Bedrängnissen als unwirtschaftlich angesehen werden. Die Ethik lehrt aber, zwischen kurzfristigem Nutzen und langfristigem Schaden zu unterscheiden.«[8] Wer den Sonntag nicht heiligt, wird auch den Alltag nicht human gestalten können. Wer meint, dass Arbeit das ganze Leben sei, der übersieht, aus welchen Quellen Menschen die Kraft zur Arbeit schöpfen. Wer meint, dass das ganze Leben nur Ökonomie sei, der muß sich nicht wundern, wenn immer mehr Menschen an den ökonomischen Zwängen ersticken. Der Sonntag und seine Kultur sind also kein Luxus, den sich eine durchökonomisierte Gesellschaft eigentlich nicht mehr leisten kann. Nein: Der Sonntag und seine Kultur sind Kraftquelle des Lebens, ohne den Sonntag verlieren die Menschen die Kraft zur Arbeit. Darum

[8]   Evangelischer Oberkirchenrat Karlsruhe, Zeit-Streit. Informationen und Argumente, Karlsruhe ⁴1999, 31.

handelt ökonomisch kurzsichtig und menschlich unverantwortlich, wer den Schutz des Sonntags antastet und in Frage stellt. Hieran zu erinnern bedeutet, durch ein aus dem Hören auf das Wort der Schrift geschärftes Lesen des Lebens diesem Leben zu einem tieferen Verstehen seiner selbst zu verhelfen.

1.3   Kinderkirchenjahr: Perspektivenwechsel einüben

Im zurückliegenden Jahr haben wir das Leben neu lesen lernen können durch die Akzentuierung dieses Jahres als eines Kinder-Kirchen-Jahres. Zentrales Anliegen dieses Jahres war es, den von der EKD-Synode 1994 geforderten Perspektivenwechsel zugunsten der Kinder in unserer Kirche umzusetzen.[9] Der Schwerpunkt der Veranstaltungen dieses Jahres lag bei den Kinderbibel-tagen und -wochen, die in vielen Gemeinden und Bezirken durchgeführt wur-den. Überrascht hat beim Kinder-Kirchen-Gipfel die am häufigsten erhobene Forderung der Kinder nach Teilnahme am Abendmahl. Sie hat dazu geführt, dass die vergriffene Arbeitshilfe des EOK für die Gemeinden unter dem Titel »Abendmahl feiern mit Kindern« jetzt neu aufgelegt wird.[10] Und sie wird dazu führen, dass wir unser Abendmahlsfeiern in den Gemeinden wirklich aus der Perspektive von Kindern neu bedenken müssen. Wenn es in einem kritischen Kommentar zum Kinderkirchenjahr hieß »Kinder brauchen mehr als die Zu-lassung zum Abendmahl. Wir sind ihnen das Evangelium von Jesus Christus schuldig« (Hoffen und Handeln 12/98), dann zeigt ein solcher künstliche Ge-gensätze konstruierender Kommentar geradezu die Notwendigkeit auf, durch das gemeinsame Abendmahlsfeiern mit Kindern zu erfahren, wie diese Kinder in der Feier des Abendmahls das Evangelium von Jesus Christus in einer uns Erwachsene oft geradezu beschämenden Weise dankbar empfangen. Wenn wir uns auf die Perspektive der Kinder einlassen und das Abendmahl aus ihrer Sicht lesen lernen, werden wir den Geschenk- und Gnadencharakter dieses Mahls und des Evangeliums viel klarer wahrnehmen können.

Perspektivenwechsel – das Wort haben wir gelernt, beim Vollzug hapert es aber noch, nicht nur hinsichtlich der Zulassung der Kinder zum Abendmahl. Zu vieles wird immer noch *für* Kinder, aber nicht *zusammen mit* Kindern ge-

---

[9]   Vgl. Perspektivenwechsel praktisch! Eine Kirche für Kinder. Eine Kirche mit Kindern! Bericht vom Kinder-Kirchen-Gipfel 1998 in Konstanz, Evangelischer Oberkirchenrat (Hg.), Karlsruhe o. J.

[10]   Evangelischer Oberkirchenrat Karlsruhe, Mit Kindern Abendmahl feiern in der Ge-meinde. Eine Handreichung, Karlsruhe ³2004; vgl. Landesbischof Dr. Ulrich Fischer, Speise des Lebens. Gedanken zum Abendmahl, Evangelische Landeskirche in Baden 1999, 16–20 (Kinder gehören dazu).

macht. Deshalb wird für dieses Jahr 1999 ein Wettbewerb »kinderfreundliche Gemeinde« ausgeschrieben und im Sommer dieses Jahres ein neues Ideenheft herausgegeben, das Lust machen soll, mit Kindern zusammen weiter den Perspektivenwechsel zu üben. Wir brauchen ihn um der Kinder willen, die getauft sind und unsere Kirche mitgestalten wollen, und wir brauchen ihn um unseres Kircheseins willen, wenn wir in ihr die Gemeinschaft der Getauften wirklich leben wollen. Deshalb soll es weitergehen mit Kindern und ihrer Deutung des Lebens, nicht nur 1998, sondern 1999, 2000, 2001 ... Und Perspektivenwechsel nicht nur bei Kindern, sondern auch bei unserem Zusammenleben von Männern und Frauen, bei unserem Eingebundensein in die Schöpfung Gottes, in Fragen der Sicherung des Friedens und bei unserer Sicht von Armut und Reichtum ...

1.4   DIE LEBENSPERSPEKTIVE VON MENSCHEN IN NOT: ARME UND ASYLSUCHENDE

Das Leben lesen lernen – das können wir nur, wenn wir unsere Perspektive des Lebens nicht absolut setzen. Wie liest sich das Leben aus der Perspektive jener, die zu den Armen in unserer Gesellschaft gehören? Sozialhilfeempfänger müssen mit einem für ihre Existenz gerade ausreichenden Budget auskommen. Die ständige Rechtfertigung für die Anschaffung lebensnotwendiger Dinge führt zum Bewusstsein, das eigene Leben nicht selbstständig gestalten zu können und sich in vielerlei Hinsicht in Abhängigkeiten zu befinden. Sozialhilfeempfänger stehen oft unter dem Stigma, sie seien an ihrer eigenen Lebenssituation selbst »schuld«, obwohl ein Drittel aller Sozialhilfeempfänger Arbeitslose sind. – Überschuldete Menschen finden sich gefangen auf der einen Seite durch die Gläubiger, die auf Befriedigung ihrer Forderungen drängen, auf der anderen Seite durch die ständige Angst, kein Geld mehr zu haben oder erwirtschaften zu können. Versagensgefühle und Resignation sind die Folge. – Wohnsitzlose wiederum sehen ihre Situation dadurch bestimmt, dass sie – aus sämtlichen für sie wichtigen Beziehungen herausgelöst – ihre Wohnungen verloren haben und ohne Arbeit sind. Ihre Lebensperspektive ist einerseits von erstaunlichen Überlebenstechniken bestimmt, auf der anderen Seite von einer längerfristigen Hoffnungslosigkeit gekennzeichnet.

Nochmals anders und gewiss gravierender ist die Situation von Asylbewerbern und Flüchtlingen in unserem Land[11]. Ich selbst habe Engagierte

---

[11]   Vgl. Um der Würde des Menschen willen. – In: Diakonische Positionen. Jahresbericht des Diakonischen Werkes Baden, Karlsruhe 1999, 14f.

aus Gemeinden und Initiativen im vergangenen Jahr eingeladen, um ihre Erfahrungen zu teilen und ihnen für ihre Arbeit Dank zu sagen. Die in der Flüchtlingsarbeit Engagierten erleben in ihrem Beistand oft schmerzlich und verbittert, daß die Möglichkeit des Staates, seiner Schutzpflicht nachzukommen, und das Schutzbedürfnis der Flüchtlinge mehr und mehr auseinanderfallen. Isolation durch Sammellager, soziale Abschreckungsgesetze, Abschiebungen in Krisengebiete und die Verzweiflung von Menschen in Abschiebehaft lassen Betroffene und Helferinnen und Helfer ihr Vertrauen in die Humanität des Rechtsstaates verlieren. Es ist dringend zu wünschen, dass angesichts des unbeschreiblichen Flüchtlingselends, das der Krieg im Kosovo ausgelöst hat, unser Land zu einer humanen, die Belange der von schwerster Not Betroffenen angemessen berücksichtigenden Praxis der Aufnahme dieser Vertriebenen findet. Diese müssen merken, dass sie bei uns angenommen werden. Ihr Lagerleben, ihre traumatischen Erlebnisse und ihre Angst vor Verfolgung und Tod müssen ein Ende finden. Ihnen muß ein legaler Aufenthalt gewährt und die Arbeitsaufnahme ermöglicht werden. Und die Unterbringung in großen Sammelunterkünften muß möglichst schnell durch eine dezentrale Unterbringung abgelöst werden.

Es ist deutlich, dass es in unserer Gesellschaft keinen Konsens über wichtige Grundsatzfragen der Ausländerpolitik gibt, auch nicht in unseren Gemeinden. Ich sehe mit Sorge das hohe Maß an Ängsten und Aggressionen. Wie gehen wir mit diesen Ängsten menschenwürdig um? Was können wir aus unserer biblischen Tradition diesen Ängsten entgegensetzen? Wie verhilft uns das Lesen der Bibel, unsere derzeitige Situation im Kontext der Befreiungsgeschichte Gottes mit seinem Volk zu lesen, etwa indem wir uns – wie jüngst der Erzbischof von Canterbury, Georg Leonhard Carey, bei seinem Besuch in Karlsruhe – vergegenwärtigen, dass Jesus der ursprüngliche Flüchtling (»the original refugee«) war? Was bedeutet es, wenn wir aus dem Evangelium Gottes Option für die Armen neu durchbuchstabieren in ihren Konsequenzen für unseren Rechtsstaat? Und könnten wir nicht als Kirche aus der uns geschenkten »versöhnten Vielfalt« Modelle gesellschaftlicher Integration entwickeln?

Diese Fragen lassen erkennen, dass die Wahrnehmung armer Menschen in ihrer Lebenssituation ganz konkrete Auswirkungen für unser diakonisches Handeln hat. Aber nicht nur das! Auch unsere gottesdienstliche Praxis wird durch das Lesen des Lebens der Armen und ein darauf bezogenes Lesen der Bibel so beeinflusst und verändert, dass diese Menschen dann auch wirklich in unseren Gottesdiensten in Klage und Fürbitte vorkommen und in der Solidaritätsarbeit Engagierte und Betroffene sich aufgehoben fühlen können in unseren Gemeinden.

1.5   DER PREDIGTDIENST IN DER SPANNUNG ZWISCHEN TEXT- UND LEBENSDEUTUNG

Die hermeneutische Frage im umfassenden Sinn wieder in das Zentrum kirchlicher Arbeit zu stellen hat auch ganz praktische Bedeutung hinsichtlich der Predigtarbeit in unserer Kirche. Im vergangenen Sommer habe ich mit größter Faszination Werner Simpfendörfers Biographie des großen Theologen Ernst Lange gelesen.[12] Was Ernst Lange in seinen »Thesen zur Predigtarbeit« aus dem Jahr 1965 formuliert hat[13], hat an Bedeutung nichts verloren. Lange fordert, dass vor jeder Erstellung einer Predigt die Predigenden ihre eigene Situation gründlich zu reflektieren hätten. Jeder Erarbeitung einer Predigt muss also eine Deutung der Situation vorangehen. Die Situation, der sich der Prediger oder die Predigerin bei der Erstellung der Predigt ausgesetzt sieht, und das Nachdenken über diese Situation gehen ein in die Erarbeitung der Predigt über einen biblischen Text. In der von Ernst Lange vorgenommenen Verhältnisbestimmung von Situation und Text werden Lebens- und Textdeutung so aufeinander bezogen, dass der Text als die Situation erfassend, betreffend und verändernd gehört werden kann. Soll das in der Predigt Vermittelte von den Hörerinnen und Hörern als für ihr Leben relevant erfahren werden, muss um ein Verstehen der Lebenssituation der Hörerinnen und Hörer ebenso gerungen werden wie um ein Verstehen der biblischen Texte.

Dieses von Lange eingeforderte Bezogensein von Text und Situation möchte ich kurz skizzieren anhand einiger Überlegungen zu jenem Bibeltext, der meinem Bericht zur Lage seinen Titel gegeben hat: zur Erzählung von dem Kämmerer aus Äthiopien, wie sie Lukas im 8. Kapitel der Apostelgeschichte überliefert hat (Apg 8,26–39). In einem unbefangenen Zugang zu dieser Geschichte werde ich sie staunend lesen als eine Erzählung von der Kraft des Heiligen Geistes: Ein Engel des Herrn ruft den Prediger Philippus auf die Straße von Jerusalem nach Gaza. Der Geist Gottes macht Philippus zum Reisebegleiter des schwarzen Finanzbeamten der Königin Kandake und gibt ihm Worte der Schriftauslegung in den Mund. Der Tod Jesu findet mit Hilfe einer Auslegung des Liedes vom Gottesknecht seine Deutung als Sühnopfertod. Angerührt von der Predigt des Evangeliums entscheidet sich der Kämmerer zur Taufe, ehe Philippus vom Geist Gottes entrückt wird.

---

[12]   Werner Simpfendörfer, Ernst Lange. Versuch eines Porträts, Berlin 1997.

[13]   Ernst Lange, Thesen zur Theorie und Praxis der Predigt (1965). – In: Ders., Chancen des Alltags. Überlegungen zur Funktion des christlichen Gottesdienstes in der Gegenwart, München 1984, 321–345.

Nähere ich mich diesem Text, indem ich ihn zu verstehen versuche, im Gesamtzusammenhang der lukanischen Geschichtsschreibung, dann erkenne ich seine exemplarische und weit über den berichteten Einzelfall hinausragende Bedeutung. Im Rahmen seiner Gesamtkonzeption einer Verbreitung des Evangeliums »bis an das Ende der Erde« (Apg 1,8) schildert Lukas hier die erste Weichenstellung urchristlicher Missionstätigkeit. Nach der Steinigung des Stephanus und der Vertreibung vieler Gemeindeglieder aus Jerusalem beginnt die Zeit der Mission, zunächst in Samaria (Apg 8,4–25), dann in der weiten Welt. Mit jener Geschichte von Philippus und dem Kämmerer will Lukas über diese Missionstätigkeit Grundsätzliches aussagen: Mission kann nur recht geschehen in der Kraft des Heiligen Geistes, in der auslegenden Verkündigung des Geschicks Jesu und im geistgewirkten Taufen. So lese ich die Erzählung von Philippus und dem Kämmerer als ein in Erzählform gefasstes Programm reflektierter Missionstheologie und -praxis.

Nehme ich auf diesem Hintergrund unsere Situation am Ende dieses Jahrhunderts in den Blick, so erkenne ich unschwer unzählige Menschen, die durch diese Zeit fahren in ihren Kutschen, vertieft in eine Lektüre, die sie überfordert. Das Leben erschließt sich ihnen nicht angesichts seiner Unübersichtlichkeit und seiner vielen ungelösten Fragen, angesichts seiner Rätsel und Unklarheiten. Die Bibel erscheint ihnen als Buch mit sieben Siegeln. Sie warten. Sie warten auf Menschen, die sie fragen: »Verstehst du auch, was du liest?« Sie warten auf Menschen, die sich leiten lassen von Gottes Geist, von Gottes Inspiration. Sie warten auf Menschen, die sie herausreißen aus ihrem ewigen Selbstgespräch. Sie warten auf Menschen, die ihnen die Texte ihres Lebens und der Bibel erschließen und entschlüsseln. Sie warten auf Menschen, die ihnen in der Unübersichtlichkeit des Lebens Orientierung und Halt geben können. Das ist unsere missionarische Situation am Ende dieses Jahrhunderts, dieses Jahrtausends. Und wer diese Situation wahrnimmt, wer sich dieser Situation wirklich aussetzt, wer diesen Menschen Lesehilfe des Lebens und biblische Lesehilfe leistet, der wird auch das Wunder des Glaubens bestaunen können. Wer sich der hermeneutischen Aufgabe der deutenden Wegbegleitung hingibt, der kann – wie Philippus – auch »seine Straße fröhlich ziehen« (Apg 8,39). Gelungene hermeneutische Arbeit macht fröhlich!

Das hier nur in Umrissen und beispielhaft angedeutete Bezogensein von Lebens- und Textdeutung scheint in unserer Kirche zunehmend zu zerbrechen. So ist einerseits festzustellen, dass es vielfach eine Haltung gibt, in der die Deutung des Lebens ohne Einbeziehung der biblischen Botschaft versucht oder die Bibel lediglich als Steinbruch zur Absicherung eigener Positionen mißbraucht wird. Andererseits wird durch die vorschnelle Reklamierung

einer vermeintlichen biblischen Position nicht selten nur eine Verstehens-
verweigerung kaschiert, die im Kern lediglich der Abstützung bürgerlicher
Konvention dienen soll. In diesem Zusammenhang möchte ich noch einige
Ausführungen zu einer weit verbreiteten Etikettierung machen, welche die
theologische Diskussion in unserer Kirche belastet. Immer häufiger ist in
Kreisen, die der Volkskirche kritisch gegenüberstehen, davon zu lesen oder
zu hören, dass es »bibelgläubige« Pfarrerinnen und Pfarrer bzw. Gemeinden
gebe. Diese Rede hat natürlich eine polemische Spitze, weil sie impliziert, dass
all jene, auf die diese Klassifizierung nicht zutrifft, nicht auf dem Boden von
Bibel und Bekenntnis stehen. Dass mit solcher Polemik natürlich zugleich eine
Ausgrenzung weiter Teile unserer Pfarrerschaft impliziert ist und Kirche damit
insgesamt als ein nicht rechtgläubiges *corpus per mixtum* diffamiert werden
soll, sei nur am Rande vermerkt.

Ich halte das Prädikat der »Bibelgläubigkeit« für im höchsten Maße kon-
traproduktiv, da es geradezu verhindert, eine »Kunst des Verstehens« der
biblischen Botschaft zu entwickeln. Ist es denn wirklich unser Auftrag als
Christinnen und Christen, »bibelgläubig« zu sein? Ist es denn die Bibel, an
die wir glauben? Ist nicht vielmehr Gegenstand unseres Glaubens das Wort
des dreieinigen Gottes, das uns in den Worten der Bibel eben nur als ein zu
Menschen bestimmter Zeit gesprochenes Wort gegeben ist? Die Bibel wurde
nicht für uns geschrieben, und deshalb ist es auch verfehlt, in völliger Un-
mittelbarkeit zu den biblischen Texten einen Beweis besonderer Treue gegenüber Gottes Wort zu sehen. Die biblischen Schriften haben festgehalten,
was als Gottes Wort in eine bestimmte Lebenssituation hinein vernommen
und weitergesagt wurde, und die biblische Botschaft in ihrem Bezogensein
auf die Menschen zu verstehen beinhaltet die Kunst, immer wieder nach dem
historischen Ort der biblischen Schriften zu fragen, um zu entdecken, wie aus
diesen Schriften auch heute Gottes Wort zu uns redet. Und nicht jedes Wort
der Bibel ist eben für uns heute noch als Gottes Wort verstehbar. Das Etikett
der »Bibelgläubigkeit« suggeriert aber, man würde mit dem Glauben an die
Bibel unmittelbar und unvermittelt an Gott glauben, sein Wort vernehmen
können. Die Kunst des Verstehens biblischer Texte aber ist gerade die Kunst,
den Bezug des Wortes Gottes auf eine bestimmte geschichtliche Situation hin
zu verstehen. Die vermeintliche »Bibelgläubigkeit« entlarvt sich nicht selten
geradezu als Verweigerung eines solchen Verstehens, indem das geschichtliche Eingebundensein des Wortes Gottes negiert und vermeintliche Wahrheit
in unmittelbarem Zugriff auf Worte der Bibel reklamiert wird.

Nicht nur die in unserer Kirche unbestreitbar vorfindliche Unverbindlichkeit im Umgang mit biblischen Texten verweigert wirkliches Verstehen, son-

dern eben auch eine vermeintliche »Bibelgläubigkeit«, die sich dem Verstehen biblischer Texte nicht wirklich aussetzt. Eberhard Jüngel ist zuzustimmen, wenn er in seinem neuen Buch über die Rechtfertigungslehre schreibt: »Der christliche Verrat an der Wahrheit des Glaubens ist ... ihre Unschädlichmachung durch Umarmung ... Es ist nicht weniger der Unglaube derer, die die Wahrheit des Glaubens nur noch überliefern, aber nicht mehr glauben können. Und es ist der Aberglaube derer, die Geist und Buchstabe verwechseln, die die Erkenntnis der lebendigen Wahrheit in das Rezitieren toter Richtigkeiten verfälschen und Gottes Wort mit dem menschlichen Wort der Heiligen Schrift ... unmittelbar identifizieren. Dieser christliche Aberglaube strotzt geradezu vor ›Wahrheit‹. Es ist der Aberglaube, in dem die Häresie die Gestalt steriler Orthodoxie annimmt und sich der Einsicht verweigert, daß die Erkenntnis der Wahrheit immer wieder mit dem Anfang anfangen muss.«[14] Unschädlichmachung der Wahrheit durch Umarmung, Zerstörung der Wahrheit durch den Zwang zur Wörtlichkeit – das ist das Ende des Verstehens. Die innere Wahrheit der Bibel wird zerstört, wenn sie gefangen wird in der Wörtlichkeit von Sätzen. Deshalb ist es wichtig, daß wir uns in der Kirche – statt einander durch falsche Etikettierungen den Glauben abzusprechen – gemeinsam dem mühsamen Verstehen biblischer Texte aussetzen, die Unverbindlichkeit im Umgang mit diesen Texten ebenso überwinden wie die allzu leichtfertige Identifizierung mit ihren Worten.

Wollen wir als Theologinnen und Theologen, als Kirche insgesamt wirklich den Menschen helfen, ihr Leben zu verstehen, müssen wir uns um ein wirkliches Verstehen biblischer Texte verstärkt bemühen. Und solches Bemühen hat sehr viel mit Lebenserfahrung zu tun. Denn die biblischen Texte reden von den Erfahrungen, die Menschen mit Gott gemacht haben. Menschen haben in der Bibel niedergeschrieben, was sie von Gott erfahren, was sie von ihm vernommen haben. Und sie haben es getan, wie es der Stufe ihres zeitgeschichtlich geprägten Bewusstseins entsprach. Wenn wir also die Kunst des Verstehens erlernen wollen, müssen wir unsere Lebenswirklichkeit und unsere Lebenserfahrungen ebenso wahrnehmen und deuten wie auch die Lebenserfahrungen, die in den Texten der Bibel ihren Niederschlag gefunden haben. Wir werden verstärkt auf unsere eigenen Lebenserfahrungen hören lernen müssen, um sagen zu können, was wir glauben. Und wir werden uns in die religiösen Lebenserfahrungen hineinversetzen müssen, die aus den Texten der Bibel zu uns sprechen. So werden wir zu einer Rede von Gott kommen, die ausdrückt,

---

[14]   Eberhard Jüngel, Das Evangelium von der Rechtfertigung des Gottlosen als Zentrum des christlichen Glaubens, Tübingen 1999, 115f.

was wir – im Gespräch mit den Menschen der biblischen Zeit – selbst von Gott erfasst haben.

Bei der Entwicklung einer umfassenden Hermeneutik geht es also letztlich um Deutung menschlicher Erfahrung mit Gott. Darum muss – wie Jörg Zink in seinem schönen Buch »Dornen können Rosen tragen«[15] zu Recht feststellt – die Zukunft des Christentums eine undogmatische, eine der Vielfalt menschlicher Erfahrung Raum gebende Zukunft sein, in der theologische Rechthaberei zurücktritt hinter dem Bewusstsein der Vorläufigkeit jeder aus Erfahrung gewonnenen Erkenntnis und hinter dem Bewusstsein der begrenzten Reichweite jedes menschlichen Urteils. Nicht so sehr normierend sollten wir in Theologie und Kirche der Welt gegenübertreten, sondern lebensdeutend und um die Grenzen der eigenen Wahrheitserkenntnis wissend. Dann werden auch im neuen Jahrtausend Menschen die Botschaft des Evangeliums annehmen und ihre Straßen fröhlich ziehen können.

---

[15]   Freiburg 1997.

2   ÜBER DIE SCHWELLE TRETEN – MISSIONARISCHE HERAUSFORDERUNGEN IN DER ZEITENWENDE[16] (2000)

Meinen zweiten Bericht zur Lage gebe ich in dem sehr symbolträchtigen Jahr 2000. Vor wenigen Wochen ist es geschehen: Aus drei Neunen wurden drei Nullen. Und der Tausender sprang von der Eins zur Zwei. Das ist alles. Mehr geschah nicht. Kein Computercrash, kein Zusammenbruch der Versorgungssysteme, kein Chaos auf Flughäfen. Nichts. Und doch war es fraglos ein besonderer Jahreswechsel, der hinter uns liegt – bestimmt durch besondere Ängste, Hoffnungen und Aktionen. Runde Zahlen spielen im Erleben der Menschen offensichtlich eine wichtige Rolle und lassen Zeit besonders intensiv erfahren. Aber es gibt gute Gründe, das Datum 2000 nicht überzubewerten. Es hat, theologisch gesprochen, keine Verheißung einer *besonders* heilvollen Nähe Gottes. Vielmehr steht *alle* Zeit *post Christum natum* unter der Verheißung, dass Gottes Geist zum Glauben reizen, Hoffnung wecken und zur Liebe anstiften kann und will. Nun wird immer wieder auf den in mathematischer Hinsicht unbestreitbaren Sachverhalt verwiesen, dass das dritte Jahrtausend erst am 1. Januar des Jahres 2001 beginnen wird. Wie dem auch sei: Das Jahr 2000 ist so etwas wie ein Schwellenjahr.

Zu vielfältigen Schwellenüberschreitungen fordert uns dieses Jahr heraus: Neue Technologien müssen erlernt und beherrscht werden. Neue friedensethische Herausforderungen warten auf Antwort. Gesellschaftliche Fragen, wie z. B. die Sicherung der Sozialsysteme, fordern neue Lösungen. Die Bestimmung der Grenzen des Lebens und die Normen des Umgangs mit ihnen werden immer unschärfer. Bisher tabuisierte Schwellen werden immer häufiger überschritten. Und die alten Sinnfragen des Glaubens neh-

---

[16]   Frühjahrstagung der Landessynode der Evangelischen Landeskirche in Baden, Bad Herrenalb, 13. April 2000.

men wir mit ins neue Jahrtausend: Woher kommen wir? Worauf hin leben wir zu? Was trägt uns über die Schwellen der Zeiten?

Die Jahreslosung für das Jahr 2000 fokussiert diese unsere Fragen auf den, der uns unser Leben geschenkt hat und die Welt in ihrem Innersten zusammenhält, auf Gott. »Wenn ihr mich von ganzem Herzen suchen werdet, dann will ich mich von euch finden lassen«, spricht er (Jer 29,13f). Nicht von den Menschen will Gott sich finden lassen, welche schon immer fertige Antworten parat haben, sondern von denen, die sich in der Spur ihrer Sehnsucht suchend auf den Weg machen. Von Menschen, die bereit sind, mit anderen zusammen Schwellen bisheriger Erkenntnis zu überschreiten im wagenden Vertrauen auf den Gott, der solchem Suchen ein Finden verheißt.

Wir werden im Jahr 2000 manche Schwellen überschreiten. Das löst bei vielen Menschen Unsicherheiten und Ängste aus und drängt nach Orientierung und Vergewisserung dessen, was trägt. Deshalb sind für uns Christinnen und Christen Schwellenüberschreitungen nicht denkbar, ohne dass wir uns neu der Tragfähigkeit des Glaubens suchend gewiss werden und auch andere Menschen neugierig machen für das, was unserem Suchen Orientierung und Ausrichtung gibt. Schwellenüberschreitungen sind nicht möglich ohne das, was wir in herkömmlicher Begrifflichkeit Mission und Evangelisation nennen. Deshalb sind Mission und Evangelisation das Gebot der Stunde in diesem Schwellenjahr 2000, »in einer Zeit, in der christliche Wertvorstellungen ihre gesellschaftliche Bindekraft einzubüßen drohen und Nichtwissen um elementare Inhalte christlichen Glaubens sich breit macht«, wie ich im Februar des Jahres 1999 in meinem Fastenbrief an alle Mitarbeiterinnen und Mitarbeiter in der öffentlichen Wortverkündigung schrieb. Wir können und dürfen einfach nicht übersehen, dass in unserer pluralistischer werdenden Gesellschaft der Konsens über tragende christliche Wertvorstellungen dem Diskurs miteinander konkurrierender Wertsetzungen gewichen und durch mannigfache Traditionsabbrüche die Vermittlung elementarer christlicher Glaubensinhalte an Selbstverständlichkeit eingebüßt hat.

Was ist es nun, das uns als Kirche, als Christinnen und Christen in dieser Schwellensituation zur Mission und Evangelisation drängt? Es ist zunächst – und dies gilt für alle Zeit – die Zuwendung Gottes zu uns Menschen, die für uns in der Gestalt des Jesus von Nazareth und im bezeugten Christus der Kirche Hand und Fuß bekommen hat. Davon ausgehend nenne ich zwei Motive, die ich neutestamentlichen Texten entnehme.

Der Auftrag des Auferstandenen am Ende des Matthäusevangeliums lautet: »Gehet hin!« (Mt 28,19). Diese Worte Jesu Christi sind ein Vermächtnis. Dennoch haben diese Worte uns nicht davor bewahrt, uns als Kirche weithin häuslich einzurichten und auf das *Kommen* der Menschen zu warten. Kirche muss aber wieder gehende, aufsuchende Kirche werden, wenn sie das Vermächtnis ihres Herrn wirklich ernst nimmt. Dies kann sie aber nur, wenn sie bereit ist, die Hemmschwellen zur Welt, zu neuen, scheinbar säkularen Erfahrungsbereichen immer und immer wieder zu überschreiten. Und da gibt es das zweite Motiv. In der Erzählung von der zweiten Missionsreise des Apostels Paulus heißt es im 16. Kapitel der Apostelgeschichte: »Paulus sah eine Erscheinung bei Nacht: Ein Mann aus Mazedonien stand da und bat: Komm herüber nach Mazedonien und hilf uns!« (Apg 16,9). Menschen rufen: »Kommt und helft uns!« Auch heute. Freilich verbirgt sich dieser Hilfeschrei der Menschen oft hinter Fassaden von Coolness und scheinbarer Selbstherrlichkeit. Aber wenn wir genau hinhören und hinschauen, dann sehen wir, wie viele Fassaden zerbröseln und sich dahinter Menschen befinden mit ungestillten Sehnsüchten. Glaube hat es immer mit der Erfüllung von Sehnsüchten zu tun. Wenn Jesus Menschen anspricht, werden geheimste Wünsche wahr, und unausgesprochenes Verlangen wird gestillt. Viel mehr Menschen als wir ahnen rufen voller Sehnsucht: »Kommt und helft uns!«

Das haben viele erkannt. Deshalb hat sich die Herbsttagung dieser Landessynode im Oktober 1999 von Bischof Huber über die missionarische Situation der Kirche in Berlin-Brandenburg informieren lassen.[17] Deshalb hat die EKD-Synode das Thema »Mission und Evangelisation« zum Schwerpunktthema ihrer Tagung im November 1999 in Leipzig gemacht. Deshalb hat der Theologische Ausschuss der Arnoldshainer Konferenz im Dezember 1999 ein bemerkenswertes Votum unter dem Titel »Evangelisation und Mission« verfasst.[18] Deshalb haben wir gestern den Informationsabend des Amtes für Missionarische Dienste im Rahmen dieser Synodaltagung durchgeführt. Und deshalb stelle auch ich meinen Bericht zur Lage in diesem Schwellenjahr 2000 ganz unter die Fragestellung: Wie kann es in unserer Landeskirche gelingen, Schwellen zu jenen zu überschreiten, denen der christliche Glaube entweder noch nicht begegnet oder fremd geworden ist. Wie können wir hörend auf den Auftrag unseres Herrn »Gehet hin!« und auf den Ruf der Menschen »Kommt und helft!« Schwellen überschreiten?

---

[17]   Wolfgang Huber, Auf dem Weg zu einer missionarischen Kirche. – In: Verhandlungen der Landessynode der Evangelischen Landeskirche in Baden. Ordentliche Tagung vom 24. bis 28. Oktober 1999, Evangelischer Oberkirchenrat Karlsruhe 1999, Anlage 17, 162–166.
[18]   Evangelisation und Mission. Ein Votum des Theologischen Ausschusses der Arnoldshainer Konferenz, Neukirchen-Vluyn 1999.

2.1   GOTT HAT KEINE SCHWELLENÄNGSTE – ZUR THEOLOGISCHEN BEGRÜNDUNG MISSIONARISCHEN HANDELNS

2.1.1   Mission und Evangelisation

Bei meinem Nachdenken beginne ich mit einigen begrifflichen Klärungen. Mission meinte von seiner Geschichte her die Ausbreitung des christlichen Glaubens außerhalb Europas, während Evangelisation in den historischen Kontext der von J. H. Wichern begründeten Inneren Mission gehörte. Diese herkömmliche Differenzierung zwischen Mission und Evangelisation ist obsolet geworden. Heute wird Mission und Evangelisation weithin nicht mehr in einem geografischen Sinn differenziert und auch nicht von ihrer jeweiligen Zielgruppe her definiert.

Der Begriff »Evangelisation« ist abgeleitet vom neutestamentlichen *euangelizzesthai,* was so viel heißt wie »das Evangelium verkündigen«. Solches Verkündigen des Evangeliums geschieht aufgrund der Sendung der an das Evangelium Glaubenden in die Welt. In der Evangelisation wird die missionarische Dimension der Kirche als ein Sprechen über den Glauben, als Einladung zum Glauben, als Zeugnis für den Glauben konkretisiert. Evangelisation ist also »eine Form der Mission. Sie erhält durch ihre Zuordnung zur Mission ihre Weite. Umgekehrt erhält durch die Evangelisation die Mission ihre Spitze.« [19]

Gründet Evangelisation auf der Mission, auf dem Auftrag der Kirche, so ist sie kein subjektiven Bedürfnissen entspringendes Handeln der Kirche, sondern vielmehr Antwort auf das vorgängige Wirken Gottes, auf seine Zuwendung zu uns Menschen. Deshalb wird auch Evangelisation nicht motiviert von den Selbstwidersprüchen des Menschen, »sondern von dem diesen Selbstwidersprüchen begegnenden Widerspruch Gottes, der ihm in seiner Güte zugewandt ist und ihn sucht, damit er nicht verloren geht.«[20] Von daher ist es eine schlimme Deformation, wenn Evangelisation als Indoktrination missbraucht wird, indem die Adressaten mit zweifelhaften Praktiken »bearbeitet« werden. »Ein missionarischer Hammer ist ein Unding«[21], stellt Eberhard Jüngel lakonisch fest. Nicht zertrümmern, sondern aufrichten, nicht zerstören, sondern heilen, nicht spalten, sondern versöhnen – das muss die

---

[19]   Evangelisation und Mission, 14.

[20]   A. a. O., 49 f.

[21]   Eberhard Jüngel, Referat zur Einführung in das Schwerpunktthema. – In: Leipzig 1999. Bericht über die vierte Tagung der neunten Synode der Evangelischen Kirche in Deutschland vom 7. bis 12. November 1999. Ausgeliefert durch das Kirchenamt der EKD in Hannover 2000, (174–194) 180.

Absicht von Evangelisation sein. Ziel aller Evangelisation ist es, dass Menschen zur Erkenntnis der Wahrheit finden, die frei macht.

In diesem von mir skizzierten Sinn zeichnet sich hinsichtlich der Zuordnung von Mission und Evangelisation inzwischen ein weitgehender Konsens ab – nach Jahren schlimmster Verwerfungen. Ebenso ist es inzwischen Konsens, dass Mission und Evangelisation nicht als besondere Handlungs- oder Aktionsformen der Kirche neben anderen, sondern als Grunddimension von Kirche zu verstehen sind. Es hat sich die Erkenntnis durchgesetzt, dass die Mission der Kirche begründet ist in der Mission Gottes selbst, in der *missio Dei*. Gott hat sich selbst zur Welt in Beziehung gesetzt. Er kennt keine Schwellenängste, vielmehr sendet er seinen Sohn in die Welt. In dieser Sendung Gottes hat kirchliche Mission ihren Grund, und so ist es ganz sachgemäß, dass wir bei der Einführung jeder kirchlichen Mitarbeiterin, jedes Mitarbeiters die Worte Christi aus dem Johannesevangelium sprechen: »Gleich wie mich der Vater gesandt hat, so sende ich euch« (Joh 20,21). Gegründet auf die Mission Gottes nimmt Kirche als missionarische Kirche ihren Grundauftrag wahr, den die Barmer Theologische Erklärung in ihrer 6. These so unübertroffen klar formuliert hat, nämlich »die Botschaft von der freien Gnade Gottes allem Volk auszurichten«[22]. An der missionarischen Leidenschaft, mit der eine Kirche all ihr Handeln an diesem Auftrag ausrichtet, ist die Lebendigkeit einer Kirche abzulesen. Deshalb ist nochmals Eberhard Jüngel zuzustimmen, wenn er auf der EKD-Synode formulierte: »Wer an einem gesunden Kreislauf des kirchlichen Lebens interessiert ist, muss deshalb auch an Mission und Evangelisation interessiert sein ... (W)enn Mission und Evangelisation nicht Sache der ganzen Kirche ist oder wieder wird, dann ist etwas mit dem Herzschlag der Kirche nicht in Ordnung.«[23]

2.1.2   *Zeugnis und Dienst*

Geht es aber bei Mission und Evangelisation um eine Grunddimension kirchlichen Handelns, dann ist es wichtig, dass diese Dimension in vielfältigsten Formen Gestalt gewinnt. Ist die Gemeinde – wie Paulus im 2. Korintherbrief einmal sagt (2 Kor 3,2f) – ein mit dem Geist Gottes geschriebener lebendiger Brief Christi, der von allen Menschen gelesen werden soll, dann müssen alle Gaben in der Gemeinde Christi beim missionarischen Briefeschreiben genutzt werden. Dann darf und kann es keine Trennung zwischen missiona-

---

[22]   Die Barmer Theologische Erklärung (1934), These VI. – In: Bekenntnisschriften der Evangelischen Landeskirche in Baden, Karlsruhe; 9. neu bearbeitete Auflage 1995, (141–146) 145f.

[23]   Eberhard Jüngel, Referat zur Einführung in das Schwerpunktthema. – In: Leipzig 1999, 175.

risch-evangelistischem und sozial-diakonischem Handeln, zwischen Zeugnis und Dienst geben. Dann darf die zum Glauben einladende Verkündigung nicht ausgespielt werden gegen das soziale, politische und prophetische Engagement der Kirche, der Gottesdienst nicht gegen die Diakonie, das verkündigende nicht gegen das lehrende, unterweisende und die Versöhnung feiernde Handeln der Kirche. Vielmehr müssen alle diese Handlungsformen als komplementäre, d. h. sich ergänzende Gestaltungen der missionarischen Grunddimension von Kirche verstanden werden.

Auf diesem Hintergrund bekommt die Neustrukturierung der theologischen Referate im Evangelischen Oberkirchenrat, die in Aufnahme eines synodalen Auftrags im Dezember letzten Jahres vom Kollegium des Evangelischen Oberkirchenrats beschlossen wurde und die derzeit umgesetzt wird, auch einen theologisch-ekklesiologischen Sinn. Bei unseren Beratungen standen wir vor folgender Alternative: Entweder sollte die im Amt für Missionarische Dienste verortete sogenannte »Volksmission« mit der Äußeren Mission in einem Referat zusammengefasst werden. (Diese Lösung wäre wegen der damit verbundenen Aufhebung der überkommenen Zielgruppendifferenzierung im Missionsbegriff *auch* sinnvoll gewesen.) Oder es galt, Mission und Ökumene zum Feld der Diakonie – und hierbei besonders zur ökumenischen Diakonie – in Verbindung zu setzen. Das Kollegium des Evangelischen Oberkirchenrats hat sich für Letzteres entschieden, nicht zuletzt auch deshalb, weil damit deutlich wird, dass auch die Diakonie der Kirche unter der Perspektive der Mission Gottes zu sehen ist. Ist Evangelisation das missionierende Zeugnis des Wortes, so geht es bei der Diakonie um das missionierende Zeugnis der Tat. Wort- und Tatzeugnis sind nicht voneinander zu trennen. Dieser enge Zusammenhang von Wort- und Tatzeugnis wird aber nur erkennbar, wenn einerseits die von der Mission Gottes her lebenden Gemeinden ihre diakonischen Aufgaben als unverzichtbaren Teil ihres missionarischen Auftrags wahrnehmen und andererseits die diakonischen Einrichtungen und die dort Mitarbeitenden für die missionarische Dimension ihrer Arbeit offen sind. In den letzten Jahren war die diakonische Arbeit stark geprägt vom Hang zur Spezialisierung und Professionalisierung der einzelnen Arbeitsfelder. Dies hat dazu geführt, dass viele Gemeinden ihre diakonische Verantwortung an Spezialisten delegiert haben. Jetzt gilt es, die diakonische Kompetenz der Gemeinden neu zu stärken und die missionarische Qualität diakonischen Handelns wieder bewusst zu machen. Ich erhoffe mir von der vorgenommenen Eingliederung der Abteilung »Mission und Ökumene« in das Referat 5, dass die missionarische Grunddimension unseres Kircheseins im Tatzeugnis unserer Kirche deutlicher zum Ausdruck kommt.

2.1.3   Sprachfähigkeit im Glauben

Was aber ist grundlegend zu beachten bei der Gestaltung von Mission und Evangelisation? Zunächst sind gesellschaftliche Rahmenbedingungen zu benennen, unter denen sie heute geschehen. Da ist zum einen auf die Marktsituation hinzuweisen, auf die sich Kirche auch in ihrem missionarisch-evangelistischen Handeln einlassen muss. Wir wissen es genau: Das Evangelium ist keine Ware und doch muss es auf den Markt, um wahrgenommen zu werden. Wir wissen es genau: Ohne Attraktivität werden wir das Evangelium nicht zu den Menschen bringen können, aber wo liegt die Attraktivität eines Zuspruchs der Gnade, der gleichzeitig Anspruch auf das ganze Leben ist? Und schließlich wissen wir es genau: Ohne eindringliches Erleben – Rudolf Otto, ein leider viel zu wenig beachteter Theologe zu Beginn unseres Jahrhunderts, sprach vom Erleben des *tremendum* und des *fascinosum* –, ohne dieses Erleben werden Wirkungen bei Menschen kaum (noch) erreicht und doch ist Glaube mehr als ein punktuelles Erlebnis.[24] Wie kann er unter den Bedingungen einer Erlebnisgesellschaft erfahrbar gemacht werden? Mission und Evangelisation in der Erlebnisgesellschaft erinnern uns an ein nicht aufzulösendes Spannungsverhältnis der Theologie: Der Glaube gründet nicht auf Erfahrung, aber er macht Erfahrungen. Der Glaube basiert nicht auf Gefühlen und doch bezieht er die Welt der Gefühle mit ein. Der Glaube lebt nicht vom Erleben und doch will und muss er erlebt und gelebt werden.

Mit dem Blick auf die gesellschaftlichen Rahmenbedingungen von Mission und Evangelisation und den damit aufbrechenden Fragen taucht ein Grundproblem auf, das ich als zentral ansehe: Mission im eigenen Land war bisher so wenig im Blick, dass Christinnen und Christen bei uns das Reden von Gott in der Welt kaum eingeübt haben. Schweigen und Sprachlosigkeit sind inzwischen gewohnte Verhaltensmuster. Was haben wir nur in unserer theologischen Ausbildung, in unserer Religionspädagogik, in unserer Verkündigung, in unserer Erwachsenenbildung falsch gemacht, dass so viele unserer Gemeindeglieder nicht in der Lage sind, über ihren Glauben zu sprechen! Welch eine Sprachlosigkeit im Glauben, die nicht selten auch überdeckt wird durch theologische Gelehrsamkeit!

Es ist ja mit Händen zu greifen, dass es uns als »Kirche des Wortes« weithin buchstäblich die Sprache verschlagen hat. Ich möchte nicht im Einzelnen auf die Ursachen eingehen, die sind vielschichtig. Aber eines scheint mir klar zu sein: Die Sprachlosigkeit ist auch eine Folge eines berufsspezifischen Wahrnehmungsdefizits von uns Theologinnen und Theologen von dem, was

---

[24]   Vgl. Rudolf Otto, Das Heilige, Stuttgart-Gotha ¹¹1923, 5ff., 38ff.

in der Alltagswelt unserer Gemeindeglieder und darüber hinaus geschieht. Auch müssen wir begreifen, dass Sprache weit mehr ist als das gesprochene und gedruckte Wort. Sprache ist vielmehr die Summe der Worte, Zeichen und Rituale, die Erfahrungen und Erkenntnisse auszudrücken vermögen. Auch ein Kirchengebäude predigt, und oft sind solche »stummen Predigten« weitaus wirkungsvoller als die mit Wortgewalt gehaltenen.

Angesichts der weit verbreiteten Sprachlosigkeit in unserer Kirche ist es wichtig, dass wir (wieder) lernen, zentrale Inhalte unseres Glaubens elementar zur Sprache zu bringen. Das wird unsere vorrangigste Aufgabe auf der Schwelle zum 3. Jahrtausend, mit Schwestern und Brüdern zusammen neu eine Sprache des Glaubens zu lernen – im Hören auf die Sprache der Bibel. Hier genau liegt dann auch die Schnittstelle zu meinem letztjährigen Bericht zur Lage, denn aus der Sprache der Bibel eine eigene Sprache des Glaubens zu entwickeln, ist nicht möglich ohne die Arbeit des Übersetzens. Erst wenn wir mit dem Kopf und mit dem Herzen verstanden haben, was wir in der Bibel lesen, werden wir auch aussprechen können, was wir von der biblischen Botschaft her glauben. Wir müssen neu eine Sprache des Glaubens lernen, welche die sehnsüchtige Suchbewegung des Glaubens und des Lebens aufnimmt und die deshalb in der Lage ist, andere mitzunehmen auf die Suche nach dem Heil. Wir müssen eine Sprache des Glaubens lernen, bei der wir selbst als Suchende suchenden Menschen zu Begleiterinnen und Begleitern auf dem Weg des Glaubens werden. Wir müssen eine Sprache des Glaubens lernen, bei der wir – wie Fulbert Steffensky es ausgedrückt hat – »als Bettler dem andern Bettler sagen, wo es etwas zu essen gibt«.[25]

Der Kundgebungstext der EKD-Synode weist uns den Weg zum Erlernen einer solchen Sprache des Glaubens, indem er von einem lebensgeschichtlichen Ansatz ausgeht: »Kommt her, höret zu; ich will erzählen, was Gott an mir getan hat.«[26] Diese Worte aus Ps 66,16 stehen am Anfang des Kundgebungstextes. Genau mit einem solchen Erzählen vom Glauben beginnt Mission: »Gott hat Großes an uns getan.« Davon haben wir in der Kirche zu erzählen. Die Bibel ist voller Geschichten vom Glauben. Unsere Kirche ist voller Geschichten vom Glauben, die es einander zu erzählen gilt. Mission und Evangelisation sind nicht möglich ohne lebensgeschichtliche Glaubenserfahrung. Wenn wir etwas zu erzählen haben von der Gnade Gottes, dann legen wir mit solchem Erzählen Rechenschaft ab über die »Hoffnung, die in uns ist« (1 Petr 3,15).

---

[25]   Vgl. Fulbert Steffensky, Das Haus, das die Träume verwaltet, Würzburg 1998.

[26]   Kundgebungsentwurf »Reden von Gott in der Welt – Der missionarische Auftrag der Kirche an der Schwelle zum 3. Jahrtausend« (Leipzig 1999). – In: epd-Dokumentation 49/1999.

Wenn wir etwas zu erzählen haben von unserem Glauben, dann bekommen wir »erleuchtete Augen des Herzens« (Eph 1,18f). Wer Erfahrungen des Glaubens gemacht hat, kann nicht stumm bleiben. Wer glaubt, hat etwas zu erzählen von der Güte Gottes. Wer glaubt, kann deshalb den Menschen gütige Zusagen Gottes zusprechen: »Du bist ein wunderbares Wesen. Du bist nicht verloren. Du bist zur Freiheit befreit.« Solche Zusagen fördern eine Kultur der Bejahung, der Wahrhaftigkeit und der Aufklärung. Mit dieser dreifachen Zusage bekommt missionarisches Handeln ein deutliches protestantisches Profil.

Kirche als Sprachschule im Glauben – wenn wir uns an diesem Ziel ausrichten, dann verändert sich die Gestalt unserer Kirche. Dann sind wir auf dem besten Weg zu einer Beteiligungskirche. Dann tauchen am Horizont neue Pfarrerbilder auf, denn in dieser Sprachschule können auch wir Theologinnen und Theologen bei manchen lebenserfahrenen Ehrenamtlichen in die Schule gehen. Warum dann nicht eine Differenzierung des pfarramtlichen Dienstes? Warum dann nicht eine Ordination besonders befähigter und erfahrener Nichttheologinnen und Nichttheologen in den Verkündigungsdienst? Warum dann nicht ein zweites berufliches Standbein für Pfarrerinnen und Pfarrer mit halbem Deputat oder für jene, die wir im Augenblick nicht übernehmen können, in einigen Jahren aber vielleicht schon brauchen? Könnte eine solche Verortung in einem weltlichen Beruf nicht eine Erweiterung von Lebens- und Glaubenserfahrung bedeuten und auch neue Zugänge zu Menschen in ihrer Berufswelt erschließen? Wohlgemerkt, das ist kein Kurzzeitprogramm. Manches, was ich in dieser Richtung gesagt habe, wurde so missverstanden und hat Ängste ausgelöst. Aber wenn wir eine Beteiligungskirche wollen, dann wird das auch nicht ohne Auswirkungen auf das Bild und die Rolle von Pfarrerinnen und Pfarrern geschehen können.

Warum nicht auch ein stärkeres Einbeziehen des Glaubenszeugnisses von Gemeindegliedern in das Predigtgeschehen? Was hindert uns, das Priestertum aller Gläubigen auch in starker Mitbeteiligung der Nichtordinierten an der Verkündigung unserer Kirche praktisch werden zu lassen? Sind es vielleicht nicht nur theologische Bedenken gegen eine Aufweichung unseres Ordinationsverständnisses, sondern vielleicht auch unbewusste Ängste vor dem Verlust mancher Privilegien von uns Hauptamtlichen? Ich jedenfalls bin davon überzeugt, dass wir als Kirche hinsichtlich von Mission und Evangelisation nur weiterkommen, wenn wir das Glaubenszeugnis im Alltag der Welt und in unseren Gottesdiensten viel deutlicher und klarer als das gemeinsame Zeugnis aller Getauften darstellen und dabei bisherige Schwellen zwischen Ordinierten und Nichtordinierten überwinden.

2.1.4 Mission im Dialog

Bei solchem missionarisch-evangelistischem Handeln aller Getauften wird es darauf ankommen, dass wir endlich die unselige Alternative »Mission oder Dialog« überwinden. Bei Mission und Evangelisation geht es um ein »Arrangement auf Augenhöhe«, um die Fähigkeit zum Mitleben mit anderen, um die Kunst der Konvivenz, um einen Begriff von Theo Sundermeier aufzugreifen.[27] Mission und Evangelisation können nicht geschehen ohne die eigene Wahrheitsgewissheit, die Grundlage jeder Überzeugungskraft ist. Sie können aber auch nicht geschehen ohne die Bereitschaft zur Wahrheitsanerkennung, die davon ausgeht, dass mein Gegenüber auch Wahrheit vertritt, aus der ich Gottes Stimme vernehmen kann. Auch in der Stimme Ungläubiger kann mir eine prophetische Stimme entgegentreten. Das lehrt uns nicht nur die Erfahrung, das lehren uns all jene biblischen Erzählungen, die vom Glauben der Ungläubigen oder vom gottgefälligen Wirken der Heiden berichten. Wie sonst hätte der Prophet den Perserkönig Kyros als Messias bezeichnen können (Jes 45,1)! Wie sonst hätte Bileam als Gottesbote wirken können (4. Mose 22,1ff)! Wie sonst hätte der Hauptmann von Kafarnaum (Joh 4, 53) oder der Hauptmann unter dem Kreuz (Mk 15,39) zum Glaubenszeugen werden können! Deshalb gehört der Dialog, das Hören auf die Wahrheitsansprüche der anderen genauso zur Mission wie das Gewiss-Sein in der eigenen Wahrheitserkenntnis.

An dieser Stelle möchte ich auf eine Kontroverse eingehen, die seit einiger Zeit vor allem in Baden-Württemberg mit großer Heftigkeit geführt wird: ich meine die Debatte um die Legitimität der sogenannte »Judenmission«.[28] Das Kollegium des Evangelischen Oberkirchenrats hat im vergangenen Jahr in Gesprächen mit Vertretern des Evangeliumsdienstes in Israel (EDI) und unseres landeskirchlichen Arbeitskreises »Kirche und Israel« die Frage der Judenmission behandelt. Mir ist in diesen Gesprächen klargeworden, dass

---

[27] Vgl. z. B. Theo Sundermeier, Konvivenz als Grundstruktur ökumenischer Existenz heute. – In: Wolfgang Huber, Dietrich Ritschl und Theo Sundermeier, Ökumenische Existenz heute, Band 1, München 1996, 49–100.

[28] In der Grundordnung der badischen Landeskirche heißt es: »Die Evangelische Landeskirche in Baden will im Glauben an Jesus Christus und im Gehorsam ihm gegenüber festhalten, was sie mit der Judenheit verbindet. Sie lebt aus der Verheißung, die zuerst an Israel ergangen ist, und bezeugt Gottes bleibende Erwählung Israels. Sie beugt sich unter die Schuld der Christenheit am Leiden des jüdischen Volkes und verurteilt alle Formen der Judenfeindlichkeit« (Art. 3). Vgl. Markus Mühling (Hg.), Biblische Personen, damals und heute. Mit Beiträgen von Jürgen Kegler und Michael Nüchtern, Grundwissen Christentum Band I, Göttingen 2008.

der Begriff »Judenmission« ein gänzlich unbrauchbarer Begriff ist, denn er suggeriert schlicht eine Parallelität des Volkes Israel mit den sogenannten Heiden und verkennt dabei die tiefe innere Verbundenheit der Christenheit mit dem Judentum und er weckt Assoziationen an eine unheilvolle Geschichte gewaltsamer Judenbekehrung. Kürzlich hat sich die Evangelisch-Theologische Fakultät der Universität Tübingen dafür ausgesprochen, auf den belasteten Begriff »Judenmission« zu verzichten, weil er in seiner Missverständlichkeit die Verständigung zwischen Juden und Christen erschwere.[29] Das, was heute in kleinen missionarisch-evangelistisch arbeitenden Gruppierungen geschieht, wenn Juden sich im Bekenntnis zu Jesus Christus taufen lassen, dabei aber weiterhin in ihrem Selbstverständnis Juden bleiben, hat nichts zu tun mit der grausamen Praxis der Zwangsmissionierung von Juden. Mit dem polemischen Etikett der »Judenmission« soll eine in meinen Augen keineswegs verwerfliche Glaubenspraxis denunziert werden, nämlich das christliche Glaubenszeugnis gegenüber Juden, das auf jede Nötigung verzichtet, welches vielmehr das Subjekt- und Personsein der Juden ebenso ernst nimmt wie den Auftrag Christi zum Zeugnis des Glaubens vor aller Welt. Die Tübinger Fakultät hat Recht, wenn sie feststellt, dass die Bezeugung des Evangeliums gegenüber Juden und gegenüber der Gesamtheit der Nicht-Christen von Anfang an zur Kirche gehörte und vom Christsein selbst unablösbar ist. Es ist unbestritten, dass die Geschichte des Holocaust uns Deutschen zu ganz besonderer Zurückhaltung im Glaubensgespräch mit Juden nötigt. Aber darf die grausame Unrechtsgeschichte der Christenheit gegenüber dem Judentum uns wirklich dazu nötigen, unser Glaubenzeugnis den Juden vorzuenthalten? Würden wir nicht als Kirche unsere eigene Herkunft verleugnen, wenn wir das Evangelium Israel gegenüber verschweigen wollten?

Mission im Dialog – in dieser Hinsicht haben wir noch manches zu lernen, nicht nur im jüdisch-christlichen Dialog. Wir haben zu lernen, das unverbindliche Palavern über den Glauben ebenso zu überwinden wie das unduldsame und Menschen auf vermeintlichen Unglauben festlegende Urteilen, das sich einem echten Dialog verschließt. Mission und Evangelisation müssen dialogischen Charakter haben, denn sie zielen auf freie Zustimmung des anderen, der anderen. Wer sich missionierend dem Dialog verweigert, verleugnet den Geist Gottes, der ein Geist der Liebe ist.

---

[29] Gutachten der Evangelisch-Theologischen Fakultät der Eberhard Karls Universität Tübingen zum Verhältnis von Juden und Christen vom 23. Februar 2000.

2.2   SCHWELLENÜBERSCHREITUNGEN IN UNSERER LANDESKIRCHE

Worin missionarisch-evangelistische Schwellenüberschreitungen im Schwellenjahr 2000 ihre theologische Begründung haben, haben wir bedacht und was bei ihrer Gestaltung zu beachten ist, habe ich dargelegt. Wie sie in unserer Landeskirche vollzogen werden, möchte ich im zweiten Teil meines Berichts skizzieren. Damit will ich uns allen die Augen öffnen für die unzähligen Chancen und den ungeheuren Reichtum missionarisch-evangelistischer Arbeit in unserer Kirche.

2.2.1   *Missionarische Bewegung als Gebetsbewegung*
Ich tue dies, indem ich zunächst noch einmal die Brücke schlage zu meinen vorangegangenen Ausführungen. Alles Ringen um Erweiterung unserer missionarisch-evangelistischen Kompetenz wird wirkungslos bleiben, wenn wir uns nicht mit diesem Ringen hineinnehmen lassen in die Mission Gottes. Das kann aber nicht anders geschehen als im suchenden Gebet zu dem uns suchenden Gott. Suchende Menschen sind betende Menschen. Quelle allen missionarischen Handelns ist es, dass Gott uns gesucht hat und wir uns deshalb auf die Suche nach Spuren seiner Gegenwart in unserer Welt machen. Die von uns verlangte Suchbewegung des Glaubens muss auch zur Gebetsbewegung werden, wie etwa der Weltgebetstag der Frauen, dessen 50. Geburtstag wir im vergangenen Jahr in Karlsruhe mit 700 Frauen feierten, eine solche Gebetsbewegung ist.

Die missionarische Bewegung einer Kirche muss in ihrem Kern und zuallererst eine Bewegung sein, bei der wir nicht nachlassen zu beten: »Dein Reich komme« (Mt 6,10). Wenn das Kommen Gottes in diese Welt und das Kommen seines Reiches zu allen Menschen uns ein Gebetsanliegen wird, dann wird es auch unser Handeln leiten. So ist das Allerwichtigste, dass wir in unseren Kirchen und Häusern Räume des Gebets zur Verfügung stellen. Es ist uns aufgegeben, ohne falsche Zurückhaltung die Schwelle hin zum Einüben neuer Formen der Gebetspraxis zu überschreiten, um die Welt ins Gebet zu nehmen und Netzwerke des Betens zu schaffen als Basis unseres missionarischen Handelns.

2.2.2   *Die missionarischen Chancen im Alltag der Gemeinden*
Als zweites nehme ich unseren normalen Gemeindealltag mit seinen Möglichkeiten in den Blick. Wie viele Gemeinden gibt es doch in unserer Landeskirche, deren Leben eine große missionarische Kraft ausstrahlt! Da werden in intensiver Besuchsdienst- und Hauskreisarbeit, in Nachbarschaftstreffen und Kindergartenelternarbeit Menschen angesprochen, die bisher nicht in einem lebendigen Kontakt zum Gemeindeleben standen. Da gibt es zahllose

Amtshandlungen, deren missionarische Chance wieder neu entdeckt wird, indem etwa die Betroffenen in deren Mitgestaltung einbezogen werden. Die neue Beerdigungsagende, die wir in unserer Synode beraten werden, gibt dazu hervorragende Anregungen.[30] Durch intensive Taufelternarbeit wird die Taufe neu für die Gemeinde entdeckt und durch die Kasualie der Tauferinnerung ein zusätzlicher Anknüpfungspunkt zur Kirche geschaffen. Da werden neue lebensgeschichtlich, orts- und zeitgeschichtlich verortete Kasualien erprobt und damit kirchlich Distanzierte angesprochen. Da werden Gottesdienstmodelle für suchende Menschen – wie die Thomasmesse[31] – praktiziert, um all jenen eine Chance zu bieten, die sich mit dem Glauben der Kirche nur teilweise identifizieren können.

Als wichtigste Aufgabe aber liegt vor uns, die Hemmschwelle zu überwinden, die ganz normalen Gemeindegottesdienste als missionarische Chance wahrzunehmen. Der Sonntagmorgengottesdienst ist *de facto* längst zu einem Zielgruppengottesdienst geworden. Umso wichtiger ist es, neue zielgruppenorientierte Gottesdienste zu gestalten. Was Peter Bukowski in seiner Bibelarbeit beim Deutschen Evangelischen Kirchentag als Ausspruch seines Lehrers Helmut Tacke zitierte, enthält gewiss mehr als nur ein Körnchen Wahrheit: »Ich scheue mich, kirchenfremde Menschen, die zu mir in die Seelsorge kommen, zum Gottesdienst einzuladen, weil die Gefahr zu groß ist, dass sie kommen.«[32] Ist das Geschehen des Gottesdienstes wirklich offen für Kirchendistanzierte oder rechnen wir im Grunde gar nicht mehr damit, dass solche zu uns in den Gottesdienst kommen? Die Zielgruppe der kirchlich Distanzierten in den Blick zu bekommen, ist aber nicht nur eine liturgische Gestaltungsaufgabe, sondern auch eine homiletische Herausforderung: »Es gibt in unserer Kirche offenbar genügend bestärkende, begleitende und weiterführende Predigt des Evangeliums, aber zu wenig abholende, einladende und in den Glauben einführende Verkündigung, so dass Menschen persönlich zum Glauben gerufen, durch das Evangelium ergriffen und verändert werden.«[33]

---

[30]   Die Agende wurde am 25. Oktober 2001 von der Landessynode zur Einführung in der Landeskirche genehmigt: Agende für die Evangelische Landeskirche in Baden, Band IV, Bestattung, Evangelischer Oberkirchenrat Karlsruhe 2002.

[31]   Vgl. Evangelisation und Mission, 91–93.

[32]   Peter Bukowski, Bibelarbeit am 17. Juni. – In: Deutscher Evangelischer Kirchentag Stuttgart 1999. Dokumente. Hrsg. im Auftrag des Deutschen Evangelischen Kirchentages von Konrad von Bonin und Anne Gidion, Gütersloh 1999, 151 (vgl. auch a. a. O., 155). Zu Helmut Tacke vgl. ders., Glaubenshilfe als Lebenshilfe. Probleme und Chancen heutiger Seelsorge, Neukirchen-Vluyn, 2., durch ein Nachwort und Register erweiterte Auflage 1979.

[33]   Evangelisation und Mission, 16.

2.2.3   Kirchengebäude als evangelisierende Orte

Als Drittes lenke ich unseren Blick auf das, was uns allen als Erstes auffällt, wenn wir uns einem Dorf oder einer Stadt nähern. Ich meine unsere Kirchengebäude, die mit ihren Türmen weit ins Land hinein sichtbar sind. Viele unserer Kirchen sind Orte, die mit ihrer Aura verkündigend wirken. Um welche missionarischen Chancen bringen wir uns eigentlich, wenn wir unsere Kirchentüren die Woche über verschließen! Frau Christel Ruppert, die Vorsitzende des Diözesanrates, hat uns bei einer Synode in ihrem Grußwort zugerufen:»Macht die Kirchentüren auf!« Diesen Ruf zu beherzigen, wäre ein erster Schritt missionarischen Handelns. Wir müssen unsere Kirchenräume zum Sprechen bringen und müssen Menschen die Möglichkeit bieten, in unseren Kirchen fürbittend Kerzen zu entzünden! Und welche Möglichkeiten für Ausstellungen verschiedenster Art böten unsere Kirchen! Aber vielleicht ist das, worauf es ankommt, nur das Einfachste, nämlich, die Kirchen als »Haus der Stille« anzubieten für Menschen, die in der Unrast ihres Lebens nach Ruhepunkten für ihre Seele suchen. So können Menschen, ohne sich rechtfertigen zu müssen, jederzeit die Schwelle zur Kirche überschreiten.

2.2.4   Die missionarische Kraft der Kirchenmusik

Unterschätzen wir ferner nicht die missionarische Kraft der Kirchenmusik. Welch einen Schatz hält gerade die protestantische Kirchenmusiktradition bereit. Ganz besonders im Bach-Jahr 2000 ist dieser Schatz zu heben. Deshalb verdient das Projekt »Baden grüßt Bach« auch eine besondere Beachtung. Welch eine missionarische Chance liegt zum Beispiel darin, wenn an einem Karfreitag 1300 Menschen in der Heidelberger Heiliggeistkirche einer der großen Bach'schen Passionen gebannt lauschen, wenn hier vor allem junge Menschen angesprochen werden, die zu unseren Gottesdiensten kaum Zugang finden! Aber täuschen wir uns nicht: Auch die Sprache der Kirchenmusik ist in ihrem geistlichen Gehalt nicht mehr für alle Menschen erfassbar. Viel stärker müssten wir die Chance nutzen, bei Kirchenkonzerten durch das Sprechen kurzer, einprägsamer Texte elementare Glaubensinhalte zu vermitteln, um den geistlichen Gehalt der Kirchenmusik zu deuten. Hier gilt: »Verstehst du auch, was du *hörst*?«

Und übersehen, besser: überhören wir nicht, wie vielen Menschen durch die Kirchenmusik ein Zugang zum Glauben eröffnet wird, durch das Wirken der Haupt- und Nebenamtlichen in der Kirchenmusik, der Bläserinnen und Bläser in unseren Posaunenchören, der Sängerinnen und Sänger in den Kantoreien und Kirchenchören, der Bandleader und Chorleiterinnen und -leiter, der Mitarbeiterinnen und Mitarbeiter in Musikprojekten. In Anlehnung an ein Projekt des letzten Jahres mit dem Titel »Fenster zur Bergpredigt« sage ich: Kirchenmusik ist für viele Menschen ein Fenster zum Glauben. Aber auch hier müssen wir Neues wagen. Die traditionelle Kirchenmusik, die wir pflegen, ist das eine. Wir müssen aber auch wahrnehmen, dass die Gefühlswelt vor allem vieler junger Menschen sich in der modernen Pop- und Rockszene wiederfindet. Ein großer Teil dieser Musik ist viel frömmer als wir ahnen. Und wie viel Sehnsucht nach Beheimatung, nach Heil, nach Geliebtwerden wird da ausgedrückt! Wenn wir dieser modernen Musik nicht über die Schwelle der Kirchentür helfen, verschließen wir uns damit auch der Gedanken- und Gefühlswelt der meisten nach Sinn und Lebensglück suchenden jungen Menschen, verschließen wir anderen Fenster zum Glauben.

2.2.5 Sprachschule im Glauben

Missionarisch-evangelistisches Handeln der Kirche ist nicht möglich ohne Sprachfähigkeit im Glauben. Deshalb kommt eine besondere Bedeutung all jenen Projekten und Handlungsfeldern zu, in denen solche Sprachfähigkeit erworben wird. Natürlich denke ich da zunächst an die missionarischen Chancen des schulischen Religionsunterrichts und an die Arbeit in der außerschulischen Jugendbildung. Ich denke aber auch an Glaubenskurse für Jugendliche und an Jugendwochen, an Kindergottesdienste und Kinderbibelwochen, an die Weitergabe des Glaubens in Familie und Kindergarten und in diesem Zusammenhang an das vom Religionspädagogischen Institut inszenierte Projekt der »Runden Tische« zur religiösen Erziehung in Kindergarten, Familie und Gemeinde. Ich denke an die Chancen der Freizeitarbeit, also an Gemeindefreizeiten und Bildungsreisen, an Kinder- und Jugendfreizeiten, an Ältestenrüsten und Einkehrtage, an Campingkirche und Jugendcamps, an unsere Freizeithäuser und Tagungsstätten. Ich denke an den Religionsunterricht für Erwachsene und an die Gemeindeseminare »Christ werden – Christ bleiben«[34], an Bibelwochen und Bibelkurse, an Gemeindebibelseminare und an den »Grundkurs Glaube« oder den Schnupperkurs Bibel. Wie viele Sprachschulen im Glauben haben wir und damit wie viele Chancen eines missionarisch-evangelistischen Handelns unserer Kirche! Nur müssten wir noch beherzter die Schwelle von der Erwachsenenwelt hin zu den Kindern und Jugendlichen sowie von der Kerngemeinde hin zu den kirchlich Distanzierten überschreiten und deren Perspektive einnehmen.

---

[34] Vgl. Evangelisation und Mission, 86.111.

2.2.6   Die Mission der Tat

Nicht nur das Zeugnis des Wortes ist es, das kräftig missionarisch hineinwirkt in unsere Welt. Oftmals und für viele Menschen deutlicher noch ist es das Zeugnis der Tat. Die Schwelle zwischen Sozialdiakonischem und Missionarischem muss endlich abgebaut werden! Welch eine missionarische Wirkung geht doch von den Vesperkirchen in Mannheim und Pforzheim aus, von den Menschenrechts- und Asylgruppen in unserer Landeskirche, von den in Folge des Kosovo-Krieges eingerichteten Friedensgebeten, von der Arbeit all jener, die mit dem Konziliaren Prozess noch nicht kurzen Prozess gemacht haben. Welch eine missionarische Wirkung hat das »Schöpfungsfenster« von Schönau[35], die Solaranlage auf einem Kirchendach, mit der 38 Einfamilienhäuser mit Strom versorgt werden können. Solche Zeugnisse der Tat sagen oft mehr als viele Worte, aber sie bedürfen auch immer wieder der Deutung durch das Wort.

2.2.7   Mission als Einmischung in äußere Angelegenheiten

In diesen Zusammenhang gehört auch das missionarische Zeugnis, das unsere Kirche ablegt, indem sie sich einmischt in gesellschaftliche Debatten durch Beiträge, sei es einzelner ihrer Mitglieder, sei es bestimmter Institutionen wie Theologische Fakultät oder Evangelische Akademie. Besonders mit ihrer im Herbst 1999 durchgeführten Kampagne zur Bewahrung des Sonntagsschutzes hat die evangelische Kirche evangelisierend gewirkt.[36] In dieser Aktion und bei vielen anderen Anlässen haben wir für den Erhalt der Sonntagheiligung gestritten, haben den Sonntag als Zeugnis unseres Glaubens an Gott, den Schöpfer, und als eine temporale Gestaltwerdung der Rechtfertigungsbotschaft dargestellt. Mich hat immer wieder überrascht, dass wir mit dieser Botschaft keineswegs als rückständig angesehen wurden, sondern gerade Journalistinnen und Journalisten unser Anliegen verstanden. Mir ist in diesen Debatten – wie auch in meinen zahlreichen Besuchen bei den Chefredaktionen aller badischen Tageszeitungen – deutlich geworden, dass wir in unserer gesamten Publizistik, bei den Verkündigungssendungen in Rundfunk und Fernsehen, mit unserer Präsenz im Internet noch bewusster Schritte über die Kirchenschwelle hinaus in die Öffentlichkeit gehen müssen. Je profilierter, und das heißt: auf unsere biblische Tradition verweisend, wir uns als Kirche in öffentliche Debatten einbringen, desto aufmerksamer werden wir wahrgenommen.

---

[35]   Vgl. www.berg-kirche-schoenau.de.
[36]   Vgl. www.ekd.de/sonntagsruhe/aktuell/archiv_sonntagskampagne1999.html.

2.2.8 Evangelistische Projekte

Wenn ich jetzt über spezifisch evangelistische Projekte spreche, dann möchte ich zuallererst die im vergangenen Jahr im Kirchenbezirk Eppingen-Bad Rappenau durchgeführte Aktion »neu anfangen«[37] erwähnen, die mich sehr beeindruckt hat, weil es bei dieser Aktion gelungen ist, mit vielen Menschen einer Region über den Glauben ins Gespräch zu kommen. Gerade durch die Breite, in der diese Aktion angelegt werden kann, bietet sie gute Chancen einer aufsuchenden kirchlichen Arbeit, in deren Mittelpunkt nicht kirchliche Belehrung, sondern menschliche Begegnung steht. Begegnung sollte auch im Mittelpunkt stehen in jenen über 30 Gemeinden unserer Landeskirche, die sich vom 19. bis 25.3.2000 an der Evangelisationsveranstaltung ProChrist[38] beteiligt haben. Ich bin aus voller Überzeugung seit Jahren Mitglied des Kuratoriums von ProChrist, weil ich diese Form der medialen Vermittlung des Evangeliums als eine gute Möglichkeit für ökumenisch ausgerichtete Begegnungen vor Ort ansehe, wenngleich ich die Chancen, durch ProChrist bei uns kirchlich Distanzierte neu zu erreichen, eher skeptisch beurteile. Ähnliches mag für traditionelle Evangelisationswochen gelten, während dagegen Frühstückstreffen für Frauen und Männer offenkundig gut geeignet sind, neue Zielgruppen anzusprechen. Überhaupt scheint mir an der Zeit, dass nun die Frage, wie wir spezifische Angebote für Kirchendistanzierte entwickeln, neu aufgegriffen wird. Lasst uns hier die Schwelle der Ratlosigkeit und Bedenkenträgerei überschreiten. In diesem Zusammenhang betrachte ich die Impulse, die durch die anglikanische Church-Planting-Bewegung[39] und mehr noch durch den im November 1999 in Karlsruhe abgehaltenen Willow-Creek-Kongress zu uns gelangt sind, für sehr hilfreich. Ich möchte jetzt schon darauf hinweisen, dass die von der Synode zu verabschiedende neue Visitationsordnung[40] unserer Landeskirche genau darin auch eine missionarische Komponente aufweist, dass sie den Blick in besonderer Weise auf jene lenkt, die am Rande unserer Kirche stehend unscharfe Erwartungen an dieselbe oder jenseits dieses Randes ihre Erwartungen an Kirche bereits begraben haben. Die Visitation einer Gemeinde oder eines Bezirks bietet die Chance zur Evaluierung ihrer missionarischen Möglichkeiten

---

[37] Vgl. Evangelisation und Mission, 79–81.111.

[38] A. a. O., 84–86.111.

[39] A. a. O., 93–96.111.

[40] Kirchliches Gesetz über die Ordnung der Visitation. Vom 15. April 2000 (GVBl. S. 105), geändert am 19. April 2013 (GVBl. S. 106).

2.2.9   Die Kircheneintrittskampagne und der Leitsatz-Diskussionsprozess

Im Schlussteil meines Berichts nenne ich noch zwei landeskirchliche Projekte, deren missionarische Komponente oft unterschätzt wird. Eine Kirche, die den Anspruch aufgibt, wachsen zu wollen, ist in ihrer Substanz gefährdet, weil sie sich der Mission Gottes verweigert. Weil dies so ist, hat auch die Kircheneintrittskampagne[41] des zurückliegenden Jahres etwas mit Mission zu tun. Sie war selbst ganz gewiss keine missionarische Aktion, da es in ihr nicht primär um die Vermittlung des Glaubenszeugnisses und um Annahme desselben ging. Aber die Kircheneintrittskampagne mit dem erklärten Ziel eines Wachsens der Kirchenmitgliederzahl bildet die Basis dafür, dass wir Menschen wieder auf das Glaubensthema ansprechen können. Indem wir die materiellen und personellen Ressourcen der Kirche steigern und einen Kontakt zu den bisher der Kirche Entfremdeten herstellen, gewinnen wir die Basis für missionarisches Handeln. Insofern möchte ich die Kircheneintrittskampagne als eine pro-missionarische Aktion bezeichnen. Seit Sommer 1999 läuft in unserer Landeskirche die Diskussion künftiger Leitsätze.[42] Unter der Fragestellung »Was wir glauben« wollen wir das Glaubensthema wieder in den Mittelpunkt kirchlicher Debatten stellen. Unter der Fragestellung »Wer wir sind« versuchen wir das Verhältnis der Mitarbeiterinnen und Mitarbeiter zur Kirche zu klären, ihr Selbstverständnis zu stärken und zu profilieren. Und unter der Fragestellung »Was wir wollen« geht es um eine nachhaltige Verbesserung zielorientierten kirchlichen Handelns. Ich erhoffe mir von der Leitsatz-Diskussion vor allem eine Mentalitätsveränderung, die ich mit dem – zugegeben neumodischen – Schlagwort »vom Nischenbewusstsein zur Produktbegeisterung« beschreiben möchte. Wenn es gelingt, die Leitsätze einzubringen in engagierte Diskussionen an Stammtischen und in Gesangsvereinen, bei den Rotariern und in Hauskreisen, bei Kamingesprächen und bei Gesprächen in Freundeskreisen, dann wäre ein weiterer wichtiger Schritt zu einer missionarischen Existenz gegangen. Hier die Schwelle zu überschreiten heißt: endlich voller Selbstbewusstsein von unserem Glauben und unserer Kirche reden! Stattdessen sind es oft gerade missionarisch Begeisterte und

---

41   Vgl. www.ekiba.de/kampagne/index.html.

42   In den Jahren 1999 und 2000 wurden in der Landeskirche 34 »Leitsätze« unter drei Aspekten (I.1–9 »Was wir glauben«, II.1–14 »Wer wir sind« und III.1–11 »Was wir wollen«) in einem konziliaren Prozess entwickelt und am 1. Advent 2000 in den badischen Gemeinden veröffentlicht: Ulrich Fischer, Leitsätze und Kirchenbindung. Der Leitsatzprozess der Evangelischen Landeskirche in Baden als Beitrag zur Stärkung protestantischer *corporate identity*. – In: Reiner Marquard (Hg.), Mitten im Leben. Bischöfinnen und Bischöfe zur Zukunft des Protestantismus, Stuttgart 2003, (155–170) 161–163.

schmerzlich oft auch Hauptamtliche, die von der real existierenden Kirche höchst abfällig sprechen. Halten wir uns doch vor Augen: Wir sind als Kirche nicht zum Bedenkenträger, sondern zum Hoffnungsträger berufen, zum Träger der Hoffnung auf eine gute Zukunft Gottes mit den Menschen. Deshalb müssen wir auch ein »Ja« zur Kirche als Institution finden. Mit diesem »Ja« zugleich missionarische Kraft zu gewinnen, ist ein wichtiges Ziel des Leitsatz-Diskussionsprozesses.

Liebe Synodale, hoffentlich ist deutlich geworden, welche ungeheuren missionarischen Chancen wir in unserer Landeskirche haben. Ich will nicht schließen, ohne von Herzen allen in unserer Kirche zu danken, die diese Chancen beherzt nutzen und mit ihrem unermüdlichen Einsatz dazu beitragen, dass der Eifer Gottes für diese Welt im missionarischen Handeln unserer Kirche spürbar wird. Ich danke allen, die auf der Schwelle zum dritten Jahrtausend dem Auftrag Christi »Gehet hin!« ebenso folgen wie sie den sehnsüchtigen Ruf vieler Menschen »Kommt und helft uns!« hören. Ich danke allen, die im Wissen darum, dass Gott keine Schwellenängste kennt, immer wieder zu Schwellenüberschreitungen bereit sind. Möge Gottes Geist in unserer Kirche wehen, so dass mehr und mehr Menschen entdecken, wie in der Kirche Jesu Christi Taten sprechen und Worte wirken können – zum Lobe Gottes und zum Heil der Welt.

3 »MIT ALLEN CHRISTEN IN DER WELT BEFREUNDET« – ÖKUMENISCHE HERAUSFORDERUNGEN FÜR DIE EVANGELISCHE LANDESKIRCHE IN BADEN[43] (2001)

Nach Überlegungen vor zwei Jahren zur hermeneutischen Aufgabe der Kirche und nach meinen Ausführungen zur missionarischen Herausforderung an der Schwelle zum dritten Jahrtausend will ich heute ein Plädoyer halten für eine vom Evangelium gebotene und für die Glaubwürdigkeit unseres Christseins notwendige ökumenische Existenz unserer Kirche.

3.1 EVANGELISCH ÖKUMENISCH AUS GUTEM GRUND

Ich beginne mit einem Zitat: »Solcherweise einig in sich und mit allen Christen in der Welt befreundet, erfreut sich die evangelisch-protestantische Kirche im Großherzogtum Baden der Glaubens- und Gewissensfreiheit.« Diesen Satz aus § 10 der Unionsurkunde zitieren wir in Baden gern mit einem gewissen Stolz, lässt er doch eine bereits in der Union von 1821 begründete ökumenische Grundausrichtung erkennen.[44] Aber bekanntlich verpflichtet nicht nur Adel, sondern auch stolze Worte verpflichten. Ökumenischer Stolz muss auch im Alltag der Kirche in ökumenischem Denken und Handeln Realpräsenz gewinnen. Sonst wird das mit Stolz Gesagte zur hohlen Phrase.

Eine evangelische Kirche kann nur ökumenisch ihr Christsein leben. Ich erinnere an das für christliches Bekennen zentrale Wort Christi aus dem Johannesevangelium: »Ich bin der Weg, die Wahrheit und das Leben, niemand kommt zum Vater denn durch mich« (Joh 14,6). Wenn wir bekennen, dass Jesus Christus die Wahrheit ist und wenn wir diesen Jesus Christus unseren Herrn nennen, dann haben wir Jesus Christus nicht. Dann haben

---

[43] Frühjahrstagung der Landessynode der Evangelischen Landeskirche in Baden, Bad Herrenalb, 26. April 2001.

[44] Bekenntnisschriften der Evangelischen Landeskirche in Baden, (19–27) 26.

wir auch nicht seine Wahrheit als Besitz. Wir haben nur soviel Anteil an der Wahrheit, inwieweit es uns gelingt, unserem Herrn zu folgen. Da Christus, unser Herr, uns immer voraus und unser Gehorsam ihm gegenüber immer nur ein unvollkommener ist, ist auch die von uns geglaubte Wahrheit immer größer als unser Glaube.

Weil dem so ist, ist niemand von uns, ist auch keine Kirche oder kirchliche Gruppe im Vollbesitz der Wahrheit Gottes. Deshalb kann es Kirchesein nicht anders geben als im lernenden Nebeneinander und Miteinander, wie es auch das Christuszeugnis von Anfang an nur gibt als das mehrstimmige Zeugnis vieler Zeugen – bis zurück zum mehrstimmigen Zeugnis der Evangelisten. Die plurale Gestalt der Kirche ist nicht ihr Sündenfall, sondern sachgemäßer Ausdruck der Tatsache, dass Gottes Wahrheit uns Menschen immer nur in Teilen geschenkt ist. Hat aber jede Kirche nur Anteile an der Wahrheit, so darf keine Kirche sich absolut setzen. Vielmehr muss sie nach dem sie mit anderen Kirchen Verbindenden suchen. Deshalb ist eine Kirche, die sich am Evangelium ausrichtet und darin evangelisch ist, auf das Zusammenleben mit anderen Kirchen, auf die Freundschaft mit ihnen und vor allem auf ökumenisches Lernen angewiesen, dies ganz besonders in einer Zeit der immer stärker werdenden wirtschaftlichen und gesellschaftlichen Globalisierung.

Ökumenisches Lernen macht uns fähig, den gemeinsamen Glauben der einer gemeinsamen Wahrheit verpflichteten Kirchen in einem vielstimmigen Chor zum Klingen zu bringen und so der Welt zu bezeugen. Mit allen Kirchen der Welt glauben wir »die eine, heilige, katholische (allgemeine) und apostolische Kirche«[45], d. h. wir wissen uns als Teil der weltumfassenden, so verstanden »katholischen« Kirche. Damit glauben wir, dass wir alle schon eins sind in Christus, auch wenn wir nicht einig sind über die Gestaltung dieser Einheit. »Wir sind nur dann evangelisch, wenn wir zugleich ökumenisch sind. Konfessionelle Selbstgenügsamkeit macht uns arm.«[46] Wir wollen und müssen unter Freunden voneinander lernen, um in der Vielfalt der Konfessionen die Einheit des Glaubens zu erfahren. Dabei sind die reformatorischen Kirchen davon überzeugt, dass – wie es die Leuenberger Konkordie sagt – »zur wahren Einheit der Kirche die Übereinstimmung in der rechten Lehre

---

[45] Das Glaubensbekenntnis von Nizäa-Konstantinopel. – In: Bekenntnisschriften der Evangelischen Landeskirche in Baden, 38f.

[46] Kundgebung der 9. Synode der Evangelischen Kirche in Deutschland auf ihrer 5. Tagung zum Schwerpunktthema »Eins in Christus. Kirchen unterwegs zu mehr Gemeinschaft«. – In: Braunschweig 2000. Bericht über die fünfte Tagung der neunten Synode der Evangelischen Kirche in Deutschland vom 5. bis 9. November 2000. Ausgeliefert durch das Kirchenamt der EKD in Hannover 2001, (518–530) 519.

des Evangeliums und in der rechten Verwaltung der Sakramente notwendig und ausreichend« ist.[47] So sehr also die Vielgestalt der Kirche zu ihrem Wesen gehört, so sehr muss sich die vielgestaltige Kirche um ihres glaubwürdigen Zeugnisses willen um Einheit bemühen. Diese Einheit zu fördern, ist Absicht und Ziel der ökumenischen Bewegung. Ökumene als Bemühung um das Sichtbarwerden der von Jesus gewirkten und gewollten Einheit ist Teil des Auftrags, der uns in der Nachfolge Jesu gegeben ist.Genau dies haben wir in unseren Leitsätzen aufgenommen, wenn wir dort sagen: »Wir sind getauft. Die Taufe verbindet uns mit den christlichen Kirchen auf der ganzen Welt.«[48] Deshalb wollen wir »eine ökumenische Gemeinschaft der Kirchen, in der die Vielfalt als Bereicherung erlebt wird«.[49]

Schön klingt all dies, aber es klingt auch gefährlich nach bloßem Lippenbekenntnis. Damit es aber nicht dabei bleibt, hat unsere Landeskirche die ökumenische Ausrichtung evangelischen Kircheseins aus gutem Grund in die Grundordnung aufgenommen, und es lohnt sich, einiges davon in Erinnerung zu rufen:

- Die Landeskirche steht in der Gemeinschaft der EKD und des Ökumenischen Rates der Kirchen (ÖRK). Als Unionskirche weiß sich die Landeskirche verpflichtet, »kirchentrennende Unterschiede zu überwinden und die in Christus vorgegebene Einheit der Kirche im Dienst an der Welt sichtbar werden zu lassen.«[50]
- »Die Landeskirche mit ihren Kirchenbezirken und Gemeinden ist zur ökumenischen Zusammenarbeit mit allen Kirchen und christlichen Gemeinschaften verpflichtet und bereit.«[51]
- »Die Landeskirche mit ihren Kirchenbezirken und Gemeinden ist zum Dienst an den evangelischen Minderheitskirchen und den evangelischen Christen in der Zerstreuung (Diaspora) verpflichtet.«[52]

---

[47]   In: Bekenntnisschriften der Evangelischen Landeskirche in Baden, (157-166) 157.
[48]   Leitsatz II.2.
[49]   Leitsatz III.8
[50]   Gesetz zur Neufassung der Grundordnung der Evangelischen Landeskirche in Baden (Grundordnung – GO 2008). Vom 28. April 2007 (GVBl. S. 81), Zweiter Titel. Ökumenische Beziehungen, Artikel 4, Abs. 2.
[51]   In der geltenden Fassung der GO heißt es im Ersten Abschnitt, Zweiter Titel. Ökumenische Beziehungen, Art. 4, Abs. 2: »Die Evangelische Landeskirche in Baden steht in der Gemeinschaft des Ökumenischen Rates der Kirchen. Mit ihm sucht sie die Zusammenarbeit mit allen christlichen Kirchen und Gemeinschaften.«
[52]   In der geltenden Fassung der GO heißt es im Fünften Abschnitt, Erster Titel, Art. 53, Abs. 3: »Durch die Zusammenarbeit mit dem Gustav-Adolf-Werk fördert die Landeskirche den Dienst an den evangelischen Minderheitskirchen und den Christen in der Zerstreuung (Diaspora).«

- Die Landeskirche mit ihren Kirchenbezirken und Gemeinden nimmt den Auftrag zur Weltmission wahr »durch das Evangelische Missionswerk in Südwestdeutschland und in Zusammenarbeit mit ... den Partnerkirchen in allen Erdteilen.«[53]
- Evangelisch ökumenisch sein aus gutem Grund. Das steht nicht zur Disposition. Das ist nicht nur das Gebot des Evangeliums. Das ist auch unser verfassungsmäßiger Auftrag als Evangelische Landeskirche in Baden.

3.2   FREUNDSCHAFT MUSS GEPFLEGT WERDEN – VON FREUNDEN LERNEN

Ökumene braucht, um gelebt zu werden, Räume der Begegnung. Wem ich nicht begegne, von dem kann ich nichts lernen. Die stetige Zusammenarbeit mit anderen christlichen Kirchen und Konfessionen in Deutschland, Europa und Übersee ist deshalb ebenso unaufgebbar für eine evangelische Kirche wie die Vermittlung von ökumenischen und weltmissionarischen Inhalten innerhalb unserer Landeskirche. Wie und mit welchen Instrumentarien wir diese ökumenischen Aufgaben künftig wahrnehmen können, darüber werden wir im Zuge der angelaufenen Konzentrationsdebatte nachzudenken haben, aber über die grundlegende Bedeutung des ökumenischen Austausches und des Voneinanderlernens darf es unter uns keinen Dissens geben.

Wie aber pflegen wir unsere ökumenischen Freundschaften, so dass ein Lernen von Freunden möglich wird? Zunächst einmal erinnere ich daran, dass in weiten Teilen Badens in den zurückliegenden 30 Jahren eine wirklich erstaunliche und für andere Teile Deutschlands überhaupt nicht selbstverständliche Normalität funktionierender Ökumene gewachsen ist. In unserer Region ist die evangelisch-katholische Ökumene besonders ausgeprägt. Gottesdienste und Amtshandlungen werden als Orte der Begegnung erfahren (siehe die Gemeinsame Erklärung der Erzdiözese Freiburg und der Evangelischen Landeskirche in Baden von 1999 unter dem Titel »Gottesdienst und Amtshandlungen als Orte der Begegnung«[54]). Nur hier in Baden gibt es eine

---

[53]   In der geltenden Fassung der GO heißt es im Fünften Abschnitt, Erster Titel, Art. 53, Abs. 1: »Zur Wahrung des missionarischen Auftrages gehört der wechselseitige Austausch in Zeugnis und Dienst und die Zusammenarbeit mit Partnerkirchen in der ganzen Welt, insbesondere mit denen, die im internationalen Missionsrat des Evangelischen Missionswerkes in Südwestdeutschland mitarbeiten.«

[54]   Ein Zeichen der Ermutigung und Vergewisserung auf dem Weg ökumenischen Lebens war eine vielbeachtete gemeinsame Erklärung, die das Erzbistum Freiburg und die Evan-

ökumenische Trauung nach dem Formular C.[55] Die Mitwirkung katholischer
Geistlicher bei Einführungen und Ordinationen ist fast ebenso normal wie die
ökumenische Gestaltung von Gemeindefesten und Jubiläen. Der alljährliche
ökumenische Gottesdienst des evangelischen Landesbischofs mit dem Frei-
burger Erzbischof bildet immer wieder einen besonderen Höhepunkt. Aus dem
Alltag vieler Gemeinden sind ökumenische Aktivitäten nicht mehr wegzuden-
ken: Bibelwochen, Weltgebetstag, Friedensgebete, gemeinsame Gottesdienste
auch an Sonntagen, Frühschichten mit Jugendlichen sind keine Seltenheit. Und
gerade nach der Veröffentlichung der nicht gerade ökumene-förderlichen Vatikan-Schrift *Dominus Iesus*[56] hat es bewegende Akte ökumenischer Solidarität
gegeben. Ja, wir können dankbar wahrnehmen: Ökumenisches Lernen findet
statt in der Normalität des gemeindlichen Alltags.

So möchte ich, dass wir immer weiter von den anderen Kirchen vor
Ort lernen, mit denen wir befreundet sind: Von den römischen Katholiken
und den Altkatholiken, den Methodisten und Baptisten, den Orthodoxen
und Anglikanern möchte ich Spiritualität und würdigen Umgang mit den
Sakramenten, gelebten Katholizismus (ohne Unterordnung unter Rom), bi-
belzentrierte Frömmigkeit, Liebe zur Liturgie und Freiheit des persönlichen
Glaubenszeugnisses lernen. Ja, von Freunden lernen – das bereichert, das
heißt: ökumenisch evangelisch sein.

Ich nenne weitere Möglichkeiten des ökumenischen Lernens vor Ort,
und zwar zunächst die zahlreichen Auslandsgemeinden auf dem Boden unserer Landeskirche. Solche Gemeinden, »in denen sich Menschen anderer
Herkunft und Sprache sammeln, sind eine Chance für ökumenische Begegnungen vor unserer Haustür. Sie brauchen die Gastfreundschaft und
Unterstützung der Gemeinden und Kirchen am jeweiligen Ort.«[57] Auch die

---

gelische Landeskirche in Baden unter dem Titel »Gottesdienst und Amtshandlungen als
Orte der Begegnung« 1980 zum ersten und 1999 zum zweiten Mal herausgegeben haben.
In dieser Schrift werden zu den Themen Gottesdienst, Taufe, Trauung, Salbung Kranker
und Bestattung jeweils in verständlicher Weise theologische Grundfragen dargestellt und
im Blick auf gemeinsame und trennende Ansichten Folgerungen für die Praxis gezogen.

[55]   Gemeinsame kirchliche Trauung. Formular C. Ordnung der Trauung für konfessionsverschiedene Paare unter Beteiligung der Pfarrer beider Kirchen. Korrigierte Fassung,
Freiburg und Karlsruhe o. J.

[56]   http://www.vatican.va/roman_curia/congregations/cfaith/documents/rc_con_
cfaith_doc_20000806_ dominus-iesus_ge.html. Vgl. epd Dokumentationen 39/2000,
40/2000, 43/2000 und 45/2000.

[57]   Kundgebung der 9. Synode der Evangelischen Kirche in Deutschland auf ihrer 5.
Tagung zum Schwerpunktthema »Eins in Christus. Kirchen unterwegs zu mehr Gemeinschaft«. – In: Braunschweig 2000, 528.

in unserem Land lebenden Migranten stellen für uns eine ökumenische Bereicherung und Herausforderung dar. Ich denke etwa an die Aussiedler aus Russland und Rumänien, an viele Christinnen und Christen in binationalen und bikulturellen Ehen, auch an Christenmenschen aus altorientalischen und orthodoxen Kirchen. Die Zahl der Menschen, welche sich zu Christus bekennen, aber aus anderen Ländern und Kulturkreisen zu uns gekommen sind, hat in Deutschland stark zugenommen. Die gebotene Zusammenarbeit mit Christinnen und Christen, Gemeinden und Kirchen anderer Sprache bedeutet eine neue Dimension von Ökumene und eine bislang in dieser Form nicht gekannte Gestaltungsaufgabe. Es geht im Zusammenleben mit Migranten darum, ihre Kulturen zu verstehen und als Bereicherung zu erfahren und sie nicht als Fremde abzuwehren. In der Überwindung trennender Grenzen zwischen Menschen unterschiedlicher Herkunft, im geschwisterlichen Umgang miteinander haben Kirchen eine Leit- und Vorbildfunktion. Hierauf wird der Rat der EKD in Kürze in einem umfangreichen Thesenpapier näher eingehen.[58]

Gehen wir einen Schritt weiter, indem wir die Schwesterkirchen in Europa in den Blick nehmen. Wie sehr uns in der Begegnung mit Partnerkirchen aus der Ökumene der Blick für unser eigenes Kirchesein geschärft werden kann, habe ich selbst im vergangenen Jahr durch meinen Besuch der evangelisch-reformierten Kirche in der Karpato-Ukraine begriffen: Diese bis 1989 für uns nahezu unbekannte Kirche, die übrigens im März dieses Jahres vom verheerenden Hochwasser der Theiß wieder schwer getroffen wurde, lebt davon, dass sie einen untrennbaren Zusammenhang von gottesdienstlichem Leben und Bildungsarbeit herstellt. Mich hat die Konzentration dieser Kirche auf den Ausbau eines reformierten Bildungs- und Schulsystems sehr beeindruckt. Mit ihrer umfassenden Bildungsarbeit will die Reformierte Kirche in der Karpato-Ukraine – in Aufnahme Melanchthon'scher Bildungsansätze – das Bild einer societas christiana entwickeln und mit diesem Bild zeugnishaft hineinwirken in die Gesellschaft. Der Gottesdienstbesuch in den Gemeinden liegt an allen Orten weit über 50%. Besonders beeindruckend ist das Beispiel eines Kirchenneubaus in einer kleinen Dorfgemeinde. Hier haben die Gemeindeglieder eine eigene Kirche mit ca. 200 Plätzen errichtet. Von den 280 Gemeindegliedern nehmen mehr als 150 sonntäglich am Gottesdienst teil. Diese Kirche im Aufbruch und ihre Konzentration auf das Miteinander von

---

[58] Zusammenleben gestalten. Ein Beitrag des Rates der EKD zu Fragen der Integration und des Zusammenlebens mit Menschen anderer Herkunft, Sprache oder Religion, EKD-Text 76, Hannover 2002.

Gottesdienst, Diakonie und Bildungsarbeit verdient unsere Beachtung und Unterstützung. Derzeit sind die Bedingungen für eine Stärkung des kirchlichen Lebens (noch) außerordentlich günstig, da das Vakuum staatlicher Macht Entfaltungsmöglichkeiten zulässt. Unsere Landeskirche unterstützt diese Kirche durch das Gustav-Adolf-Werk – Hauptgruppe Baden –, durch einen Teil der landeskirchlichen Kollekte für Kirchen in Europa und Übersee und weitere Beiträge wie die Kollekte eines Synodalgottesdienstes und eine Kollekte anlässlich der Kircheneinweihung in Lützelsachsen.

Und wie lernen wir von unseren Freunden in der weltweiten Ökumene? Zunächst einmal durch unsere ökumenischen Partnerschaften mit Kirchen, wie sie uns über das Evangelische Missionswerk in Südwestdeutschland ermöglicht und vermittelt werden; durch unsere Partnerschaften mit Kirchen, die in Afrika und Asien christlichen Glauben in ihrem Kulturkreis leben. Solche Partnerschaften lassen uns erkennen, wie stark Kirchen und ihre Glaubensäußerungen kontextuell geprägt und gebunden sind – in Übersee wie bei uns in Europa.

Weiter erwähne ich die seit 25 Jahren bestehenden Austauschprogramme, in deren Rahmen ökumenische Mitarbeiter unserer Partnerkirchen in unserer Landeskirche tätig sind. Kürzlich hat uns Pfarrer Rhee aus Südkorea im Kollegium des Evangelischen Oberkirchenrats zum Abschluss seiner Tätigkeit in unserer Landeskirche besucht. In seinem Bericht hat er beklagt, dass nach seiner Wahrnehmung Ökumene in unserer Kirche nicht etwas sei, »was auf der Haut brennt«, während er sie in seiner Heimatkirche als das erlebt hat, »was mit dem Wesen der Kirche zu tun hat«. Diese sehr kritische und gewiss zutreffende Analyse eines ökumenischen Mitarbeiters sollte uns Ansporn sein, die Chancen des ökumenischen Lernens beim Einsatz ökumenischer Mitarbeiterinnen und Mitarbeiter noch viel besser zu nutzen.

Schließlich möchte ich ein Lernfeld der Ökumene benennen, das für uns mit der »Dekade zur Überwindung von Gewalt« neu ins Blickfeld kommt.[59] Diese Dekade wurde am 4. Februar 2001 während der Sitzung des Zentralausschusses des ÖRK in Potsdam weltweit und für unsere Landeskirche am 11. Februar 2001 in Offenburg eröffnet. In unseren Leitsätzen hatten wir formuliert: »Wir treten in Verantwortung für die zukünftigen Generationen für Frieden, Gerechtigkeit und Bewahrung der Schöpfung ein.«[60] Die während der letzten Vollversammlung des ÖRK in Harare beschlossene Dekade wird auch ein Bewährungsfeld für die Einlösung dieses in unseren Leitsätzen Formu-

---

[59]   Vgl. www.gewaltueberwinden.org/de.html.
[60]   Leitsatz II.12.

lierten. Die EKD-Synode hat in ihrer Kundgebung Kirchen und Gemeinden aufgerufen, sich an dieser Dekade zu beteiligen.»In möglichst vielen Bereichen des Gemeindelebens, im Gottesdienst, im Unterricht, in Kindergärten oder in der Erwachsenenbildung müssen die Überwindung von Gewalt, die friedliche Konfliktschlichtung und der Aufbau einer Kultur des Friedens thematisiert werden.«[61] Auch brauchen wir Strategien zur Entfeindung in unserer Gesellschaft. Zur Überwindung von Gewalt in all ihren personalen und strukturellen Formen müssen wir als evangelische Kirche vom Evangelium her unseren Beitrag leisten. In diesen Tagen, in denen die BSE-Krise halb Europa erschüttert, ist uns auch die Gewalt, die wir Gottes Schöpfung antun, wieder neu und hoffentlich nachhaltig bewusst geworden. Ich habe dies mit meinem offenen Brief an die Gemeinden, besonders aber an die Bäuerinnen und Bauern aufgegriffen. Es ist meine Hoffnung, dass diese neue Dekade unserem etwas lahm gewordenen Engagement für Gerechtigkeit, Frieden und Bewahrung der Schöpfung neue Impulse geben kann.

3.3   STREIT UNTER FREUNDEN

Fast ist es schon in Vergessenheit geraten – das große ökumenische Ereignis des Jahres 1999: Am 31. Oktober 1999 gelang öffentlich und offiziell die Verständigung zwischen der römisch-katholischen Kirche und den Kirchen im Lutherischen Weltbund über die Rechtfertigungslehre.[62] Dieser Verständigung haben auch wir als unierte Landeskirche wie fast alle Landeskirchen der EKD zugestimmt. Damit ist eine neue Qualität der evangelisch-katholischen Beziehungen entstanden. In Augsburg wurde aber auch erklärt:»Unser Konsens in Grundwahrheiten der Rechtfertigungslehre muss sich im Leben und in der Lehre der Kirchen auswirken und bewähren.«[63] Was bedeutet dies für die kirchliche Praxis?

Zunächst möchte ich aufzeigen, was Verständigung nicht bedeuten kann, indem ich auf zwei ökumenische Holzwege eingehe, die im zurückliegenden Jahr beschritten wurden:

---

[61]   Kundgebung der 9. Synode der Evangelischen Kirche in Deutschland auf ihrer 5. Tagung zum Schwerpunktthema»Eins in Christus. Kirchen unterwegs zu mehr Gemeinschaft«. – In: Braunschweig 2000, 528f.

[62]   Lutherischer Weltbund und Päpstlicher Rat zur Förderung der Einheit der Christen, Gemeinsame Erklärung zur Rechtfertigungslehre. Gemeinsame offizielle Feststellung. Anhang (Annex) zur Gemeinsamen offiziellen Feststellung, Frankfurt am Main/Paderborn 1999.

[63]   A. a. O., 24 (Nr. 43).

Kein zukunftsfähiger Weg scheint mir in katholisch-lutherischen Konsensgesprächen zu liegen, wie sie in der Schrift »Communio sanctorum« vom Herbst 2000 zu einem vorläufigen Abschluss gebracht wurden[64]: In dieser Ausarbeitung wird als Ergebnis einer gemeinsamen Arbeitsgruppe unter anderem eine evangelische Annäherung an die Mariendogmen gewagt und versucht, diesen Dogmen einen reformatorischen Sinn abzugewinnen. Dieser Versuch verkennt, in welcher Weise die Mariendogmen mit der Weiterentwicklung der römisch-katholischen Ekklesiologie verknüpft sind. Die Lehre von der Kirche als »vollkommener Gesellschaft« fand im Dogma von der Unfehlbarkeit des Papstes im I. Vaticanum ihre Spitze[65] und in der Lehre von der Vollkommenheit der Maria ihre Entsprechung.[66] In der Schrift »Communio sanctorum« wird dieser untrennbare Zusammenhang aufgelöst. Damit bleibt unberücksichtigt, dass diese Mariendogmen integraler Bestandteil katholischer Ekklesiologie sind. Der mit »Communio sanctorum« beschrittene Weg der Konsensökumene scheint mir von daher nicht sonderlich hilfreich zu sein, da er gerade den katholischen Gesprächspartner in seiner Ekklesiologie und damit in seinem Selbstverständnis nicht ernst nimmt. Das Gleiche gilt übrigens im Blick auf die derzeit von lutherischen Bischöfen forcierte Diskussion über die Anerkennung des Papstes als »Sprecher der Christenheit«.[67] Dies ist eine Diskussion, die zur Unzeit geführt wird. Solange zwischen den protestantischen Kirchen und der römisch-katholischen Kirche Amts- und Kirchenverständnis nicht geklärt sind und das Papstamt nicht erkennbare Angebote macht, auf den Unfehlbarkeitsanspruch und den Jurisdiktionsprimat zu verzichten sowie die synodale Struktur des Protestantismus anzuerkennen, ist eine solche Diskussion eine Holzweg-Diskussion. Erst wenn diese grundlegenden theologischen Fragen geklärt sind, kann ich der Idee eines Sprecheramtes für die ganze Christenheit, welches auch der Papst wahrnehmen könnte, etwas abgewinnen.

---

[64]   Biblisches Arbeitspapier der Deutschen Bischofkonferenz und der Kirchenleitung der Vereinigten Evangelisch-Lutherischen Kirche Deutschlands, Communio Sanctorum. Die Kirche der Heiligen, Würzburg 2000.

[65]   DH (3050–3075), 3074.

[66]   Unter dem Pontifikat Pius XII. wurde zur Marienlehre eine Apostolische Konstitution (DH 3900–3904) und zwei Enzykliken (DH 3908–3910. 3913–3917) veröffentlicht.

[67]   Zu der Äußerung des bayerischen Landesbischofs Dr. Johannes Friedrich und der sich daran anschließenden heftigen innerprotestantischen Debatte vgl. Walter Fleischmann-Bisten, Das Papstamt in heutiger evangelischer Sicht. – In: Ders. (Hg.), Papstamt – pro und contra. Geschichtliche Entwicklungen und ökumenische Perspektiven, Bensheimer Hefte 97, Göttingen 2001, (153–174) 153–156.

Den zweiten Holzweg beschritt die im letzten Jahr veröffentlichte Vatikan-Schrift »Dominus Iesus«, die für erhebliche Irritation im ökumenischen Miteinander gesorgt hat. In ihr heißt es: »Die kirchlichen Gemeinschaften ..., die den gültigen Episkopat und die ursprüngliche und vollständige Wirklichkeit des eucharistischen Mysteriums nicht bewahrt haben, sind nicht Kirchen im eigentlichen Sinn.«[68] Hierauf ist zu antworten: Das ist nicht unser Kirchenverständnis, und dieses Kirchenverständnis ist auch nicht biblisch begründet. Selbstverständlich sind wir nach Schrift und Bekenntnis Kirche im vollen Sinn. Die Kirchen der Reformation stehen in der Erbfolge der alten Kirche, sie sind katholische Kirche im ursprünglichen Sinn dieses Wortes. Die von Rom dargelegten Ansprüche sind »römisch«, aber nicht »katholisch« in der Tradition des gemeinsamen altkirchlichen Glaubensbekenntnisses. Dies hat auch Domkapitular Dr. Klaus Stadel in seinem Grußwort vor unserer Synode betont, als er sagte, »dass es zwischen den getrennten Christen ›ein sakramentales Band der Einheit‹ gibt, wie es das Ökumenismus-Dekret des II. Vatikanischen Konzils sagt«.[69] Dies unterstreicht, dass nach belegtem römisch-katholischen Verständnis – entgegen *Dominus Iesus* – auch die Kirchen der Reformation »an der Wirklichkeit der einen Kirche Jesu Christi teilhaben«. Der ökumenische Prozess wird aber grundsätzlich in Frage gestellt, wenn sich die römisch-katholische Kirche als einzige wahre Kirche Jesu Christi behauptet und den reformatorischen Kirchen lediglich den Status einer kirchlichen Gemeinschaft zubilligt. In Augsburg wurde die Gemeinsame Erklärung von »gleichberechtigte(n) Partner(n)« (par cum pari)[70] unterzeichnet; davon ist in »Dominus Iesus« nichts mehr geblieben. Weil Jesus Christus allein der Weg, die Wahrheit und das Leben ist, kann die Haltung der Kirche ihm gegenüber nur die der Demut sein. Demut aber fehlt der Verlautbarung aus dem Vatikan gänzlich.

Aber bei empörter Reaktion allein kann es nicht bleiben. Auch nicht bei der Häme in bestimmten Kreisen, die ich im vergangenen Jahr immer wieder zu spüren bekam nach dem Motto: »Da hat Rom sein wahres Gesicht gezeigt. Und nun können wir wieder ganz unter uns bleiben.« Solche konfessionelle Selbstgenügsamkeit ist zutiefst unevangelisch. Was nun gefragt ist, ist der offene und ehrliche Streit unter Freunden: »Sicher kann eine Kirche unterlassen, die anderen Kirchen als ›Schwesterkirchen‹ anzusprechen. Sicher kann man

---

[68]   http://www.vatican.va/roman_curia/congregations/cfaith/documents/rc_con_cfaith_doc_20000806_ dominus-iesus_ge.html.

[69]   Grußwort Generalvikar Dr. Klaus Stadel – In: Verhandlungen der Landessynode der Evangelischen Landeskirche in Baden. Ordentliche Tagung vom 22. bis 26. Oktober 2000, Evangelischer Oberkirchenrat Karlsruhe 2001, 64.

[70]   Gemeinsame Erklärung zur Rechtfertigungslehre, 44f.

eine Geschwisterschaft verleugnen. Aber von Vaterschaftsprozessen wissen wir: Ein genetischer Fingerabdruck bringt eine Verwandtschaft unzweifelhaft zu Tage. Und der genetische Fingerabdruck, der alle Kirchen zu Schwesterkirchen macht, ist die Taufe auf den Namen unseres dreieinigen Gottes. Durch die Taufe sind wir als Schwestern und Brüder über die Grenzen der Konfessionen miteinander verbunden, sind wir einander Schwesterkirchen, egal, ob andere diese Geschwisterschaft leugnen oder nicht.«[71]

Was nun gefragt ist, das hat die Präsidentin unserer Landessynode beim Tag der badischen Pfarrerinnen und Pfarrer am 18. September 2000 in Bruchsal deutlich gemacht, als sie sagte: »Wir müssen uns nicht von anderen definieren lassen; wir müssen aber unseren Kirchengliedern Identität vermitteln. Was wir als evangelische Kirche nach meiner Meinung brauchen, ist ein geklärtes Verhältnis zur Kirche als Institution.«[72] In der Tat brauchen wir eine stärker die protestantische Identität fördernde Theologie der Kirche. Diese Absicht verfolgen unsere Leitsätze, die unter der Rubrik »wer wir sind«[73] unser Selbstverständnis als evangelische Kirche explizieren. Wir werden in den Streit unter Freunden dieses Selbstverständnis selbstbewusst und reflektiert einbringen müssen. Wir werden gegenüber römischen Machtansprüchen daran erinnern, dass sich evangelische Kirche zu Jesus Christus als dem einen Herrn bekennt und deshalb auf jede Selbstüberhöhung verzichten kann. Sie versteht sich als Gemeinschaft, in der Jesus Christus in Wort und Sakrament durch den Heiligen Geist gegenwärtig ist und sich als Herr der Kirche bezeugt. Die Treue zur apostolischen Botschaft und damit die »apostolische Sukzession« hängt für uns als reformatorische Kirche gerade nicht exklusiv an einem Amt, sondern ist der Kirche im Ganzen anvertraut. Allerdings müssen wir als reformatorische Kirchen uns nun auch um Klärung unseres Kirchenverständnisses mühen. Und wir müssen uns dabei in Aufnahme einer Bemerkung von Bischof Homeyer ins Stammbuch schreiben lassen: »Gottesverwurzelung braucht auch Kirchenverwurzelung.«[74]

Nur wenn wir als evangelische Kirche unser eigenes Kirchenverständnis wirklich ernst nehmen, leisten wir einen wirkkräftigen Beitrag zur Ökumene,

---

[71]   Brief des Landesbischofs an die badischen Pfarrerinnen und Pfarrer vom 21. September 2000.

[72]   Grußwort der Präsidentin der Landessynode. – In: Badische Pfarrvereinsblätter 10/2000, 220.

[73]   Leitsätze, II, 1–14.

[74]   Grußwort von Bischof Dr. Josef Homeyer, Bischof von Hildesheim, als Vertreter der Deutschen Bischofskonferenz auf der 5. Tagung der 9. Synode der EKD (5.–10. November 2000, Braunschweig). – In: Braunschweig 2000, (73–78) 76.

die dann nicht nur eine Ökumene des kleinsten gemeinsamen Nenners ist. Nur wenn wir als Evangelische wirklich in unserer Kirche verwurzelt sind und unser Verhältnis zur Kirche nicht ständig als ein Verhältnis der Distanz beschreiben, nur wenn wir nicht ständig nur das nennen, was uns an der Kirche fehlt, sondern auch das, was uns an ihr lieb ist, werden wir Leidenschaft für die Kirche entwickeln. »Aus der Distanz des Lehnstuhls« (Bischof Huber) lässt sich der Streit unter Freunden eben nicht führen. Und wir sollten auch aufhören, Ökumene nur so zu betreiben, dass wir Erwartungen an die katholische Seite stellen, ohne zu klären, welche Hausaufgaben wir selbst erst einmal zu erledigen haben. Unsere Hausaufgaben lauten: Festigung unserer Kirchenbindung und Entwicklung eines profilierten protestantischen Kirchen- und Amtsverständnisses, das nicht aus der Abgrenzung lebt.

Mit dem zuletzt Gesagten habe ich schon positive Antworten auf die Frage gegeben, was nun zwischen der römisch-katholischen Kirche und den evangelischen Kirchen vordringlich ansteht. Diese Antworten will ich noch in vier Punkten kurz konkretisieren:

Unser evangelisches Reformationsfest verlangt eine Belebung hin zu einem Reformationsfest »aller Heiligen« mit dem Ziel der notwendigen Erneuerung aller Kirchen an Haupt und Gliedern.

a) Die Rechtfertigungsbotschaft des Evangeliums muss in die Sprache unserer Zeit übersetzt werden, damit Menschen neu begreifen, was diese Botschaft an Befreiendem für ihr Leben bedeutet. Zur Übersetzung der Rechtfertigungsbotschaft bietet sich die Bilderwelt der Gleichnisse Jesu ebenso an wie Begriffe der Akzeptanz, Bejahung und Annahme. Auch ist die Rechtfertigungsbotschaft umzusetzen in Predigtreihen und Bildungsveranstaltungen der Kirche; gute Anregungen hierzu liefert die Arbeitshilfe der ACK Baden-Württemberg. Außerdem sollten sich ökumenische Pfarrkonvente und örtliche ACKs, Pfarrgemeinderäte und Kirchengemeinderäte – am besten in gemeinsamen Treffen – dieser Thematik annehmen und konkrete Konsequenzen für die Arbeit vor Ort beraten.

b) In unseren Gottesdiensten müssen die Elemente verstärkt werden, die zur Erfahrung von Rechtfertigung beitragen: freundliche Raumgestaltung, Einladung von Menschen, Schuldbekenntnis und Zusprechen von Vergebung, (ökumenische) Taufgottesdienste, das hautnahe Symbol der Salbung, einladende Abendmahlspraxis.

c) Eine schöne Geste ökumenischen Vertrauensvorschusses wäre es, wenn evangelisch getraute evangelisch-katholische Ehen künftig von der katholischen Kirche ohne Einzeldispens als gültig angesehen würden. Auch sollte der Besuch eines evangelischen oder ökumenischen Gottesdienstes von der

katholischen Kirche – zumindest im Einzelfall – als Erfüllung der Sonntags-
pflicht anerkannt werden.

An dieser Stelle will ich in einem kleinen Diskurs einen Blick auf ein höchst
beachtenswertes Referat werfen, das Kardinal Lehmann vor der Herbst-Vollversammlung der Deutschen Bischofskonferenz gehalten hat.[75] Kardinal Lehmann
anerkennt darin ausdrücklich, dass die reformatorischen Kirchen durch die
Taufe »an der Wirklichkeit der einen Kirche Jesu Christi teil(nehmen)«[76] und dass
deshalb das Ziel der Kirchengemeinschaft nicht aus dem Auge verloren werden darf. Hinsichtlich des Ziels der Abendmahlsgemeinschaft gilt für Lehmann
grundsätzlich, dass die Kirche nicht von sich aus Abendmahlsgemeinschaft
herstellen könne, »ohne dass sie die verlorene Einheit (der Kirche) in ausreichen-
der Weise wiederfindet«. Dies bedeutet für ihn, dass das »gemeinsame Mahl ...
an das Ende und nicht an den Anfang ökumenischer Bestrebungen (gehört)«.[77]

   Sieht Kardinal Lehmann unter diesen Aspekten die Zeit für eine Abendmahlsgemeinschaft zwischen der römisch-katholischen und den protestantischen Kirchen grundsätzlich noch nicht für gekommen, so bemüht er sich
dennoch um Lösungen für die Situation der konfessionsverbindenden Ehen
und versucht, diese Ehen als anerkennungswürdige Notlagen zu erfassen, die
eine wechselseitige Zulassung zum Abendmahl in Einzelfällen möglich machen. Ich halte diese Ausführungen für höchst bedeutsam: Einerseits scheint
sich damit endlich eine Lösung für das drängende Problem der Abendmahls-
zulassung für konfessionsverschiedene Ehepartner anzudeuten. Damit würde
sich eine Erwartung vieler evangelischer und katholischer Christinnen und
Christen erfüllen, welche auch die EKD-Synode jüngst ausgesprochen hat.[78] Die

---

[75]   Einheit der Kirche und Gemeinschaft im Herrenmahl. Zur neueren ökumenischen
Diskussion um Eucharistie- und Kirchengemeinschaft. Eröffnungsreferat von Bischof Karl
Lehmann bei der Herbst-Vollversammlung der Deutschen Bischofskonferenz in Fulda 25.
September 2000, Bonn 2000.

[76]   A. a. O., 12.

[77]   A. a. O., 37.

[78]   4. Tagung der 9. Synode der EKD (7.–12. November 1999, Leipzig), Beschluss über die
Lutherisch-Katholische Verständigung in Fragen der Rechtfertigungslehre. 5. »Wir erwarten, dass der erreichte Konsens und die Konzentration auf das, was zur Einheit der Kirche
ausreicht (Augsburgisches Bekenntnis Art. 7, Leuenberger Konkordie Art. 2), vertieft werden und zum Ziel der gegenseitigen Anerkennung der Kirchen, und der Einheit in versöhn-
ter Verschiedenheit führen. Das schon Erreichte ermöglicht es nach unserer Überzeugung,
dass die beteiligten Kirchen einander zur Teilnahme am Heiligen Abendmahl einladen.
Die Vereinigte Evangelisch-Lutherische Kirche Deutschlands und die Arnoldshainer Konferenz haben eine solche Einladung bereits in der Mitte der 70er Jahre ausgesprochen. Wir

katholische Kirche muss die Realität der konfessionsverschiedenen Familien als eine gute ökumenische Chance begreifen und alle kirchlichen Regelungen aufheben, welche die Seelsorge an evangelisch-katholischen Ehen und Familien eingrenzen.

Andererseits meint das von Kardinal Lehmann Vorgetragene ein deutliches und klares Nein zu einer Interkommunion während des Ökumenischen Kirchentages 2003 in Berlin. So wird es beim Ökumenischen Kirchentag gewiss eine differenzierte Abendmahlspraxis geben. Die evangelischen Gemeinden werden Christinnen und Christen aller Konfessionen zu ihren Abendmahlsgottesdiensten einladen, katholische Gemeinden werden dies nicht in gleicher Weise tun können. Mit dieser unterschiedlichen Praxis werden wir in Berlin – wie übrigens auch im Alltag unserer Gemeinden – erst einmal leben müssen. Ich sehe aber keine Möglichkeit, dass wir als evangelische Kirche unsere eucharistische Gastfreundschaft zur Disposition stellen, denn sie ist ein unaufgebbares Element unseres evangelischen Abendmahlsverständnisses. Dies habe ich auch kürzlich bei der Begegnung mit dem Erzbischöflichen Ordinariat betont – wissend, dass unsere Praxis der eucharistischen Gastfreundschaft von der Leitung der katholischen Schwesterkirche nicht geteilt und wohl auch als beschwerlich empfunden wird. Ökumene als »versöhnte Verschiedenheit«[79] wird und muss aber auch diese Verschiedenheit in der Abendmahlspraxis ertragen können. Zur Frage der eucharistischen Gastfreundschaft, besonders unter dem seelsorgerlichen Aspekt konfessionsverschiedener Ehen, hat sich bereits vor 15 Jahren mein Amtsvorgänger Dr. Klaus Engelhardt geäußert und mit Nachdruck die Weiterarbeit in dieser Frage angemahnt.[80] In ähnlichem Sinn hat sich auch die EKD-Synode im November 2000 geäußert.[81]

bekräftigen heute diese Einladung.« – In: Leipzig 1999. Bericht über die vierte Tagung der neunten Synode der Evangelischen Kirche in Deutschland vom 7. bis 11. November 1999. Ausgeliefert durch das Kirchenamt der EKD in Hannover 2000, 648.

[79] Zur Geschichte und Bedeutung des Begriffs vgl. Harding Meyer, Versöhnte Verschiedenheit, Frankfurt am Main/Paderborn 1998.

[80] Klaus Engelhardt, Bericht des Landesbischofs: Kirche im konziliaren Prozeß. – In: Verhandlungen der Landessynode der Evangelischen Landeskirche in Baden. Ordentliche Tagung vom 6. April bis 11. April 1986 (4. Tagung der 1984 gewählten Landessynode). Hg.: Evangelischer Oberkirchenrat, Karlsruhe 1986, (5–13) 10f.

[81] Kundgebung der 9. Synode der Evangelischen Kirche in Deutschland auf ihrer 5. Tagung zum Schwerpunktthema »Eins in Christus. Kirchen unterwegs zu mehr Gemeinschaft«. – In: Braunschweig 2000. Bericht über die fünfte Tagung der neunten Synode der Evangelischen Kirche in Deutschland vom 5. bis 9. November 2000. Ausgeliefert durch das Kirchenamt der EKD in Hannover 2001, (518–530) 523–525.

3.4   GRENZENLOSE FREUNDSCHAFT

Jetzt werfe ich noch einen Blick auf die innerprotestantische Ökumene in Deutschland und Europa. Die Gliederung des deutschen Protestantismus in vierundzwanzig evangelische Landeskirchen höchst unterschiedlicher Größe verdankt sich weitgehend noch den politischen Grenzziehungen der Napoleonischen Ära. Darüber, dass diese Organisationsform den gegenwärtigen Aufgaben im wiedervereinigten Deutschland nicht gerecht wird, besteht weitgehend Einverständnis. Trotzdem kommen Veränderungen nur schwer in Gang. Dieses ungelöste Strukturproblem muss bei aller Würdigung regionaler Beheimatung und deren geprägter Frömmigkeit behutsam aber doch mit Nachdruck angegangen werden.

Auch die unterschiedlichen Zusammenschlüsse, in denen die evangelischen Landeskirchen kooperieren, sind durch die unterschiedlichen konfessionellen Traditionen geprägt, die ursprünglich auf den innerreformatorischen Gegensatz zwischen Lutheranern und Reformierten sowie auf die Neubildung unierter Landeskirchen wie unsere Landeskirche im 19. Jahrhundert zurückgehen. Zwar ist für den gesamten europäischen Protestantismus durch die Leuenberger Konkordie von 1973[82] ein Konsens erzielt, dass diese innerprotestantischen Differenzen keine kirchentrennende Bedeutung mehr haben. Doch in den Organisationsstrukturen des deutschen Protestantismus hat diese Einsicht bisher noch kaum ihren Niederschlag gefunden. Unsere Landeskirche ist selbstverständlich eine Gliedkirche der EKD und als unierte Kirche Mitglied der Arnoldshainer Konferenz. Die EKD ist die Kirchengemeinschaft ihrer lutherischen, reformierten und unierten Landeskirchen und damit selbst ein Modell der Kircheneinheit. Hat aber schon die EKD immer wieder Mühe, für den Protestantismus in Deutschland mit einer Stimme zu sprechen, so ist ein Blick auf die konfessionelle Landschaft in Europa noch viel ernüchternder. Hinsichtlich der Zusammenarbeit der drei großen Konfessionsfamilien in Europa (Katholiken, Orthodoxe, Protestanten) ist im Protestantismus keine erkennbare theologische Linie zu entdecken. Noch immer steht die Europatauglichkeit des Protestantismus als ungelöste Aufgabe vor uns. Brauchen wir eine Europäische Synode? Wenn ja, ist sie an die Konferenz Europäischer Kirchen anzugliedern oder sind nicht besser die Strukturen der Leuenberger Kirchengemeinschaft dafür zu nutzen? Ich stimme der EKD-Synode zu, wenn sie sagt: »Die Leuenberger Kirchengemeinschaft müssen wir stärken für ihren Auftrag in Zeugnis und

---

[82]   Bekenntnisschriften der Evangelischen Landeskirche in Baden, 155–165.

Dienst. Wir bitten sie, über die Klärung theologischer Grundfragen hinaus zu regelmäßigen Konsultationen einzuladen, um evangelische Positionen zu europäischen Fragen zu formulieren. Dadurch kann die evangelische Stimme in Europa sowohl öffentlich als auch in der ökumenischen Zusammenarbeit deutlicher wahrnehmbar werden.«[83] Wenn die Kirchen in Europa die zukünftige Gesellschaft in kultureller, ökonomischer und vor allem in ethischer Hinsicht mitgestalten wollen – das sind wir den Menschen in Europa mehr denn je schuldig –, so können sie das nur, wenn sie sich nicht konfessionell zerfasern, sondern versuchen, an einem Strang zu ziehen. Eine nur deutsche oder nur protestantische Antwort auf anstehende Fragen wird Vertreterinnen und Vertreter von Politik und Wirtschaft sowie Meinungsträgerinnen und Meinungsträger der Gesellschaft nur wenig interessieren. Um in Europa eine Politik zu fördern, die dem Leben dient, müssen die Konfessionsfamilien in ihren Grundpositionen mit einer Stimme sprechen. Gerade die letztjährige Diskussion über die Grundrechtscharta der EU hat die zwingende Notwendigkeit einer zwischen den Konfessionen abgestimmten profilierten christlichen Positionierung deutlich gemacht. Ich habe die Hoffnung, dass die Charta Oecumenica[84], die am Ostermontag durch die Konferenz Europäischer Kirchen und die Europäische Bischofskonferenz von Straßburg aus an die Mitgliedskirchen zur weiteren Beratung weitergegeben wird und die bei der Dritten Europäischen Ökumenischen Versammlung proklamiert werden soll, uns auf dem Weg voranbringen wird, in Europa als christliche Kirchen mit einer Stimme zu sprechen.

Trotz all der Schwierigkeiten, welche sich hier zeigen, erlauben Sie mir einen Blick in die Zukunft: Die Herausbildung konfessionell unterschiedener Kirchen prägte die europäische Geschichte. Diese Entwicklung führte zur geistigen und vor allem organisatorischen Verfestigung unterschiedlicher christlicher Bekenntnisse. Die im Verlauf der Jahrhunderte gegenseitig ausgesprochenen Verurteilungen und Verwerfungen in der Lehre markieren bis heute ein mehr oder weniger geordnetes Nebeneinander. Aber dennoch hat kein Ereignis die christlichen Kirchen in der Mitte Europas in den letzten 50 Jahren mehr geprägt als der zwischen ihnen begonnene Dialog. Nicht ohne Grund spricht man von einem ökumenischen Zeitalter. Es hat in vielen Fragen,

---

[83]   Eins in Christus. Kirchen unterwegs zu mehr Gemeinschaft, Abs. II (epd Dokumentation 49/2000).

[84]   Charta Oecumenica. Leitlinien für die wachsende Zusammenarbeit unter den Kirchen in Europa; Europäische Ökumenische Begegnung (»Millennium-Gipfel«) des Rates der Europäischen Bischofskonferenzen (CCEE) und der Konferenz Europäischer Kirchen (KEK), Straßburg 19.–22.4.2001. – In: epd Dokumentation 18a/2001.

die zwischen den Kirchen theologisch diskutiert werden, ein hohes Maß an Annäherung gebracht. Dieser Prozess muss und wird weitergehen. Es ist meine tiefe Überzeugung: Das ökumenische Zeugnis der Kirchen wird in Zukunft unentbehrlich sein, dies gilt um so mehr angesichts der Herausforderungen, vor die uns der interreligiöse Dialog stellt.

Die Stärkung der EKD muss uns allen unter diesem Aspekt ein ganz besonderes Anliegen sein. Unter dieser Perspektive habe ich auch den Vorsitz der Arnoldshainer Konferenz übernommen in der Hoffnung, dass möglichst viele Landeskirchen und die konfessionellen Bünde hinsichtlich der Stärkung der EKD mit uns an einem Strang ziehen werden. Ich rede gerade nicht einer profillosen Einheitsekklesiologie das Wort, aber ich bin überzeugt, dass die mit der Leuenberger Konkordie erreichte Konvergenz zwischen den protestantischen Kirchen und die gesellschaftlichen Veränderungen bei uns und in Europa uns geradezu nötigen, evangelisch-konfessionelle Differenzen stärker als bisher zu relativieren. Also nicht was uns innerhalb des Protestantismus unterscheidet, ist die Zukunftsfrage, sondern Leitfrage für die Zukunft muss werden: Welche Strukturen machen uns als Protestanten in Deutschland und Europa auf der gesellschaftspolitischen Ebene und im Diskurs der großen Wertefragen der Zukunft am überzeugendsten handlungsfähig? Eine Antwort liegt für mich in der Stärkung der EKD und der Leuenberger Kirchengemeinschaft. Alle anderen kirchlichen Strukturen müssten daraufhin überprüft und befragt werden, inwieweit sie zur Stärkung der protestantischen Stimme im Konzert der christlichen Kirchen in Europa beitragen.

3.5   WOHIN GEHT DER WEG?

Zunächst bin ich sicher: Der Weg der Kirchen wird trotz aller Unterschiede ein gemeinsamer Weg sein. Denn der ökumenische Prozess ist unumkehrbar, für uns Protestanten von unserem Grundverständnis her, aber auch für die anderen Kirchen. Es gibt viel mehr, was uns eint, als was uns trennt. Die Kirchen sind durch die Spielarten und Dialekte des Glaubens, die sich in ihren Traditionen entwickelt haben, nicht getrennt. Vielmehr sind diese Spielarten des Glaubens verschiedene Begabungen, welche ihnen zugewachsen sind. Die prinzipielle Vielfalt der Konfessionen bedeutet keineswegs das Eingeständnis einer Beliebigkeit bei der Suche nach der Wahrheit. Sie bedeutet aber einen Verzicht auf die unmittelbare und irrtumsfreie Greifbarkeit von Wahrheit. Wahrheit ereignet sich zwischen den Begabungen und Beschränkungen der Kirchen. »Die Wahrheit ist symphonisch« (Hans Urs von Balthasar)[85]. Sie ist nicht gespeichert im Depot einer Kirche. Oder um es mit den Worten von Kardinal Walter Kasper zu sagen: »Nur wo Gegensätze sind, gibt es Harmonie, ohne Gegensätze nur Monotonie«.[86] Wahrheit wird im symphonischen Dialog gefunden, indem sich die Begabungen, Schwächen und Überzeugungen der Kirchen aneinander reiben und dadurch einander bereichern. Somit ist die Verschiedenheit, wenn denn die Dialogpartnerinnen und -partner sich darauf einlassen, selbst ein Instrument der Wahrheitsfindung. Freilich setzt eine dialogische Ökumene eine Glaubens- und Lebensgewissheit der Partner voraus. Fruchtbare dialogische Ökumene wird nur von jenen geführt, die sich selbst kenntlich sind, die eigene Ecken und Kanten haben und deren Grenzen erkennbar sind. Identität schafft Dialog. Wer eine Identität hat, kann angstfrei Beziehungen pflegen. Wo also geschieht Ökumene? Ökumene geschieht dort, wo auf dem gemeinsamen Weg des Glaubens durch die Zeiten die Orthodoxen orthodoxer, die Katholiken katholischer und die Protestanten protestantischer, wir alle aber miteinander christlicher werden.

---

[85] Hans Urs von Balthasar, Die Wahrheit ist symphonisch. Aspekte des christlichen Pluralismus, Freiburg ²2008.

[86] Antrittsvorlesung anlässlich der Übernahme der Honorarprofessur an der Eberhard Karls Universität Tübingen, abgedruckt in der FAZ vom 24. Januar 2001.

4 NICHT ALLES MACHEN, ABER ALLES ERHOFFEN – RÜCKBLICK AUF SECHS JAHRE KIRCHENLEITENDER ARBEIT[87] (2002)

»Unser Leben ist wertvoll – nicht durch unsere Leistung, sondern weil Jesus Christus für uns gestorben ist und lebt.«[88]

So haben wir in unseren Leitsätzen den Kern evangelischen Glaubens, die Botschaft von der Rechtfertigung allein aus Gnade formuliert. Damit haben wir sprachlich auf den Punkt gebracht, dass alles, was wir an Leistung vorzuweisen haben, nur dann seinen richtigen Stellenwert erhält, wenn wir zuerst von der Gnade Gottes reden, der wir alles verdanken. Wenn wir am Ende der Wahlperiode dieser 9. Landessynode heute zurückblicken auf die Arbeit der letzten sechs Jahre, dann kann solch ein Rückblick nur beginnen mit dem Dank an Gott. Mit dem Dank dafür, dass er uns in seine Kirche berufen hat, dass er uns in seiner Kirche begleitet und dass er uns auch manches hat gelingen lassen. Wie in der Mathematik das Vorzeichen vor der Klammer über den Wert des Klammerinhalts entscheidet, so sind Gnade und Dank das Vorzeichen dessen, worüber ich heute sprechen werde.

Wir Menschen brauchen Ruhepunkte, an denen wir das im Fluss der Zeit Dahingegangene rückblickend betrachten. Der Abschluss einer Wahlperiode ist ein solcher Moment des Innehaltens. Und so möchte ich mit Ihnen zurückblicken auf die Arbeit dieser Synode seit ihrer Konstituierung im Herbst 1996 und auf die Arbeit des Evangelischen Oberkirchenrats, des Landeskirchenrats und des Landesbischofs in den vier Jahren seit meinem Dienstantritt. Ich rede auch als ehemaliger Synodaler, der ich dies bis zu meiner Wahl zum Landesbischof am 25. Juli 1997 war. Die Bischofswahl und meine Einführung am 31. März 1998 stellen Höhepunkte in der Arbeit dieser Synode, aber auch

---

[87] Frühjahrstagung der Landessynode der Evangelischen Landeskirche in Baden, Bad Herrenalb, 17. April 2002.
[88] Leitsatz I.4.

meines eigenen beruflichen Werdegangs und markante Punkte meiner theologischen Existenz dar. Ich möchte Ihnen, liebe Synodale, herzlich danken
für den Vertrauensvorschuss, den Sie mir mit Ihrer Wahl zum Landesbischof
gegeben haben und von dem ich in den letzten vier Jahren auch mit getragen
wurde. Ich bin gern Ihr Landesbischof und bin – bei aller Bekümmerung
über ein paar belastende Abläufe während des letzten Jahres – nicht wenig
stolz auf das vertrauensvolle Miteinander, das zwischen den verschiedenen
kirchenleitenden Organen unserer Landeskirche gewachsen ist.

Mein Rückblick darf jetzt nicht als umfassende Leistungsbilanz missverstanden werden. Aber zur guten Haushalterschaft gehört es nun einmal,
vor Gott, vor sich selbst und vor anderen hin und wieder Rechenschaft abzulegen über das, was wir mit den uns anvertrauten Pfunden eigentlich
getan haben. Wir fragen uns also: Womit konnten wir wuchern? Was haben
wir vergraben? Was hat Frucht gebracht? (Matth. 25,14ff.) Dabei fragen wir
nicht, um uns selbst zu rechtfertigen. Vielmehr wollen wir uns in allem Gelingen und Leisten als zuerst von Gott Beschenkte verstehen. »Unser Leben
ist wertvoll – nicht durch unsere Leistung, sondern weil Jesus Christus für
uns gestorben ist und lebt.« Das ist das Vorzeichen jeder Rechenschaft eines
Christenmenschen.

Wenn ich mit diesem Vorzeichen vor der Klammer nun zurückblicke,
dann möchte ich nicht nur Höhepunkte betrachten. Ich kann und will auch
nicht alles aufzählen, vielmehr versuche ich – durchaus subjektiv – Schwer
punkte zu setzen und unter Absehung einer chronologischen Ordnung das
in den letzten sechs Jahren Behandelte thematisch zu bündeln. Die Leitsätze
unserer Landeskirche dienen mir dabei zur Gliederung der verschiedenen
Themenkomplexe. Ich will auch nicht berichten, wer was und wann initiiert
und gefördert hat. Wichtig ist mir, dass wir gemeinsam einen Blick werfen
auf das, was uns, die wir für diese Kirche Verantwortung tragen, in den zurückliegenden Jahren bewegt hat und was wir miteinander bewegen konnten.

4.1 WIR WOLLEN DEN MITGLIEDERN UNSERER KIRCHE EINE GEISTLICHE HEIMAT BIETEN UND NOCH MEHR MENSCHEN FÜR JESUS GEWINNEN[89]

Wenn Menschen in unserer Landeskirche von der Kirche als ihrer Heimat
sprechen, dann meinen sie meistens damit ihre Ortsgemeinden, manchmal auch Personalgemeinden. Damit Gemeinden geistliche Heimat bieten

---

[89] Leitsatz III.2.

können, bedarf es vor allem der treuen Arbeit in den Gemeinden. Deshalb möchte ich zuallererst allen danken, die ihre ganze Kraft in die Gemeinden einbringen und die durch ihre oft unspektakuläre und doch, im wahrsten Sinne des Wortes, grundlegende Arbeit wichtige Voraussetzungen für die Beheimatung von Menschen in unserer Kirche schaffen. Überall, wo das Wort Gottes verkündigt wird, die Sakramente verwaltet werden und mit der Tat der Liebe gedient wird, wird das Grundlegende für die kirchliche Beheimatung von Menschen geleistet. Sicher gilt auch für die geistliche Heimat, die wir in unserer Kirche pflegen und weiterentwickeln wollen, jener eschatologische Vorbehalt des Hebräerbriefes: »Wir haben hier keine bleibende Stadt, sondern die zukünftige suchen wir« (Hebr 13,14). Mit diesem Vorbehalt vor Augen können wir der Gefahr der Selbstgenügsamkeit widerstehen und unsere Kirche so gestalten, dass Menschen sie gern als ihre »vorläufige« Heimat neu entdecken. So freue ich mich besonders, dass die missionarischen Herausforderungen in unserer Kirche neu entdeckt werden und diese Entdeckung immer weitere Kreise zieht. Dazu gehört, dass wir die Botschaft vom menschensuchenden Gott weniger verschämt hinterm Berg halten, sondern noch zielstrebiger mehr Menschen für das Angebot Jesu gewinnen.

Unsere Landeskirche ist auf einem guten Weg, die missionarischen Herausforderungen und Chancen des Kircheseins neu zu entdecken und in entsprechendes Handeln umzusetzen. Dafür wollen wir Gott danken.
Um Heimat in der Kirche gestalten zu können, bedarf es einer landeskirchlichen Heimatpflege, für die wir in den zurückliegenden Jahren vieles getan haben. Ich denke an etliche landeskirchliche Veranstaltungen, die Menschen in unserer Kirche spüren lassen, dass sie Teil einer großen Kirche sind, wie etwa der alljährliche Henhöfertag, der Landeskirchengesangstag 1998 in Offenburg, der Landesposaunentag 1999 in Mannheim und das Kinderkirchenjahr 1999, das mit der Neufassung der Regelungen für die Teilnahme von Kindern am Abendmahl eine wunderbare Frucht zeitigte. Zur Heimatpflege bedarf es auch Zeichen der Verbundenheit. Manchmal sind das ganz äußerliche Dinge. Ich denke an unsere Versuche, durch die Einführung eines landeskirchlichen Logos und durch seine Umsetzung in der Form einer silbernen Mitgliedsnadel das Bewusstsein der Zugehörigkeit zu unserer Landeskirche zu fördern.
Zur Beheimatung in einer Kirche gehört auch eine gute Ordnung, die das Miteinander unserer Kirche regelt, also eine gemeinsame Kirchenverfassung. In einem großen Konsens haben wir unsere Grundordnung in dieser

Wahlperiode fortgeschrieben. Der Beheimatung von Menschen dient die neu aufgenommene Selbstverpflichtung unserer Kirche, in ihren Ordnungen und in ihrem Handeln die Würde jedes Menschen als Ebenbild Gottes zu achten.[90] Für die Beheimatung von Jugendlichen haben wir durch die Herabsetzung des Wahlalters auf 14 Jahre bessere Voraussetzungen geschaffen und für suchende Menschen durch die Ermöglichung zur Einrichtung zentraler Eintrittsstellen. Die Beheimatung der Frauen haben wir durch die Einführung der inklusiven Sprache und die der Theologischen Fakultät der Universität Heidelberg durch ihre Verankerung in der Grundordnung verbessert.

Schließlich gehört zu einer landeskirchlichen Heimatpflege auch die Vergewisserung der eigenen Geschichte, der wir uns in besonderer Weise im Jubiläumsjahr 1996 unter dem Titel »175 Jahre Evangelische Landeskirche in Baden – fromm, bunt, frei« gestellt haben.[91] Über das Jubiläumsjahr hinaus haben wir uns bemüht, die auch schuldhafte Geschichte unserer Kirche im 20. Jahrhundert in den Blick zu bekommen, so etwa durch die gemeinsame Erklärung der Präsidentin der Synode, des Geschäftsleitenden Oberkirchenrats und des Landesbischofs zu Pfarrer Erwin Eckert[92] und durch meinen im Jahr 2000 durchgeführten Besuch an den Gräbern meiner Vorgänger im Bischofsamt. Ferner wurde die Studienarbeit zur Geschichte unserer Landeskirche im Dritten Reich intensiviert, auch die Untersuchung zur Zwangsarbeiterproblematik wurde aufgenommen.[93]

---

[90]   Grundordnung, Art. 2, Abs. 2.

[91]   Klaus Baschang, Fromm, bunt, frei – 175 Jahre Evangelische Landeskirche in Baden, Karlsruhe 1996.

[92]   Erklärung der Kirchenleitung. – In: Verhandlungen der Landessynode der Evangelischen Landeskirche in Baden. Ordentliche Tagung vom 21. bis 24. April 1999, Evangelischer Oberkirchenrat Karlsruhe 1999, 7f. Zu Georg Richard *Erwin* Eckert vgl. Gerhard Schwinge (Hg.), Die Evangelische Landeskirche in Baden im ›Dritten Reich‹. Quellen zu ihrer Geschichte. Bd.6: Register und Rückblicke, Karlsruhe 2005; Evangelische Landeskirche in Baden (Hg.), Einrichtungen der Evangelischen Landeskirche und Inneren Mission in Baden 1939–1945, Karlsruhe 2005, 398f und Matthias Riemenschneider, Die Geschichte der kirchlich-positiven Vereinigung in Baden. – In: Veröffentlichungen des Vereins für Kirchengeschichte in der Evangelischen Landeskirche in Baden Band XXXIX: Beiträge zur kirchlichen Zeitgeschichte der Evangelischen Landeskirche in Baden. Preisarbeiten anlässlich des Barmenjubiläums 1984 hrsg. v. Hermann Erbacher, Karlsruhe 1989, (1–89) 48–52.

[93]   Hermann Erbacher, Die Evangelische Landeskirche in Baden in der Weimarer Zeit und im Dritten Reich 1919–1945; Geschichte und Dokumente, Karlsruhe 1983; Hermann Rückleben u. Hermann Erbacher (Hg.), Die Evangelische Landeskirche in Baden im ›Dritten Reich‹. Quellen zu ihrer Geschichte. Band 1: 1931–1933, Karlsruhe 1991; Band 2: 1933–1934, Karls-

Zur Beheimatung in der Kirche gehört es auch, dass wir unsere Vergangenheit ehrlich in den Blick nehmen und daraus für die Zukunft lernen.

4.2   UNSERE GEMEINDEN SIND OASEN ZUM AUFTANKEN[94]

Dieser Leitsatz war der meistgehörte, aber auch meist angefragte der letzten Zeit. In der Tat ist dies ein hoher Anspruch an unsere Gemeinden. Aber wo sollen Menschen in unserer Gesellschaft wirklich Luft holen? Wo wird Menschen wirklich die heilsame und darin auch erholsame Gnade Gottes so verkündigt, dass sie auftanken und neue Kraft schöpfen können? Wo kommen Menschen in Kontakt mit der Botschaft vom frischen Wasser, das den Lebensdurst stillt? Für uns Christenmenschen sind Orte der Verkündigung des Evangeliums und des gemeinsamen Feierns der Sakramente Orte der Gottesbegegnung und damit Orte des Auftankens – Oasen. Dies behaupten wir als glaubende Menschen, die aus der Kraft des Evangeliums leben – wissend, dass daraus ein großer Anspruch an die Gemeinden und an die Kirchenleitung resultiert.

Wie können wir Gemeinden dazu helfen, dass sie immer mehr das werden und bleiben, was der Leitsatz stolz behauptet – Oasen zum Auftanken? Und wie können wir verhindern, dass Gemeinden als Oasen zum Auftanken nicht Orte zunehmender Überforderung für die Mitarbeitenden werden?

Als erstes nenne ich die neue Visitationsordnung, deren Absicht es ist, Gemeinden zu mehr zielorientiertem Arbeiten anzuhalten und ihre Blicke noch mehr auf Menschen an den Rändern unserer Kirche zu richten. Die Visitationen in den Gemeinden und Bezirken sollen Menschen auf die Arbeit unserer Kirche neugierig machen, damit sie in ihren Gemeinden Oasen zum Auftanken entdecken. Als eine der größten Leistungen der letzten Jahre sehe ich die Förderung der gemeindlichen Arbeit durch die vorgenommene Sicherung des Gemeindepfarrdienstes. Dazu gehören die Bildung eines Kapitalgrundstocks von ca. 75 Millionen DM im Rahmen der Versorgungsstiftung, die Einrichtung

---

ruhe 1992, Band 3: 1934–1935 , Karlsruhe 1995; Gerhard Schwinge (Hg.),Die Evangelische Landeskirche in Baden im ›Dritten Reich‹. Quellen zu ihrer Geschichte.Bd.4: 1935–1945, Karlsruhe 2003; Gerhard Schwinge (Hg.), Die Evangelische Landeskirche in Baden im ›Dritten Reich‹. Quellen zu ihrer Geschichte. Bd. 5: 1939–1945, Karlsruhe 2004; Gerhard Schwinge (Hg.),Die Evangelische Landeskirche in Baden im ›Dritten Reich‹. Quellen zu ihrer Geschichte. Bd. 6: Register und Rückblicke, Karlsruhe 2005; Evangelische Landeskirche in Baden (Hg.), Einrichtungen der Evangelischen Landeskirche und Inneren Mission in Baden 1939–1945, Karlsruhe 2005.

[94]   Leitsatz II.6.

eines verlässlichen Übernahmekorridors für die nächsten Jahre, die Verabschiedung einer neuen Vorruhestandsregelung ab 63, die Neuregelung der Deputate und der Besoldung der Pfarrvikarinnen und Pfarrvikare, die Finanzierung von Pfarrvikarseinsätzen über den Stellenplan hinaus, der Ausbau spendenfinanzierter Vikarseinsätze und die Qualifizierung des Übernahmeverfahrens. Damit haben wir Weichen für die Zukunft gestellt und zweierlei erreicht: Die großen Verunsicherungen bei den angehenden Pfarrerinnen und Pfarrern bezüglich ihrer Übernahmechancen sind durch verlässliche Planungen reduziert worden, und die lähmenden Irritationen in den Gemeinden, die durch den schmerzhaften Schnitt der 100 gekürzten Stellen entstanden sind, werden schwächer.

Wenn unsere Gemeinden Oasen zum Auftanken sein sollen, dann brauchen sie in Zukunft einen verlässlichen Planungsrahmen. Wir sind auf einem guten Weg, einen solchen zu ermöglichen.

In den Kontext der Förderung gemeindlicher Arbeit möchte ich auch zwei Vorhaben stellen, die uns in der Synode über längere Zeit beschäftigt haben: die Bezirksstrukturreform und die Veränderung des Dekanswahlgesetzes. Zukunftsfähige Leitungsstrukturen auf Bezirksebene kommen auch den Gemeinden zugute. Deutlich wird dies nicht nur bei der sinnvollen Fusion von Kirchenbezirken, wie sie in Adelsheim/Boxberg z. B. schon vollzogen ist, sondern vor allem bei den gelungenen Bemühungen, in den Großstädten durch die Zusammenlegung von Kirchengemeinde und Kirchenbezirk eine Leitungsebene abzuschaffen und damit den Gremienaufwand nachhaltig zu reduzieren sowie transparentere Strukturen zu schaffen. Um Transparenz ging es uns auch bei der Novellierung des Dekanswahlgesetzes: Die Ausschreibung zur Interessensbekundung, die übrigens seit Sommer 1999 für alle Leitungsämter der Landeskirche praktiziert wird, hat sich bewährt; das Zusammenwirken der Leitungsgremien bei der Dekanswahl wurde deutlich verbessert, und mit der Veränderung der Modalitäten bei der Wahl von Schuldekaninnen und Schuldekanen wurde auch für diesen Bereich die synodale Verantwortung auf Bezirksebene gestärkt. Ein Wermutstropfen für mich ist nur, dass alle Bemühungen um Realisierung eines echten Job-Sharings im Dekansamt bislang vergeblich geblieben sind. Umso mehr freut es mich, dass im Kirchenbezirk Schopfheim zumindest ein unechtes Job-Sharing verwirklicht werden konnte.

Ich sehe es als ein Hoffnungszeichen für mein Vorhaben, künftig Leitungsämter geschlechter- und familiengerechter zu besetzen.

Schließlich möchte ich an dieser Stelle auf all das verweisen, womit durch unsere Entscheidungen gottesdienstliche Arbeit in den Gemeinden eine neue Profilierung erhalten hat. Die neue Bestattungsagende ist fertiggestellt und wird demnächst in Dienst genommen werden können. Mit der Übernahme der VELKD-Agende »Dienst am Kranken«[95] haben wir nicht nur für ein wichtiges Feld seelsorgerlicher Arbeit liturgische Hilfestellung geleistet, sondern zugleich nun auch die Salbung als eine Form segnenden Handelns in unserer Kirche etabliert. Mit der Freigabe der Intinctio beim Abendmahl haben wir sowohl einer weitverbreiteten Praxis in unseren Gemeinden und in anderen Kirchen der EKD Rechnung getragen, als auch zugleich Zeichen einer ökumenisch verantworteten Sakramentspraxis gesetzt.[96] Theologisch schlüssiger, reformatorisch eindeutiger und auch ökumenisch konsensfähiger sind wir durch unsere Beschlüsse zur Teilnahme von Kindern am Abendmahl geworden.[97] Insgesamt haben wir uns auf einen Weg behutsamer liturgischer Deregulierung begeben, um so den immer stärker pluralisierten Erfordernissen in unseren Gemeinden Rechnung zu tragen.

Es gilt, in unseren Gemeinden die vielfältigen Möglichkeiten zum gottesdienstlichen Auftanken nicht durch zu starke liturgische Normierungen zu begrenzen.

Dabei lag es zugleich in unserer Absicht, unsere eigene landeskirchliche liturgische Arbeit zugunsten einer stärkeren Einbindung in das gliedkirchliche Miteinander innerhalb der EKD einzuschränken. So wurde die der Landessynode direkt zugeordnete Kommission für Konfirmation aufgelöst und nun als Kommission beim Evangelischen Oberkirchenrat unter synodaler Beteiligung weitergeführt, ähnlich wurde auch für die Liturgische Kommission der Landessynode die Umwandlung in eine Kommission unter synodaler Mitbeteiligung beschlossen. Dies ist mehr als nur ein technischer Vorgang. Hierin findet vielmehr eine Neuorientierung liturgischer Arbeit in unserer Landeskirche und in der EKD ihren Ausdruck: Gefragt ist eine effizientere und kirchenverbindendere liturgische Arbeit, wie diese in der Übernahme der gemeinsamen Konfirmationsagende von VELKD und EKU durch unsere Landeskirche ebenso ihren Ausdruck findet wie auch in der Beteiligung an der Entwicklung einer gemeinsamen Trauagende für die Kirchen der EKU. In diesem Zusammenhang ist auch die Übernahme etlicher Lebensordnungen

---

95 Agende für die Evangelisch-Lutherischen Kirchen und Gemeinden, Band III. Die Amtshandlungen, Teil 4. Dienst am Kranken. Hrsg. v. der Kirchenleitung der VELKD. Neu bearbeitete Ausgabe, Hannover 5. Auflage 2006.

96 Vgl. Das Abendmahl – Eine Orientierungshilfe zu Verständnis und Praxis des Abendmahls in der evangelische Kirche. Vorgelegt vom Rat der Evangelischen Kirche in Deutschland, Hannover 2002.

97 Vgl. Verhandlungen der Landessynode der Evangelischen Landeskirche in Baden. Ordentliche Tagung vom 21. bis 25. Oktober 2001, Evangelischer Oberkirchenrat Karlsruhe 2001, 65; vgl. ebenso epd-Dokumentation 5/2003.

der EKU durch unsere Landessynode im vergangenen Herbst zu sehen. So wie wir die Grenzen unserer Parochien überschreiten müssen, um in gemeinsame Denk- und Lernprozesse einzutreten, so gilt auch für unsere Landeskirche, sich den Erfahrungen anderer Gliedkirchen der EKD nicht zu verschließen und mit ihnen daran zu arbeiten, dass Gemeinden überall immer stärker Oasen zum Auftanken werden.

Mit der gemeinsamen Weiterentwicklung gottesdienstlicher Ordnungen sind wir auf gutem Weg, innerhalb der EKD voneinander zu lernen und aus verantworteter Überzeugung gemeinsam zu handeln.

4.3   Zum Profil unserer Kirche gehören die vielen verantwortlich handelnden ehrenamtlichen Mitarbeiterinnen und Mitarbeiter[98]

Die Wiederentdeckung des Priestertums aller Glaubenden gehört zu den großen reformatorischen Leistungen Martin Luthers. Dies hat allerdings die Kirchen der Reformation nicht davor bewahrt, de facto zu Pastorenkirchen zu werden. Dass die Taufe die Grundordination eines Christenmenschen ist, ist weithin in Vergessenheit geraten. Und wenn dann das Priestertum aller Glaubenden in den letzten Jahren wiederentdeckt wird, so hört man nicht selten den Vorwurf, eigentlich ginge es doch nur darum, die geringer werdenden finanziellen Ressourcen der Kirche durch ein verstärktes Inanspruchnehmen ehrenamtlicher Arbeit zu kompensieren. Solch eine Verdächtigung greift zu kurz. Das durch die gemeinsame Erklärung zur Rechtfertigungslehre[99] neu erwachte Interesse an der Formulierung einer evangelischen Lehre von der Kirche ist wesenhaft verbunden mit einem Interesse an der Reformulierung der lutherischen Lehre vom Priestertum aller Glaubenden für unsere Zeit. Um eine solche Neufassung alter reformatorischer Erkenntnis bemüht sich unser Leitsatz »Zum Profil unserer Kirche gehören die vielen verantwortlich handelnden ehrenamtlichen Mitarbeiterinnen und Mitarbeiter«.

Die Wiederentdeckung des Priestertums aller Glaubenden muss sich heute auslegen als Profilierung und Pflege des kirchlichen Ehrenamtes. Was haben wir in den zurückliegenden Jahren in dieser Hinsicht getan? Ich beginne mit scheinbar Vordergründigem und doch Wichtigem: Wir haben uns bemüht,

---

[98]   Leitsatz II.8.

[99]   Lutherischer Weltbund und Päpstlicher Rat zur Förderung der Einheit der Christen, Gemeinsame Erklärung zur Rechtfertigungslehre. Gemeinsame offizielle Feststellung. Anhang (Annex) zur Gemeinsamen offiziellen Feststellung, Frankfurt am Main/Paderborn 1999.

die Wahrnehmung und Anerkennung ehrenamtlicher Tätigkeit in unserer Landeskirche zu fördern, so etwa durch die Verleihung landeskirchlicher Urkunden an verdiente Ehrenamtliche oder der Logo-Nadeln in Gold für herausragende ehrenamtliche Tätigkeit von mehr als zwölf Jahren. Gerade im Zusammenhang der letztjährigen Ältestenwahlen wurden viele dieser Ehrungen ausgesprochen, aber auch beim Ehrenamtlichen-Tag der Jugendarbeit im Frühjahr 2001. Ehrenamtliche sind der Schatz unserer Kirche, und das weiß die Kirchenleitung zu schätzen.

In diesem Zusammenhang erinnere ich auch an die im Jahr 1998 gestartete Imagekampagne zum Ehrenamt unter dem Titel »Wo wir sind, passiert was. Gott sei Dank!« und an die Kampagne zur Ältestenwahl des letzten Jahres. Das Kirchliche Gesetz über die Ordnung der Kirchlichen Wahlen haben wir rechtzeitig vor den Ältestenwahlen 2001 geändert.

Eine ungelöste Aufgabe liegt noch vor uns. Die sechsjährige Wahlperiode wird immer häufiger als nicht mehr den veränderten Bedingungen des Engagements Ehrenamtlicher angemessen kritisiert. Eine Verkürzung der Wahlperiode scheint mir dringend angeraten. Eine solche Verkürzung wäre aber nur im Gleichklang mit unserer württembergischen Schwesterkirche sinnvoll, da wir den gemeinsamen Termin der Kirchenwahlen in Baden-Württemberg nicht gefährden sollten.

»Zum Profil unserer Kirche gehören die vielen verantwortlich handelnden ehrenamtlichen Mitarbeiterinnen und Mitarbeiter.«[100] Eine besondere Bedeutung erhält dieser Leitsatz hinsichtlich der Weiterentwicklung des Predigtamtes in unserer Landeskirche. Besonders aus den Kontakten mit den landeskirchlichen Gemeinschaften und aus der im (wieder) landeskirchlichen Fortbildungszentrum durchgeführten PrädikantInnenausbildung erfahre ich, welch einen Schatz das Glaubenszeugnis der nicht ordinierten Getauften in unserer Kirche darstellt. Allen, die mit ihrem Glaubenszeugnis den Dienst der Verkündigung in unserer Kirche ehrenamtlich tun, möchte ich ganz herzlich danken. Aber darüber hinaus sind innerevangelisch wie im ökumenischen Diskurs weitere Klärungen hinsichtlich eines evangelischen Ordinationsverständnisses angesagt. Die differenzierte Bezeichnung der für den Verkündigungsdienst Beauftragten als LektorInnen und PrädikantInnen haben wir aufgegeben. Auf eine neue Differenzierung werden wir möglicherweise zugehen, wenn wir nämlich besonders befähigte PrädikantInnen ordinieren und mit pastoralen Diensten größeren Umfangs beauftragen sollten.[101]

---

[100]   Leitsatz II.8.
[101]   Vgl. Reiner Marquard, Das priesterliche Ehrenamt – Stand und Zukunft des Lektoren-

Für mich ist jedenfalls ganz eindeutig, dass wir unser Ordinationsverständ-
nis durch eine Ausweitung der Ordinationen dringend entklerikalisieren müs-
sen. Damit würden wir nicht nur dem Priestertum aller Glaubenden nochmals
ein besonderes Profil geben, wir wären auch besser gerüstet für die dringend
anstehenden ökumenischen Gespräche besonders mit unseren katholischen
Schwesterkirchen um das kirchliche Amtsverständnis.

4.4   WIR GEBEN WEITER, WOVON WIR SELBST LEBEN: DIE GUTE NACHRICHT VON DER LIEBE GOTTES[102]

Zentrum kirchlichen Lebens ist die Weitergabe der guten Nachricht von
der Liebe Gottes. Weitergegeben wird diese gute Nachricht natürlich in allererster Linie durch das Wort- und Tatzeugnis unserer Gemeindeglieder,
denn aufgrund der Taufe sind alle zu Zeugnis und Dienst in der Gemeinde
und in der Welt bevollmächtigt und verpflichtet. Darüber hinaus aber beruft
unsere Kirche durch die Ordination Menschen in das Predigtamt, und dies
in besonderer Weise im Amt des Pfarrers und der Pfarrerin. Was haben wir
unternommen, um Menschen zu befähigen, im Pfarrdienst die gute Nachricht von der Liebe Gottes so weiterzugeben, dass ihr vermehrt Glauben
geschenkt wird?

Zunächst sind da zu nennen die Maßnahmen zur Veränderung der Theo-
logenausbildung: die Einführung eines zweiten obligatorischen Studienbe-
ratungsgesprächs während des Theologiestudiums, die anstehende Reform
des 1. Theologischen Examens mit der Einbeziehung der Religions- und
Missionswissenschaften, die Neustrukturierung der Lehrvikarsausbildung
in enger und guter Zusammenarbeit mit der Theologischen Fakultät und die
verstärkte Überprüfung von Fähigkeiten der Vermittlung praktisch-theolo-
gischer Bildung im 2. Theologischen Examen. Manches von dem Genannten
wird künftig an der Alten Brücke in Heidelberg im Evangelischen Studien-
seminar verwirklicht, das nach dem erfolgreichen Verkauf des Theologischen Studienhauses künftig unter dem Namen »Morata-Haus« (so benannt
nach der bedeutenden Humanistin Olympia Morata) das Petersstift und das
Theologische Studienhaus beherbergen wird. Dass die Verhandlungen mit
dem Verein des Theologischen Studienhauses bezüglich der Zukunft dieses
Hauses und der Sicherung einer halben Studienleitungsstelle zu einem er-

---

und Prädikantendienstes in der Evangelischen Landeskirche in Baden. – In: Verhandlungen
der Landessynode der Evangelischen Landeskirche in Baden. Ordentliche Tagung vom
21. Oktober bis 25. Oktober 2001, Evangelischer Oberkirchenrat Karlsruhe 2002, 6–10.
[102]   Leitsatz II.10.

folgreichen Abschluss gebracht werden konnten, ist Grund für besondere Dankbarkeit. Am 7. Juni werden wir das Morata-Haus einweihen können.

Die qualifizierte Ausbildung unserer Pfarrerschaft ist aber nur ein Baustein, um Menschen zu befähigen, die gute Nachricht von der Liebe Gottes weiterzugeben. Denn wer dies über einen längeren Berufsweg hinweg mit Überzeugungskraft tun will, bedarf auch während seiner beruflichen Tätigkeit ständiger Förderung und Stärkung. Der Erweiterung beruflicher Kompetenz dient das neue Konzept zur landeskirchlichen Fortbildung in Seelsorge und Beratung, das wir in Weiterentwicklung der Pastoralpsychologischen Fortbildung beschlossen haben und das nun allmählich umgesetzt werden soll. Darüber hinaus aber ist in der Mitarbeiterschaft ein vermehrter Beratungs- und Supervisionsbedarf festzustellen. Hilfestellung wird in schwierigen Lebensphasen oft im Haus »Respiratio« auf dem Schwanberg gesucht. Aber auch die Arbeit der Prälatinnen und der Prälaten, die zum Dienst in der Verkündigung des Evangeliums motivieren und in krisenhaften Situationen begleiten, soll hier genannt werden. Nicht zu vergessen ist die Gemeindeberatung, die immer häufiger angefragt wird, ganz besonders im Hinblick auf den Umgang mit der neuen Visitationsordnung und von jenen, die durch Veränderungen, etwa durch die Pfarrstellenkürzungen der letzten Jahre, direkt betroffen sind.

In einer Zeit, die durch eine Verflachung vieler Lebenseinstellungen bei spürbar gestiegener Sehnsucht nach verbindlicher Spiritualität gekennzeichnet ist, wird immer deutlicher, dass die Förderung geistlichen Lebens unserer Kirche als große Zukunftsaufgabe gestellt ist. Derzeit wird in einem zweijährigen Projekt »Förderung geistlichen Lebens in der Landeskirche« ein Konzept erarbeitet, wie der verstärkte Bedarf nach verbindlicher spiritueller Erfahrung aufgenommen und in das kirchliche Leben umgesetzt werden kann – bis hin zu einer möglichen Einrichtung eines »Hauses der Stille«.

Die Frage der Gestaltung verbindlichen geistlichen Lebens wird zu einer der Zukunftsfragen unserer Kirche, wenn es gelingen soll weiterzugeben, wovon wir selbst leben: Die gute Nachricht von der Liebe Gottes.[103]

An dieser Stelle möchte ich ein erstes Fazit der 1996/97 beschlossenen und planerisch nun nahezu vollständig umgesetzten Kürzungen im Gemeindepfarrdienst ziehen. Diese Kürzungen – und dies ist immer wieder zu betonen – dürfen nicht losgelöst von den Kürzungen in anderen Feldern kirchlicher Arbeit betrachtet werden. Während seit 1987 etwa jede siebte Gemeindepfarrstel-

---

[103] Vgl. Quellen der Spiritualität entdecken und fördern. Abschlussbericht des Projektes »Förderung geistlichen Lebens«, Evangelische Landeskirche in Baden, Karlsruhe 2005.

le den Kürzungen zum Opfer fiel (15,4%), wurden innerhalb der Verwaltung des Evangelischen Oberkirchenrats 30% und außerhalb der Gemeindepfarrstellen insgesamt 18,3% der landeskirchlichen Stellen gekürzt. Dennoch ist die Konsolidierungsleistung, die in den Gemeinden und Bezirken erbracht wurde, außerordentlich beachtlich, wobei es falsch wäre, die Planungsleistung der Kirchenbezirke und Gemeinden nur in der Reduzierung der Pfarrstellen zu sehen. Die Zumutung, den Pfarrdienst auf das vorgesehene Maß zu reduzieren, hat nicht nur die Kräfte der verantwortlichen Gremien in Bezirk und Gemeinde über einen langen Zeitraum gebunden, sondern auch Kräfte freigesetzt: Dass Kirchenbezirke die Verantwortung für konzeptionelle Stellenplanung akzeptiert haben, belegen nicht nur gelungene Umsetzungen von Stellenkürzungen, sondern auch Umschichtungen im Kirchenbezirk, die zu Stellenerrichtungen führten. Kirchenbezirke haben durch Neuordnung des Dienstes zu einem Ausgleich der Dienstbelastung beigetragen. Gemeinden haben ihre Vorstellungen von der notwendigen Besetzung ihrer Pfarrstelle aus eigenen Kräften und über die Planung ihres Kirchenbezirkes hinausgehend durch spendenfinanzierte Aufstockungen realisiert. Sie haben über Anträge zur Errichtung von Gruppenämtern und Gruppenpfarrämtern den Pfarrdienst in ihrem Bereich neu geordnet und im Zusammenhang mit der Reduzierung ihrer Pfarrstellenbesetzung überlegt, wie dies durch verstärktes ehrenamtliches Engagement ausgeglichen werden kann, und dafür Konzepte entwickelt.

Ich danke für alle Mühe und Zeit, die in diesen Prozess der Stellenreduzierung und Neuordnung des Dienstes investiert wurde, und ich möchte diese Leistung für die Gestaltung und Neuordnung des Dienstes besonders würdigen. Selbstverständlich hat dieser Prozess auch Wunden geschlagen, die noch nicht vernarbt sind. Wenn heute, da wir in der Landeskirche wieder gelassener in die Zukunft blicken, manchmal die Frage aufkommt, ob denn das alles notwendig war, dann muss immer wieder geantwortet werden, dass wir nur deshalb gelassener in die Zukunft sehen können, weil wir eben diese erheblichen Stellenreduzierungen in der ganzen Landeskirche vorgenommen haben. Und wenn im Augenblick die besonders hohe Zahl an Vakanzen auf Gemeindepfarrstellen beklagt wird, dann möchte ich darauf hinweisen, dass ein so umfangreiches Stellenreduzierungsprogramm einfach nicht punktgenau zu vollbringen ist. So wurde der Vorruhestand etwas häufiger in Anspruch genommen als von uns erwartet, was zu einer Unterschreitung des Stellenplans zum 31.12.2001 um 17 Stellen führte; auch müssen einige der bereits geplanten Stellenkürzungen erst noch umgesetzt werden, was derzeit etwa 15 noch bestehende Besetzungen auf künftig wegfallenden Stellen zur Folge hat. Je rascher die geplanten Stellenkürzungen nun auch real vollzogen werden, desto schneller wird die Zahl der Vakanzen abgebaut werden können. Wir haben in diesem Jahr insofern gegengesteuert, als wir einige Pfarrer aus anderen Landeskirchen übernommen und auch die Zahl der Übernahmen ins Pfarrvikariat erhöht haben. Eine deutliche Reduzierung der Vakanzen ist also in den nächsten eineinhalb Jahren zu erwarten.

Begleitet wurde der Prozess der Stellenreduzierung vom Personalreferat, den Gebietsreferenten und der Gebietsreferentin, den Prälatinnen, dem Prälaten und verschiedenen schriftlichen Planungshilfen. Das mag im konkreten Einzelfall immer wieder als unzureichend erlebt worden sein. Manche Arbeitshilfe wurde erst entwickelt, als sie vermisst wurde. Aus gemeindlicher Sicht haben immer wieder Informationen gefehlt und es hätten auch mehr Gespräche geführt werden sollen. Selbstkritisch möchte ich sagen: Auch die Kirchenleitung hätte noch präsenter sein können.

Bei künftigen Änderungsprozessen in unserer Kirche müssen wir immer auch zugleich mitbedenken, wie wir solche Prozesse moderierend gestalten und begleiten können.

4.5   UNSER GLAUBE SUCHT GEMEINSCHAFT UND GEWINNT AUCH DARIN GESTALT, WIE WIR UNSERE KIRCHE ORGANISIEREN[104]

Die Frage der Organisation einer Kirche ist eine sowohl theologische wie ökonomische. In der Organisation einer Kirche bildet sich sowohl ihr Glaube ab wie auch ihre Kraft zu haushalterischem Handeln. Theologisch verantwortete Leitung der Kirche ist keine penible Buchhalterschaft. Sie findet vielmehr Gestalt in einer ökonomisch verantwortbaren Haushalterschaft, die bei aller notwendigen professionellen Ökonomie von der Zuversicht in Gottes Möglichkeiten geprägt ist. Solche Zuversicht entbindet gerade nicht, sondern verpflichtet zu verantwortlichem wirtschaftlichen Handeln. Zu den für mich aufregendsten Entwicklungen der letzten Jahre gehört es, dass es in unserer Landeskirche zu einer Versöhnung von Theologie und Ökonomie gekommen ist. Das theologisch Notwendige muss auch ökonomisch machbar sein, und das ökonomisch Wünschenswerte muss sich theologischem Nachfragen aussetzen. Wie hat sich die Aussöhnung von Theologie und Ökonomie in unseren kirchenleitenden Maßnahmen zur Organisation des Evangelischen Oberkirchenrats ausgewirkt?

Zunächst einmal wurde mit dem weit über unsere Landeskirche hinaus sehr beachteten Leitsätze-Prozess das Bewusstsein für eine landeskirchliche

---

[104]   Leitsatz II.7.

»corporate identity« geschärft und die Grundlage für eine Verbesserung zielorientierten Arbeitens in unserer Kirche gelegt.[105] Auch die Einführung des Orientierungsgespräches als eines wichtigen Führungsinstruments auf Gemeinde-, Bezirks- und Landesebene hat das Bewusstsein für die Notwendigkeit von Zielvereinbarungen für unsere kirchliche Arbeit gestärkt. Schließlich haben wir mit der Einrichtung von Investitions- und Zukunftsfonds im Haushalt neue Anreize für missionarische Aktivitäten und Fundraising-Projekte in Gemeinden und Bezirken geschaffen.

Es muss sich in unserer Landeskirche die Erkenntnis durchsetzen, dass es durchaus Sinn hat, bei allem, was in unserer Kirche ins Werk gesetzt wird, nicht nur danach zu fragen, ob es wünschenswert und theologisch angemessen ist, sondern auch danach, ob es unseren langfristigen Zielen dient und welche Kosten es verursacht.

Einen besonderen Schwerpunkt bildete im Berichtszeitraum die durch die Synode angestoßene Bildung von zukunftsfähigen Strukturen innerhalb des Evangelischen Oberkirchenrats. Wenn ich heute zurückblicke, dann ist dies für mich ein Kapitel unter dem Titel »Irrungen und Wirrungen«. Auf Initiative der Synode hin wurde im Jahr 1998 das Referat 8 aufgelöst, im Herbst des Jahres 2001 jedoch wieder eingerichtet. Die von der Synode geforderte Neuordnung der theologischen Referate des Evangelischen Oberkirchenrats konnte zwar erfolgreich zum Abschluss gebracht werden, aber die Neubildung des Referates 1 und die mit ihr intendierte Abkoppelung vom Bischofsamt erwies sich als ein quälender Prozess, der viele Nerven gekostet hat. Über die Neuordnung der Referate hinaus wurden weitere bedeutsame Maßnahmen ergriffen, um die Arbeit im Evangelischen Oberkirchenrat und in unserer Landeskirche effizienter und zielgerichteter zu gestalten. Ich nenne in diesem Zusammenhang lediglich die Entwicklung und Förderung des Projektmanagements im Evangelischen Oberkirchenrat und die Durchführung von ModeratorInnen-Schulungen, die dem Evangelischen Oberkirchenrat ebenso zugutekommen wie vielen Gemeinden und Bezirken.

Schließlich sei zum Abschluss dieses Berichtsteils daran erinnert, dass die letzten sechs Jahre im Kollegium des Evangelischen Oberkirchenrats eine Zeit besonders starker personeller Veränderungen war, denken wir neben der Bischofswahl an die Wechsel des Jahres 1998 – von Kirchenrat Hans-Joachim Mack zu Kirchenrat Gerhard Vicktor, von Oberkirchenrat Wolfgang Schneider zu Oberkirchenrat Johannes Stockmeier, von Oberkirchenrat Klaus Baschang zu Oberkirchenrat Dr. Michael Nüchtern, von Prälat Gerd Schmoll zu Prälatin

---

[105]   Vgl. Ulrich Fischer, Leitsätze und Kirchenbindung, Mitten im Leben, 155–170.

Brigitte Arnold; denken wir an das Ausscheiden der Kirchenräte Dr. Karl-Christoph Epting und Klaus Schnabel infolge ihres Eintritts in den Ruhestand. Weiter erfolgte im Herbst letzten Jahres die Berufung der Oberkirchenräte Gerhard Vicktor und Stefan Werner, und vor einigen Wochen konnten wir mit Oberkirchenrätin Barbara Bauer als der Nachfolgerin von Oberkirchenrat Dr. Beatus Fischer die erste stimmberechtigte Frau im Kollegium des Evangelischen Oberkirchenrats begrüßen. Wenn das keine bewegenden Zeiten waren!

4.6 FÜR UNSERE VIELFÄLTIGEN AUFGABEN SETZEN WIR DAS UNS ANVERTRAUTE GELD SINNVOLL UND EFFIZIENT EIN[106]

Treue Haushalterschaft beinhaltet auch einen verantwortungsvollen Umgang mit den uns anvertrauten materiellen Gütern. Immer wieder müssen wir uns klarmachen, dass das uns in der Kirche zur Verfügung stehende Geld nichts anderes ist als ein Mittel zum Bau des Reiches Gottes. Wenn wir also sagen, dass wir für unsere vielfältigen Aufgaben das uns anvertraute Geld sinnvoll und effizient einsetzen, dann ist die Sinnhaftigkeit solcher Ökonomie immer wieder theologisch zu reflektieren. Ich will bezüglich eines theologisch verantworteten sinnvollen und effizienten Einsatzes des Geldes in unserer Kirche nur einige Akzente setzen.

Zunächst erinnere ich an die tiefgreifende Neugestaltung des Haushaltsbuches unserer Landeskirche. Weg von bloßer Buchhalterschaft hin zu kreativer Haushalterschaft – so möchte ich den Weg bezeichnen, den wir beschritten haben. Zu solcher kreativen Haushalterschaft gehört die neue Wertschätzung von Fundraising und Sponsoring für die künftige Finanzierung kirchlicher Arbeit. Mit der Einrichtung der Stelle eines Fundraising-Beauftragten, mit der Durchführung des 1. Badischen Fundraising-Wettbewerbs, mit der Finanzierung einer halben Pfarrstelle in Allmannsweier auf zehn Jahre durch das finanzielle Engagement eines Unternehmers, mit dem Ausbau privat finanzierter Projektstellen und mit anderem mehr haben wir in den zurückliegenden Jahren wichtige Akzente gesetzt. In Zukunft werden kirchensteuerunabhängige Finanzierungsmöglichkeiten an Bedeutung gewinnen. Ich erinnere nur an die Errichtung einer Versorgungsstiftung und den Aufbau weiterer Stiftungen, durch die etwa für das evangelische Schulwesen unserer Landeskirche und für das Theologische Studienhaus eine Perspektive gewonnen wurde. *Wir müssen diesen Weg zielstrebig weitergehen, um nicht durch jede steuerreformerische Maßnahme des Staates in neue Turbulenzen zu geraten.*

---

[106] Leitsatz II.14.

»Für unsere vielfältigen Aufgaben setzen wir das uns anvertraute Geld sinnvoll und effizient ein.« Dieser Leitsatz wird auch konkretisiert durch einen verantwortungsvollen Umgang mit kirchlichen Immobilien. Ob der Beschluss zum Verkauf der Jugendbildungsstätte Oppenau ohne eine Aussicht auf seine Realisierung wirklich verantwortlich war, mag gefragt werden; an der Notwendigkeit einer Gebäudekonzentration im Bereich der Jugendarbeit aber dürfte kein Zweifel bestehen. Im Zuge der Konzentration landeskirchlicher Immobilien wurden weitere Maßnahmen ergriffen, die z. T. schmerzliche Auswirkungen auf Arbeitsfelder unserer Kirche hatten: die Aufgabe des Jugendheims in Buchenberg, die Schließung des Mütterkurheims Baden-Baden und die Übergabe der Tagungsstätte Hohenwart in die Trägerschaft der Kirchengemeinde Pforzheim.

Zugleich wurden Wege beschritten, kirchlichen Gebäudebestand durch Umwidmung oder Umbau zukunftsfähig zu machen. Ich denke dabei vor allem an die kreativen Bauprojekte an der Lutherkirche in Heidelberg oder an der Kirche von Gölshausen, aber auch an den Verkauf der Pauluskirche in Pforzheim an die dortige Stadtmission. Zur Sicherung der Zukunftsfähigkeit landeskirchlicher Immobilien gehört es auch, ökologischen Kriterien beim Bau und Unterhalt kirchlicher Gebäude Geltung zu verschaffen. Deshalb ist es höchst begrüßenswert, dass der Evangelische Oberkirchenrat als Modelleinrichtung am ökumenischen Pilotprogramm »Kirchliches Umweltmanagement« teilnimmt, dass er ökologische Bauentwicklung in der Landeskirche unterstützt und auch Gemeinden diesbezüglich berät.

Unsere Gemeinden brauchen hinsichtlich eines zukunftsfähigen Umgangs mit ihren Immobilien dringend professionelle Beratung und Hilfeleistung. Einen wichtigen Schritt hierzu sind wir schon mit der Neuregelung der Finanzzuweisung im Rahmen des Finanzausgleichsgesetzes gegangen. Weitere Schritte hinsichtlich des Aufbaus einer zentralen Liegenschaftsberatung und der Schulung im Liegenschaftsmanagement müssen gegangen werden.

4.7   Wir wollen den Weg fortsetzen zu einer Kirche, die gleichermassen von Frauen und Männern geleitet wird[107]

Eine evangelische Kirche, welche die Gestalt ihrer Botschaft wie ihrer Ordnung am Evangelium ausrichtet, muss auch ihre Leitungsstrukturen geschwisterlich gestalten. Geschlechtergerechtigkeit, die sich auch in der gleichberechtigten Teilhabe von Männern und Frauen an der Leitung der Kirche abbildet,

---

[107]   Leitsatz III.7.

ist eine folgerichtige Konsequenz aus unserem Glauben, dass wir durch die Taufe als Kinder Gottes angenommen sind und dass deshalb geschlechtliche Differenzen keine Herrschaft begründen dürfen. So ist das Bemühen um Geschlechtergerechtigkeit ein theologisch notwendiges Bemühen für eine Kirche, die sich evangelisch nennt.

Die Debatte um die Gleichstellung der Frauen in unserer Kirche möchte ich als den Weg von der Frauenförderung zum Gender-Mainstreaming bezeichnen. Ich will nun die leidvolle Geschichte dieses Weges nicht nachzeichnen, aber doch an einige Eckpunkte erinnern: Nach dem Bericht unserer Gleichstellungsbeauftragten auf der Frühjahrstagung der Synode im Jahr 1997 wurde die Entscheidung über die Bildung eines besonderen Ausschusses »Gemeinschaft von Frauen und Männern in der Kirche« zunächst zurückgestellt, später wurde dieses Anliegen nicht weiter verfolgt. Die Gleichstellungsarbeit wird nach der inzwischen erfolgten Streichung der Stelle einer Gleichstellungsbeauftragten zurzeit durch die »Fachgruppe Gleichstellung« fortgeführt. Dennoch wurde im Berichtszeitraum dank des großen Engagements unserer Gleichstellungsbeauftragten Bemerkenswertes erreicht, wie etwa die Verabschiedung der »Richtlinien zur Förderung der Gleichstellung von Frauen und Männern bei Stellenbesetzungen in der Evangelischen Landeskirche in Baden«[108] und die Verabredung zu einem Gender-Projekt inklusive Gender-Training des Kollegiums. Auch der Versuch, verstärkt Frauen für Führungspositionen zu gewinnen, war nicht ganz ohne Erfolg: Unsere Landessynode wird seit sechs Jahren in hervorragender Weise von einer Frau geleitet, wir konnten vor wenigen Wochen Frau Bauer als unsere erste Oberkirchenrätin begrüßen, wir haben zwei Prälatinnen, vier Dekaninnen, zwei Schuldekaninnen, eine Leiterin des Predigerseminars, des Rechnungsprüfungsamtes, der Evangelischen Pflege Schönau, haben etliche Abteilungsleiterinnen in verantwortlichen Positionen und gewichten bei Stellenbesetzungen immer auch geschlechtsspezifische Kriterien. Ferner legen wir bei der langfristigen Personalförderung, die wir im Kollegium des Evangelischen Oberkirchenrats begonnen haben, besonderen Wert auf die Förderung von Frauen. Mit alledem wollen wir gemäß dem Leitsatz unserer Landeskirche den Weg fortsetzen »zu einer Kirche, die gleichermaßen von Frauen und Männern geleitet wird«. Dass wir auf diesem Weg noch manche Schritte gehen müssen, zeigt schon ein Blick auf das vor Ihnen versammelte Kollegium des Evangelischen Oberkirchenrats einschließlich des Landesbischofs.

---

[108]   Richtlinien zur Förderung der Gleichstellung von Frauen und Männern bei Stellenbesetzungen in der Evangelischen Landeskirche in Baden, Karlsruhe 2000.

Noch jedenfalls sind wir weit davon entfernt, in dem zitierten Leitsatz eine Beschreibung kirchlicher Wirklichkeit erkennen zu können. Und ob die Erwartung berechtigt ist, dass auch ohne die Beibehaltung einer hauptamtlichen Stelle die Gleichstellung von Frauen in unserer Kirche wirklich erreicht werden kann, möchte ich anfragen.

4.8   Wir wollen unsere Arbeit in der Öffentlichkeit darstellen und scheuen den Vergleich mit anderen nicht[109]

Die Botschaft von der freien Gnade Gottes allem Volk auszurichten, ist Auftrag der Kirche. Immer größeres Gewicht erhalten bei der Vermittlung der kirchlichen Botschaft die neuen Medien. Hierbei ist die Kirche aber auch zunehmend der Konkurrenz anderer Sinnanbieter auf dem medialen Markt ausgesetzt, so dass kirchliche Öffentlichkeitsarbeit einer hohen Professionalisierung bedarf, wenn Kirche in der Öffentlichkeit weiterhin wahrgenommen werden will. Dabei braucht sie in der Tat, was den Inhalt betrifft, den Vergleich mit anderen nicht zu scheuen, denn sie hat eine unvergleichliche Botschaft anzubieten: die Botschaft von der freien Gnade Gottes.

Nach langjährigen Vorarbeiten und teilweise ideologisch gefärbten Auseinandersetzungen in der AGEM gelang unter Mitarbeit von Prof. Thorsten Teichert im Jahr 2001 endlich die Erstellung eines publizistischen Gesamtkonzepts. Ich zitiere aus diesem Konzept einige wenige Sätze: »Die evangelische Kirche hat sich seit langem schon dafür entschieden, den Öffentlichkeitsanspruch des Evangeliums auch durch eine eigene unabhängige Publizistik zur Geltung zu bringen. Damit bewegt sie sich auf einem ausdifferenzierten, vom Wettbewerb bestimmten Markt. Um sich in eben diesem Markt zu bewähren, ist eine publizistische Strategie erforderlich, die sich einerseits bewusst und selbstbewusst auf die Strukturen der Mediengesellschaft einlässt, die andererseits ihr ureigenes Anliegen, dem christlichen Glauben öffentliche Aufmerksamkeit zu sichern und den Menschen Fürsorge zu garantieren, nicht aus den Augen verliert.« Mit der Neustrukturierung des Referates »Grundsatzplanung und Öffentlichkeitsarbeit« im Evangelischen Oberkirchenrat und der damit verbundenen Aufgabenteilung zwischen Oberkirchenrat Vicktor und dem neuen Leiter der Abteilung Information und Öffentlichkeitsarbeit, Herrn Marc Witzenbacher, wurden die strukturellen Voraussetzungen für die Umsetzung dieser geforderten publizistischen Strategie geschaffen.

---

[109]   Leitsatz III.9.

Drei Felder unserer publizistischen Arbeit möchte ich besonders in den Blick nehmen: Bei den Printmedien ist es weithin gelungen, die »Mitteilungen« zum Leitmedium unserer Landeskirche zu entwickeln. Einen ganz wichtigen Fortschritt hinsichtlich der Entwicklung eines einheitlichen Erscheinungsbildes bedeutete die Verschmelzung der ehemals selbständigen »Dimensionen« mit den »Mitteilungen«. Mein besonderer Dank gilt hier dem Diakonischen Werk für seine hohe Kooperationsbereitschaft! Wird doch hierdurch auch sichtbar, dass die Diakonie eine wichtige Lebensäußerung der Kirche Jesu Christi ist. Die Krise bei Finanzierung und Sicherung unserer »standpunkte« konnte durch eine gelungene Kooperation mit dem Sonntagsblatt-Nachfolger »Chrismon« bewältigt werden. Nachdem sich das Kooperationsmodell zu bewähren scheint, gibt es Aussichten, dass auch andere Landeskirchen sich einer solchen Kooperation anschließen, um ihre Kirchengebietspresse zu sichern. Ferner ist wahrzunehmen, dass sich die verbindliche Zusammenarbeit im epd Südwest deutlich verbessert hat.

Als eine Erfolgsgeschichte der besonderen Art sehe ich das Engagement unserer Landeskirche im Fernsehen und in den neuen Medien. Nach anfänglichem Zögern hat die Landessynode im Jahr 1997 die Beteiligung unserer Landeskirche am Privatfernsehen beschlossen. Inzwischen hat sich der Evangelische Rundfunkdienst Baden unter Leitung von Pfarrer Hanno Gerwin bestens etabliert und sorgt für eine große Verbreitung kirchlicher Anliegen im Privatfernsehen und -rundfunk unserer Region. Seit 1998 ist unsere Landeskirche über den ERB auch im Internet präsent. Inzwischen hat sich die Arbeit so ausgeweitet, dass durch Beschluss der Synode eine zusätzliche halbe Stelle eines Internetbeauftragten zum Frühjahr dieses Jahres mit Herrn Oliver Weidermann besetzt werden konnte.

Schließlich hat unsere Landeskirche – gemeinsam mit den anderen Gliedkirchen der EKD – in den letzten Jahren ihre Kampagnenfähigkeit entdeckt und entwickelt: Der Sonntagsschutzkampagne der EKD[110] im Herbst 1999 folgte kurz danach unsere Kircheneintrittskampagne[111], die ca. 400–500 Kircheneintritte und ein deutliches Aufmerken der Öffentlichkeit zur Folge hatte. Im Augenblick läuft in zahlreichen Illustrierten und auf Plakatwänden die EKD-Initiative 2002 zu Sinnfragen des Lebens mit dem Slogan »Lassen Sie uns gemeinsam Antworten finden«, und für das Spätjahr planen wir die Weiterführung der hannoverschen Adventsschutzinitiative. Warum all dies? Wir müssen zur Kenntnis nehmen, dass sich wichtige Anliegen unserer Kirche nicht mehr

---

[110] Vgl. www.ekd.de/sonntagsruhe/aktuell/archiv_sonntagskampagne1999.html.
[111] Vgl. www.ekiba.de/kampagne/index.html.

von selbst vermitteln, sondern dass wir Aufmerksamkeit für diese Anliegen wecken müssen. Dass dies nach allem, was uns Fachleute raten, am besten durch solche Kampagnen geschehen kann, wird nicht von allen verstanden und bedarf innerkirchlich mancher Überzeugungsarbeit.

»Wir wollen unsere Arbeit in der Öffentlichkeit darstellen und scheuen den Vergleich mit anderen nicht.« Diesen Leitsatz in entsprechendes Handeln umzusetzen, war ein Schwerpunkt kirchenleitender Arbeit in den zurückliegenden Jahren. Eine Volkskirche darf keine Scheu vor der Welt der Medien entwickeln, wenn sie ihre Botschaft allem Volk ausrichten will. Darauf müssen wir uns einstellen.

4.9 UNSER GLAUBE HAT HAND UND FUSS. NAH UND FERN HELFEN WIR MENSCHEN IN NOT, AUCH DURCH UNSERE DIAKONISCHE ARBEIT[112]

Zu den Kennzeichen der Kirche gehört nach unserer Grundordnung neben der Verkündigung des Wortes Gottes und der Verwaltung der Sakramente auch das Dienen mit der Tat der Liebe. Seit Anbeginn der Kirche hat es Glauben ohne Hand und Fuß nicht gegeben. In den Taten der Liebe oder – wie es in unserem Leitsatz heißt – »in der Hilfe für Menschen in Not« wird unser Glaube für Menschen greifbar. Deshalb ist Diakonie eine Wesensäußerung der Kirche, kein Appendix, auch kein Luxus, auf den eine Kirche je nach finanzieller Kraft etwa verzichten könnte. Wenn der von der Kirche verkündigte Glaube für Menschen greifbar werden soll, muss eine Kirche diakonische Arbeit entwickeln, denn in ihr bekommt der Glaube Hand und Fuß. Welches waren nun wichtige Entwicklungen und Veränderungen im diakonischen Bereich kirchlicher Arbeit in den zurückliegenden Jahren?

Ich nenne als erstes die Schwangerschaftskonfliktberatung: Herausgefordert durch die öffentliche Diskussion um den Ausstieg der römisch-katholischen Kirche aus der Beratungsarbeit war unsere Kirche genötigt sich zu positionieren, was sie deutlich getan hat. Schwangerschaftskonfliktberatung ist ein Arbeitsfeld, das uns unablässig daran erinnert, dass sich die Kirche aus den lebensgefährlichen Situationen des Lebens nicht heraushalten darf. In der Zerreißprobe des Konfliktes riskiert Kirche im Vertrauen auf Gott den Zuspruch seiner Gnade. Darin ist sie selbst des Erbarmens und der Gnade Gottes bedürftig. Genau so steht sie aber neben der Frau, die im Konflikt zu einer Entscheidung kommen muss. Von daher ist es eine Missachtung des Erbarmungswillens Gottes, wenn die schriftliche Bestätigung

---

[112] Leitsatz II.11.

der Schwangerschaftskonfliktberatung als »Lizenz zum Töten« denunziert wird.[113] Allmählich ist es um die Schwangerschaftskonfliktberatung still geworden. Das Abnehmen des öffentlichen Interesses steht im krassen Gegensatz zu den Herausforderungen, vor denen unsere Kirche mit ihrem Beratungsangebot steht. Der Beratungsbedarf ist kontinuierlich angestiegen (1996: ca. 2.700 Beratungen, 2001: ca. 4.000 Beratungen). Diese Arbeit wird von 51 Beraterinnen und Beratern geleistet, denen ich an dieser Stelle für ihren außerordentlich verantwortungsvollen und schwierigen Dienst danken möchte.

Beträchtlich sind die in den letzten Jahren erfolgten Veränderungen in der Arbeit der Kindertagesstätten, zu der unsere Landeskirche zusammen mit dem Diakonischen Werk uneingeschränkt steht. Die Anforderungen für dieses Arbeitsfeld haben sich erheblich verändert: Gab es 1996 noch fünf bis sechs »typische« Angebotsformen für die Arbeit in Kindertagesstätten, sind es im Jahr 2002 ca. 45 verschiedene Angebotsformen, mit denen versucht wird, auf die spezifischen Bedürfnisse von Kindern und Eltern einzugehen. Die wachsende Komplexität der Angebotsformen und die gleichzeitige Qualitätssicherung der Arbeit ist ohne qualifizierte Fachberatung nicht denkbar, die künftig von drei Zentren in Karlsruhe, Freiburg und Heidelberg/ Mannheim aus geleistet wird.

Das Diakoniegesetz ist ein kostbares Spezifikum unserer Landeskirche. In keiner anderen Gliedkirche der EKD sind Diakonie und Kirche so eng miteinander verbunden wie in Baden. Diakoniegesetz und Satzung des Diakonischen Werkes sind wegweisend für das, was in dem von mir zitierten Leitsatz unserer Landeskirche ausgesprochen ist. Mit der Novellierung des Diakoniegesetzes 1998 sind insbesondere für die Wahrnehmung diakonischer Aufgaben im Kirchenbezirk wichtige Veränderungen ermöglicht worden. Die Klärung der Stellung von Bezirksdiakoniepfarrerinnen und Bezirksdiakoniepfarrern sowie der Rechtsstellung von Bezirksdiakonieausschüssen und geschäftsführenden Vorständen hat die Handlungsfähigkeit in diakonischen Aufgaben der Kirche verbessert.

Schließlich erwähne ich als eine besondere diakonische Herausforderung der letzten Jahre die Arbeit mit Flüchtlingen, die ebenfalls tiefgreifende Veränderungen erfahren hat. In dem ausführlichen Bericht zur Frühjahrssynode 2000 heißt es: »In den Schutzlücken des deutschen Asylrechts und den Fall-

---

[113] Die *Berliner Zeitung* berichtete am 13. Juni 1998: »Erzbischof Johannes Dyba halte eine Rückkehr ins Beratungssystem in seinem Bistum für ›völlig überflüssig‹. Als einzige deutsche Diözese stellt Fulda seit fünf Jahren keine Beratungsscheine aus, die Dyba als Lizenz zum Töten bezeichnet hatte.«

stricken des Asylverfahrensrechts werden die Asylsuchenden zu Objekten des Verfahrens ... Fluchtgründe – wie z.B. die nichtstaatliche und frauenspezifische Verfolgung – werden aus der Rechtsordnung herausdefiniert, und Härtefälle haben keine Chance, als solche festgestellt und anerkannt zu werden.«[114] Angesichts dieser Situation bekommt die Aussage unseres Leitsatzes »Nah und fern helfen wir Menschen in Not« doppeltes Gewicht. Flüchtlingsarbeit hat eine ökumenische Dimension. Ohne eine starke europäische Zusammenarbeit wäre die Arbeit mit Flüchtlingen undenkbar. Von besonderer Bedeutung ist in diesem Zusammenhang unsere baden-württembergische Europa-Arbeitsgruppe, unsere aktive Unterstützung der Churches Commission for Migrants in Europe und die intensive Zusammenarbeit mit der Konferenz Europäischer Kirchen und den Kirchen am Rhein.[115] Der Kontakt mit Flüchtlingen öffnet aber auch unsere Horizonte. Engagierte Kirchengemeinden haben in den vergangenen Jahren auch in oft aussichtslosen Situationen mithelfen können, dass Schutzpflicht des Staates und Schutzbedürfnis des Flüchtlings nicht völlig auseinandergefallen sind. Dafür möchte ich allen in dieser Arbeit Engagierten herzlich danken.

»Unser Glaube hat Hand und Fuß.« Um den Sinn dieses Leitsatzes noch plausibler zu machen, steht im ganzen Feld des diakonischen Handelns der Kirche die große Aufgabe vor uns, einerseits in den Gemeinden deutlicher die diakonischen Aufgaben als unverzichtbaren Teil des Glaubenszeugnisses wahrzunehmen und andererseits die diakonischen Einrichtungen und die dort Mitarbeitenden für die Glaubensdimension ihrer Arbeit weiter zu sensibilisieren. Es gilt, die diakonische Kompetenz der Gemeinden neu zu stärken und die missionarische Qualität diakonischen Handelns neu bewusst zu machen.

---

[114]   Thomas Dermann und Jürgen Blechinger, Demographische Entwicklung, Zuwanderung und die Herausforderung an die Diakonie unserer Landessynode, 20. April 2002. – In: Verhandlungen der Landessynode der Evangelischen Landeskirche in Baden. Ordentliche Tagung vom 16. bis 20. April 2002, Evangelischer Oberkirchenrat Karlsruhe 2002, (84–91) 87f.

[115]   Vgl. Evangelische Kirche in Deutschland (EKD) in Kooperation mit Cimade, Frankreich, und der Evangelischen Landeskirche in Baden (Hg.), 5 Jahre Europäische Asylrechtstagungen: Einmischung um der Menschenrechte willen. Kirche zwischen Asylrechtswirklichkeit und europäischer Gesetzgebung – eine aktuelle Arbeitshilfe, Neuauflage, September 2002.

4.10 WIR SIND EINE OFFENE KIRCHE. IN CHRISTLICHER VERANTWORTUNG NEHMEN WIR GESELLSCHAFTLICHE ENTWICKLUNGEN WAHR, GREIFEN IMPULSE AUF UND WIRKEN IN DIE GESELLSCHAFT HINEIN[116]

Die Kirche Jesu Christi lebt in der Welt und trägt Mitverantwortung für die Gestaltung der Welt. Eine Kirche, die sich abschließt, verkümmert zur Sekte, verleugnet den Auftrag ihres Herrn und verliert ihre Ausrichtung auf das Reich Gottes. Als Evangelische Landeskirche in Baden sind wir auch ein Teil der Welt, und zwar nicht nur der badischen, sondern der ganzen bewohnten Welt, der Ökumene. Wie haben wir in den zurückliegenden sechs Jahren versucht, kirchenleitend in diese Welt hineinzuwirken und Impulse dieser Welt für unser kirchliches Leben aufzunehmen?

Zuerst nenne ich einige bemerkenswerte gesellschaftliche Debatten, in die wir uns als Kirche eingemischt haben: In unseren bischöflichen Kamingesprächen haben wir die Energie- und Umweltpolitik thematisiert, uns mit der Hospizarbeit und aktiver Sterbehilfe auseinandergesetzt, genethische Fragen diskutiert, die Medienpolitik im öffentlich-rechtlichen Rundfunk in den Blick genommen und uns über Konzepte der Stadtplanung kundig gemacht. In einem offenen Brief an die Gemeinden und an die Landwirte habe ich zur BSE-Krise bzw. zur Krise landwirtschaftlicher Produktion und unseres Konsumverhaltens Stellung bezogen. In vielen Diskussionsrunden und Ansprachen habe ich die EKD-Schrift »Protestantismus und Kultur« aufgegriffen[117] und hier besondere Akzente in der Debatte über die Sonntagsheiligung gesetzt. Immer wieder haben wir gegenüber der Landesregierung eine humanere Asylpolitik angemahnt und gegenüber Verwaltungsrichtern um Verständnis für das sogenannte »Kirchenasyl« geworben. Friedensethische Themen wurden beim Forum Friedensethik aufgegriffen und in meinen beiden Stellungnahmen zum Kosovokrieg sowie in meinem »Wort an die Gemeinden« zu den Ereignissen des 11. September 2001.[118] Schließlich sei nicht vergessen, dass wir erst jüngst in der Synode die Weiterentwicklung von Freiwilligendiensten in der Jugendarbeit beschlossen haben. Auch fällt in den Berichtszeitraum die Veröffentlichung des Wirtschafts- und Sozialworts der Kirchen unter dem Titel »Für eine Zukunft in Solidarität und Gerechtig-

---

[116]   Leitsatz II.13.

[117]   Gestaltung und Kritik. Zum Verhältnis von Protestantismus und Kultur im neuen Jahrhundert. EKD-Text Nr. 64, Hannover 1999.

[118]   Landesbischof Dr. Ulrich Fischer, Pfingstbotschaft an die Gemeinde, Karlsruhe 1999; ders. Wort an die Gemeinden, Karlsruhe 24. Oktober 2001.

keit«.[119] Nicht zuletzt durch dieses Wirtschafts- und Sozialwort angeregt habe ich versucht, die Arbeitswelt während meines Dienstes besonders in den Blick zu nehmen, so etwa bei den regelmäßigen Betriebsbesuchen im Rahmen der Visitationen, bei Gesprächen mit Mittelständlern, bei Kontakten mit IHKs, Handwerkskammern und DGB, aber auch durch meine Einmischung in den Arbeitskampf um die Firma Schöpflin/Lörrach im Frühjahr 1999.

Bei all diesen Kontakten habe ich gelernt, wie differenziert die Arbeitswelt und wirtschaftliche Zusammenhänge heute wahrgenommen werden müssen. Immer wieder beeindruckt mich bei Gesprächen mit mittelständischen UnternehmerInnen ihr hohes Verantwortungsbewusstsein, ihre faszinierende Produktbegeisterung und ihre nicht selten hohe kirchliche Verbundenheit. Diese Kontakte gilt es auch in Zukunft auszubauen und zu pflegen.

Zuletzt lenke ich unseren Blick auf das weite Feld der Ökumene, fasse mich dabei aber – in Erinnerung an meinen letztjährigen Bericht und im Blick auf das Schwerpunktthema dieser Synode – sehr kurz. Ich erinnere an ökumenische Ereignisse der letzten Jahre, die für unsere Kirche von Bedeutung waren: an die 8. Vollversammlung des Ökumenischen Rates der Kirchen in Harare unter Mitwirkung des Synodalen Klaus Heidel, an die am 11.2.2001 in Offenburg eröffnete Dekade zur Überwindung von Gewalt, an die Vollversammlung der Leuenberger Kirchengemeinschaft im Juni 2001 in Belfast, an den Ökumenischen Kirchentag Straßburg an Pfingsten 2000 und die Veröffentlichung der Charta Oecumenica[120] im Jahr danach am gleichen Ort, an das Landesmissionsfest in Schopfheim im Jahr 2000, an das Erlassjahr 2000, an den Besuch der Berlin-brandenburgischen Kirchenleitung im Januar 2000 und an meine Besuche in Tschechien, Ungarn und der Karpato-Ukraine im Jahr 2000 und in der Willow Creek Gemeinde von Chicago im Jahr 2001, an die bundesweite Eröffnung »Hoffnung für Osteuropa« vom 15. bis 17.2.2002 in Karlsruhe, an die Verstärkung unserer europapolitischen Bemühungen, an die häufigen und fruchtbaren Begegnungen mit den Kirchenleitungen am Rhein, an Besuche einzelner Synodaler bei Synoden von Kirchen der EKU und der Arnoldshainer Konferenz und an häufige Besuche ökumenischer Gäste aus Partnerkirchen des EMS im Kollegium des Evangelischen Oberkirchenrats. Bezüglich der evangelisch-katholischen Ökumene in Baden denke ich dankbar an die Vorstellung der gemeinsamen Schrift »Got-

---

[119]   S. Anm. 268.

[120]   Charta Oecumenica. Leitlinien für die wachsende Zusammenarbeit unter den Kirchen in Europa, Europäische Ökumenische Begegnung (»Millennium-Gipfel«) des Rates der Europäischen Bischofskonferenzen (CCEE) und der Konferenz Europäischer Kirchen (KEK), Straßburg 19. bis 22.4.2001. – In: epd-Dokumentation 18a/2001.

tesdienste und Amtshandlungen als Ort der Begegnung« im Oktober 1999, an den Millenniums-Gottesdienst der ACK am 1. Advent 1999 in Heidelberg, an die regelmäßigen ökumenischen Gottesdienste, die ich gemeinsam mit Erzbischof Saier während der Gebetswoche für die Einheit der Christen in badischen Gemeinden feiere, und an zahlreiche ökumenische Gottesdienste nach dem 11. September 2001.

Unsere ökumenischen Kontakte haben uns geholfen, Impulse der Welt aufzunehmen und in ökumenischer Verbundenheit in die Welt hinein zu wirken. Ohne ökumenische Offenheit und die Bereitschaft, voneinander zu lernen, würde unsere Landeskirche geistlich austrocknen.

4.11   SCHLUSS: WIR WOLLEN NICHT ALLES MACHEN, WAS MACHBAR IST[121]

Liebe Synodale, ich bin am Ende eines sehr langen und wohl auch erschöpfenden Berichts angekommen. Bei unserem Rückblick ist uns deutlich geworden, dass es nicht wenig war, was wir in den letzten sechs Jahren bewegen konnten. Dennoch soll am Schluss dieses Berichts ein Satz der Selbstbeschränkung stehen, der all unserem Rechenschaftablegen eine Grenze setzt: »Wir wollen nicht alles machen, was machbar ist.« Ergänzen möchte ich: Aber wir dürfen alles erhoffen, was Gott uns verheißen hat.

---

[121]   Leitsatz III.11.

5 »WAS IST DER MENSCH?«[122] (2003)

5.1 DER MENSCH HEISST MENSCH: ANSTÖSSE

Ungewohnte Klänge am Beginn meines Berichts zur Lage. Ein Lied von Herbert Grönemeyer. Ein Gag? Ein didaktischer Trick zur Steigerung der Aufmerksamkeit? Nichts von alledem. Ich habe dieses Lied vorangestellt, weil es wie kein anderes die spannungsvollen Lebensgefühle unserer Zeit ausspricht. Und angesichts des entfesselten Krieges im Irak, der Macht vor Recht setzt, Interessen vor Gerechtigkeit und damit unsägliches Leid über viele Menschen bringt, spüren wir diese Spannungen besonders.

Das Geheimnis des Erfolges von Grönemeyers »Mensch« liegt darin, dass Grönemeyer mit seinem Lied den Nerv der Zeit trifft. Er stellt den Menschen in seiner emotionalen Zerrissenheit dar. Scheinbar unverbundene Reflexe und Monologfetzen führen in Tiefenschichten menschlicher Existenz. Sie schwingen zwischen der Bestimmung des Menschen, seinen Sehnsüchten und seinem Alltagserleben. Irgendwie scheinen die Worte und Töne in ihrem Stammeln auch zwischen verschiedenen Welten zu schweben. Sie öffnen den Spielraum für eigene Gedanken.

»Der Mensch heißt Mensch,
weil er vergisst, weil er verdrängt,
weil er schwärmt und stählt,
weil er wärmt, wenn er erzählt ...
weil er irrt und weil er kämpft ...
weil er hofft und liebt,

---

[122] Frühjahrstagung der Landessynode der Evangelischen Landeskirche in Baden, Bad Herrenalb, 10. April 2003.

weil er mitfühlt und vergibt,
weil er schwärmt und glaubt,
sich anlehnt und vertraut ...
weil er erinnert, weil er kämpft ...
weil er lacht und weil er lebt.«[123]

Hier wird der Mensch besungen mit all seiner emotionalen Sensibilität. Hier wird etwas ausgedrückt von der inneren Kraft des Menschen. Doch sie wird immer wieder eingeholt von dem unendlichen Schmerz über den Tod, dessen der Mensch nicht Herr werden kann: »Du fehlst ...« Für mich ist dies ein Protestsong gegen eine verengte Sicht des Menschen, die Macht- und Gewinnmaximierung als höchstes menschliches Glück propagiert. Mich leitet dieses Lied an zu einer ehrlichen Sicht des Menschen in seinen Höhen und Tiefen. Es öffnet mir die Augen für den Reichtum seiner emotionalen Lebendigkeit. Grönemeyers Lied ist für mich ein zutiefst Hoffnung stiftendes Lied. Es führt mitten hinein in die Frage »Was ist der Mensch?«

Für mich gab es neben diesem säkularen Impuls, die Frage nach dem Menschsein zu stellen, drei Anstöße aus kirchlichem Raum. Zunächst war es die Synode der Evangelischen Kirche in Deutschland, die sich im November des vergangenen Jahres mit dem Thema »Was ist der Mensch?« befasst und ein sehr eindrucksvolles Themenheft zu dieser Thematik erstellt hat, das Ihnen heute zugehen wird.[124] Nebenbei bemerkt: Es ist mir sehr wichtig, immer wieder Themen und Beratungen der EKD-Synode in unsere Landessynode einzubringen. Denn wie wollen wir unser gesamtkirchliches Bewusstsein in der EKD stärken, wenn wir die inhaltlichen Impulse synodaler Arbeit auf der EKD-Ebene nicht zur Kenntnis nehmen?

Den zweiten Anstoß, der Frage nach dem christlichen Menschenbild nachzugehen, gibt der Ökumenische Kirchentag Ende Mai in Berlin. Unter dem Motto »Ihr sollt ein Segen sein« (vgl. 1. Mose 12,2) werden wir bei diesem Kirchentag darüber diskutieren und meditieren, welche Verheißung Gott uns Menschen gegeben hat und welche Chancen und welchen Auftrag wir als Christenmenschen haben, in unserer Gesellschaft segensreich zu wirken. »Ihr sollt ein Segen sein.« Dieses Motto könnte ich auch übersetzen in die Worte »Was ist der Mensch? Verheißung und Chance des Menschseins«.

---

[123]   Herbert Grönemeyer, Mensch, 2002 (Grönland unter exklusiver Lizenz der Emi Electrola GmbH&CoKG).

[124]   Kundgebungsentwurf zum Schwerpunktthema »Was ist der Mensch« der 7. Tagung der 9. Synode der EKD, Timmendorfer Strand, 3. bis 8. November 2002. – In: epd Dokumentation 48/2002.

Und schließlich konfrontiert uns die Losung des Jahres 2003 mit der Frage nach dem, was den Menschen in seinem Innersten ausmacht: »Ein Mensch sieht, was vor Augen ist. Der Herr aber sieht das Herz an« (1. Sam 16,7). Diese Worte stammen aus der biblischen Erzählung von der Wahl des kleinen David zum König von Israel. Diese Geschichte enthält eine Mahnung: Der Mensch ist mehr als das, was unsere Augen sehen. Wir dürfen uns nicht täuschen lassen von Schein und Design. Es gibt sozusagen eine göttliche Sicht des Menschen. Diese sieht mehr und nimmt tiefer wahr. So lese ich die Jahreslosung als eine Art Seh-Anleitung zu einem tieferen Verständnis menschlichen Lebens. Eine Seh-Anleitung, die uns Erhellendes entdecken hilft auf die Frage »Was ist der Mensch?«

Das sind die Impulse für meinen Bericht zur Lage. Damit habe ich bereits implizit eine wesentliche Aussage getroffen. Ich meine nämlich festzustellen, dass in unserer Gesellschaft wie in unserer Kirche ein neues Interesse an der Anthropologie erwacht ist. Die sich mit dem Menschen beschäftigenden Wissenschaften sind heute auf dem besten Wege, im allgemeinen Bewusstsein den Platz einzunehmen, den in früheren Jahrhunderten die Metaphysik innehatte. Darin äußert sich der tiefgreifende Wandel, den das Bewusstsein des Menschen in der Neuzeit erfahren hat. Die Welt ist für den Menschen oft nur noch Material für seine gestaltende Tätigkeit. Dies wird heute in vielen Bereichen unserer Gesellschaft sichtbar: Die Chancen und Gefährdungen globalisierten Wirtschaftens, die notwendige Umgestaltung des Sozialstaats, völlig neue Fragestellungen in den Lebenswissenschaften, bisher ungeahnte Herausforderungen an menschlich verantwortliches Tun und Lassen, zum Beispiel im Bereich der Friedensethik, die durch die PISA-Studie[125] neu aufgebrochene Frage nach unserem Verständnis von Bildung oder auch – religionsphänomenologisch höchst interessant – das Ende des Säkularen und die Re-Sakralisierung des Lebens – all diese Phänomene und Entwicklungen verdichten sich in der Frage nach dem unsere Gesellschaft prägenden und tragenden Menschenbild.

Um des Menschen willen, den wir als von Gott geschaffen und geliebt glauben, müssen wir als Kirche das auf die Bibel gegründete christliche Menschenbild in den Diskurs der Gesellschaft einbringen. Es ist ein Bild, das den Menschen eben gerade nicht auf spezifische Fähigkeiten und Rollen reduziert,

---

[125] Das »Programme for International Student Assessment« (PISA) ist eine internationale Schulleistungsstudie der OECD (Organisation for Economic Co-operation and Development – Organisation für wirtschaftliche Zusammenarbeit und Entwicklung). Die Studie untersucht, inwieweit Schülerinnen und Schüler gegen Ende ihrer Pflichtschulzeit die Kenntnisse und Fähigkeiten für eine volle Teilhabe an der Wissensgesellschaft erworben haben.

sondern um die Größe, aber auch um die Begrenztheit und Gefährdung des Menschen weiß. Dieses biblische Bild vom Menschen haben wir als Kirche in all seinen Konsequenzen für kirchliches und gesellschaftliches Handeln zu bedenken. Dazu will ich heute einen Beitrag leisten.

5.2   VON DER HOHEIT UND NIEDRIGKEIT DES MENSCHEN: DIE AMBIVALENZ MENSCHLICHEN SEINS

Ich beginne, indem ich das Menschenbild der Bibel durch die Gegenüberstellung zweier biblischer Texte schärfe. Dazu entführe ich Sie gedanklich zunächst in den Alten Orient, auf bergige Höhen. Nachts wölbt sich über den Menschen das große Himmelszelt. Mond und Sterne und die Weite des Universums werden hautnah erlebt. In die Betrachtung des nächtlichen Sternenhimmels mischt sich staunendes Loben: »Herr, unser Herrscher, wie herrlich ist dein Name in allen Landen. Wenn ich sehe die Himmel, deiner Finger Werk, den Mond und die Sterne, die du bereitet hast: Was ist der Mensch, dass du seiner gedenkst, und des Menschen Kind, dass du dich seiner annimmst? Du hast ihn wenig niedriger gemacht als Gott, mit Ehre und Herrlichkeit hast du ihn gekrönt. Du hast ihn zum Herrn gemacht über deiner Hände Werk, alles hast du unter seine Füße getan.« (Psalm 8,2.4–7) Wer so spricht, der staunt über die Größe des Menschen und zugleich über seine Kleinheit. Der endliche und schwache Mensch nimmt im staunenden Loben des Schöpfers Maß an den Tieren und erfährt sich als Gottes Statthalter. Zugleich nimmt er im Blick auf das Himmelszelt Maß an den Sternen und begreift seine Winzigkeit, ohne darüber deprimiert zu sein. Er erfährt sich als Teil der Schöpfung Gottes. Der Blick auf den nächtlichen Sternenhimmel offenbart die ganze Ambivalenz menschlichen Seins: die Größe des menschlichen Schöpfungsauftrags und das Eingebundensein der Menschen als winzige Teile in die große Welt Gottes. Der Mensch ein ambivalentes Wesen.

Diese Ambivalenz des Menschen ist nirgends so deutlich zugespitzt wie im Hiobbuch. In seiner ersten Antwort auf Elifas nimmt Hiob jenen wunderbaren Vers aus Psalm 8 auf und transponiert ihn von Dur nach Moll. Statt eines Lobgesangs in Betrachtung des Sternenhimmels singt er eine Liturgie der Asche. Und die klingt dann so: »Was ist der Mensch, dass du ihn groß achtest und dein Herz auf ihn richtest? Jeden Morgen suchst du ihn heim und prüfst ihn alle Stunden. Warum blickst du nicht einmal von mir weg und lässt mir keinen Atemzug Ruhe? Habe ich gesündigt, was tue ich dir damit an, du Menschenhüter? Warum machst du mich zum Ziel deiner Anläufe, dass ich dir selbst eine Last bin? Nun werde ich mich in die Erde legen, und wenn du mich suchst, werde ich nicht mehr da sein.« (Hiob 7,17–21) »Was ist der Mensch, dass du ihn groß achtest?« Indem er jenen Psalm, den er aus Zeiten des Glücks auswendig kennt, fast wörtlich zitiert, stimmt Hiob einen Kontra-Psalm an. Er erinnert Gott an seine ursprünglichen Verheißungen, um sich selbst dann sofort klein zu machen. Hiob achtet sich für Dreck. Er sieht sich selbst kläglich in der Asche sitzend, ein Bild des Jammers. Und so kann Hiob das hohe Lied von der Größe des Menschen nur noch zynisch singen. Und er geht noch weiter. Er versucht, Gott aus seinem Leben zu verscheuchen: »Ich bin dir eine Last!« Höhepunkt eines Klagepsalms. Hiob verlangt nach einem Ende ohne Gott. Ein gottloser Mensch und ein menschenloser Gott. Das ist die absolute Katastrophe, die Aufkündigung der Gemeinschaft zwischen dem Schöpfer und seinem geliebten Geschöpf. Wir wissen, dass dies nicht die letzten Worte Hiobs blieben und dass am Ende der Hiobsgeschichte die Auferstehung zu neuem Glück stand: Der überreiche Segen. Aber das Hiobbuch wagt die Abgründe des Menschen in seiner letzten Tiefe zu durchdenken, und auch die Katastrophe des Verlustes jeder Gottesbeziehung ist für die Bibel eine menschliche Möglichkeit. Heute wissen wir, für wie viele Menschen dies Wirklichkeit geworden ist – eine grausame Wirklichkeit, wie ich meine.

An der Bibel orientiert vom Menschen reden heißt also, von den großen Möglichkeiten des Menschen zu sprechen, von seiner ihm von Gott verliehenen Gestaltungskraft ebenso wie von den grausamen Abgründen menschlicher Verlorenheit. Das Themenheft der EKD-Synode entfaltet dieses Menschenbild sehr anschaulich, indem es Worte der Bibel durch Photos und durch Texte großer Schriftstellerinnen und Schriftsteller kommentiert. Dabei wird der Mensch dargestellt als der erwählte und als der gefallene, als der abgründige, als der verzweifelte und als der resignierte, als der liebende und als der sehnsüchtige, als der sterbliche und als der geistliche, als der gesegnete und als der befriedete Mensch. Diese Zusammenstellung erinnert in verblüffender Weise an Grönemeyers »Mensch«. Ich empfehle sie Ihrer Lektüre ebenso wie den Kundgebungstext der EKD-Synode.[126]

Die Lektüre dieses Themenheftes lässt Zweierlei deutlich werden.

Zum einen: Nach dem Menschen zu fragen, bedeutet zugleich nach einem transzendenten Ursprung und Ziel seines Daseins zu fragen, nach dem,

[126] Kundgebung der 9. Synode der Evangelischen Kirche in Deutschland auf ihrer 7. Tagung zum Schwerpunktthema »Was ist der Mensch?«. – In: Timmendorfer Strand 2002. Bericht über die siebte Tagung der neunten Synode der Evangelischen Kirche in Deutschland vom 3. bis 7. November 2002. Ausgeliefert durch das Kirchenamt der EKD in Hannover 2003, 566–575. Timmendorfer Strand, 3. bis 8. November 2002. – In: epd Dokumentation 48/2002.

was ihm Sinn, Halt und Orientierung gibt, nach Gott. Der Mensch ist ein Wesen, das in Beziehung lebt. Niemand ist eine Insel. Der Mensch lebt in einer dreifachen Beziehung – zu sich selbst, zu seinen Mitgeschöpfen und zu Gott. Zur realistischen Sicht des Menschen gehört die Erkenntnis, dass der Mensch in all diesen drei Beziehungen gestört ist, entfremdet von sich selbst, misstrauisch gegenüber Gott, gleichgültig und rücksichtslos gegenüber den Mitgeschöpfen.

Zum anderen: Der Mensch ist ein höchst ambivalentes Wesen – voll ungeahnter Möglichkeiten, segensreich zu wirken, und zugleich bereit, schlimmste Abgründe des Bösen zu durchschreiten. Was ist der Mensch, der seinen Bruder erschlägt? Was ist der Mensch, der sein Leben einsetzt, um andere zu retten? Was ist der Mensch, der sich skrupellos auf Kosten anderer bereichert? Was ist der Mensch, der liebevoll einen schwerstbehinderten Familienangehörigen pflegt? Was ist der Mensch, der in fanatisiertem Sendungsbewusstsein einen Krieg entfacht? Was ist der Mensch, der zur Versöhnung bereit ist? Der Mensch ist all das, was Herbert Grönemeyer von ihm singt. Er ist mehr als das, was menschliche Augen von ihm sehen. Er soll ein Segen sein, aber er wird immer wieder anderen zum Fluch. Diese biblische Sicht des Menschen besticht durch ihren Realismus. Hier wird nichts beschönigt, aber auch nichts kleingeredet.

Als Christinnen und Christen bekennen wir: Dieser Mensch ist mit einer Würde ausgezeichnet, die nichts und niemand ihm nehmen kann. Seine Würde muss sich der Mensch nicht erst durch Leistungen verdienen. Alles, was er leistet, kann er leisten, weil er ein von Gott begabtes und begnadetes Wesen ist. Diese biblische Sicht des Menschen hat die Kirche nicht nur in ihren Gottesdiensten zu verkündigen und erfahrbar zu machen, diese Sicht des Menschen hat die Kirche in vielfältigsten Kontexten des Lebens immer wieder konstruktiv einzubringen. Der Kundgebungstext der EKD-Synode tut genau dieses, indem er acht Themenbereiche benennt, in denen das von der Bibel her geprägte christliche Menschenbild in Kirche und Gesellschaft Wirksamkeit entfalten muss. Ich nenne diese acht Bereiche:
- – Leben in Beziehungen
- – Würde des Menschen in der ganzen Spanne seines Lebens
- – Sterbehilfe und Euthanasie
- – Behinderung
- – Wirtschaft
- – Nachhaltige Entwicklung
- – Bildung und
- – Zukunftsorientierung im Zeichen der Hoffnung.

Ich werde nachfolgend nur einen dieser Bereiche vertiefend behandeln, nämlich die Frage nach der Würde des Menschen in der ganzen Spanne seines Lebens, während ich mich vor allem Konkretionen für den Bereich unserer Landeskirche zuwende.

5.3 DER GEFALLENE UND DER BEFRIEDETE MENSCH: DER KRIEG IM IRAK

»Der Mensch heißt Mensch, weil er vergisst und verdrängt.« Das Menschenbild der Bibel zeichnet den Menschen als den gefallenen und als den befriedeten Menschen. Die Bibel weiß, dass der Mensch – in Schuld und Sünde verstrickt – unfähig ist zu einem Leben in Frieden. Wie bedrückend erfahren wir dies in diesen Wochen, da im Irak ein im wahrsten Sinne des Wortes mörderischer Krieg tobt. Viele Menschen in unserem Land haben Angst, empfinden aber auch Wut und Empörung gegen diesen Krieg, der den Tod Tausender Menschen, unsägliches Elend und die Verwüstung eines ohnehin durch blinde Embargopolitik an den Rand des Ruins gebrachten Landes zur Folge hat. Die Auswirkungen auf andere muslimische Länder, auf den Nahen Osten insgesamt und auf die Weltlage sind nicht absehbar. Natürlich sind wir alle heilfroh über die weitgehende Beendigung der Kriegshandlungen, aber die durch diesen Krieg aufgeworfenen Fragen bleiben.

Christliche Friedensethik ist durch diesen Krieg in einer besonderen Weise herausgefordert, und dies erklärt auch den beeindruckenden ökumenischen Konsens in der Verurteilung dieses Krieges. Nicht nur die pazifistisch geprägten Kirchen und Friedensgruppen innerhalb der Kirchen, sondern nahezu alle Kirchen innerhalb der USA, die katholische Weltkirche und alle Kirchen in unserem Land sind sich in der Verurteilung dieses Krieges einig. Aus dieser ökumenischen Einigkeit heraus konnte es auch gelingen, zum Kriegsbeginn einen gemeinsamen Text aller vier baden-württembergischen Bischöfe zu verfassen, der in der nichtkirchlichen Öffentlichkeit sehr aufmerksam wahrgenommen und von vielen evangelischen und katholischen Christenmenschen in unserem Land als ermutigend empfunden wurde. Einen der Kernpunkte unserer Stellungnahme möchte ich hier eigens noch einmal erwähnen: Dem religiösen Sendungsbewusstsein, mit dem der amerikanische Präsident diesen Krieg führt, muss die Christenheit widersprechen. Wer diesen Krieg verantwortet, mag dafür ihm plausibel erscheinende politische oder wirtschaftliche Gründe haben. Auf das aus seinem christlichen Glauben her Gebotene aber darf er sich nicht berufen. Dies festzustellen, ist weithin ökumenischer Konsens.

Zunächst resultiert der ökumenische Konsens in der Ablehnung dieses Krieges aus der schlichten Tatsache, dass der durch diesen Krieg angerichtete Schaden in keinem Verhältnis steht zu dem vermuteten Schaden, den der Diktator Saddam Hussein mit seinen möglicherweise vorhandenen Massenvernichtungswaffen hätte anrichten können. Es ist ganz unstrittig, dass der irakische Diktator Saddam Hussein unsägliches Leid über sein Land, über das Volk der Kurden und über angrenzende Staaten gebracht hat. Und vielleicht ist er auch heute noch im Besitz von Massenvernichtungswaffen. Deshalb musste die Völkergemeinschaft dafür sorgen, dass er nicht weiter Unheil über Menschen bringen kann. Aber die Fähigkeit dieses Diktators, Massenvernichtungswaffen weltgefährdend einzusetzen, wurde vor diesem Krieg eher als gering eingeschätzt und hätte mit jedem weiteren Einsatz von Waffenkontrolleuren weiter reduziert werden können.

Dass die Regierung der USA diesen Krieg auch ohne ein Mandat der UNO begonnen hat, verstößt nicht nur gegen geltendes Völkerrecht, sondern auch gegen jeden ökumenischen Konsens christlicher Friedensethik. Nach dieser ist nur eine Instanz, die von allen Nationen anerkannt wird, berechtigt, als ultima ratio einen Krieg zu erklären, wenn wirklich *alle* anderen Vermittlungsversuche gescheitert sind. Bei diesem Krieg ist aber weder von *ultima* noch von *ratio* ernsthaft die Rede. Mit ihrem, aus heutiger Sicht, schon länger zielstrebig betriebenen und jetzt geführten Krieg erheben sich die USA über internationales Recht. So ist dieser Krieg völkerrechtswidrig. Es ist zu befürchten, dass dieser Krieg, neben all dem Unheil und Unrecht, das er anrichtet, die UNO nachhaltig schwächen und ihre Stellung als rechtssetzende Instanz im Bereich des Völkerrechts schwer beschädigen wird.

Die zwischen fast allen Kirchen der Welt und zwischen fast allen Kirchenbünden unstrittige Position zum Irak-Krieg habe ich in einem Brief im Januar dieses Jahres den Gemeinden dargestellt und um Verbreitung meiner theologisch begründeten Zweifel an der Legitimität dieses Krieges gebeten.[127] Das Echo auf diese Stellungnahme war außerordentlich stark. In Folge meines Briefes habe ich dann in etlichen Interviews mit regionalen Zeitungen und bei Ausbruch des Krieges in zahlreichen Radiointerviews meine Position noch weiter erläutert, und viele Menschen haben zustimmend reagiert. Gemeinden im Dekanat Schwetzingen z. B. haben den Text meines Briefes bekanntgemacht und Gemeindeglieder aufgefordert, mit ihrer Unterschrift die vom Landesbischof vertretene Position zu unterstützen. Auch haben Gemeindepfarrerinnen und Gemeindepfarrer, Dekaninnen und Dekane meine Anregung aufgegriffen,

---

[127]   Ulrich Fischer, Wort des Landesbischofs an die Gemeinden, Karlsruhe Januar 2003.

meinen Brief in Gespräche mit Landtags- und Bundestagsabgeordneten einzubringen. All dies zeigt, in welch starkem Maße die Mitglieder unserer Kirche auf orientierende Hilfe seitens der Kirche in friedensethischen Fragen hoffen. Einige wenige z. T. recht polemische Rückmeldungen haben mir allerdings auch gezeigt, dass selbst ethisch Selbstverständliches in unserer Kirche nicht überall Akzeptanz findet, zumal dann nicht, wenn die theologisch verantwortete Position der Kirchen parteipolitisch verstanden und bekämpft wird.

»Der Mensch heißt Mensch, weil er vergisst und verdrängt.« In diesen Wochen des Krieges ist gute Erinnerungsarbeit in unseren Kirchen gefragt. Wir Menschen neigen dazu, uns dadurch treu zu bleiben, dass wir immer wieder nur die Vergangenheit wiederholen und zurückwünschen. Bei diesem Blick zurück verfälschen wir die Vergangenheit. Wir vergessen die Opfer, welche die Vergangenheit gebracht hat. Wir vergessen die Gesichter der Toten. Wir tilgen aus dem Gedächtnis das Zerstörte, die Schuld. Durch verfälschende Träume vom Gestern retten wir eine saubere Vergangenheit, die so sauber nie war. So werden wir Leibeigene einer geschönten Vergangenheit. Ist es nicht genau dieser Mechanismus, der die Verantwortlichen in den USA zu diesem Krieg getrieben hat? Haben sie vergessen, was in der Vergangenheit unserer Welt Krieg angerichtet hat? Haben sie die Gesichter der verstümmelten Leichen vergessen und das Elend von Flucht und Vertreibung? Gegen den unfrei machenden, schönenden Blick in die Vergangenheit fordert die Bibel auf, den Blick nach vorn zu lenken auf das Reich Gottes. Das Reich Gottes, das ist die Sehnsucht nach dem Traum, der nicht in der Vergangenheit liegt. Der Traum von einem Reich, in dem keiner mehr weint, in dem keiner mehr die Beute des anderen wird und in dem Gott alles in allem ist. Dieser Traum macht hungrig und unversöhnt mit der Gegenwart. Wer diesen Traum träumt, wird in der Gegenwart fremd. Und dieser Traum ist eben nicht nur Schaum. Die Bibel denkt realistisch vom Menschen. Sie nährt nicht den Optimismus, dass wir Menschen selbst den Traum vom ewigen Friedensreich verwirklichen können. Aber die Bibel lehrt, die Geschichte der Welt von ihrem Ende her zu sehen, das Gott ihr zugedacht hat. An diesem Ende steht die Verheißung von Gottes ewigem Reich. Von diesem Ende her sehen wir Gott als den, der mit uns ist von jeher; als den Immanuel, der Vergangenheit, Gegenwart und Zukunft umfasst und sich in Jesus endgültig und vollkommen eingelassen hat auf die Menschen. Jesus war ganz ausgerichtet auf das Reich seines Vaters, das mit ihm angebrochen ist. Durch ihn richtet er auch unseren Blick auf die Zukunft. Und weil sein Leben gelungen ist, kann in den Menschen auch die Hoffnung auf Frieden wachsen. Daran haben wir zu erinnern in diesen Tagen des Krieges.

5.4   DER ABGRÜNDIGE UND DER GESEGNETE MENSCH: DAS JAHR DER BIBEL 2003

»Der Mensch heißt Mensch, weil er schwärmt und weil er glaubt.« Das Menschenbild der Bibel zeichnet den Menschen als den abgründigen und als den gesegneten Menschen. Das ist das Faszinierende an den Texten der Bibel. Sie bleiben nicht stecken im Vordergründigen. Und deshalb öffnen sie uns den Blick für Gott, die letzte Tiefe des Lebens. In unseren Leitsätzen haben wir das so formuliert:»Gottes Wort begegnet uns in der Bibel; nichts Menschliches ist ihr fremd.«[128] Der Bibel ist nichts Menschliches fremd. Und gerade indem die Bibel alle Tiefen des Menschseins auslotet, weist sie über den Menschen hinaus. Weist sie hin auf Gott. Bereitet sie vor auf die Begegnung mit Gottes Wort. Solche Begegnung mit dem Wort Gottes hat Wirkungen. Da wird uns ein neuer Horizont erschlossen, wo wir zu verzagen drohen. Da wird uns eine Wahrheit offenbart, die wir Menschen uns selbst nicht sagen können. Da geht es uns wie jenen beiden, die auf dem Weg waren von Jerusalem nach Emmaus. Sie redeten über das, was sie mit Jesus erlebt haben, wie sie gehofft hatten, er sei es, der Erlösung brächte. Wir können uns vorstellen, wie froh die beiden waren, als sie in ihrer Ratlosigkeit einen willigen Frager und Zuhörer fanden in dem Fremden, der ihnen begegnete. Die Jünger fragten sich hinterher: »Brannte nicht unser Herz in uns, als er mit uns redete auf dem Wege und uns die Schrift öffnete?« (Lk 24, 32). Ja, es brannte das Herz. Und die Begegnung mit dem, der die Schrift öffnete, setzte sie in Bewegung. Sie gingen zurück nach Jerusalem zu den Verzagten und brachten die frohe Botschaft, Gottes Wort. Von solchen Begegnungen mit dem Wort Gottes lebt der Glaube. Auf solche Begegnungen gründet Gemeinde.

Um die Tiefe des biblischen Menschenbildes auszuloten und Menschen für die Begegnung mit Gottes Wort zu öffnen, darum geht es immer, wenn wir in der Predigt einen Text der Bibel auslegen oder in Bibelkreisen und Glaubenskursen biblische Texte bedenken. In diesem Jahr – dem Jahr der Bibel 2003 – werden wir aber einen besonderen Schwerpunkt auf das Suchen in biblischen Texten legen, in der Hoffnung, Tiefgründiges über unser Menschsein und unsere Beziehung zu Gott zu finden. Schon bei der landesweiten Eröffnung des Jahres der Bibel am 12. Januar in Meersburg war das überaus große Interesse spürbar. In einigen Gemeindevorträgen, die ich in den vergangenen Monaten zum »Jahr der Bibel« gehalten habe, haben mich die große Resonanz und das Interesse der Zuhörerinnen und Zuhörer beeindruckt. Irgendwie ahnen die

---

[128]   Leitsatz I.2.

Menschen, dass ihnen in der Begegnung mit der Bibel Tiefendimensionen des Lebens erschlossen werden, die im Alltag des Lebens oft verdrängt werden. Ich danke an dieser Stelle allen, die in diesem »Jahr der Bibel« in sehr kreativer Weise Menschen neue Zugänge zur Bibel eröffnen wollen. Besonders weise ich hin auf den 26. April: An diesem Tag wird auf dem Mannheimer Maimarktgelände die riesige Bibel-Box, eines der wenigen bundesweiten Projekte des »Jahres der Bibel«, erstmals der Öffentlichkeit zugänglich gemacht. Am selben Tag findet in Linkenheim der von verschiedenen Werken und Diensten unserer Landeskirche vorbereitete »Tag der Bibel« statt, der mit seinen Workshops, Vorträgen und Gottesdiensten und mit dem »Linkenheimer Ostergarten« einen besonderen Höhepunkt für unsere Landeskirche darstellen wird. Bei diesen wie bei den vielen anderen Veranstaltungen zum »Jahr der Bibel« auf Gemeinde- und Bezirksebene wird es vor allem darum gehen, durch die Betrachtung des Tiefgründigen der Bibel die Oberflächlichkeiten des Lebens zu durchstoßen und Menschen die Begegnung mit Gottes Wort zu ermöglichen.

5.5   DER SEHNSÜCHTIGE UND DER GEISTLICHE MENSCH: GOTTESDIENST MIT HERZEN, MUND UND HÄNDEN

»Der Mensch heißt Mensch, weil er lacht und weil er liebt.« Das Menschenbild der Bibel zeichnet den Menschen als den sehnsüchtigen und als den geistlichen Menschen. Leitet uns dieses Menschenbild auch in der Gestaltung unserer Gottesdienste? Da kommen doch die unterschiedlichsten Menschen zusammen, die alle Gottes Liebe feiern und neu von ihr berührt werden wollen. Die Sehnsüchte der Menschen sind durch die Jahrhunderte die gleichen geblieben. Genau wie vor zweitausend Jahren sehnen wir uns nach gelingendem Leben, nach Geborgenheit, Liebe und Zuspruch, nach Frieden, Erhabenheit und Gemeinschaft. Nur die Art, wie wir diese Sehnsüchte gestalten und erfahren, ist in einer sich grundlegend verändernden Kultur nicht die gleiche geblieben. Kopflastige Gottesdienste jedenfalls bleiben weit hinter dem Menschenbild der Bibel zurück.

Dankbar bin ich dafür, dass sich in den letzten Jahrzehnten schon viel Positives in unserer Gottesdienstgestaltung getan hat: Ein immer größerer Anteil der Gottesdienste wird inzwischen von ehrenamtlich tätigen Prädikantinnen und Prädikanten gehalten. Das selbst verantwortete Glaubenszeugnis der sogenannten theologischen »Laien« tritt damit stärker in den Vordergrund. Die Mitwirkung von Mitgliedern der Gemeinde eröffnet neue Möglichkeiten einer lebendigen Verkündigung. In ganz »normalen« Gottesdiensten sind Lieder, Kehrverse, Glaubensbekenntnisse und Segensworte zu Elementen biblischer

Textauslegung geworden. Die Liturgie entwickelt eine verkündigende Kraft, wenn eine liturgische »Inszenierung« überzeugend gelingt. Die Verkündigung durch gesungene und gespielte Musik, durch Bilder und Zeichen, durch Zeichenhandlungen und Gesten, durch Räume und Farben gewinnt an Bedeutung. Die Zunahme von Gottesdiensten mit persönlicher Segnung und die wachsende Akzeptanz der Salbung als selbstsprechende Hinweise auf den menschenfreundlichen Gott zeigen dies. Dass dabei die Sinne und das Ästhetische nicht zu kurz kommen dürfen, zeigt die häufigere Verwendung der Albe und der farbigen Stola. All diese Entwicklungen lassen das Bedürfnis erkennen, das Evangelium mit allen Sinnen als lebensbedeutsam zu erfahren.

Dem Menschen gerecht werdende Gottesdienstgestaltung ist aber nicht möglich, ohne auch den Blick auf die religiöse Befindlichkeit der Menschen zu lenken. Indem die anthropologische Dimension gottesdienstlichen Feierns reflektiert wird, wird der Blick für liturgische Äquivalente in der säkularen Kultur geöffnet, z. B. für die nahezu liturgisch geprägte Inszenierung von Sportveranstaltungen oder für andere religiös besetzte Phänomene der Alltagskultur. Wenn wir den Gottesdienst wirklich als einen Dienst der heute lebenden Menschen für Gott gestalten wollen, müssen wir noch viel bewusster die Bedeutung liturgischer Formen bei der Lebensbewältigung wahrnehmen und unsere Sensibilität für die Sinnlichkeit solcher Formen schärfen.

Für mich ergibt sich hinsichtlich einer gottesdienstlichen Praxis, die den Tiefen menschlichen Lebens gerecht werden will, die Notwendigkeit, »schmiegsame Liturgien« zu entwickeln. Damit trete ich deutlich und bewusst in Widerspruch zum Erbe der Dialektischen Theologie zumindest des jungen Karl Barth. Nicht nur unsere Predigt, sondern auch die Liturgien unserer Gottesdienste müssen der pluralen Religiosität der Menschen gerecht werden. Darum sollte es zunächst kein Tabu geben, wenn es darum geht, Elemente säkularer Liturgien in den christlichen Gottesdienst zu integrieren, wie dies das Christentum in seiner Geschichte immer wieder getan hat, denke man etwa nur an die Umdichtung von Volksliedern zu geistlichen Gesängen oder auch an die Integration heidnischer Requisiten wie z. B. des Weihnachtsbaumes in den Gottesdienst. Die Einpassung säkularer Liturgieelemente sollte erst dort – aber wirklich erst dort! – seine Grenze finden, wo die biblische Fundierung des Gottesdienstes durch die Dominanz solcher Elemente verdeckt zu werden droht. Da »der Bibel nichts Menschliches fremd ist«, wird ein Gottesdienst umso menschengemäßer sein, je deutlicher sich seine Liturgie auf seine biblische Fundierung konzentriert. Die Schmiegsamkeit einer Liturgie entscheidet sich darum letztlich an ihrer Bibelgemäßheit.

5.6   DER ERWÄHLTE UND DER STERBLICHE MENSCH:
       MEDIZIN- UND BIOETHISCHE FRAGESTELLUNGEN

»Der Mensch heißt Mensch, weil er lebt und weil er irrt.« Das Menschenbild der Bibel zeichnet den Menschen als den erwählten und als den sterblichen Menschen. So sagt es der Kundgebungstext der EKD-Synode. An *einen* der im Kundgebungstext genannten Themenbereiche will ich nun anknüpfen, weil er mir von grundlegender Bedeutung zu sein scheint. Unstrittig ist innerhalb der christlichen Ethik der Grundsatz, dass die Würde dem Menschen in der ganzen Spanne seines Lebens zukommt. Strittig aber ist innerhalb der evangelischen Ethik seit einiger Zeit, von welchem Zeitpunkt an von menschlichem Leben gesprochen werden kann. Muss auch ein künstlich erzeugter Embryo, der keine Chance hat, sich zu einem selbständig lebensfähigen Menschen zu entwickeln, als ein werdender Mensch verstanden werden? Der Dissens über diese Frage ist im vergangenen Jahr auf eine erstaunlich klare Weise aufgebrochen durch die Veröffentlichung der Kammer für Öffentliche Verantwortung der EKD unter dem Titel »Im Geist der Liebe mit dem Leben umgehen – Argumentationshilfe für aktuelle medizin- und bioethische Fragen«.[129] Die Kammer hat in diesem Text sehr detailliert beschrieben, an welchen Stellen der Konsens evangelischer Ethik zerbrochen ist, und sie hat zugleich darüber reflektiert, ob der entstandene Dissens lediglich als Ausdruck eines für die evangelische Kirche akzeptablen ethischen Pluralismus zu verstehen ist oder als ein ethischer Fundamentaldissens. In jedem Fall wird man konstatieren müssen, dass mit der Feststellung eines ethischen Dissenses in der Frage nach dem Beginn menschlichen Lebens nun auch ein lange bestehender Konsens mit der katholischen Morallehre aufgegeben ist, was seitens der katholischen Kirche nicht geringe Bedenken ausgelöst hat. Andererseits ist unbestreitbar, dass auch schon in der Vergangenheit evangelische Ethik mit ihrer Argumentation für die Zulassung nidationshemmender Verhütungsmittel stets eine Differenzierung zwischen befruchtetem Ei und dem in die Gebärmutter eingenisteten Embryo gemacht und von werdendem menschlichen Leben nur insofern gesprochen hat, als werdendes Leben als in der mütterlichen Gebärmutter heranreifendes Leben verstanden wurde.

Wir werden uns also, und das ist das eigentlich Bemerkenswerte und durchaus auch Besorgniserregende, in der weiteren bioethischen Diskussion nicht mehr auf einen vollständigen Konsens in der evangelischen und katholischen Ethik beziehen können. Dennoch will ich hier einige Punkte benennen,

---

[129]   Im Geist der Liebe mit dem Leben umgehen. Argumentationshilfe für aktuelle medizin- und bioethische Fragen, EKD-Text 71, 2002.

in denen christliche Ethik auch weiterhin einen vollständigen Konsens zu formulieren imstande ist:

a) Bezug nehmend auf das biblische Menschenbild ist sich christliche Ethik darin einig, dass die Würde des Menschen in der ganzen Spanne seines Lebens respektiert werden muss. Vor allem an den Rändern und Grenzen des Lebens verdient die Verteidigung der Menschenwürde eine besondere Aufmerksamkeit. Menschenwürde ist nicht quantifizierbar und darf deshalb nicht gegen andere Grundrechte abgewogen werden. Deshalb darf auch ein Mensch nicht dem Wohl anderer Menschen geopfert und zum bloßen Mittel für einen fremden Zweck gemacht werden. Dementsprechend ist allen Tendenzen zu wehren, Embryonen in irgendeinem Entwicklungsstadium wie eine beliebige Ware zu behandeln.

b) Einmütig wird davor gewarnt, angesichts vieler noch offener Fragen übereilte Schritte in der Forschung zu gehen, die sich später als verkehrt und als irreversibel erweisen könnten. Vielmehr sind angesichts bestehender Unklarheiten und Dissense möglichst risikoarme Handlungsmöglichkeiten zu bevorzugen.

c) In der öffentlichen Diskussion muss zwischen einer biologischen bzw. naturwissenschaftlichen und einer (inter)personalen Sichtweise unterschieden werden. Verweigert man sich einer dieser beiden Perspektiven, so kommt es zu falschen Alternativen, z. B. zum Streit, ob ein Embryo nur ein Zellhaufen oder eine Person sei. Vielmehr ist er Zellhaufen und Person zugleich, denn Personalität ist nicht das Resultat sich ausdifferenzierender Entwicklungsprozesse von Zellen, sondern eine Qualität des Menschen, die ihrerseits die Voraussetzung auch jeder biologischen bzw. naturwissenschaftlichen Betrachtungsweise des Menschen ist.

d) Einmütig wird die Erzeugung von Embryonen zu Forschungszwecken abgelehnt, weil bei einer solchen Produktion die personale Perspektive auf das menschliche Leben in einer nicht akzeptablen Weise ausgeschaltet wird und es zu einer Verdinglichung des Embryos kommt.

e) Schließlich wird auch das reproduktive Klonen einmütig abgelehnt. Die Abstammungsbeziehung geklonter Menschen, ihre familiale Rolle, die intendierte Funktion des reproduktiven Klonens und die Unwägbarkeiten der körperlichen und seelischen Entwicklung erweisen die Anwendung dieser Technik als eine nicht zu rechtfertigende Instrumentalisierung des Menschen.

Dieser hier in fünf Punkten zusammengefasste Konsens lässt unschwer erkennen, dass – bei allem aufgebrochenen Dissens – das biblische Menschenbild einsichtige Leitlinien für die Gewinnung von Kriterien abgibt, die für die anstehenden bioethischen Diskussionen notwendig sind.

5.7   DER LIEBENDE UND DER VERZWEIFELTE MENSCH:
DAS EINTRETEN DER KIRCHE FÜR OPFER DER GEWALT

»Der Mensch heißt Mensch, weil er kämpft und weil er mitfühlt.« Das Menschenbild der Bibel zeichnet den Menschen als den liebenden und als den verzweifelten Menschen. Wohl nirgends erfahren wir die Verzweiflung von Menschen so stark wie in jenen Situationen, in denen sie zu Tätern und zu Opfern menschlicher Gewalt werden. Dabei begegnet uns die Fratze der Gewalt in vielen subtilen Variationen. Nicht erst wenn Krieg ist, herrscht Gewalt. Sie schleicht sich ein in viele Strukturen, zeigt ihr Gesicht in Vorurteilen und ist mit dabei, wenn Menschen nur eigene Vorteile im Blick haben. Die Dekade zur Überwindung von Gewalt öffnet uns den Blick vor allem für die Schattenseiten des Menschseins, für die Möglichkeiten, die Menschen in der Anwendung von Gewalt ersinnen, und für das Leid, das Menschen durch die Anwendung von Gewalt erleiden.

Es ist etwas still geworden um die Dekade zur Überwindung von Gewalt, und das ist nicht ohne Risiken und Gefahren, droht dadurch doch der verzweifelte, unter der Gewalt anderer leidende Mensch aus dem Blick zu geraten. Deshalb möchte ich an dieser Stelle daran erinnern, dass in unserer Landeskirche seit zwei Jahren landeskirchliche Dienste sowie Initiativen in Kirchenbezirken und Gemeinden in Freiheit und Vielfalt ihre Beiträge zur Überwindung von Gewalt entwickeln. Das reicht von Tagungen der Frauenarbeit bis zur Unterstützung der Friedensarbeit im Kosovo, von Bezirkskonfirmandentagen bis zur Streitschlichterausbildung in Schulen und zu Projekten, die interkulturelles Lernen fördern. Die landeskirchliche Koordination der Dekade geschieht durch eine Koordinationsrunde, in der die Referate 3 bis 5 des Evangelischen Oberkirchenrats, das Diakonische Werk und die Arbeitsgemeinschaft Christlicher Kirchen vertreten sind. Die Beratung von Landessynode und Evangelischem Oberkirchenrat in Fragen, welche die Dekade zur Überwindung von Gewalt betreffen, soll geschehen über die neu gegründete Fachgruppe Konziliarer Prozess und den neuen Beirat für Mission, Ökumene, Kirchlichen Entwicklungsdienst und Interreligiöses Gespräch. Viel praktische Arbeit innerhalb der Dekade leistet die seit dem 1.9.2002 mit Stefan Maaß besetzte Projektstelle.

Ziel der landeskirchlichen Dekadearbeit ist es,
- – Gewaltprävention unseren Kirchenmitgliedern als zentrale Aufgabe bewusst zu machen,
- – Gemeinden und Arbeitskreise zu eigenen Initiativen im Rahmen der Dekade zu ermutigen,

- eine Fortbildung für Haupt- und Ehrenamtliche in gewaltfreier Konfliktbearbeitung anzubieten,
- im »Jahr der Bibel« die theologische Arbeit zum Thema »Gewalt und ihre Überwindung in der Bibel« zu intensivieren,
- angesichts der alarmierenden Weltlage Hilfestellungen für die Gestaltung von Friedensgebeten und für die friedensethische Urteilsbildung zu geben und
- zunehmend eine landeskirchliche und ökumenische Vernetzung zu erreichen, so zum Beispiel durch das Badische Ökumenische Forum zur Dekade, das am 27.9.2003 in Freiburg zum Thema »Notwendiger Krieg? Gerechter Frieden! Wege zur Überwindung von Gewalt« stattfindet.

Um Opfer von Gewalt handelt es sich oft auch bei jenen, die vor politischer Verfolgung und Folter aus ihrem Land fliehen und bei uns Asyl suchen. Deshalb haben wir uns als Kirche intensiv eingemischt in die Diskussion um ein Zuwanderungsgesetz. Noch immer hoffen wir, dass durch ein Zuwanderungsgesetz vor allem vier Forderungen umgesetzt werden, die dem Schutz der Menschen dienen, die als Opfer von Gewalt Zuflucht in unserem Land suchen:

- Wir fordern, dass nicht-staatliche und geschlechtsspezifische Verfolgung als Fluchtgrund anerkannt wird.
- Wir fordern, dass Menschen, die auf Grund konkreter Gefahren für Leib und Leben Asyl suchen, einen Bleiberechtsstatus erhalten, der ihnen Integration ermöglicht.
- Wir fordern, dass der Schutz der Familieneinheit uneingeschränkt erhalten bleibt und minderjährige Kinder nicht von ihren Eltern getrennt werden.
- Wir fordern, dass die gesetzlichen Voraussetzungen für ein breit angelegtes Integrationskonzept geschaffen werden, das Beratung und soziale Dienste einschließt.

Diese Forderungen müssen wir immer wieder – und gerade im Augenblick wieder verstärkt – erheben. Deutlich habe ich Schicksale von Menschen vor Augen, für die sich unsere Kirchengemeinden engagieren. Vielen Ehrenamtlichen, Mitarbeiterinnen und Mitarbeitern in den Diakonischen Werken[130] und etlichen Rechtsanwälten und Rechtsanwältinnen möchte ich danken für ihre mit viel Geduld geleistete Arbeit zugunsten Asylsuchender in unserem Land. Was wäre aus der tamilischen Familie in Schutterwald bei Offenburg

---

[130] Über die Aktivitäten des Diakonischen Werkes Baden im Berichtzeitraum vgl. »Unverschämt!«, Karlsruhe 2003.

geworden? Erst nachdem eine Kirchengemeinde über viele Wochen die Familie begleitete, konnten die notwendigen Belege gesammelt werden, um das Verwaltungsgericht von der Notwendigkeit eines Abschiebeschutzes zu überzeugen. Und ebenso hoffe ich, dass uns dies im Fall der Familie Aslan in Sulzfeld, der Familie Gökalp in Baden-Baden und in vielen anderen Fällen gelingt.

Wenn wir uns als Kirche innerhalb der Dekade zur Überwindung von Gewalt und darüber hinaus für Opfer der Gewalt einsetzen, dann tun wir dies nicht einfach nur aus humanitären Gründen. Grundlage unseres Engagements ist vielmehr das Menschenbild der Bibel, das um die Gewalttätigkeit und damit um die Sündhaftigkeit des Menschen weiß. Mit dem sündhaften, zu unvorstellbarer Gewaltanwendung bereiten Menschen hat sich Gott in Jesus Christus versöhnt. Das verpflichtet uns, in der Nachfolge Jesu Christi mitzuwirken an einem menschlichen Miteinander, in dem die Überwindung des Bösen durch Gutes konkrete Gestalt gewinnt.

5.8   DER SEHNSÜCHTIGE UND DER RESIGNIERTE MENSCH: VERTRAUEN IN DIE ZUKUNFT

»Der Mensch heißt Mensch, weil er hofft und weil er erinnert.« Das Menschenbild der Bibel zeichnet den Menschen als den sehnsüchtigen und als den resignierten Menschen. Dieses Menschenbild ist auch zu berücksichtigen im Kontext des heutigen politischen Lebens in unserem Land. Nichts braucht die Politik in unserer Zeit mehr als den Mut zu Veränderungen und Reformen. Sie muss die Angst vor den Bürgerinnen und Bürgern, auch ihre Angst vor dem politischen Konkurrenten überwinden. Die Politik braucht Mut zu Reformen, wobei sich die Bedeutung des Begriffs »Reform« radikal verändert hat. In der Aufbauphase unserer Bundesrepublik und bis in die Mitte der 70er Jahre verstanden wir unter Reformen einerseits den Abbau der gesetzlichen Hindernisse der persönlichen Lebensgestaltung, also die Liberalisierung unserer Gesellschaft, andererseits den Aufbau unserer gesetzlichen sozialen Ansprüche, also die Verdichtung der sozialen Netze und der staatlichen Daseinsvorsorge. Die Liberalisierung der Gesellschaft erfährt jedoch ihre Grenzen, ebenso wie der Ausbau der staatlichen Daseinsvorsorge die Grenzen der Finanzierbarkeit erreicht hat. Wenn die Ansprüche an den Staat und an die sozialen Sicherungssysteme vom Wachstum der Produktivität der Volkswirtschaft nicht mehr gedeckt werden können, dann sind Reformen überfällig, die mit Verzicht einhergehen. Die Menschen müssen lernen, auf lieb gewordene Ansprüche zu verzichten – und zwar nicht, weil der Sozialstaat demontiert werden soll, sondern weil er erhalten werden muss. Die Politik muss heute sozusagen »mit leeren Händen« um Vertrauen werben, dass künftig Wichtiges erhalten werden kann, wenn man jetzt auf einen Teil der Ansprüche verzichtet. Früher hieß Reform: Alle bekommen mehr. Heute aber heißt Reform: Alle müssen etwas abgeben. Nur durch Verzicht wird es besser. Solches politisch zu vertreten und durchzusetzen im Sinne eines Konsenses, der das Ganze im Blick hat, kostet Mut und Vertrauen in die Zukunft.

In dieser Lage müssen und können die Kirchen Mut machen zu notwendigen Veränderungen und Reformen. Denn sie haben einen Erfahrungsschatz, der gespeist ist aus biblischen Überlieferungen, aus Texten der Bibel – wie jenen Geschichten von Abraham und Sara, die – wie zumindest von Abraham berichtet wird – ohne Murren loszogen, um ins verheißene Land zu ziehen (1. Mose 12,1), von Mose, der sein murrendes Volk von den Fleischtöpfen Ägyptens (2. Mose 16,3) fort auf eine lange Wanderschaft führte, oder von Lydia, der wohlhabenden Purpurhändlerin, die im Vertrauen auf Jesus Christus ihr Haus öffnete und ihr Vermögen einsetzte, damit in Philippi die erste christliche Gemeinde auf europäischem Boden wachsen konnte (Apg 16,14f). Auf Veränderungen kann sich leichter einlassen, wer solche Geschichten kennt und von daher weiß, dass Vertrauen und Mut sich letztlich speisen aus dem Vertrauen auf Gott. Nach dem biblischen Menschenbild sind Vertrauen in die Zukunft und Mut zu Veränderungen Ausdruck von Gottvertrauen. Deshalb können und müssen wir in der Kirche in der jetzigen politischen Situation zu denen zählen, die einen neuen Aufbruch wagen, auch wenn wir manches Gewohnte hinter uns lassen müssen. Leben als Christenmenschen – das heißt eben nicht nur religiös, sondern auch politisch und sozial: Leben auf Vertrauen hin!

Mut zu Reformen! Diese Parole ist in unserer Situation kein Ruf zum Exodus in ein völlig unbekanntes Land. Vielmehr geht es um mutige Schritte zur Sicherung des uns durchaus vertrauten und in vieler Hinsicht grundsätzlich bewährten Sozialstaats. Es geht darum, dass wir einen erneuerten Zustand erreichen, in dem das Gemeinwesen die Verpflichtung zur Daseinsvorsorge finanzieren kann und dabei das Gebot der Verantwortung gegenüber den Schwachen wahrt. Will die Kirche heute einen Beitrag zur politischen Kultur in unserem Land leisten, dann wird sie also um Vertrauen auf die Zukunft werben. Die Kirche darf sich nicht anstecken lassen vom allgemeinen Katastrophengeheul in unserem Land. Vielmehr sind wir als Christenmenschen aufgerufen, den anstehenden Reformprozess konstruktiv zu begleiten und nicht nur darauf zu achten, ob eigene Besitzstände gefährdet werden. Wir brauchen einen Parteien- und Lobbyformationen übergreifenden Mut zur Wahrheit der

Politikerinnen und Politiker. Und diese brauchen Vertrauen in die Einsichts-
fähigkeit mündiger Bürgerinnen und Bürger, die dann auch notwendige Veränderungen mittragen werden. Hierzu muss die Kirche ihren Beitrag leisten.
Denn sie ist eine GmbH, aber keine Gesellschaft mit beschränkter Haftung,
die sich heraushalten könnte, sondern eine Gemeinschaft mit begründeter
Hoffnung, die ihre Kraft aus der Zusage Gottes hat.

Begonnen habe ich meinen Bericht zur Lage mit Worten von Herbert
Grönemeyer. Angeregt durch seine Worte, die den Menschen in all seiner
emotionalen Sensibilität und Lebendigkeit besingen, habe ich versucht, die
Frage, was der Mensch sei, in einigen Konsequenzen für kirchliches und gesellschaftliches Handeln zu bedenken. Ich habe mich dabei leiten lassen vom
Menschenbild der Bibel, das den Menschen als den erwählten und als den gefallenen, als den abgründigen, als den verzweifelten und als den resignierten,
als den liebenden und als den sehnsüchtigen, als den sterblichen und als den
geistlichen, als den gesegneten und als den befriedeten Menschen zeichnet.
Am Ende meines Berichts zur Lage können keine fertigen Antworten stehen,
denn jedes Nachdenken über den Menschen wird zurückkehren müssen zu
der Frage »Was ist der Mensch?« Und so schließe ich mit einem Text Dietrich
Bonhoeffers, der genau diese Frage beantwortet, indem er sie offenlässt[131]:

Wer bin ich? Sie sagen mir oft,
ich träte aus meiner Zelle
gelassen und heiter und fest
wie ein Gutsherr aus seinem Schloss.

Wer bin ich? Sie sagen mir oft,
ich spräche mit meinen Bewachern
frei und freundlich und klar,
als hätte ich zu gebieten.

Wer bin ich? Sie sagen mir auch,
ich trüge die Tage des Unglücks
gleichmütig, lächelnd und stolz,
wie einer, der Siegen gewohnt ist.

---

[131] Dietrich Bonhoeffer, Widerstand und Ergebung. Briefe und Aufzeichnungen aus der
Haft. Neuausgabe hrsg. von Eberhard Bethge, München 1979, 381f.

Bin ich das wirklich, was andere von mir sagen?
Oder bin ich nur das, was ich selbst von mir weiß?
Unruhig, sehnsüchtig, krank, wie ein Vogel im Käfig,
ringend nach Lebensatem, als würgte mir einer die Kehle,
hungernd nach Farben, nach Blumen, nach Vogelstimmen,
dürstend nach guten Worten, nach menschlicher Nähe,
zitternd vor Zorn über Willkür und kleinlichste Kränkung,
umgetrieben vom Warten auf große Dinge,
ohnmächtig bangend um Freunde in endloser Ferne,
müde und leer zum Beten, zum Denken, zum Schaffen,
matt und bereit, von allem Abschied zu nehmen?
Wer bin ich? Der oder jener?
Bin ich denn heute dieser und morgen ein anderer?
Bin ich beides zugleich? Vor Menschen ein Heuchler
und vor mir selbst ein verächtlich wehleidiger Schwächling?
Oder gleicht, was in mir noch ist, dem geschlagenen Heer,
das in Unordnung weicht vor schon gewonnenem Sieg?

Wer bin ich? Einsames Fragen treibt mit mir Spott.
Wer ich auch bin, Du kennst mich, Dein bin ich, o Gott!

6 VON GRUND, AUFTRAG UND ZIEL DER KIRCHE – VISITATIONEN ALS INSTRUMENTE DER KIRCHENLEITUNG[132] (2004)

»Wo willst du hin?« So heißt ein sehr erfolgreicher Song des Mannheimer Sängers Xavier Naidoo. Keine Sorge – ich werde meinen Bericht zur Lage nicht schon wieder mit einem Hit beginnen. Aber in der Tat geht es mir um die Frage »Wo willst du hin?« – nämlich du Kirche! Wohin wollen wir als Evangelische Landeskirche in Baden? Und auf welche Weise gelangen wir dahin, wo wir hin wollen?

Den Anstoß für meinen diesjährigen Bericht vor dieser Synode haben Sie, liebe Synodale, im vergangenen Jahr selbst gegeben. Sie haben mich nämlich gebeten, Ihnen Erträge und Erkenntnisse aus meinem visitatorischen Handeln darzustellen. Dieser Bitte komme ich gern nach und zwar sowohl aus ganz persönlichen als auch aus gewichtigen inhaltlichen Gründen. Genau zwanzig Bezirke unserer Landeskirche habe ich visitiert. Welch bessere Gelegenheit gäbe es, eine Zwischenbilanz zu ziehen, zumal die Bezirksvisitationen oft einen besonders erfreulichen Teil meiner Arbeit darstellen! Es geht mir jedoch nicht nur um eine persönliche Bilanz der eigenen Arbeit, sondern zugleich um das Resümee eines wichtigen synodalen Tätigkeitsfeldes, denn bei jeder Bezirksvisitation ist die sechsköpfige Kommission zur Hälfte mit synodalen Mitgliedern besetzt: Zwei Synodale und ein Mitglied des Präsidiums wirken jeweils mit.

Darüber hinaus geht es um eine erste Erfahrungsauswertung nach »Fünf Jahre neue Visitationsordnung«. Mich interessiert die Frage, in welcher Weise wir durch Visitationen nach der neuen Ordnung besser befähigt werden, langfristige perspektivische Arbeit in unserer Landeskirche anzugehen. Was also tragen die Visitationen in unserer Kirche aus hinsichtlich einer künftigen Strategiefähigkeit unserer Landeskirche? Und wie kann ich durch diesen Bericht vor der Synode all jenen Hilfestellung geben, die Visitationen in unserer

---

[132] Frühjahrstagung der Landessynode der Evangelischen Landeskirche in Baden, Bad Herrenalb, 22. April 2004.

Kirche durchführen und sich bemühen, durch kollegiale Beratung im Rahmen der Visitation einander so zu »entlasten« und zu »ermutigen« (vgl. VO § 1,5), dass wir uns in der Kirche miteinander als Lernende erfahren? Denn nach reformatorischem Verständnis ist Kirche immer auch Lerngemeinschaft, eine Gemeinschaft derer, die in der Kommunikation über das Evangelium voneinander lernen und so miteinander auf dem Weg sind. In diesem Sinne möchte ich mit meinem Bericht zur Lage nicht nur Ihnen, liebe Synodale, einen Dienst tun, sondern auch vielen Menschen in unseren Gemeinden und Bezirken, die sich in den Visitationen überaus stark engagieren und denen ich an dieser Stelle ganz herzlich danken möchte für die Wahrnehmung dieser wichtigen Leitungsaufgabe in unserer Kirche.

Ich kann mit meinen Ausführungen zur Visitationspraxis unserer Kirche nicht beginnen, ohne grundsätzliche Dimensionen eines Kirchenbildes zu skizzieren, das nach meinem Dafürhalten unserer Ordnung und Praxis der Visitation zugrunde liegt. Dazu wähle ich einen ekklesiologischen Ansatz, der einerseits grundsätzlich theologisch und andererseits spezifisch badisch ist. Ich werde die einleitenden theologischen Überlegungen wie auch meine anschließenden eher erfahrungsbestimmten Aussagen immer wieder in Beziehung setzen zu den 34 Leitsätzen, die von dieser Synode vor fünf Jahren mit »logoblauen« Luftballons in die Weltöffentlichkeit entsandt wurden. Damit Ihnen die Zuordnung der Leitsätze zu den grundsätzlichen ekklesiologischen Überlegungen leichter nachvollziehbar ist, habe ich die Leitsätze mit den Nummern 1 bis 34 versehen und in einer allerdings für Sie ungewohnten Gliederung nochmals abgedruckt.[133] Natürlich ist die von mir vorgenommene Zuordnung nicht ganz stringent. Alle Leitsätze sind in ihrer Bedeutung mehrdimensional und von daher »flexible Instrumente« für unser kirchenleitendes Handeln. Manches hätte darum gewiss anders systematisiert werden können. Aber ich hoffe doch, Ihnen eine Lese- und Verstehenshilfe an die Hand gegeben zu haben, die Sie als nützlich ansehen können.

6.1   Kirche als Gemeinschaft der Heiligen – Grundzüge einer Communio-Ekklesiologie

Ich beginne, indem ich nun die Leitsätze unserer Landeskirche in Beziehung setze zu einem Kirchenverständnis, das wir in der theologischen Wissenschaft als Communio-Ekklesiologie bezeichnen. Diese begreift Kirche vor allem als

---

[133]   Was wir glauben: 1–9 = I.1–9; Wer wir sind: 10–23 = II.1–14; Was wir wollen: 24–34 = III.1–11.

Gemeinschaft der Glaubenden in ihren verschiedenen Ausprägungen. Bei meinen Ausführungen mache ich Anleihen bei Christoph Schwöbel, dem Dekan der Heidelberger Theologischen Fakultät.[134]

Zunächst frage ich nach dem Lebensgrund der Kirche. Nach reformatorischem Verständnis gründet die Kirche allein auf das Wort Gottes. Sie ist *creatura verbi*, Geschöpf des Wortes Gottes. Das heißt: Die Kirche hat ihren Grund nicht in sich selbst, er ist ihr vorgegeben. Darum ist das Leben der Kirche nicht eine von ihr zu erbringende Leistung, sondern eine von ihr zu empfangende Gabe. Das Wort Gottes begründet die Lebensgestalt der Kirche. Alle, die vom Wort Gottes angesprochen und ergriffen werden und darauf mit Glauben und Zeugnis antworten, bilden die *communio sanctorum*, die Gemeinschaft der Heiligen, wie wir es auch im Glaubensbekenntnis bezeugen. Was für die Kirche gilt, gilt auch für die Christenmenschen: Sie sind nicht heilig aus sich selbst heraus, sondern weil Gott sie geheiligt hat. Das, was den Lebensgrund der Kirche ausmacht, haben wir in unseren Leitsätzen zusammengefasst unter der Rubrik »Was wir glauben«:

Gott liebt die Menschen, ob sie es glauben oder nicht (1).

Gottes Wort begegnet uns in der Bibel. Ihr ist nichts Menschliches fremd (2).

Gott hat die Welt geschaffen und gesagt, was gut ist (3).

Unser Leben ist wertvoll – nicht durch unsere Leistung, sondern weil Jesus Christus für uns gestorben ist und lebt (4).

Durch Jesus Christus ist Gott auch in den Tiefen menschlicher Not bei uns (5).

Wer mit Gott rechnet, hat Hoffnung und kann besser mit Gelingen und Scheitern umgehen (6).

Der Heilige Geist hilft uns zur Umkehr und eröffnet neue Wege (7).

Unser Leben ist mit dem Tod nicht zu Ende. Wir glauben an die Auferstehung der Toten (8).

Gott ist größer als unser Wissen. Zu allen Zeiten hält er Geheimnisse bereit, die die menschliche Vernunft übersteigen (9).

Kirche, die auf diesen Glauben gründet, ist als Gemeinschaft der Heiligen zuerst und vor allem *Zeugnisgemeinschaft*. Glaube will und muss *bezeugter und bezeugender Glaube* sein. Das gemeinsame Zeugnis von

---

[134]   Christoph Schwöbel, Gott in Beziehung, Tübingen 2002, 379–437. Prof. Dr. Christoph Schwöbel lehrte von 1999–2004 Systematische Theologie an der Ruprecht-Karls-Universität Heidelberg, seit Oktober 2004 lehrt er an der Eberhard Karls Universität Tübingen.

Gottes Gemeinschaftswillen bestimmt alle Arbeitsbereiche der Kirche. Diesen Grundzug der Kirche finde ich in den Leitsätzen wieder, die ich entsprechend ihrer ursprünglichen Reihenfolge mit den Nummern 12, 19, 13, 15 und 25 bezeichnet habe:

Wir feiern Gottesdienst: Gebet und Musik, Predigt und Abendmahl stärken uns, Gott zu lieben und den Nächsten wie uns selbst (12).

Wir geben weiter, wovon wir selbst leben: Die gute Nachricht von der Liebe Gottes (19).

Wir nehmen Menschen so an, wie sie sind, und begleiten sie in den Höhen und Tiefen ihres Lebens (13).

Unsere Gemeinden sind Oasen zum Auftanken (15).

Wir wollen den Mitgliedern unserer Kirche eine geistliche Heimat bieten und noch mehr Menschen für Jesus gewinnen (25).

Auftrag dieser Zeugnisgemeinschaft ist die Kommunikation des Evangeliums. Christlichen Glauben gibt es nicht ohne eine *mitteilende und mitgeteilte Gemeinschaft.* Deshalb ist die Kirche *Kommunikationsgemeinschaft.* Diese Auftragsbeschreibung ist in den Leitsätzen 16, 11, 31, 26 und 29 erfasst:

Unser Glaube sucht Gemeinschaft und gewinnt auch darin Gestalt, wie wir unsere Kirche organisieren (16).

Wir sind getauft. Die Taufe verbindet uns mit den christlichen Kirchen auf der ganzen Welt (11).

Wir wollen eine ökumenische Gemeinschaft der Kirchen, in der die Vielfalt als Bereicherung erlebt wird (31).

Wir wollen eine Kirche, in der man weinen und lachen kann (26).

Wir wollen offen, ehrlich und glaubwürdig miteinander umgehen (29).

Da der Kirche das Evangelium vor allem als Zeugnis der biblischen Texte gegeben ist, hat sie eine doppelte Interpretationsaufgabe. Sie hat einerseits das Evangelium im Horizont der Welt zu interpretieren, andererseits die Welt im Horizont des Evangeliums. Bei dieser doppelten Aufgabe bewährt sich christlicher Glaube als *erzählender und erzählter Glaube.* Als Erzählgemeinschaft des Glaubens nimmt die Kirche ihre hermeneutische Aufgabe als *Interpretationsgemeinschaft* wahr. In unseren Leitsätzen finde ich dies unter den Nummern 10, 14, 24, 27 und 32 ausgesprochen:

Wir suchen Wahrheit und erfülltes Leben. Das finden wir durch den Heiligen Geist in Jesus Christus (10).

Wir ermutigen Menschen, sich mit der Wahrheit Gottes auseinanderzusetzen (14).

*Wir wollen in einer zweckbestimmten Welt das Heilige erfahren und
erfahrbar machen (24).*

*Wir wollen, dass alle zum Lesen der Bibel ermutigt werden und zur Aus-
legung der Schrift beitragen (27).*

*Wir wollen unsere Arbeit in der Öffentlichkeit darstellen und scheuen den
Vergleich mit anderen nicht (32).*

Die in der Kirche *gebildete und bildende Gemeinschaft* wirkt sozialisierend. Sie initiiert und gestaltet Bildungsprozesse des Glaubens und befähigt so zum gemeinschaftlichen Leben in der Kirche und in der Welt.
Indem die Kirche dem menschlichen Bildungsprozess Orientierung gibt
und ihn wechselseitig gestaltet, ist sie eine *Sozialisationsgemeinschaft*.
Das geben unsere Leitsätze 18, 28, 22 und 33 wieder:

Mit Kindern entdecken wir, was es heißt, heute christlich zu leben (18).

*Wir wollen durch religiöse Erziehung und Bildung das Christliche in
unserer Kultur lebendig halten (28).*

*Wir sind eine offene Kirche. In christlicher Verantwortung nehmen wir
gesellschaftliche Entwicklungen wahr, greifen Impulse auf und wirken in die Gesellschaft hinein (22).*

*Wir wollen eine menschliche Gesellschaft gestalten, die von Freiheit,
Gerechtigkeit und Menschenwürde geprägt ist (33).*

Folge der Rechtfertigungsbotschaft ist die Befreiung zur eigenen
Handlungsfähigkeit. Der bezeugte und bezeugende, der erzählte und
erzählende Glaube wird zum *handelnden Glauben*, wie umgekehrt das
Handeln der Kirche sich als *glaubendes Handeln* ausweist. Insofern ist
die Kirche eine *Handlungsgemeinschaft*, die nach Handlungsorientie-
rung aus dem Glauben sucht. Dies haben wir in den Leitsätzen 20, 17,
21, 30 und 23 formuliert:

*Unser Glaube hat Hand und Fuß. Nah und fern helfen wir Menschen in
Not, auch durch unsere diakonische Arbeit (20).*

*Zum Profil unserer Kirche gehören die vielen verantwortlich handelnden
ehrenamtlichen Mitarbeiterinnen und Mitarbeiter (17).*

*Wir treten in Verantwortung für die zukünftigen Generationen für
Frieden, Gerechtigkeit und Bewahrung der Schöpfung ein (21).*

*Wir wollen den Weg fortsetzen zu einer Kirche, die gleichermaßen von
Frauen und Männern geleitet wird (30).*

*Für unsere vielfältigen Aufgaben setzen wir das uns anvertraute Geld
sinnvoll und effizient ein (23).*

Die Kirche ist in all ihren Gestaltungsformen niemals Selbstzweck. Als
Geschöpf aus Gottes Wort hat sie auch ihr Ziel nicht in sich selbst. Sie ist

als wanderndes Gottesvolk ausgerichtet auf die künftige Gemeinschaft im Reich Gottes als letztes Ziel. Weil die Kirche darum weiß, muss sie sich ihrer Vorläufigkeit und Begrenztheit immer bewusst sein. Dies hat Auswirkungen auf unser gegenwärtiges Handeln. Darum haben wir in unserem letzten Leitsatz formuliert: *Wir wollen nicht alles machen, was machbar ist (34).*

Wenn wir also durch kirchenleitende Maßnahmen Strategien für die Zukunftsfähigkeit der Kirche entwickeln wollen, dürfen wir unser Kirchenverständnis nicht funktional auf die Handlungs- und Sozialisationsdimension verkürzen und nur über Formen der Auftragserfüllung nachdenken. Wir dürfen aber auch nicht allein den Auftrag der Kirche als Zeugnis-, Kommunikations- und Interpretationsgemeinschaft in den Blick nehmen, sondern müssen immer auch den Lebensgrund und das letzte Ziel der Kirche mit reflektieren und dafür Sorge tragen, dass die Kirche daraus Kraft entfalten kann, um ihren Auftrag wahrzunehmen und zu erfüllen.

Vor diesem Hintergrund möchte ich mit Ihnen einen Blick auf die Bezirksvisitationen der letzten sechs Jahre werfen. Ich lasse dabei bewusst all die anderen Instrumente außer Acht, die wir in den zurückliegenden Jahren als vorbereitende Maßnahmen strategischen Handelns entwickelt haben. Es wäre lohnend, das in meinen Bericht mit einzubeziehen, was wir durch die Einführung der Orientierungs- und Zielvereinbarungsgespräche hinsichtlich der Verbesserung zielorientierten Handelns entwickelt haben, was durch die Gestaltung des Haushaltsbuches hinsichtlich einer verbesserten Effizienzkontrolle beim Einsatz finanzieller Mittel auf den Weg gebracht wurde und auch das, was der Landeskirchenrat erst kürzlich in einem Workshop bezüglich einer Befähigung der Kirchenleitung zu strategischer Planung bedacht hat und das Ihnen gestern Abend zur Kenntnis gebracht wurde. Der Vorteil einer solch umfassenden Darstellung wäre, dass Sie, verehrte Synodale, deutlicher noch als bisher erkennen könnten, wie all diese entwickelten Instrumente aufeinander abgestimmt sind und sich in ihrem Miteinander als höchst sinnvoll erwiesen haben. Was ich jedoch in jedem Fall sagen kann ist, dass sich der vor fünf Jahren vollzogene generelle Perspektiven- und Richtungswechsel hin zu zielorientiertem strategischem Handeln in unserer Landeskirche bewährt hat. Das haben gerade die Visitationen gezeigt, die nach der neuen Ordnung durchgeführt wurden.

Aber nun will ich mich auf den von Ihnen gewünschten Aspekt konzentrieren und mit Ihnen darüber nachdenken, welchen Beitrag die Visitationen in unserer Kirche leisten, um Kirche als im Wort Gottes gegründete Zeugnis-,

Interpretations- und Kommunikationsgemeinschaft sowie als Sozialisations- und Handlungsgemeinschaft zukunftsfähig zu gestalten. Dabei lasse ich mich von den drei Fragestellungen leiten, die ich in meinen einleitenden ekklesiologischen Überlegungen entwickelt habe. Diese lassen sich wiederum in den drei Blöcken unserer Leitsätze wiederfinden, die ja nichts anderes sind als ekklesiologische Sätze in elementarer Form:

1. Wie können wir im Visitationsgeschehen den Lebensgrund der Kirche kultivieren? (Was wir glauben)
2. Wie definieren wir den konkreten Auftrag der Kirche an ihrem jeweiligen Ort? (Wer wir sind)
3. Wie können wir für die Auftragserfüllung durch sinnvolle Zielvereinbarungen Hilfe leisten? (Was wir wollen)

Im Folgenden gehe ich an diesen drei Fragestellungen entlang und ordne ausgewählte Leitsätze den in den theologischen Reflexionen gewonnenen Dimensionen von kirchlicher Gemeinschaft sowie exemplarischen Erfahrungen aus den Bezirksvisitationen der vergangenen sechs Jahre zu.

6.2   Der Lebensgrund der Kirche im Visitationsgeschehen

Gott liebt die Menschen, ob sie es glauben oder nicht (1).
Unser Leben ist wertvoll – nicht durch unsere Leistung, sondern weil Jesus Christus für uns gestorben ist und lebt (1).
Wer mit Gott rechnet, kann besser mit Gelingen und Scheitern umgehen (6).

In dem Geist, der aus diesen Leitsätzen spricht, versuchen wir die Arbeit der Visitation zu tun. Visitation kann nur gelingen, wenn sie in dem Glauben geschieht, dass auch die Arbeit in den Bezirken und Gemeinden getragen ist von solchem Zuspruch. Darum ist es mir wichtig, in den Stellungnahmen zur Visitation immer wieder auch Worte des Zuspruchs zu wählen. Es ist von daher sachgemäß, dass in unserer Visitationsordnung Entlastung, Ermutigung und Stärkung (§ 1,5 und § 2,1) an erster Stelle genannt werden, bevor es um Aufgaben und Zielsetzungen geht. Das entspricht dem evangelischen Verständnis einer Kirche, die ganz aus dem zusprechenden Wort Gottes lebt.

Gottes Wort begegnet uns in der Bibel. Ihr ist nichts Menschliches fremd (2).

Wichtiger Ort der Begegnung mit Gottes Wort ist der Gottesdienst, deshalb sei auch Leitsatz 12 hier angefügt: *Wir feiern Gottesdienst: Gebet und Musik, Predigt und Abendmahl stärken uns, Gott zu lieben und den Nächsten wie uns selbst.*

Es ist mehr als eine gute Sitte und auch mehr als ein nach außen hin wir-
kendes Zeichen, wenn Gottesdienste und Gebete, Andachten und kirchenmusikalische Veranstaltungen eine Visitation prägen. In der Visitationsordnung
(§ 1,5) heißt es: »*Als Zeichen des gemeinsamen Auftrags und der gemeinsamen
Verheißung feiern Besuchende und Besuchte miteinander Gottesdienst.*« Jeder
Gottesdienst, jede Andacht ist eine Gelegenheit, sich des Grundes zu vergewissern, aus dem die Kirche lebt. Deshalb legen wir bei Visitationen Wert auf die
Pflege des geistlichen Lebens. Deshalb beenden wir die Arbeit einer Visitation
auch am Samstag und feiern an den Sonntagen ausschließlich Gottesdienste
in den Gemeinden. Damit gewinnt die den Lebensgrund der Kirche bildende
Botschaft von der Rechtfertigung allein aus Gnade konkrete Gestalt. In diesem
Zusammenhang möchte ich gerne all jenen in unserer Landeskirche danken,
die sich Jahr für Jahr bereit erklären, in den Kirchen und Gemeinden der
visitierten Kirchenbezirke zu predigen und Gottesdienst zu feiern.

6.3   DIE AUFTRAGSWAHRNEHMUNG DER KIRCHE IM VISITATIONSGESCHEHEN

Wesen der Visitation ist es, von einer Bestandsaufnahme ausgehend den Auftrag der Kirche zu definieren und nach Möglichkeiten einer zielorientierten
Auftragserfüllung zu fragen. Dem gemäß heißt es in unserer Visitationsordnung: »*Visitationen gehen von dem Grundsatz aus, dass die Kirche ... den Auftrag hat, allen Menschen das Evangelium von Jesus Christus zu verkündigen*«
(*§ 1,3*). *Dabei soll die Kirche auch* »*gesellschaftlich und kirchlich relevante
Gruppen (wahrnehmen), die nicht oder nur selten im Blick sind*« (§ 2,4). Nun
lassen sich die drei Schritte des visitatorischen Handelns – Bestandsaufnahme, Definition des Auftrags und Auftragserfüllung – nicht trennscharf unterscheiden. Alle drei münden ein in Stellungnahmen mit Zielvereinbarungen
für die Arbeit der nächsten Jahre. Trotz aller Unschärfe im Einzelnen lassen
sich dennoch hinsichtlich des Auftrags der Kirche einige Themenkomplexe
benennen, die im Zentrum der meisten Visitationen stehen.

6.3.1   Kirche als Zeugnisgemeinschaft

Die missionarische Ausrichtung der Kirche als einer Zeugnisgemeinschaft
haben wir in unseren Leitsätzen in Analogie zur Visitationsordnung formuliert:

*Wir wollen den Mitgliedern unserer Kirche eine geistliche Heimat bieten
und noch mehr Menschen für Jesus gewinnen (25).*
Wir geben weiter, wovon wir selbst leben: Die gute Nachricht von der

Liebe Gottes (19).

Demgemäß soll die Visitation »dazu beitragen, dass auch die Erwartungen der Menschen, die kaum Zugang zu den Aktivitäten der Gemeinde haben oder der Kirche distanziert-kritisch gegenüberstehen, in den Blick genommen und berücksichtigt werden« (§ 2,2).

Entsprechend finden sich bei den Bezirksvisitationen Vereinbarungen mit dem Ziel, missionarische Impulse und Bestrebungen in den Bezirken zu verstärken (zuletzt besonders akzentuiert im Kirchenbezirk Pforzheim-Land). Spezifische Maßnahmen werden benannt, wie etwa die Entwicklung neuer Gottesdienstformen für Zielgruppen, besonders für Kirchenferne (Wertheim), die Weiterentwicklung von Formen des Abendmahlfeierns (Schwetzingen), die bewusste Außenorientierung der kirchlichen Arbeit – vor allem in einer profilierten kirchlichen City-Arbeit in den Großstädten, Maßnahmen zur Öffnung aller noch geschlossenen Kirchentüren im Kirchenbezirk (Offenburg) und das Erstellen bezirklicher Gottesdienstpläne (Wertheim). Sicherlich wäre die missionarische Ausstrahlung der Kirche als Zeugnisgemeinschaft noch größer, wenn die Entwicklungspotenziale, die hinsichtlich der vielfältigen geistlichen Prägungen in den Bezirken vorhanden sind, stärker genutzt würden.

Zusammenfassend ist festzustellen, dass die Kirche als Zeugnisgemeinschaft deshalb in den Bezirksvisitationen nicht zentral in den Blick kommt, weil diese Zeugnisgemeinschaft vor allem in den örtlichen Gemeinden gelebt und weiter entwickelt wird und es nicht leicht fällt, in dieser Hinsicht bezirkliche Aufträge zu definieren.

6.3.2 Kirche als Kommunikationsgemeinschaft
6.3.2.1 Kommunikation einüben
Weil Glaube auf Gemeinschaft hin angelegt ist, ist die Kommunikation des Evangeliums das Herzstück kirchlicher Arbeit. Für eine dem Evangelium gemäße Kommunikation haben wir in den Leitsätzen formuliert: *Wir wollen offen, ehrlich und glaubwürdig miteinander umgehen (29).*

In den Visitationen zeigt sich oft, dass dies wirklich der Fall ist. Die Visitationen werden in der Regel in offener und konstruktiver Atmosphäre vorbereitet und als dialogische Geschehen durchgeführt. Ausdruck lebendiger Kommunikation ist auch die große Gastfreundschaft, die wir bei Visitationen immer wieder erleben. Die Gespräche im Bezirkskirchenrat werden als umso fruchtbarer erlebt, je mehr es gelingt, Problemstellungen offen und ehrlich zu benennen. Damit eine kollegiale Beratung gelingen kann, ist es notwendig, sich gegenseitig auch unterschiedliche Sichtweisen zuzumuten.

Die Entwicklung von Kommunikationsstrukturen nach innen und außen und die Pflege einer von Transparenz und Offenheit geprägten Kommunikationskultur spielt in den Stellungnahmen eine große Rolle, denn »Führen ist Kommunikation« (Lahr). Eigentlich müsste es für jeden Bezirk ein »kommunikatives Gesamtkonzept« (Wertheim) geben, denn Transparenz der Entscheidungen, Informationsfluss, Kooperation und Delegation innerhalb eines Kirchenbezirks sind wesentliche Faktoren für eine gelingende Kommunikation des Evangeliums nach innen und außen. Darum legen wir bei Visitationen Wert darauf, auch die Leitung eines Bezirks hinsichtlich ihres Organisations- und Führungsstils zu beraten, wobei oft positiv zu vermerken ist, dass sich das Leitungsteam mit seinen Fähigkeiten und Gaben untereinander ergänzt und nur selten in der Entfaltung der je eigenen Fähigkeiten behindert.

Zu einem glaubwürdigen Umgang miteinander gehört ferner, dass bei Visitationen auch solche Zielvereinbarungen formuliert werden, die den Evangelischen Oberkirchenrat in die Pflicht nehmen. Als ein Beispiel hierfür nenne ich die Vereinbarungen mit den Kirchenbezirken Baden-Baden und Emmendingen. Hier wurde der Evangelische Oberkirchenrat verpflichtet zu prüfen, wie die Kirchenbezirke künftig mit mehr finanziellen Mitteln ausgestattet werden können, nachdem in den vergangenen Jahren zwar Kompetenz und Verantwortlichkeit der Bezirke zunahmen, gleichzeitig jedoch die finanziellen Zuwendungen nicht dementsprechend erhöht wurden.

Der Entwicklung einer Kommunikationskultur muss kirchenleitendes Handeln besondere Aufmerksamkeit widmen, denn eine solche Kultur ist notwendige Voraussetzung für eine Kirche, der es als mitteilende und mitgeteilte Gemeinschaft in allererster Linie um eine glaubwürdige Kommunikation des Evangeliums geht.

6.3.2.2 Kommunikation strukturieren und organisieren

Kirche muss darum bemüht sein, die Kommunikation des Evangeliums so zu organisieren, dass diese nach innen und außen gut gelingt. Innere und äußere Struktur der Kirche sind zwei Seiten derselben Medaille, denn: *Unser Glaube sucht Gemeinschaft und gewinnt auch darin Gestalt, wie wir unsere Kirche organisieren (16).*

Bei den Versuchen, kirchliche Gemeinschaft als Kommunikationsgemeinschaft zu gestalten, kann die Visitation den Besuchten helfen, *»sich als Institution im regionalen und überregionalen Zusammenhang zu begreifen«* (§ 2,4). Darum finden sich häufig Zielvereinbarungen zur Stärkung des Bezirksbewusstseins: »Im Zuge der landeskirchlichen Leitidee, kirchenleitende Mitverantwortung auf Bezirksebene zu stärken, müssen Maßnahmen unternommen werden, den Menschen im Kirchenbezirk ein Verhältnis zu dieser Einheit der mittleren Ebene zu verschaffen« (Ladenburg-Weinheim). Dazu ist es wichtig, neben dem Bezirkskirchenrat besonders die Bezirkssynode als kirchenleitendes Organ auf mittlerer Ebene ernst zu nehmen und in bezirkliche Prozesse und Entscheidungen einzubinden, wie etwa bei der Vorbereitung und Durchführung von Bezirksvisitationen (Karlsruhe und Durlach / Schopfheim / Wertheim / Pforzheim-Land).

Konkrete Vorschläge zur Strukturierung bezirklicher Arbeit werden immer wieder gemacht: So erinnern wir daran, Dekanatsbeiräte oder Konvente der Bezirksdienste einzurichten bzw. deren Arbeit zu intensivieren. Auch die Einrichtung »kollegialer Beratungsgruppen« (Mosbach) oder die Schaffung eines Bezirksarbeitskreises aller im Bereich der Kindertagesstätten-, Kinder- und Jugendarbeit Tätigen (Lahr) ist wegweisend. Wir geben Empfehlungen zur Zusammenlegung von Kirchengemeindeämtern (Baden-Baden und Rastatt), bieten Hilfestellung für die Einrichtung von Dienstgruppen (Villingen) und regen an, die bezirksübergreifende Arbeit weiterzuentwickeln, sei es im Bereich der Erwachsenenbildung (Mannheim / Heidelberg / Ladenburg-Weinheim), sei es in der Verantwortung für die kirchliche Arbeit einer Region (Hochrhein / Schopfheim / Lörrach) oder bei der Bildung von Diakonieverbänden. Schließlich kommt in den Zielvereinbarungen auch die Bezirksstrukturreform zur Sprache, wenn es um die beabsichtigte Fusion (Boxberg) oder Kooperation (Pforzheim-Land) von Bezirken geht oder um die Bereinigung von Bezirksgrenzen (Schopfheim / Lörrach).

Hinsichtlich mancher organisatorischer Fragen gibt es deutliche Unterschiede zwischen den Großstädten und den ländlich geprägten Bezirken. In den Großstädten stehen die Fragen der Vernetzung parochialer und nichtparochialer Dienste, die Bildung von Schwerpunktgemeinden, die Entwicklung einer einheitlichen, effizienteren Leitungsstruktur und ein gabenspezifischer, regionaler Einsatz der Gemeindediakoninnen und -diakone als neue Herausforderungen im Vordergrund. In den ländlich strukturierten Bezirken sind besonders die schmerzlichen Folgen der Pfarrstellenkürzung zu bearbeiten, die durch eine hohe Zahl an Dauervakanzen noch verstärkt werden. Für einige »Randbezirke« unserer Landeskirche haben wir deshalb vereinbart, den Einsatz von Lehr- und Pfarrvikarinnen und -vikaren zu fördern, damit bereits am Berufsanfang eine Beziehung zu diesen Regionen wachsen kann.

Ziel aller solcher strukturellen und organisatorischen Maßnahmen ist es, Kräfte zusammenzuführen, um damit Kirche als Kommunikationsgemeinschaft innerhalb des Bezirks und zwischen benachbarten Bezirken erfahrbar zu machen.

6.3.2.3 In ökumenischer Kommunikation leben

Kirche muss die Kommunikation des Evangeliums grundsätzlich in ökumenischer Gemeinsamkeit gestalten, will sie nicht geistlich verarmen. *Wir wollen eine ökumenische Gemeinschaft der Kirchen, in der Vielfalt als Bereicherung erlebt wird (31).*

Das in unserem Leitsatz Ausgesprochene wird in der Praxis auf vielfältige Weise umgesetzt. Die Ökumene wird vielerorts gepflegt und als Bereicherung erlebt. Das ökumenische Agieren in kommunalen und gesellschaftlichen Arbeitsfeldern und Herausforderungen scheint immer selbstverständlicher zu werden. Besondere ökumenische Impulse setzen und erfahren die grenznahen und -überschreitenden Bezirke sowie einige Diasporabezirke. Der Erfolg des ersten ökumenischen und grenzüberschreitenden »Tages der Kirchen am Rheinknie« im letzten Jahr und die Bedeutung von Schloss Beuggen für die ökumenische Arbeit im Süden unserer Landeskirche wurde uns bei den Visitationen in den drei Bezirken am Hochrhein in den Jahren 2003 und 2004 deutlich vor Augen geführt. Aber auch in den Großstädten gibt es bereichernde ökumenische Erfahrungen, nicht selten erweitert durch einen lebendigen interreligiösen Dialog.

In den Zielvereinbarungen der Visitationen kommt das Bestreben nach Ausbau der ökumenischen Zusammenarbeit immer wieder zum Ausdruck. Die Bedeutung weltweiter ökumenischer Bezirkspartnerschaften für die Ausprägung einer bezirklichen Identität haben wir an manchen Orten feststellen können. An dieser Stelle sei den Beauftragten für Mission und Ökumene auf Bezirks- und Landesebene einmal ausdrücklich für ihre Arbeit gedankt. Ferner wird ökumenischer Zusammenarbeit im Religionsunterricht besonderes Gewicht beigemessen, wenn etwa eine Verstärkung der konfessionellen Kooperation im Religionsunterricht vor allem in der Diaspora gefordert wird (Überlingen-Stockach / Villingen). Daneben aber werden verstärkt Bemühungen sichtbar, gegenüber Freikirchen, freien Gemeinden, Sekten und Gemeinschaften theologisch reflektierte Abgrenzungen vorzunehmen (Lörrach).

Es ist unverkennbar, dass das ökumenische Klima in Deutschland rauer geworden ist. Umso wichtiger ist es, dass wir Kirche als Kommunikationsgemeinschaft in enger Kommunikation mit den uns verbundenen Kirchen der Ökumene gestalten. Für die Spielräume, die uns dazu besonders hier im Südwesten Deutschlands gegeben sind, bin ich sehr dankbar.

6.3.3 *Kirche als Interpretationsgemeinschaft*

Ein Blick auf unsere Leitsätze zeigt, dass sich Kirche als Interpretationsgemeinschaft, die vom erzählten und erzählenden Glauben geprägt ist, vor allem in der kirchlichen Arbeit im Nahbereich, also meist in der Parochie realisiert. Bei den Bezirksvisitationen kommt Kirche als Interpretationsgemeinschaft nur insofern in den Blick, als sie den Versuch unternimmt, die Interpretation des Evangeliums im Horizont der Welt wie auch der Welt im Licht des Evangeliums in die Öffentlichkeit hinein zu vermitteln. In der Tat ist die Öffentlichkeitsarbeit immer wieder ein wichtiges Thema bei Visitationen. Gemeinden und Bezirke brauchen offenkundig Hilfestellung, um den Leitsatz *Wir wollen unsere Arbeit in der Öffentlichkeit darstellen und scheuen den Vergleich mit anderen nicht (32)* durch eine überzeugende Praxis einzulösen. In einer Zeit, die wesentlich von Medien geprägt wird, spielt kirchliche Öffentlichkeitsarbeit eine immer größere Rolle. Diese erfordert jedoch personelle und finanzielle Ressourcen! In vielen Bezirken wird hierfür eine Extra-Stelle eingerichtet oder die Einrichtung bzw. Aufstockung einer solchen Stelle wird als Ziel formuliert. Ein weiteres Ziel ist häufig die Entwicklung eines Leitmediums für den Kirchenbezirk (beispielhaft: Karlsruhe und Durlach / Ladenburg-Weinheim / Adelsheim-Boxberg / Freiburg) sowie die Entwicklung eines Konzeptes für die bezirkliche Öffentlichkeitsarbeit. Dabei spielt die digitale Vernetzung zunehmend eine entscheidende Rolle.

Zum einen ist der Stellenwert der Öffentlichkeitsarbeit für die Schaffung eines bezirklichen »Körpergefühls« nicht hoch genug zu veranschlagen. Zum anderen ist bezirkliche Öffentlichkeitsarbeit in einer Kirche, die sich als Interpretationsgemeinschaft versteht, unverzichtbar, wenn es gelingen soll, die Interpretation des Evangeliums der Welt verständlich zu vermitteln.

6.4 Die Auftragserfüllung der Kirche im Visitationsgeschehen

Es verwundert nicht, dass im Mittelpunkt der Visitationen die Auftragserfüllung der Kirche steht. Denn wenn im Zuge der neuen Visitationsordnung überprüfbare Zielvereinbarungen ein Herzstück der Visitation geworden sind, so haben sich diese Zielvereinbarungen vor allem darauf zu konzentrieren, wie der kirchliche Auftrag in einem Bezirk konkret erfüllt werden kann. So beziehen sich die weitaus meisten Ausführungen in den Stellungnahmen zu den Bezirksvisitationen auf die Kirche als Sozialisations- und als Handlungsgemeinschaft.

6.4.1   Kirche als Sozialisationsgemeinschaft
6.4.1.1   Menschen bilden und Sachen klären

Die Bildungsarbeit der Kirche ist ein besonderer Schwerpunkt jeder Visitation, schon insofern als dem eigentlichen Visitationsgeschehen in der Regel mehrere Veranstaltungen im religionspädagogischen Bereich vorgeschaltet sind: Treffen von Oberkirchenrat Dr. Michael Trensky und Kirchenrat Wolfgang Koch bzw. Kirchenrat Hartmut Greiling mit Schulleitungen, Begegnungen mit Lehrkräften im Religionsunterricht, aber auch Veranstaltungen der Jugendarbeit und anderer Einrichtungen. Bisweilen sind solche Veranstaltungen auch in das Programm der Visitation direkt integriert. Hierbei wird immer deutlicher, wie sehr die Präsenz der Kirche im Bereich der Schule seitens der meisten Schulleitungen geschätzt wird – besonders eindrucksvoll habe ich das Treffen mit Schulleitungen im Kirchenbezirk Ladenburg-Weinheim in Erinnerung – und welch hohen Stellenwert schulische und außerschulische Bildungsarbeit für eine Kirche als Sozialisationsgemeinschaft hat. Vor allem Projekten schulnaher Jugendarbeit wird in der Zukunft eine erhöhte Bedeutung zukommen (Freiburg). Im Religionsunterricht und in der Jugendarbeit, aber auch in der Erwachsenenbildung, versuchen wir einzulösen, was wir in den Leitsätzen formuliert haben: *Wir ermutigen Menschen, sich mit der Wahrheit Gottes auseinanderzusetzen (14). Mit Kindern entdecken wir, was es heißt, heute christlich zu leben (18).*

In welcher Weise kirchliche Bildungsarbeit neue Wege gehen kann, konnten wir eindrucksvoll bei der Visitation des Kirchenbezirks Mannheim erleben. Dort prägt die kirchliche Bildungsarbeit einen großen Teil der städtischen Kultur. Mit der Citykirchenarbeit an Konkordien, dem ökumenischen Bildungszentrum *sanctclara*, einem »Schmuckstück« ökumenischer Bildungsarbeit in unserer Landeskirche, dem Vorzeigeprojekt »Seilgarten«, dem Evangelischen Forum und der »Neuen Geistlichen Woche« wirkt die evangelische Kirche an diesem Ort in besonderem Maße prägend in die Kultur der Stadt hinein. Das Mannheimer Beispiel zeigt, dass kirchliche Bildungsarbeit bei klarer evangelischer Positionierung in einem hohen Maße außenorientiert angelegt sein muss, wenn sie wirklich sozialisierend wirken soll.

An dieser Stelle sei auch daran erinnert, dass wir mit dem Kinderkirchenjahr 1999 einen wichtigen Impuls gesetzt haben, Kirche aus der Perspektive der Kinder zu gestalten. Noch liegt eine große Aufgabe vor uns, dies Gemeinden und Bezirken zu vermitteln und etwa die Teilnahme von Kindern am Abendmahl als wegweisend für eine Kirche zu begreifen, die als Sozialisationsgemeinschaft eine gebildete und bildende Gemeinschaft ist, in der Jüngere und Ältere voneinander lernen.

6.4.1.2 In die Welt hinein wirken

Die Außenorientierung der Kirche als einer gebildeten und bildenden Gemeinschaft kommt zum Ausdruck in einem anderen Leitsatz, den ich der Dimension der Kirche als Sozialisationsgemeinschaft zugeordnet habe: *Wir sind eine offene Kirche. In christlicher Verantwortung nehmen wir gesellschaftliche Entwicklungen wahr, greifen Impulse auf und wirken in die Gesellschaft hinein (22).*

»Kirchliche Arbeit geschieht in einem bestimmten gesellschaftlichen Kontext, der auch von der Wirtschaft mitgeprägt ist. Gesellschaft und Kirche tragen arbeitsteilig und aufeinander angewiesen Verantwortung für die Grundlagen der Existenz der Menschen und der Gesellschaft«, so haben wir bei der Visitation des Kirchenbezirks Lahr formuliert. Verschiedene Veranstaltungen und Themen im Rahmen von Bezirksvisitationen tragen dem damit Gemeinten Rechnung:

Zunächst nenne ich die *Betriebsbesuche,* die – in sehr guter Zusammenarbeit mit dem »Kirchlichen Dienst in der Arbeitswelt« (KDA) vorbereitet – Möglichkeiten bieten, die Lebens- und Arbeitswelt vieler Menschen wahrzunehmen. Bei diesen Betriebsbesuchen stellen wir immer wieder hohe soziale und ethische Standards bei der Betriebsführung fest, so etwa in der Auszubildendenbetreuung und im ökologischen Bereich. Auch ist erstaunlich, wie mittelständische Unternehmen starkes Traditionsbewusstsein mit hoher Innovationskraft verbinden und wie sie kirchliche Terminologie und Werte übernehmen, wenn sie etwa vom »Firmencredo« oder den firmeneigenen »10 Geboten« reden. Die Betriebsbesuche bieten darüber hinaus die Chance, den Strukturwandel im ländlichen Raum und die aus ihm resultierenden Nöte der Landwirtschaft wahrzunehmen, wie dies bei den Visitationen in den Kirchenbezirken Boxberg und Überlingen-Stockach möglich war. Durch die Betriebsbesuche während der Bezirksvisitationen konnten wir inzwischen vielfältige Kontakte zu Unternehmern knüpfen, die unserer Kirche sehr verbunden sind. Die Teilnahme etlicher dieser Unternehmer am Ethiktag unserer Landeskirche und die erst kürzlich erfolgte Gründung einer neuen Arbeitsgemeinschaft Evangelischer Unternehmer in Freiburg sind zwei besonders schöne Früchte dieser Kontaktaufnahmen.

Außenorientierung der Kirche wird ferner erkennbar bei den Kontakten im Themenfeld *Tourismus.* Das Interesse der Tourismusbranche an der Zusammenarbeit mit den Kirchen ist groß und bietet viele Chancen für die Kirchen, wie uns vor allem bei der Visitation des Kirchenbezirks Wertheim verdeutlicht wurde. Unsere Landeskirche ist reich an touristisch attraktiven Bezirken und längst nicht alle Möglichkeiten konstruktiver Zusammenarbeit mit der Tourismusbranche scheinen ausgelotet. So bietet die Kirchenraumpädagogik besondere Chancen, die Bilderwelt christlichen Glaubens kirchenfernen Menschen zu erschließen. Und wenn wir unsere Gotteshäuser zur Einkehr und Besichtigung offen halten, sind wir im wahren Sinne eine »offene Kirche«. [135]

Schließlich ist in diesem Zusammenhang die besondere Bedeutung des *Empfangs des Landesbischofs* während der Bezirksvisitation hervorzuheben. Dieser Empfang bietet eine besondere Gelegenheit, evangelische Kirche in der jeweiligen Region positiv im Licht der Öffentlichkeit darzustellen und damit eine Visitenkarte abzugeben. Aber nicht nur dies: Ein solcher Empfang ermöglicht es, kirchlich relevante Themen öffentlich zu kommunizieren, wie z. B. die Heiligung des Sonntags, die kirchlichen Leitsätze, das christliche Menschenbild in seiner gesellschaftspolitischen Relevanz, aber auch Aspekte des konziliaren Prozesses oder grundsätzliche Betrachtungen zum Verhältnis von staatlicher Gewalt und Kirche. Mich beeindruckt bei diesen Empfängen immer wieder die hohe Wertschätzung der Kirche vor Ort durch die Vertreterinnen und Vertreter der Öffentlichkeit. Und ich nehme wahr, dass es nach wie vor als etwas Besonderes erlebt wird, wenn der Landesbischof einlädt, sich selbst positioniert und wenn Gelegenheit zum persönlichen Gespräch und zum Gedankenaustausch gegeben wird. Insgesamt gesehen sage ich, dass wir für die guten Beziehungen zwischen Kommunen, politischen Mandatsträgerinnen und Mandatsträgern und unserer Kirche hier in Baden außerordentlich dankbar sein können.

Die hier aufgeführten Veranstaltungen der Bezirksvisitationen mit bewusster Außenorientierung haben darin ihren Wert, dass ein doppelter Bildungsprozess gelingen kann: Wir können als Kirche in die nichtkirchliche Öffentlichkeit hineinwirken und mit der Vermittlung unserer Werthaltungen öffentliche Meinung mitbilden, andererseits gewinnen wir aus den Begegnungen mit der »Welt« Eindrücke, die auch binnenkirchlich bildend wirken. So sind es gerade diese Außenkontakte, in denen sich Kirche als Sozialisationsgemeinschaft darstellt und erweist.

6.4.2   *Kirche als Handlungsgemeinschaft*
6.4.2.1 Durch Taten der Liebe überzeugen

Unsere Visitationsordnung erfasst die Kirche als Handlungsgemeinschaft, wenn sie in § 1,3 schreibt: *»Das Gebot der Liebe verpflichtet zum Zeugnis und Dienst in Kirche, Staat und Gesellschaft.«* In unseren Leitsätzen haben wir so

---

[135] Vgl. das in Erinnerung an Oberkirchenrat Prof. Dr. Michael Nüchtern vom Evangelischen Oberkirchenrat herausgegebene »Werkheft offene Kirche« (Tut mir auf die schöne Pforte), Karlsruhe 2010; vgl. ebenso: Hartmut Rupp, Handbuch der Kirchenpädagogik. Kirchenräume wahrnehmen, deuten und erschließen, Stuttgart 2005.

formuliert: *Unser Glaube hat Hand und Fuß. Nah und fern helfen wir Menschen in Not, auch durch unsere diakonische Arbeit (20).*

Weil die Kirche öffentlich ganz wesentlich als Handlungsgemeinschaft wahrgenommen wird, stehen diakonische Aktivitäten auch im Mittelpunkt vieler Visitationen. Die Besuche bei diakonischen Einrichtungen zeigen, welch einen großen Schatz die vielen – trotz aller Kürzungen, Einsparungen und strukturellen Veränderungen – hoch engagierten haupt- und ehrenamtlich Mitarbeitenden in den Diakonischen Werken darstellen. Die Besuche bei diakonischen Einrichtungen während der Visitationen in Pforzheim-Land, Schopfheim und Lörrach habe ich derzeit in besonders eindrücklicher Erinnerung.

Einige Problemstellungen, mit denen die Diakonischen Werke und Einrichtungen konfrontiert sind und die wir bei Visitationen wahrnehmen, möchte ich zumindest anreißen:

- Das Engagement für Flüchtlinge und Asylsuchende hat weiterhin eine besondere Priorität (Ladenburg-Weinheim), neue Herausforderungen im Arbeitsfeld »Asyl« werden deutlich wahrgenommen (Baden-Baden / Rastatt / Lörrach).
- Probleme, die vor einigen Jahren nur in Großstädten auftraten, haben nun auch den ländlichen Raum erreicht, beispielsweise die Frage der Integration von Aussiedlerkindern (Adelsheim-Boxberg).
- Die Auswirkungen der Empfehlungen der Hartz-Kommission auf die diakonische Arbeit bereiten große Sorgen und bedürfen intensiver fachlicher Begleitung.
- Das neue Kindergartengesetz führt an manchen Stellen zu schwierigen Konstellationen im Umgang zwischen Kirchengemeinden und Kommunen und zu problematischen Entscheidungen kirchengemeindlicher Gremien hinsichtlich einer vorschnellen Aufgabe der Kindergartenarbeit.
- An manchen Orten sind die Konsequenzen aus dem von der Synode verabschiedeten Diakoniegesetz noch nicht gezogen. Etwa in Karlsruhe müssen die Strukturen der diakonischen Arbeit dringend geklärt werden.

Insgesamt lässt sich feststellen, dass die Verbundenheit der Menschen zur evangelischen Kirche und ihrer Diakonie vor allem im ländlichen Bereich ungebrochen ist. Aber es muss sich noch stärker die Erkenntnis durchsetzen, die wir bei einer Visitation formuliert haben: »Diakonische Arbeit ist in der Großstadt nicht möglich ohne eine intensive Vernetzung sowohl mit den Pfarrgemeinden des Kirchenbezirks als auch mit anderen Trägern der Wohlfahrtspflege und mit den Sozialbehörden der Stadt« (Mannheim). Gerade die beiden Visitationen in Schopfheim und Lörrach riefen nachdrücklich die Aufgabe in Erinnerung, Projekte und Angebote der Diakonie wieder stärker in Gemeinden bewusst zu machen oder an Gemeinden anzubinden.

Kirche wird nur dann als überzeugende christliche Handlungsgemeinschaft wahrgenommen, wenn es gelingt, die Einheit von verkündigender und diakonischer Kirche stärker in das Bewusstsein der Gemeinden, aber auch der diakonischen Einrichtungen zu bringen. Handelnder Glaube und glaubendes Handeln sind in ihrem Aufeinandergewiesensein Kennzeichen einer Kirche, deren Glaube Hand und Fuß hat.

6.4.2.2 Miteinander handeln

Kirche kann als Handlungsgemeinschaft nur in Erscheinung treten durch die in ihr handelnden Personen. *Zum Profil unserer Kirche gehören die vielen verantwortlich handelnden ehrenamtlichen Mitarbeiterinnen und Mitarbeiter (17).*

Bei den meisten Visitationen erleben wir eine hochmotivierte Mitarbeiterschaft aus Haupt- und Ehrenamtlichen. Die Klage über mangelnde Solidarität unter Kolleginnen und Kollegen bildet eine seltene Ausnahme. Meist entdecken wir eine bestaunenswerte Einsatzbereitschaft, für die ich an dieser Stelle ausdrücklich und herzlich danken möchte. Manche Bezirke erwägen als Konsequenz aus der Visitation spezielle Fördermaßnahmen für Ehrenamtliche oder planen einen Tag des Ehrenamtes (Mosbach). Dankbar können wir sagen: Das lebendige Miteinander von Ehrenamtlichen und Hauptamtlichen schärft das Profil vieler Bezirke und ihrer Gemeinden. Dies gilt besonders für den Predigtdienst, den zu einem beachtlichen Teil Prädikantinnen und Prädikanten in kompetenter Weise wahrnehmen. Oft ist ihr ehrenamtlicher Dienst ein besonderer Schwerpunkt der Visitation.

Hinsichtlich der Ausgestaltung der Kirche als einer Handlungsgemeinschaft kommt der Vernetzung zwischen Ehren- und Hauptamtlichen und der Entwicklung eines bezirklichen »Wir-Gefühls« eine besondere Bedeutung zu. Diesen Zielen dienen – neben dem schon von mir Erwähnten – insbesondere folgende Maßnahmen, die immer wieder in Stellungnahmen festgehalten werden:

- Gemeinsame bezirkliche Projekte
- Kirchenmusikalische Veranstaltungen auf Bezirksebene
- Mitarbeiterfeste, die – oft als Highlights einer Visitation! – ungeahnte Potenziale in der Mitarbeiterschaft freilegen
- Inhaltliche Schwerpunktsetzungen innerhalb eines Kirchenbezirks für verabredete Zeiträume

– Arbeit in Dienstgruppen und Regionen
– Entwicklung bezirklicher Leitbilder unter Verwendung der landeskirchlichen Leitsätze.

An der Art und Weise, wie wir in unserer kirchlichen Dienstgemeinschaft das
Miteinander von Haupt- und Ehrenamtlichen ebenso wie das Miteinander
von Männern und Frauen in guter Weise austarieren, wird man die Kirche als
eine Handlungsgemeinschaft wahrnehmen, deren Handeln zurückverweist
auf den Glauben, der diese Gemeinschaft trägt.

6.5 Schluss

»Wo willst du hin?« – So habe ich eingangs gefragt. Wo wir als Kirche hin
wollen und wie wir unseren Auftrag konkret erfüllen können, das zeigen insbesondere die Zielvereinbarungen der Visitationen. Dabei reden wir jedoch nie
von letzten Zielen. Der Begriff »Ziel« ist im Neuen Testament eschatologisch
gebraucht und meint das Ziel der Geschichte Gottes mit den Menschen, die
Gemeinschaft im Reich Gottes. Auf dem Weg zu diesem letzten Ziel werden
unsere (menschlichen) Zielvereinbarungen immer wieder relativiert. Das ist
gut so, denn *Wir wollen (und können) nicht alles machen, was machbar ist (34).*
Wir dürfen mit Gottes Handeln rechnen und können mit dieser Perspektive
unsere Ziele gelassen und getrost formulieren, verfolgen und verwerfen in der
Hoffnung, dass Gott uns zum Ziel führen wird.

7 Wenn dein Kind dich morgen fragt (5. Mose 6,20) – Zur Bedeutung der Familie für die Zukunft von Kirche und Gesellschaft [136] (2005)

Mit meinem diesjährigen Bericht zur Lage führe ich eine noch junge Tradition fort, die ich im Jahr 2000 begründet habe und die sich für das Leben unserer Landeskirche als ebenso fruchtbar erwiesen hat wie für das Miteinander der Gliedkirchen der EKD. Ich möchte nämlich mit meinem Bericht die Thematik aufnehmen, die durch die letztjährige EKD-Synode in Magdeburg angestoßen wurde. Die Broschüre mit dem Kundgebungstext unter dem Titel »Keiner lebt für sich allein – Vom Miteinander der Generationen« geht Ihnen zu.[137] Über die Bedeutung der Familie für unser kirchliches und gesellschaftliches Leben will ich heute zu Ihnen sprechen. Mit dieser Schwerpunktsetzung greife ich zugleich das Thema des diesjährigen Deutschen Evangelischen Kirchentags in Hannover auf »Wenn dein Kind dich morgen fragt ...«. Außerdem nehme ich die diesjährige Woche für das Leben vom 9. bis 16. April in den Blick, die – ebenso wie die in den nächsten beiden Jahren – unter dem Leitthema »Kindersegen, Hoffnung für das Leben« steht. Wenn Sie sich zudem vergegenwärtigen, wie viele Veranstaltungen unterschiedlichster gesellschaftlicher Gruppierungen sich dem Thema »Familie« widmen, dann wird Ihnen die Einordnung meines Beitrags in die aktuelle kirchliche und gesellschaftliche Debatte deutlich. Kaum ein Thema hat derzeit größere Konjunktur, keines aber hat auch größere Bedeutung für die Zukunft von Kirche und Gesellschaft in unserem Land.

Bei meinem Bericht zur Lage geht es mir darum, im Dschungel des zu diesem Thema Debattierten einige Schneisen zu entdecken, durch deren Betreten sich spezifisch kirchliche Fragestellungen und Handlungsheraus-

---

[136] Frühjahrstagung der Landessynode der Evangelischen Landeskirche in Baden, Bad Herrenalb, 21. April 2005.
[137] Vgl. 3. Tagung der 10. Synode der EKD in Magdeburg, 7. bis 12. Nov. 2004: »Keiner lebt für sich allein – Vom Miteinander der Generationen«; vgl. epd Dokumentation 49/2004.

forderungen ergeben. Deshalb werde ich meinen Bericht in drei Abschnitte gliedern: Zunächst rede ich (1) über das spezifisch kirchliche Interesse an der Familie, frage dann (2) nach den Gründen für die »Kindvergessenheit« unserer Gesellschaft, um schließlich (3) die Herausforderungen für Kirche und Gesellschaft zu benennen.

7.1 DAS KIND IN DER MITTE – ZUR BEDEUTUNG DER FAMILIE IN BIBEL UND KIRCHE

7.1.1 Glaubensvermittlung

»Wenn dich nun dein Kind morgen fragen wird: Was sind das für Vermahnungen, Gebote und Rechte, die euch der Herr, unser Gott geboten hat?, so sollst du deinem Kind sagen: Wir waren Knechte des Pharao in Ägypten, und der Herr führte uns aus Ägypten mit mächtiger Hand« (5. Mose 6,20f). Diese Worte gehören zu den Zentraltexten des Alten Testaments, nicht nur deshalb, weil in ihnen das Urbekenntnis des Volkes Israel in prägnanter Weise formuliert ist, sondern auch, weil in ihnen eine Grundstruktur der Glaubensvermittlung festgehalten ist, die für das Volk Israel wie für die Kirche von Anbeginn an von zentraler Bedeutung war und bis heute ist. Glaube wird vermittelt durch das Gespräch der Generationen miteinander, genauer: durch das Fragen der Kinder und das Antworten der Eltern und Großeltern. »Wenn dein Kind dich morgen fragt ...« Mit der Neugier des Kindes beginnt das Erzählen vom Glauben. Aus den Fragen der Kinder entwickelt sich Glaubensvermittlung, entwickelt sich kirchliche Lehre. Alle gute Religionspädagogik und Theologie setzt bei den Fragen der Kinder an!

Vornehmste Aufgabe der Eltern ist nach der Bibel die Glaubensvermittlung. Sie geschieht durch Weitergabe der Erzählungen von Gottes Geschichte mit seinem Volk, durch Weitergabe der Gebote und der religiösen Traditionen und durch Einweisung in den Gottesdienst. So wächst eine generationenübergreifende Gedächtnis- und Glaubenskultur in der »Sozialisationsgemeinschaft« Familie. *»Nehmt zu Herzen alle Worte, die ich euch heute bezeuge, dass ihr euren Kindern befehlt, alle Worte dieses Gesetzes zu halten und zu tun ... Durch dieses Wort werdet ihr lange leben in dem Land, in das ihr zieht über den Jordan, um es einzunehmen«* (5. Mose 32,46). Diese Worte des sterbenden Mose vor dem Einzug in das Gelobte Land sprechen in großer Grundsätzlichkeit aus, worum es in der Glaubensvermittlung geht: Die Weitergabe des in Gottes Worten und Geboten begründeten Glaubens sichert nichts weniger als das lange Leben der kommenden Generationen. In diesem biblischen Grundverständnis des Miteinanders der Generationen steckt viel Weisheit. Erkennen wir etwa, wie wichtig die Einübung in die »zehn großen Freiheiten Gottes«[138] zu einem gelingenden Leben ist und wie im Dekalog die Wurzeln liegen für das, was wir heute Menschenrechte nennen, dann kann die Weitergabe der Tora für die Zukunftssicherung der Menschheit und für eine nachhaltige Entwicklung der Humanität nicht gleichgültig sein.

Weitergabe des Glaubens und der durch ihn vermittelten Werte kann nur gelingen, wenn die Erwachsenen es wagen, mit ihrer Lebensgeschichte für das einzustehen, was sie glauben. Wenn sie zu Zeuginnen und Zeugen werden, die den Glauben nicht nur vom Hörensagen kennen, sondern nach bestem Wissen und Gewissen Antworten wagen, die von den Kindern als »interessant« erfahren, aber auch »in Frage« gestellt werden dürfen. Und wenn sie diese Fragen als Chance begreifen, im eigenen Glauben und theologischen Nachdenken weiterzukommen! Solche Erwachsenen braucht es nicht nur in der Familie, sondern auch im Religionsunterricht, in den Kindergärten und in der Gemeinde. Was aber, wenn es keine Kinder mehr gibt, die Fragen stellen? Was aber, wenn Mütter, Väter und sogar schon die Großeltern nicht mehr in der Lage sind, die Fragen der Kinder nach dem Glauben zu beantworten? Was aber, wenn es kein familiäres Leben mehr gibt, in dem Kinder den Glauben kennenlernen und in dem miteinander tastend nach Antworten gesucht wird? Dann hat auch unsere Kirche es schwer mit der Glaubensvermittlung.

7.1.2   Generationenvertrag

Ebenso grundlegend wie die Glaubensvermittlung ist für die Bibel und für eine sich auf die Bibel gründende Kirche der Generationenvertrag, ohne dessen Einhaltung Leben nicht gelingen kann. Bekanntester Ausdruck dieses Generationenvertrags ist das 3. bzw. 4. Gebot des Dekalogs: *»Du sollst deinen Vater und deine Mutter ehren, ... auf dass du lange lebest und dir's wohl gehe in dem Lande, das dir der Herr, dein Gott geben wird«* (5. Mose 5,16; vgl. 2. Mose 20,12). Zunächst eine Feststellung: Dieses Gebot richtet sich nicht an kleine oder heranwachsende Kinder, und es wird gründlich missverstanden, wenn es zur Disziplinierung von Kindern im Verhältnis zu ihren Eltern missbraucht wird. Dieses Gebot richtete sich damals an den erwachsen gewordenen Mann, das Oberhaupt der Familie, im Verhältnis zu den alt gewordenen Eltern. Die Pointe dieses Gebots ist die Sicherung des Lebens der alt gewordenen Eltern, ihr Altern in Würde. Den Hintergrund bildet eine doppelte Erkenntnis: Wer im Alter von den eigenen Kindern gut behandelt sein will, muss zum einen die eigenen Eltern mit Respekt behandeln und dadurch den Kindern ein Vorbild sein; zum

---

[138]   Ernst Lange, Die zehn großen Freiheiten, Gelnhausen, Berlin 1958.

andern muss er oder sie auch die eigenen Kinder als eigenständige Menschen achten und ihnen Gaben zukommen lassen, die ihnen ihre Zukunft sichern.

Der Generationenvertrag ist so alt wie die Menschheit selbst. Erwachsene haben ihr Wissen, ihre Erfahrung und ihren Glauben an Kinder weitergegeben. Kinder haben darauf aufgebaut und sind über die Erfahrungen der Eltern hinausgewachsen, wobei sie auch eigene Fehler gemacht und eigene Schuld auf sich geladen haben. Die Bibel sieht die Entwicklung der Generationen nicht nur optimistisch im Sinne einer stetig aufwärtssteigenden Linie. Sie kann andererseits das gelingende Miteinander der Generationen geradezu als ein Hoffnungsbild entfalten, durch das einer Gesellschaft Zukunft eröffnet wird. Im Buch Sacharja heißt es: *»Es sollen hinfort wieder sitzen auf den Plätzen Jerusalems alte Männer und Frauen, jeder mit seinem Stock in der Hand vor hohem Alter, und die Plätze der Stadt sollen voll sein von Knaben und Mädchen, die dort spielen«* (Sach 8,4f). Wo und wie erfahren heute Menschen bei uns das Miteinander der Generationen? Wird durch die gravierenden demographischen Veränderungen der Generationenvertrag aufgehoben oder beschädigt? Wie können wir bewusst machen, dass wir den Menschen, die vor uns waren, viel verdanken – neben allem, was wir ihnen auch vorwerfen mögen – und dass wir für die, die nach uns kommen, eine hohe Mitverantwortung tragen? Wie können wir den Generationenvertrag erfüllen, wenn immer mehr Menschen sich dafür entscheiden, selbst nicht mehr Vater oder Mutter zu werden? Vater und Mutter ehren – dazu gehört im Sinn des biblischen Gebotes eben auch, wo es möglich ist, selbst Vater und Mutter zu sein. Geht mit der Beschädigung des Generationenvertrags nicht notgedrungen auch ein Stück humaner Sozialkultur verloren?

7.1.3   Generationengerechtigkeit – Familiengerechtigkeit

Kinderreichtum war zu biblischer Zeit ein Mittel persönlicher Zukunftssicherung. Lange haben wir gemeint, dass die Frage der Zukunftssicherung durch Kinder in unserer zivilisierten Welt überholt sei. Nun holt uns die Wirklichkeit ein, denn der Mangel an Kindern gefährdet heute die sozialen Sicherungssysteme. Mehr noch: Wir erkennen, dass sich mit der Zunahme von Kinderlosigkeit in unserer Gesellschaft das Klima verändert und sich Fragen der Generationengerechtigkeit neu stellen.Der Ratsvorsitzende der EKD Bischof Huber hat in seiner bedeutsamen Rede vom 30. September 2004 in Berlin zu Recht darauf hingewiesen, dass soziale Gerechtigkeit wesentlich auch Generationengerechtigkeit ist.[139] Wir verhalten uns gegenüber den kommenden Generationen dann

---

[139]   In seiner Sozialrede »Reform ist um der Menschen willen da« forderte der EKD-Rats-

am fairsten, wenn wir heute möglichst wenig Ungerechtigkeiten schaffen, die wir der nächsten Generation weitergeben. Heutige Weichenstellungen dürfen für künftige Generationen nicht zu unvertretbaren Belastungen führen. Aber der Begriff der Generationengerechtigkeit beinhaltet auch Verpflichtungen gegenüber den heute Lebenden. Wie wir es damit halten, zeigt sich insbesondere daran, ob und wie wir der Familiengerechtigkeit Raum geben.

Darum müssen wir als Kirche jeder gesellschaftlichen Benachteiligung von Familien entgegenwirken und uns dafür einsetzen, dass Kinder nicht vorrangig als »Armutsrisiko« angesehen werden – sondern als Gewinn! Wir haben daran zu erinnern, dass Kinder zu biblischer Zeit als Zeichen des Segens Gottes verstanden wurden. Und in der Tat ist diese Rede vom »Kindersegen« keinesfalls antiquiert, wenngleich der Umkehrschluss nicht zu verantworten ist, dass Kinderlose nicht gesegnet seien. Welchen *Segen* Kinder jedoch für das eigene Zusammenleben bedeuten, wie viel Farbe sie ins Leben bringen können, das erfahren Eltern und Familien in reichem Maße. Welch einen Segen stellt das Einüben von Toleranz und Gemeinsinn, von Rücksichtnahme und Solidarität, von Verlässlichkeit und Verantwortungsbereitschaft in der Familie dar! Wie segensreich ist es, wenn Kinder in einer Familie eigenes Selbstwertgefühl entwickeln und mit ihrer Phantasie den Erwachsenen Zukunftshoffnung vermitteln können! Welchen Segen stellt die in der Kindererziehung erworbene soziale Kompetenz dar! Wie segensreich für die Entwicklung junger Menschen ist es, wenn sie in einer Familie Verlässlichkeit und Treue im Miteinander erleben! Wenn sie erfahren, was es heißt, in guten wie in schweren Tagen füreinander Verantwortung zu tragen, und die Fähigkeit erlernen, an Konflikten zu arbeiten, Kompromisse einzugehen und Gegensätze zu ertragen! Wie segensreich wirken Kinder mit ihrer Neugier, Lern- und Leistungsbereitschaft, mit ihrer Lebensfreude, Offenheit und Energie, auch wenn diese uns Erwachsene zugegebenermaßen an unsere Grenzen bringen kann! Deshalb stellt Jesus das Kind in die Mitte (Mt 18,2f) und fordert die Erwachsenen auf, das Himmelreich Gottes anzunehmen wie ein Kind. Was geht uns verloren, wenn wir die segensreiche Perspektive der Kinder nicht mehr täglich vor Augen gestellt und in unsere Herzen eingeprägt bekommen? Bedeutet die Kinderlosigkeit einer Gesellschaft nicht auch den Verlust einer wichtigen Glaubensdimension, das Verlernen einer Gottesbeziehung, die im Vaterunser und im vertrauen-

---

vorsitzende Wolfgang Huber in der Berliner Friedrichstadtkirche einen regelmäßigen Armuts- und Reichtumsbericht, eine gerechte Steuerreform sowie den Verzicht auf Gebühren für Kindertagesstätten. – In: epd Dokumentation 42/2004.

den Abba-Ruf (vgl. Röm 8,15; Gal 4,6) – der Anrede Gottes als »Papa« – ihren Ausdruck findet?

7.1.4 Wertschätzung statt Absolutsetzung

Jeder Absolutsetzung der persönlichen Familie aber hat die Kirche entgegenzutreten. Schon Jesus hat in seinem Ruf in die Nachfolge und in seinem Wort über seine wahren Verwandten eine Relativierung der Familie vorgenommen (Mk 3,31–35). Familiäre Bande sind nicht das Grundlegende, was Kirche konstituiert. Kirche ist vielmehr eine generationsübergreifende Gemeinschaft und Institution, die Menschen aus ihrer Vereinzelung und Selbstbezogenheit lösen und sie zu einer Hoffnungs- und Weggemeinschaft unter den Verheißungen Gottes zusammenführen will. In diesem großen Kontext der Kirche als einer weltumfassenden familia dei erfährt die Familie ihre Relativierung, aber auch ihre Verortung. Die Familie ist keine heile Welt, das wissen wir nicht erst seit Sigmund Freud, davon weiß auch die Bibel zu erzählen.

Nicht um Absolutsetzung, wohl aber um Wertschätzung von Ehe und Familie und ihrer Funktion muss es uns als Kirche gehen. Die Familie ist um des Menschen willen da und nicht der Mensch um der Familie willen. Unsere Aufgabe als Kirche ist es, Menschen frühzeitig zu Verlässlichkeit und Übernahme lebenslanger Verantwortung unter dem Schutz der Institution Familie zu befähigen und zu ermutigen. Wir müssen Eltern darin bestärken, in ihren biographischen Planungen auf das Aufwachsen von Kindern Rücksicht und sich dafür Zeit zu nehmen. Auch wenn es in unserer Lebenswirklichkeit verschiedene Formen des Zusammenlebens von Frau und Mann gibt, so bietet doch aus evangelischer Sicht die auf Dauer angelegte Gemeinschaft in einer Ehe und die Institution der Familie einen besonderen Raum der Verlässlichkeit, der es Kindern erleichtert, in Geborgenheit und Freiheit aufzuwachsen. Wegen ihrer Lebensdienlichkeit verdient deshalb die Institution der Familie als Leitbild unsere besondere Wertschätzung und Förderung. Weitergehende biblische oder gar schöpfungstheologische Begründungen möchte ich allerdings nicht bemühen, da Ehe und Familie in biblischer Zeit mit der heutigen Ehe und Familie überhaupt nicht zu vergleichen sind. Was in biblischer Zeit Ehe und Familie meinte, ist von unserem Eheverständnis mindestens so weit entfernt wie alternative eheähnliche Lebensformen von der Ehe. Mit einer biblischen Begründung der bürgerlichen Ehe der Neuzeit sollten wir mehr als vorsichtig sein. Umso mehr haben wir die Lebensdienlichkeit als das entscheidende sozialethische Kriterium für das Zusammenleben der Geschlechter herauszustellen. Und diesem Kriterium entspricht eben am ehesten die Ehe, die sich zur Familie weitet.

Das heißt nicht, dass wir als Kirche andere Lebensentwürfe herabsetzen und Abweichungen von diesem Leitbild diskriminieren. Es mag gute Gründe geben, andere Lebensentwürfe zu wählen oder zu ihnen genötigt zu werden. Menschen, die sich für einen anderen Lebensentwurf entschieden haben, haben wir zu respektieren. Insbesondere verdienen Alleinerziehende, besonders jene, die von ihrem Partner oder von ihrer Partnerin verlassen wurden, unsere Wertschätzung und Anerkennung. Sie leisten wirklich Außerordentliches. Gemäß der reformatorischen Unterscheidung von Person und Werk hat jeder Mensch dieselbe Würde, unabhängig von der Frage, welchen Lebensentwurf er oder sie lebt. Deshalb dürfen wir hinsichtlich unserer Wertschätzung zwischen Alleinlebenden, Menschen in gleichgeschlechtlichen Partnerschaften, zölibatär in Kommunitäten lebenden, kinderlosen Eheleuten, verheirateten, unverheirateten und geschiedenen Eltern keine Unterschiede machen. Dennoch kann dies nicht dazu führen, alle Lebensentwürfe als gleichermaßen gut geeignet für die Entfaltungsmöglichkeiten von Kindern zu bezeichnen. Einerlei ob wir an die Ehe ohne Trauschein, die Ein-Eltern-Familie, an die Patchwork-Familie oder an andere eheähnliche Formen der Lebensgestaltung denken, so gibt es für mich hier ein eindeutiges Prae der verbindlichen Ehegemeinschaft, also der monogam-heterosexuellen Ehe. Auch wenn nicht zu verkennen ist, dass viele Ehen scheitern und misslingen, halte ich es dennoch für richtig, weiterhin vom Leitbild der Ehe und der Familie zu sprechen.

7.2   DIE »KINDVERGESSENHEIT« – GRÜNDE FÜR EIN GESELLSCHAFTLICHES PHÄNOMEN

Nachdem ich das spezifisch kirchliche Interesse an der Familie dargestellt habe, will ich uns nun mit einigen Fakten unserer gesellschaftlichen Wirklichkeit vertraut machen, die mit dem Begriff »Kindvergessenheit« umschrieben werden kann. In welchem Maße sich diesbezüglich unsere Situation signifikant von der anderer Länder unterscheidet, verdeutliche ich einleitend an Hand einer Episode. Die Sozialministerin Niedersachsens, Dr. Ursula von der Leyen, ist Mutter von sieben Kindern. Als sie in den USA eine Mall betrat um einzukaufen, sagte eine Verkäuferin mit Blick auf ihre sieben Kinder zu ihr: »You are blessed – Sie sind gesegnet«. Als sie in Deutschland einen Supermarkt aufsuchte, wurde sie von der Verkäuferin unfreundlich angesprochen: »Passen Sie auf, dass Ihre Kinder nichts kaputt machen!«

In solcher Reaktion findet die »Kindvergessenheit« unserer Gesellschaft ihren Ausdruck. Kinder geraten in unserem Land immer mehr aus dem Blick. Weite Teile der Bevölkerung leben in einer kinderfreien Gesellschaft. Der Anteil der Bevölkerung ohne regelmäßige Kontakte zu Kindern wächst: 27% haben höchsten drei bis viermal jährlich Kontakt mit Kindern. Von allen EU-Ländern hat Deutschland die niedrigste Geburtenrate. Unter den 191 Staaten der Welt steht Deutschland mit 1,3 Kindern pro Frau bei der Geburtenrate auf Position 181, nach anderen Angaben sogar an fünftletzter Stelle. Etwa ein Drittel aller 1965 geborenen Frauen werden wahrscheinlich dauerhaft kinderlos bleiben. Die amtlichen Statistiken zeigen dabei einen engen Zusammenhang zwischen dem Bildungsniveau der Frau und ihrer Kinderzahl: 40% der 35- bis 39-jährigen westdeutschen Frauen mit Hochschulabschluss haben keine Kinder gegenüber 21% der Frauen mit Hauptschulabschluss. Die »Kinderlosigkeit« von Männern ist leider ein noch weitgehend unerforschtes Gebiet.

Was auf den ersten Blick so eindeutig scheint, zeigt sich bei näherem Hinschauen als höchst komplex: denn keine andere soziale Institution hat in den letzten zwanzig Jahren einen solch hohen Zustimmungszuwachs erhalten wie die Familie. Alle Umfragen zur Lebenseinstellung junger Menschen zeigen, dass bei ihnen Lebenspartnerschaft und Kinder hoch im Kurs stehen. Sehr viele wollen selbst eine Familie gründen. Die Wunschkinderzahl liegt derzeit im Durchschnitt bei zwei Kindern. In Westdeutschland wünschte sich fast ein Drittel der Paare sogar mehr als zwei Kinder. Die gesellschaftliche Leitvorstellung orientiert sich also an der Zwei-Kind-Familie (57%), aber de facto ist die Kinderlosigkeit groß, und 36% der 18- bis 44-jährigen Eltern haben nur ein Kind.

Zu dieser hohen Wertschätzung der Familie in starker Spannung steht die Tatsache, dass die Scheidungs- und Trennungszahlen steigen. Heute endet mehr als jede dritte Ehe mit einer Scheidung. Schätzungsweise sind 12 bis 15% der Kinder aus ehelichen Gemeinschaften von der Scheidung ihrer Eltern betroffen. Entgegen der öffentlichen Diskussion, die oft einseitig auf die Ein-Eltern- und die Patchwork-Familien fixiert ist, ist festzuhalten, dass etwa 80% der Kinder in Deutschland mit beiden leiblichen Eltern aufwachsen.

Neue Begriffe werden kreiert, um neue Familienphänomene zu beschreiben. So sprechen manche von »Bohnenstangen«-Familien, das sind Familien, die drei bis fünf gleichzeitig lebende Generationen umfassen, die jeweils nur zwei oder drei Mitglieder haben. Soziologen sprechen von der multilokalen Mehrgenerationenfamilie, die hohe Solidaritätsleistungen erbringt und in welcher der Generationenzusammenhalt heute größer und die Generationenkonflikte – als Folge der lokalen Entzerrung – seltener geworden sind denn je.

Die hier angedeuteten Phänomene sind mehrdeutig und in ihren Ursachen nur schwer zu erfassen. Sehr hilfreich war mir eine Umfrage des

Allensbacher Instituts vom November 2003, in der Einflussfaktoren auf die Geburtenrate ermittelt wurden. In 1257 Interviews mit einem repräsentativen Querschnitt der 18- bis 44-jährigen Bevölkerung in der Bundesrepublik sollte geklärt werden, welche Faktoren bei der Entscheidung für oder gegen Kinder eine Rolle spielen. Untersucht wurden vor allem die Motive für die Entscheidung gegen (weitere) Kinder. Hierbei zeigte sich, dass das von vielen subjektiv als geeignet empfundene Zeitfenster für die Geburt eines Kindes nur fünf bis acht Jahre ausmacht, das entspricht dem Lebensalter von 25 bis 33 Jahren. Dies ist besonders bedeutsam angesichts der langen Ausbildungszeiten in Deutschland und des gesellschaftlich bevorzugten sogenannten Drei-Phasen-Modells »Ausbildung – Beruf – Familienphase«.

Als ein wichtiges Motivbündel bei der Entscheidung gegen Kinder kristallisieren sich Konflikte mit persönlichen Interessen heraus (Bedürfnis nach Freiräumen, Unabhängigkeit, Pflege von Freundschaften, Konflikt mit der beruflichen Situation), wobei ein Trend zu einer egozentrischen Lebensausrichtung deutlich ist. Eltern wie Kinderlose führen als eines der Hauptargumente gegen (weitere) Kinder die zu erwartenden finanziellen Belastungen an (47%). Insgesamt aber ist die Korrelation zwischen der wirtschaftlichen Lage und der Neigung zum Kinderwunsch eher schwach ausgeprägt, und dies obwohl die finanzielle Lage junger Familien deutlich schlechter ist als die kinderloser Ehepaare. Die große Mehrheit der Eltern (68% der Männer, 56% der Frauen) empfindet die Betreuungsinfrastruktur als ausreichend, zumal ein privates Betreuungsnetz in der Regel existiert (78% haben Eltern, Schwiegereltern, Verwandte in der Nähe). Betreuungsmöglichkeiten spielen bei der Entscheidung über (weitere) Kinder nicht die entscheidende Rolle.

Einen wichtigen Faktor bei der Realisierung eines Kinderwunsches stellt jedoch die Stabilität einer Partnerschaft dar. Wie eine andere Untersuchung kürzlich aussagte, verzichten viele junge Menschen auf die Realisierung ihres Kinderwunsches, weil sie nicht den richtigen Partner, die richtige Partnerin gefunden haben. Interessant ist dabei der Zusammenhang zwischen der Kinderzahl und dem Glauben an die Stabilität der Beziehung: Je höher die Kinderzahl ist, für desto stabiler halten Eltern ihre Ehe. Es spricht vieles dafür, dass dies tatsächlich oft so ist.

Ich breche ab. Fakten liegen ausreichend auf dem Tisch. Welche Deutung lassen sie zu? Die »Kindvergessenheit« unserer Gesellschaft ist nicht vorrangig ein ökonomisches Problem. Und es ist zutiefst unbefriedigend, wenn der Rückgang der Geburtenzahlen vor allem als eine Frage der Zukunft unserer sozialen Sicherungssysteme diskutiert wird. Darum möchte ich eigens drei Problemkreise auf ganz unterschiedlichen Ebenen benennen:

7.2.1 Familie und Beruf

In unserem Land sind für die Vereinbarkeit von Familien- und Berufsarbeit oder für den verlässlichen Wechsel zwischen beiden völlig unzureichende Vorkehrungen getroffen. Dabei möchten junge Menschen sowohl eine eigene Familie haben als auch eine Erwerbstätigkeit ausüben. Sie fühlen sich jedoch durch die Dreifachbelastung von Ausbildung, Beruf und Familie überfordert. Sie erleben einen »Lebensstau«, dem sie sich nicht gewachsen fühlen. Die Verschiebung des Kinderwunsches ist eine verbreitete Reaktion. So wird die Verträglichkeit von Familie und Beruf zum Privatproblem erklärt. Die moralische Fragwürdigkeit einer Gesellschaft, die es jungen, gut ausgebildeten Frauen und Männern nahelegt, ihre bestehenden Kinderwünsche zu verschieben oder aufzugeben, wird kaum thematisiert. Und die von vielen jungen Menschen gewünschte Balance zwischen Familie und Erwerbstätigkeit wird hauptsächlich auf dem Rücken der Mütter ausgetragen.

Bis in die 70er Jahre hinein galt die Müttererwerbstätigkeit als »Störung« des Familienlebens. Heute haben wir eine paradoxe Situation: Die vehement verteidigte Familienverfassung hat den Beteiligten in Deutschland nicht ermöglicht, für Nachwuchs zu sorgen, im Gegenteil: Bei hoher Familienorientierung haben wir im internationalen Vergleich gleichzeitig eine besonders geringe Geburtenrate und eine auffallend geringe Berufsorientierung der Frauen. Dagegen haben Länder mit den höchsten Erwerbsquoten von Frauen (Dänemark, Schweden, Frankreich) gleichzeitig hohe Geburtenraten. Voll berufstätige Mütter werden in Westdeutschland insgeheim immer noch als »Rabenmütter« angesehen. Auf diesem Hintergrund muss es nicht wundern, dass nach der Allensbach-Umfrage nur 8% der Befragten dafür plädieren, dass eine junge Mutter in vollem Umfang berufstätig bleibt. In Ostdeutschland dagegen haben sozialpolitische Rahmenbedingungen kulturelle Selbstverständlichkeiten geschaffen, wonach sich mütterliche Fürsorge und Erwerbstätigkeit keineswegs ausschließen.

Deshalb auch ein Blick auf die Väter: Immer mehr junge Menschen streben eine Rollenverteilung in Familie und Partnerschaft an, die von Gleichberechtigung und fairer Teilung der Aufgaben bestimmt ist. Geschlechtsspezifische Einstellungen zur familialen Arbeitsteilung haben sich relativiert. In der Realität des Zusammenlebens setzt sich dann allerdings häufig eine eher herkömmliche Aufgabenverteilung durch. Sind etliche Väter zunächst bereit, mit der Übernahme der Vaterrolle auch Veränderungen im beruflichen Engagement auf sich zu nehmen (61% der sogenannten neuen oder modernen Männer würden gern ihre Berufstätigkeit unterbrechen und in Elternzeit gehen), so ist schon nach kurzer Elternzeit eine auffällige Rückkehr zur traditionellen Rollenverteilung festzustellen (derzeit nehmen nur 5% der Väter die Elternzeit wahr, zu 98% wird sie von Frauen in Anspruch genommen). Männer, die Väter werden, steigern ihren Zeitaufwand für die Hausarbeit, solange die Kinder unter drei Jahre alt sind; wenn die Kinder älter werden, geht das Engagement bei der Kinderbetreuung und Hausarbeit wieder zurück. Viele Mütter geben ihre Erwerbstätigkeit auf oder unterbrechen sie, sie werden mehr oder weniger allein zuständig für die Alltagsorganisation und Hausarbeit, während sich die Väter mit der alleinigen Zuständigkeit für die materielle Versorgung der Familie als »Familienernährer« konfrontiert sehen. 84% der erwerbsfähigen Väter sind vollzeitbeschäftigt, 3% Teilzeit, 13% nicht erwerbstätig. Demgegenüber arbeiten nur 27% der erwerbsfähigen Mütter Vollzeit, 37% Teilzeit und 36% sind nicht erwerbstätig. Die Väter übernehmen nur sehr wenig an Betreuungsaufgaben, und zwar unabhängig davon, ob die Mutter ebenfalls erwerbstätig ist oder nicht. Solange sich das Problem der Vereinbarkeit von Familie und Beruf nur für die Mütter stellt, wäre es angemessener, von »Rabenvätern« zu sprechen. Allerdings wird es Vätern seitens vieler Arbeitgeber immer noch schwer gemacht, Elternzeit zu nehmen. Darüber hinaus sind die Väter oft die Besserverdienenden. Beide Tatsachen stellen neue Anfragen an unsere wirtschaftlichen und politischen Strukturen, aber auch an die traditionell gesellschaftlichen Voraussetzungen, unter denen Männer und Frauen auch heute noch leben.

7.2.2 Veränderte Elternrollen

Die Pluralisierung von Lebensstilen und Individualisierungstendenzen hat zu Einstellungen geführt, die für das Eingehen von Bindungen subjektiv hinderlich sein können. Zudem erschweren und gefährden die in Wirtschaft und Gesellschaft verbreiteten Mobilitätsforderungen dauerhafte Bindungen. Lassen sich Männer und Frauen aber auf eine dauerhafte Bindung und auf das Experiment Familie ein, so erleben sie, dass sich die Elternrolle heute schwieriger und anspruchsvoller darstellt als in der Vergangenheit. Alte Selbstverständlichkeiten und Rollenzuweisungen bröckeln oder verschwinden. Einerseits werden Kinder übermäßig umsorgt, andererseits fühlen sich Eltern überfordert. Von der Schwangerschaft an sind Eltern einem Hochleistungsprogramm unterworfen: Sie sind nicht nur für die Schwangerschaft verantwortlich, sondern auch für die Gesundheit der werdenden Kinder (Pränataldiagnostik). Immer stärker wird die Schwangerschaft als ein Risiko-Unternehmen angesehen. Schon gleich nach der Geburt müssen Eltern nach der »je-früher-desto-besser-Psychologie« ein beispielloses Anforderungsprogramm erfüllen mit dem Ziel, das Wohlergehen und Glück der Kinder mit allen zur Verfügung stehenden Mitteln zu fördern.

Infolge der Pluralisierungs- und Individualisierungsprozesse hat das familiäre Leben grundlegende Veränderungen erfahren. Verbindliche Werte und Normen sind nicht mehr einfach vorgegeben. Sie müssen mit emanzipierten Kindern jeweils neu verhandelt werden, weshalb heute auch von der »Verhandlungsfamilie« gesprochen wird. Ferner hat sich das Erziehungsgeschehen durch die zunehmende Verhäuslichung des kindlichen Freizeitverhaltens und die Verinselung des Familienlebens kompliziert. So ist es mehr als nur ein Werbegag, wenn Mütter sich als »Leiterin eines mittelgroßen Familienunternehmens« bezeichnen. Und es ist durchaus verständlich, wenn inzwischen Zeitmanagementseminare für Eltern an Volkshochschulen angeboten werden. Die Anforderungen an Eltern sind gewachsen, moderne Elternrollen haben sich zu umfassenden Pflichtenkatalogen entwickelt mit der Gefahr der Überforderung.

7.2.3 Von der Erosion des Vertrauens

Unbestreitbar hängt von der Frage, in welcher Weise Politik und Wirtschaft die Vereinbarkeit von Familie und Beruf erleichtern können, vieles ab im Blick auf die »Kindvergessenheit« in unserer Gesellschaft. Auch ist es richtig, dass materielle Rahmenbedingungen für Familien verbessert werden müssen. Dennoch ist die Krise der Familie im Kern meiner Ansicht nach eine mentale Krise. Aber auch die pauschale Diffamierung der jungen Generation als einer »Selbstverwirklichungsgeneration«, die sich jeder Verantwortung entziehen will, führt nicht weiter. Gewiss sind die wichtigsten Einflussfaktoren für oder gegen die Realisierung eines Kinderwunsches jene, die unmittelbar mit der Lebenssituation der jungen Generation zu tun haben. Insofern gibt es in der Tat Zielkonflikte zwischen der Realisierung von Lebenswünschen und der Bereitschaft, die Elternrolle zu übernehmen.

Aber zum einen entscheiden sich junge Menschen nicht im luftleeren Raum für oder gegen Kinder. Sie haben Anteil an der gesellschaftlichen Wertschätzung bzw. Nichtwertschätzung von Kindern und Elternschaft sowie an gesellschaftlichen Leitvorstellungen von dem richtigen Zeitpunkt für eine Familienphase. Die individuellen Entscheidungen für oder gegen Kinder sind nicht zu trennen von der weitverbreiteten gesellschaftlichen Zukunftsscheu. Zum anderen wird allzu häufig in familienpolitischen Debatten so getan, als würde die Entscheidung für oder gegen Kinder überwiegend oder ausschließlich vernunftgesteuert verlaufen. Ich halte dies für einen fundamentalen Irrtum. Für wie viele Ehepaare ist die unfreiwillige Kinderlosigkeit ein bleibender Schmerz im Leben? Wie viele ganz junge Frauen werden ungewollt schwanger? Wie schwierig gestaltet sich für viele junge Menschen angesichts der auf dem Arbeitsmarkt geforderten Flexibilität die Partnersuche und die verantwortliche Entscheidung für die Gründung einer Familie? Geht es bei den sogenannten Entscheidungen für oder gegen Kinder wirklich um ein vernunftgesteuertes Abwägen von Vor- und Nachteilen? Wie erklärt sich dann, dass der Rückgang der Geburten vor allem in jenen gesellschaftlichen Schichten besonders drastisch ist, in denen materielle Mittel in höherem Maße zur Verfügung stehen?

Ich behaupte, dass der enorme Rückgang der Geburtenzahlen viel tiefer liegende Gründe hat, Gründe, die Bischof Huber in seinem ersten Bericht als Ratsvorsitzender mit dem Stichwort »Erosion des Vertrauens« treffend erfasst hat.[140] Und da »Vertrauen« für uns Christenmenschen ein anderes Wort für »Glaube« ist, sehe ich in der »Kindvergessenheit« unserer Gesellschaft letztlich ein Indiz für eine grundlegende Vertrauens- und Glaubenskrise. Natürlich ist es vordergründig das Vertrauen in die sozialen Sicherungssysteme, das erschüttert ist, sowie das Vertrauen in die politische Steuerungsfähigkeit der unüberschaubaren Veränderungsprozesse unter dem Druck der Globalisierung. Auch mag das Vertrauen erschüttert sein, als Vater und Mutter in einer kinderfeindlichen Gesellschaft als gesegnet angesehen zu werden. Tiefer gehen dann noch die Ängste, welche die ökologische Gefährdung des Lebensraums Erde für unsere Kinder in den Blick nehmen. Im Letzten aber scheint mir der Verlust eines Grundvertrauens für die Krise der Familie verantwortlich zu sein.

Unter welch schwierigen Umständen und angesichts welcher Unwägbarkeiten haben denn Generationen vor uns Kinder gezeugt und großgezogen – nicht wissend, ob es für ihre Kinder einmal eine lebenswerte Umwelt geben würde! Dennoch war ein Grundvertrauen vorhanden, dass bei allen Unsicherheiten im Blick auf die eigene Zukunft und die der Kinder am Ende jemand da ist, der es gut mit uns meint. Es ist das Grundvertrauen in eine Macht, die es schon »hinausführen« wird, wenn wir nicht mehr weiterwissen. Ein Grundvertrauen in die Macht des Lebens, das wir Christenmenschen als Vertrauen in einen Gott verstehen, der uns von allen Seiten wunderbar umgibt (Ps 139) und dem wir uns als dem guten Hirten auch in den finsteren Tälern unseres Lebens anvertrauen können (Ps 23). Der uns zuspricht, dass er uns nicht vergisst, wie eine liebende Mutter ihre kleinen Kinder nicht vergessen kann (Jes 49,15). Wenn es bei der »Kindvergessenheit« unserer Gesellschaft auch und vor allem um die Erschütterung solchen Grundvertrauens geht,

---

[140] Bericht des Ratsvorsitzenden Bischof Dr. Wolfgang Huber zum Teil A des Berichtes des Rates. – In: Magdeburg 2004. Bericht über die 3. Tagung der 10. Synode der Evangelischen Kirche in Deutschland vom 7. bis 12. November 2004. Ausgeliefert durch das Kirchenamt der EKD in Hannover 2005, (22–28) 23f.

dann wird das unsere vorrangige Aufgabe als Kirche sein, Menschen zum Vertrauen zu ermutigen. Denn Kinder zu haben und mit Kindern das Leben zu gestalten, ist Ausdruck eines Vertrauens in den Gott, der uns diese Kinder anvertraut hat und der uns mit unseren Kindern durch alle Zeiten begleitet und leitet.

Deshalb sollten wir auch verheiratete Ehepaare, die selbst keine Kinder haben können, ermutigen, in anderer Weise elterliche Verantwortung zu übernehmen, etwa als Adoptiv- oder Pflegeeltern. Auch und gerade in diesen Formen der Elternschaft bewährt sich das Vertrauen in Gott als Grundvertrauen zum Leben. Wer zuversichtlich ins Leben schaut, gewinnt leichter Mut zu und Freude an Kindern. Lebenszuversicht zu vermitteln ist Aufgabe einer Kirche, die darum weiß, dass wir Menschen die Zukunft nicht in der Hand haben, sondern dass wir einem Gott vertrauen dürfen, in dessen Händen unsere Zeit steht. Unser Glaube ist die beste Grundlage, um junge Menschen zu ermutigen, ein Leben mit Kindern zu bejahen.

7.3 DIE WIEDERENTDECKUNG DER KINDER – HERAUSFORDERUNGEN FÜR KIRCHE UND GESELLSCHAFT

7.3.1 *Förderung der Familie als gesellschaftliche Aufgabe*
Ob eine Gesellschaft familien- und kinderfreundlich ist, entscheidet ganz wesentlich über ihre soziale und humane Kraft. Wenn es in Zukunft weniger Kinder und weniger familiäre Bindungen gibt, dann wird zwangsläufig auch das Solidaritätspotenzial unserer Gesellschaft geringer. Frauen und Männer, die große Teile ihrer Zeit und Kraft ihrer Familie widmen, helfen mit, eine Ethik der Fürsorglichkeit zu entwickeln. Das Füreinander-Einstehen der in der Ehe miteinander verbundenen Menschen und die Bereitschaft von Eltern und Kindern, lebenslange Verantwortung füreinander zu übernehmen, sind zentrale Existenzgrundlagen einer Gesellschaft. Jeder gesellschaftliche Bereich ist auf die Leistungen von Familien angewiesen. Deshalb kommt der Förderung von Familie und Ehe aus gesellschaftspolitischer Perspektive höchste Priorität zu. Dies ist nebenbei auch ein Gebot unserer Verfassung, denn nach Art. 6 GG stehen »Ehe und Familie ... unter dem besonderen Schutz der staatlichen Ordnung«. Die Förderung und Erziehung der Kinder ist also eine Gemeinschaftsaufgabe unserer Gesellschaft.

Im Einzelnen nenne ich einige gesellschaftspolitische Herausforderungen, die angenommen werden müssen:

7.3.1.1 Neue Kultur des Geschlechterarrangements

Frauen und Männer müssen durch entsprechende Rahmenbedingungen eine wirkliche Wahlfreiheit im Hinblick auf die Gestaltung von Familien- und Erwerbsarbeit haben. Kinder dürfen nicht länger als »Karrierekiller« angesehen werden. Der Rollenkonflikt, den in der Regel nach wie vor die jungen Frauen ausfechten müssen, muss thematisiert werden. Die Chancen, dass berufstätige Eltern – Mütter wie Väter! – Erziehungsverantwortung wahrnehmen können, müssen verbessert werden. Modelle einer intelligenteren und flexibleren Verteilung der Lebensarbeitszeit sind zu entwickeln, traditionelle Lebens- und Berufsbiographien sind zeitlich zu entzerren. Wichtig ist das »Auflösen des Lebensstaus«.

7.3.1.2 Familienorientierte Arbeitskonzepte

Frauen in Deutschland waren noch nie zuvor so gut ausgebildet und qualifiziert wie heute. Welcher Chancen berauben wir uns, wenn wir dieses Potenzial – von Frauen wie Männern – lediglich beruflich nutzen und nicht für die Gestaltung des Miteinanders der Generationen im familiären Kontext! Vorrangige Aufgabe wird es sein, Vätern die Chance zu verschaffen, sich konkret an der Familienarbeit zu beteiligen, ohne dass das eine Absage an jedweden Erfolg im Beruf bedeutet. Um solches zu erreichen, ist Zweierlei notwendig: Einerseits müssen Kirche und Staat jungen Menschen Hilfestellungen anbieten zur neuen Rollenfindung als künftige Väter und Mütter. In Kinder- und Jugendarbeit, Erwachsenenbildung und allgemeinbildendem Schulwesen muss es Möglichkeiten geben, Alltagskompetenzen zu entwickeln, die familiale Lebensbezüge, Beziehungs- und Haushaltskompetenzen dezidiert einschließen. Andererseits müssen familienorientierte Arbeitszeitkonzepte verwirklicht werden, insbesondere sollte die bestehende Elternzeit flexibler ausgestaltet werden.

7.3.1.3 Gleichstellung von Familientätigkeit und Erwerbstätigkeit

In der staatlichen Familienpolitik muss der eigenständige Rentenanspruch für Männer und Frauen, die sich der Kindererziehung widmen, ausgebaut werden. Familientätigkeit muss in der Bewertung der Erwerbstätigkeit gleichgestellt werden, denn Kindererziehung ist ein anderen Berufstätigkeiten gegenüber gleichwertiger Beruf.

7.3.1.4 Familien entlastende Infrastruktur

Dazu gehört die Weiterentwicklung Familien ergänzender und unterstützender Einrichtungen, besonders eine weitere Flexibilisierung der Angebote in Tageseinrichtungen und Schulen. Der Rechtsanspruch auf einen Kindergartenplatz darf nicht auf wenige Stunden am Tag begrenzt werden. Dies gilt auch für Kinder unter drei und über sechs Jahren. Um den Eltern die großen Schwierigkeiten in ihrer Zeitorganisation zu erleichtern, ist ein bedarfsgerechtes Angebot von Ganztagsbetreuung und Ganztagsschulen in allen Schulformen notwendig. Zur Familien entlastenden Infrastruktur gehören ferner der Ausbau des Rechtsanspruchs auf kontinuierliche Förderung von Paar- und Lebensberatung, Erziehungs- und Familienberatung.

7.3.1.5 Materielle Sicherheit

Dass Familien mit Kindern heute das größte Armutsrisiko tragen, ist ein gesellschaftlicher Skandal, der nicht einfach hingenommen werden darf. Vergessen wir nicht: Familien mit Kindern erbringen Leistungen für die Gesellschaft, von denen auch Alleinstehende und kinderlose Paare profitieren. Ein bedarfsgerechter Familienlastenausgleich ist weiterzuentwickeln, indem kinderlose Paare in der Erwerbsphase wesentlich kräftiger zur Altersvorsorge herangezogen werden als Paare mit Kindern. Ferner dürfen Einkünfte, die der Sicherung des Existenzminimums dienen, nicht besteuert werden. Bei Familien mit Kindern hat aber das Existenzminimum eine deutlich höhere Größe. Ein Schwerpunkt künftiger Familienpolitik muss daher in der Vermeidung von Armut liegen.

7.3.2 *Förderung der Familie als kirchliche Aufgabe*

Vor allem aber will ich nun den Blick auf unser eigenes kirchliches Handeln lenken und danach fragen, wie wir auf verschiedenen Feldern kirchlicher Arbeit Familien fördern und noch besser fördern müssten. Im Internetauftritt unserer Landeskirche finden wir das Stichwort »Familie« demnächst, denn in einem Projekt der Fachgruppe Familie im Evangelischen Oberkirchenrat wird ein »Internetportal Familie der badischen Landeskirche«[141] aufgebaut, in dem alles, was »rund um die Familie« in der Landeskirche angeboten wird, übersichtlich zugänglich gemacht werden soll. Als ich mich daranmachte, noch vor Einrichtung dieses Internetportals das vorhandene Material zu sichten, habe ich entdeckt, wie viel in unserer Kirche derzeit schon für Familien getan wird. Herzlichen Dank an alle, die sich in unserer Kirche für Familien engagieren!

7.3.2.1 Die Familie im gottesdienstlichen Handeln der Kirche

Kernbereich kirchlicher Arbeit ist der Gottesdienst. Wie kein anderer Bereich ist er geeignet, Familien anzusprechen:

---

[141] http://www.ekiba.de/190.php.

- Die Feier der Taufe gehört in den Gottesdienst der Gemeinde, und durch die Kasualie der Tauferinnerung wird der Gemeinde immer neu das Geschenk der Kindschaft bewusst gemacht. Patenschaften für Täuflinge aus der Gemeinde heraus könnten die Verantwortung der Gemeinden für die Familien noch stärken.
- Wurden in den 70er und 80er Jahren Partnerschaftlichkeit und sexuelle Erfüllung als Stärken der Ehe herausgestrichen, wird die Ehe nun in der neuen Trauagende unter dem Aspekt der Lebensdienlichkeit ganz nahe an die Familie herangerückt.[142]
- Familiengottesdienste bzw. Gottesdienste für alle Generationen bieten große Chancen, das gottesdienstliche Geschehen lebendiger zu gestalten und familiäre Gottesdiensterfahrungen zu ermöglichen. Da sich der Lebenszyklus der Familien an den großen kirchlichen Festen orientiert, können gerade die Festzeiten als Lebensraum für Familien gestaltet werden. Eigentlich dürfte kein einziges Weihnachts-, Oster- oder Pfingstfest ohne einen Familiengottesdienst oder einen Gottesdienst für alle Generationen gefeiert werden.

7.3.2.2 Die Familie im pädagogischen Handeln der Kirche

Die Kirche hat Teil am Bildungsauftrag unserer Gesellschaft. Deshalb entwickelt sie Bildungsangebote für Kinder, Jugendliche und Erwachsene, durch welche Familien gestärkt werden:

- Die Förderung und Erziehung der Kinder ist eine Gemeinschaftsaufgabe, die nicht erst mit der Schulpflicht beginnt. So werden die Öffnungszeiten von kirchlichen Kindertagesstätten zunehmend flexibel und bedarfsgerecht gestaltet, auch für Kinder unter drei Jahren. Ganztagsangebote werden erweitert, Betreuungsmöglichkeiten nach Bedarf auch am Abend wären weiterzuentwickeln.
- In ihren Ausbildungs- und Fortbildungsangeboten fördert die evangelische Kinder- und Jugendarbeit die pädagogische und kommunikative Kompetenz junger Menschen und bereitet sie in vielen Bereichen auch für künftige Erziehungsaufgaben als Eltern vor.
- Eine besondere pädagogische Unterstützung erfahren Eltern durch generationsübergreifende Freizeitangebote in Gemeinden, Bezirken und auf Landesebene, die auch eine wichtige, Familien entlastende Funktion haben. In diesem Zusammenhang sind auch die Freizeitangebote für

---

[142] Trauung. Agende für die Union Evangelischer Kirchen in der EKD, Band 4. Im Auftrag des Präsidiums hrsg. v. der Kirchenkanzlei der UEK, Bielefeld 2006, 13–23.

Familien und generationsübergreifende Freizeiten sowie Stadtrander-
holung zu nennen, die von der Diakonie angeboten werden.

- Zu erinnern ist an die gemeinsam vom Diakonischen Werk und dem
  Religionspädagogischen Institut initiierten Runden Tische zur Arbeit
  mit Kindern, zu denen Gemeindeverantwortliche, Mitarbeitende der
  Kindertagesstätten, Eltern und Großeltern eingeladen waren.
- Das Religionspädagogische Institut unserer Landeskirche bietet durch
  Veröffentlichungen, Tagungsangebote, Referententätigkeit und Mitar-
  beit in verschiedenen Gremien religionspädagogische Hilfestellung für
  Familien und Familien unterstützende Einrichtungen an. Dazu gehören
  Elternseminare zum Thema »Rituale in der Familie«, zu dem auch eine
  Publikation vorbereitet wird. Dadurch sollen Familien befähigt werden,
  Rituale als niederschwellige Eingangstore zur religiösen Erziehung
  wertschätzen und einüben zu können.
- Ferner werden über unsere Kirche und ihre Diakonie Elternkurse, El-
  tern-Kind-Spielgruppen, Erlebnistage und Vorträge bzw. Kurse zu Erzie-
  hungsfragen angeboten.

7.3.2.3 Die Familie im diakonischen Handeln der Kirche

Neben die Bildungsarbeit treten vielfältige, Familien unterstützende Angebote
im Bereich der diakonischen Arbeit:

- Ich nenne hier zunächst die Arbeit in Frauenhäusern und Arbeitslosen-
  projekten, in Sozialstationen und Diakonieläden, in Pflegestellen mit
  tagesstrukturierenden Angeboten für Kinder und in der stationären
  Kinder- und Jugendhilfe.
- Sodann ist die Beratungstätigkeit in der Ehe-, Familien- und Lebensberatung zu nennen, die Kurberatung, die Frühberatung bei Leben mit einer
  Behinderung, die Beratung für psychisch Kranke und ihre Angehörigen,
  die Schuldnerberatung, die Schwangeren- und Konfliktberatung und die
  Suchtberatung.

Familien entlastend wirken wir mit bei der Familienpflege und Dorfhilfe, durch
Angebote für pflegende Angehörige, in Mutter-Kind-Programmen, in der so-
zialpädagogischen Familienhilfe, in der streetworker-Arbeit, in der Offenen
Arbeit mit Behinderten und durch die Integrationswochen für Spätaussied-
lerInnen.

7.3.2.4 Projekte zur Förderung der Familie

Neben dieser kontinuierlichen diakonischen Arbeit sind einige Projekte zu
nennen, die besondere Erwähnung verdienen:

- Die durch eine ökumenische Arbeitsgruppe vorbereitete »Woche für das Leben« hat für drei Jahre den Schwerpunkt Familie und Kinder gewählt.
- In einem Projekt aller freien Ligaverbände betreut das Diakonische Werk Baden allein 27 Einrichtungen mit dem Ziel, Eltern in ihrer Elternkompetenz über ihren Kindergarten zu stärken.
- In einem Projekt mit dem Titel »Sprungbrett« hat die Diakonie Freiburg gemeinsam mit anderen Trägern ein Projekt initiiert, das u. a. für Alleinerziehende im Sozialhilfebezug eine verbesserte Vereinbarkeit von Familie und Beruf fördern soll.
- Das Projekt »HOT«, ein Trainingsprogramm der Familienpflege und Dorfhilfe unseres Diakonischen Werkes, bietet für Familien mit Kindern in prekären Lebenslagen individuelle Hilfe zur Selbsthilfe im häuslichen Bereich.
- In Mannheim wird in einem Kinderprojekt ein präventives Angebot gemacht, das Kindern mit psychisch kranken Eltern integrierte Hilfe aus den Bereichen Sozialpsychiatrie und Jugendhilfe anbietet und vermittelt.
- Als Projekt der besonderen Art müsste Gemeindearbeit in Zukunft im Sinne eines quasi familiären Netzwerks weiterentwickelt werden. Die Monokultur nach Lebensaltern sollte durch durchlässigere Formen ergänzt werden. Neue Gemeinschaftsformen sind zu entwickeln, die Familien stützen, entlasten und ergänzen, z. B. mit Hilfe von Senior-Junior-Modellen oder intergenerativen Lerngemeinschaften auf Zeit. Die Gemeindehäuser könnten zu »Häusern der Generationen« werden, in denen das tägliche Leben gemeinsam organisiert und eine Kultur der Fürsorglichkeit eingeübt werden kann.
- Schließlich soll nicht unerwähnt bleiben, dass unsere Landeskirche auch mit dem geplanten Einstieg in den »bw-family«-Sender einen besonderen, Familien unterstützenden Beitrag zu leisten bereit ist.

7.3.2.5 Kirche als familienfreundliche Arbeitgeberin

Als Kirche mit unserer Diakonie haben wir die Chance, familienfreundliche Arbeitsstrukturen beispielhaft und modellhaft zu verwirklichen:

- In unserer Landeskirche werden alle gesetzlichen Möglichkeiten zur Verbindung von Elternschaft und Berufstätigkeit angeboten und genutzt. Darüber hinaus wird Eltern während der Elternzeit, soweit irgend möglich, auf deren Wunsch hin Teilzeitbeschäftigung und Sonderurlaub ermöglicht, auch über die gesetzliche Höchstgrenze hinaus. Von den 1956 Beschäftigten der Evangelischen Landeskirche in Baden (ohne RU) sind derzeit 29% teilzeitbeschäftigt. Ständige Aufgabe für die Kirche und ihre

Diakonie ist es, Arbeitsverhältnisse auf Familienfreundlichkeit hin zu überprüfen und ggf. geeignete Maßnahmen zu ergreifen.

- Wie eine familienfreundliche Arbeitswelt gestaltet werden kann, zeigt u. a. das Audit Beruf und Familie der gemeinnützigen Hertie-Stiftung.[143] Dieses Audit wird an einem Fachtag am 25. April 2005 vorgestellt, der von der Frauenarbeit, der Fachgruppe Gleichstellung und dem Kirchlichen Dienst in der Arbeitswelt unserer Landeskirche unter dem Titel »Kinder, Küche und Karriere« veranstaltet wird.

7.3.2.6 Förderung der Familie aus ökumenischer Sicht

Nun noch ein Blick über den Rand unserer Landeskirche hinaus. Was wird zur Förderung von Familien in unseren Schwester- und Partnerkirchen getan?

- Im ökumenischen Miteinander mit den katholischen Gemeinden werden Angebote für Kinder und Familien für Angehörige anderer Konfessionen geöffnet und von diesen genutzt. Solche Angebote können auch in den vor Ort unterzeichneten Rahmenvereinbarungen für ökumenische Partnerschaften festgehalten werden, die übrigens auch für andere ACK-Kirchen geöffnet werden sollten. Darüber hinaus haben die vier großen Kirchen in Baden-Württemberg eine Vereinbarung zur konfessionellen Kooperation im Religionsunterricht unterzeichnet. Solche Formen des Miteinanders stärken insbesondere auch konfessionsverbindende Familien.
- In der elsässischen Nachbarkirche *Église protestante de la Confession d'Augsbourg d'Alsace et de Lorraine* (EPCAAL) wurde eine Sonderpfarrstelle in Straßburg eingerichtet zur generationsübergreifenden Gemeindearbeit und Seelsorge.
- Das Gustav-Adolf-Werk – Hauptgruppe Baden – legt in diesem Jahr seinen Schwerpunkt auf Bildung und Ausbildung von Kindern und Jugendlichen in Mittel- und Osteuropa sowie in Lateinamerika.
- Das Evangelische Missionswerk in Südwestdeutschland setzt einen Schwerpunkt in der generationsübergreifenden Arbeit angesichts der AIDS-Epidemie im südlichen Afrika.
- Die Church of South India hat den Schutz der Kindheit zu einem Querschnittsthema für alle Aufgabenbereiche gewählt, um unter dem Titel »Girl Childhood Protection« das Bewusstsein für die noch immer geltende Benachteiligung von Mädchen in Indien zu schaffen.

---

[143] Die »berufundfamilie gGmbH« wurde 1998 von der Gemeinnützigen Hertie-Stiftung gegründet. Ihr zentrales Angebot an private Unternehmen und öffentliche Institutionen ist das Audit berufundfamilie.

Indem wir über unsere ökumenischen Partnerschaften das Familienthema kommunizieren, werden uns unsere eigenen Fragestellungen und Herausforderungen klarer und bewusster.

7.3.2.7 Lobbyarbeit für Familien

Mein Bericht zur Lage lässt unschwer erkennen, welch große Bedeutung schließlich einer gezielten Lobbyarbeit für Familien in einer »kindvergessenen« Gesellschaft zukommt. Dabei geht die Kirche zahlreiche Bündnisse mit anderen gesellschaftlichen Institutionen ein:

- Familien unterstützende Lobbyarbeit leistet unsere Kirche mit ihrer Diakonie, indem sie in verschiedenste Gremien familienpolitische Fragestellungen eingibt, so etwa in der Liga der Freien Wohlfahrtspflege auf Bundes-, Länder- und kommunaler Ebene, im kommunalen Landesverband, im Landesausschuss Müttergenesung, im Landesfamilienrat, im Landesjugendhilfeausschuss, in der Fachgruppe Gleichstellung im Evangelischen Oberkirchenrat und in der Landesjugendkammer.
- In der Kinder- und Jugendarbeit wird auf Landes- und Bundesebene jugendpolitische Lobbyarbeit für Kinder und Jugendliche geleistet, indem – besonders im Blick auf wachsende Armut von Kindern und steigende Jugendarbeitslosigkeit – Reformprozesse darauf hin initiiert und diskutiert werden, dass in ihnen Rechte und Bedürfnisse der jungen Generation angemessen berücksichtigt werden.
- In unserer Landeskirche wird im »Forum Familie«, einer Arbeitsgemeinschaft von Evangelischem Oberkirchenrat und Diakonischem Werk, Lobbyarbeit für Familien organisiert.
- In mehr als 100 Kommunen Deutschlands bestehen lokale »Bündnisse für Familien«, an denen sich zunehmend auch Kirchen beteiligen, wie z. B. in der Ortenau und in Weil am Rhein.

Viele von Ihnen werden nun weitere Beispiele gelingender kirchlicher Arbeit zur Unterstützung von Familien nennen wollen. Und wenn Sie einen Anstoß zum anregenden Austausch über unsere noch immer nicht ausgeschöpften kirchlichen Möglichkeiten bekommen haben, dann habe ich mit meinem Bericht zur Lage mein Ziel erreicht.

Am wichtigsten aber scheint mir, dass wir selbst auf das Thema dieses Berichts persönlich überzeugend reagieren: »Wenn dein Kind dich morgen fragt« (5. Mose 6,20) ... So heißt das Motto des Kirchentages.[144] Und auf den

---

[144] 30. Deutscher Evangelischer Kirchentag, 25.–29. Mai in Hannover.

Einladungsplakaten ist hinzugefügt: »Gut, wenn du eine Antwort weißt.« Hoffentlich ist dies so.

Und hoffentlich ist in deiner Antwort nicht nur davon die Rede, dass Kinder »Karrierekiller« oder »Armutsrisiko« sind.

Hoffentlich sprichst du in deiner Antwort nicht nur von hohen Scheidungszahlen und von den Risiken der Ehe, sondern vor allem vom Segen, den du in Ehe und Familie erfährst.

Hoffentlich erzählst du davon, was du durch Kinder gewinnst an Lebensfreude und Lebenssinn, an Gottvertrauen und Zuversicht, auch davon, dass Kinder eine Freude sind, für die es sich zu leben lohnt.

Wenn du so deinem Kind antwortest, dann leistest du den wichtigsten Beitrag zur Förderung von Ehe und Familie.

8 Willkommen an Bord! – Eine Einführung in die Leitbilder im Rahmen des Prozesses »Kirchenkompass«[145] (2006)

Immer wieder gibt es im Leben eines Bischofs und im Wirken einer Synode Premieren. Heute ist eine solche. Denn mein heutiger Bericht zur Lage ist gänzlich anders angelegt als jene, die Sie in den letzten sieben Jahren von mir gehört haben. Der ganze morgige Synodaltag soll der Einübung eines wichtigen Elementes im Kommunikationsprozess »Kirchenkompass« gewidmet sein.[146] Um diesem synodalen Geschehen eine angemessene Verortung zu

---

[145]   Frühjahrstagung der Landessynode der Evangelischen Landeskirche in Baden Bad Herrenalb, 26. April 2006.

[146]   Mit der Wortschöpfung »Kirchenkompass« bezeichnet die Evangelische Landeskirche in Baden einen Verständigungsprozess über die vier biblisch-theologischen Leitbilder kirchlicher Arbeit und die sich daraus ergebenden strategischen Ziele für die kommenden Jahre. Zugleich ist der Kirchenkompass als eine partizipatorische Methode der Organisationsentwicklung auch ein Verfahren, mit dem die kirchen- oder gemeindeleitenden Gremien auf allen Ebenen Schwerpunkte für den jeweiligen Verantwortungsbereich setzen können. Von den Mitarbeitenden in den Fachabteilungen des Evangelischen Oberkirchenrates wurden zahlreiche Vorhaben und Maßnahmen entwickelt, die zur Umsetzung dieser strategischen Ziele beitragen sollen. Voraussetzung dafür war ein umfassender Lernprozess für alle Beteiligten. Er stand unter dem doppelten Anspruch, eine inhaltliche Identifikation mit den Leitbildern und den Schwerpunktzielen der Landessynode zu erreichen und zugleich das Ergebnis der transparenten, zielorientierten Planungsarbeit im Haushaltsbuch sichtbar werden zu lassen. Darüber hinaus wurden durch die Mitarbeitenden befristete innovative Projekte entwickelt, die aus den normalen Haushaltsmitteln nicht finanziert werden können. Sieben solcher landeskirchlichen »Kirchenkompass-Projekte« mit unterschiedlichen Laufzeiten wurden im April 2007 von der Landessynode bewilligt, weitere sind in der Planung. Insgesamt stellte die Landessynode 10 Millionen Euro für diese Kirchenkompass-Projekte zur Verfügung. Vgl. auch Karen Hinrichs, Der Kirchenkompass. – In: Wolfgang Nethöfel und Klaus-Dieter Grunwald (Hg.), Kirchenreform strategisch! Glashütten 2007, 327–344; vgl. ebenso: Ulrich Fischer, Lernen aus badischer Sicht – gelungene Projekte und Beispiele. – In: epd Dokumentation 18/2006.

geben, habe ich mit der Präsidentin vereinbart, dass ich mich heute Morgen in meinem Bericht zur Lage ganz auf den »Kirchenkompass« und auf die in seinem Rahmen entwickelten Leitbilder konzentriere. Dies tue ich nicht nur besonders gern, weil ich dem »Kirchenkompass« für unsere Landeskirche eine hohe Bedeutung beimesse, sondern auch, weil die Diskussion über die uns im kirchenleitenden Handeln bestimmenden Kirchenbilder hier in der Synode ihren Ausgang genommen hat. Ich erinnere: Es waren Mitglieder dieser Synode, die anlässlich der Haushaltsberatungen immer wieder danach fragten, von welchen »Kirchenbildern« wir uns in unserer Planungsarbeit leiten lassen. Als dann bei der Arbeit im Landeskirchenrat deutlich wurde, dass ein Kommunikations- und Planungsprozess für unsere Landeskirche nicht möglich sein würde ohne »Visionen« der Kirche, entstand der Auftrag, »Leitbilder für die Zukunft der Evangelischen Landeskirche in Baden« zu formulieren. Nun ist eine solche Formulierungsarbeit zweifelsohne ein dynamischer Prozess. Jemand muss in Wahrnehmung eigener Leitungsverantwortung erste Vorgaben wagen, darum war ich gebeten worden; weitere Beratungen im Kollegium des Evangelischen Oberkirchenrats und eine Beratungsrunde im Landeskirchenrat folgten, ehe ein verabredeter Text nun der Öffentlichkeit zugänglich gemacht werden kann. Es ist jener Text, über den ich heute sprechen werde und der Ihnen in gedruckter Form vorliegt. Ich bin Ihnen dankbar, dass Sie mit der Diskussion von »Kirchenbildern« Wichtiges angestoßen haben. Mit dem heutigen Tag ist kein Schlusspunkt gesetzt, sondern eher ein Doppelpunkt: Während dieser Synodaltagung selbst und in den vor uns liegenden Monaten wird es weitere Anregungen geben, um die Leitbilder für die Zukunft unserer Landeskirche noch präziser zu fassen. Von der Bedeutung und Wichtigkeit solcher Leitbilder sind alle überzeugt, die den Prozess »Kirchenkompass« gestalten wollen, denn um die Zukunft der Kirche gestalten zu können, brauchen wir nicht so sehr Definitionen kirchlicher Arbeit. Sie stehen in der Gefahr einzuengen, »definitive« Grenzen zu setzen. Wir brauchen vielmehr Bilder der Zukunft, die Phantasie und Kreativität freisetzen. Vielleicht und hoffentlich können meine Ausführungen zu den Leitbildern auch eine Antwort auf so manche Ihrer Fragen nach den uns leitenden Kirchenbildern sein.

Ich nähere mich den Leitbildern[147] für die Zukunft unserer Landes-

---

[147] Mitglieder der Synode haben anlässlich der Haushaltsberatungen immer wieder danach gefragt, von welchen »Kirchenbildern« sich die kirchenleitenden Gremien bei ihrer Planungsarbeit leiten lassen. Der Landeskirchenrat erteilte den Auftrag, »Leitbilder für die Zukunft der Evangelischen Landeskirche in Baden« zu formulieren, den Landesbischof Dr. Ulrich Fischer umsetzte. Weitere Beratungen im Kollegium des Evangelischen Oberkirchenrats und eine Beratungsrunde im Landeskirchenrat folgten. Es wurden vier Leitbil-

kirche mit zwei für mich ganz wichtigen ausführlicheren Vorbemerkungen:

Wer sich daranmacht, die Zukunft der Kirche zu planen, muss sich der Möglichkeiten solcher Planungsarbeit vergewissern und ihrer dreifachen Begrenzung bewusstsein. Zunächst einmal ist allem Planen in der Kirche eine *geistliche* Grenze gesetzt, denn nur manches kann in der Kirche gemacht, anderes nur geschenkt werden. Menschliches Tun und göttliches Wirken sind geheimnisvoll aufeinander bezogen und doch voneinander zu unterscheiden. Wie Michael Nüchtern es ausgedrückt hat, auf den ich mich auch im Folgenden beziehe, ist die Kirche »anders als andere Unternehmen von ihrem Wesen her eine Organisation, die über ihr Organisationsziel nicht verfügt«. Denn dass die Botschaft des Evangeliums Gehör findet, wirkt allein der Heilige Geist, wo und wann er will (CA 5). Dem Planen in der Kirche ist zweitens eine *weisheitliche* Grenze gesetzt, denn es ereignet sich immer auch anderes als das Geplante. Die Welt ist eben nicht wie eine Maschine beherrschbar, Risiken und Nebenwirkungen menschlichen Planens sind oft nicht vorhersehbar, viel Geplantes ist des Segens bedürftig, um gelingen zu können. Umgekehrt geschieht vieles, obwohl es nicht gezielt geplant wurde. So denke ich etwa an den unerwarteten Imagegewinn der evangelischen Kirche in den letzten Jahren oder die neue Wertschätzung der Kirchenräume. Diese Erkenntnis darf nicht dazu führen, dass wir munter mit großen Wissenslücken drauflos planen, aber sie sollte uns vor einem Planungsfetischismus bewahren.

Schließlich gibt es für das Planen in der Kirche eine *ethische* Grenze, denn bei allem, was getan werden muss, muss zugleich auf vieles Rücksicht genommen werden. Kirchenleitende Verantwortung kann nur in Respektierung der Verantwortung anderer kirchlicher Organe wahrgenommen werden. Eine Synode muss wissen, was ihre Aufgabe ist. Ein Bischof darf seinen Verantwortungsbereich nicht willkürlich ausdehnen. Der kirchliche Organismus bedingt spezifische Mitwirkungsrechte anderer, die zu respektieren sind, soll dieser Organismus nicht verletzt werden. Der Sinn für einheitliches kirchliches Handeln muss wachsen und kann nicht angeordnet werden.

---

der für die Zukunft der Landeskirche entwickelt, die biblische Verheißungen und Bilder aufnehmen und in ihrer Relevanz für die Sozialgestalt der Landeskirche aussagekräftig sind. Diese Leitbilder sind präsentisch formuliert, um den künftigen Zustand der Kirche indikativisch zu beschreiben und weniger normativ einzufordern. Kirche wird beschrieben als 1. wanderndes Gottesvolk, 2. Haus der lebendigen Steine, 3. Teil des weltweiten Leibes Christi und 4. Salz der Erde.

Diese drei Begrenzungen beachtend, kann Planungsarbeit in der Kirche nicht anders geschehen als in einer Haltung, die zwar mutig das angeht, was zu tun ist, die immer aber auch um die Unverfügbarkeit menschlichen Tuns weiß. »Eine protestantische Spiritualität der Planung wird die Balance halten zwischen Mut und Demut« (Michael Nüchtern).[148]

Meine zweite Vorbemerkung bezieht sich auf die im Prozess »Kirchenkompass« gewählte Begrifflichkeit. Wenn wir die Zukunft der Kirche planen wollen, dann müssen wir bei der Bezeichnung der anzuwendenden Planungsinstrumente die Besonderheit der Kirche mit berücksichtigen. So ist der Begriff »Kirchenkompass« eine badische Kirchenkreation, die im Bereich anderer Organisationen so nicht Verwendung findet. Ich halte diesen Begriff für besonders sinnvoll für eine Kirche, die sich von ihren Anfängen her als ein Schiff verstanden hat, das sich Gemeinde nennt, und die in ihrer Heiligen Schrift, der Bibel des Alten und Neuen Testaments, zu erzählen weiß von ihrem Herrn, der sie auf der Fahrt durch das weite Meer nicht verlässt. Auch im Blick auf das neutestamentliche Bild vom wandernden Gottesvolk ist die Rede vom »Kirchenkompass« anschlussfähig und hilfreich.

Gegenüber dem Gebrauch des Wortes »Vision«, ohne den Wirtschaftsunternehmen gewiss nicht auskommen, habe ich so manche Bedenken – nicht so sehr jene des Altbundeskanzlers Helmut Schmidt, der Menschen mit Visionen riet, Psychiater aufzusuchen, sondern eher jene, die sich aus der biblischen Kenntnis prophetischer Visionen herleiten. Deshalb haben wir auch im Kontext des Prozesses »Kirchenkompass« den Begriff der »Vision« vermieden. Vielmehr haben wir uns zur Beschreibung kirchenleitender Vorstellungen von der Zukunft der Kirche auf den Begriff der »Leitbilder« verständigt, wobei wiederum eine Abgrenzung wichtig war, die wir im Leitsatzprozess der Jahre 1996 bis 2000 entwickelt hatten. Damals nämlich wurde ein theologischer Fundamentaleinwand gegen ein Leitbild der Kirche formuliert, der etwa so lautete: »Wir brauchen kein Leitbild, wir haben die biblischen Verheißungen Gottes als Leitbilder kirchlichen Handelns.« Dieser Einwand markiert die Grenze kirchlicher Leitbilddiskussion insofern, als er kirchliche Zielsetzungen unter einen theologischen und eschatologischen Vorbehalt stellt, der immer mit zu bedenken ist. Nicht wir Menschen haben die letzten Ziele kirchlichen Handelns festzulegen, sie sind uns durch die biblischen Verheißungen Gottes vielmehr

[148] Vgl. Michael Nüchtern, Kirche evangelisch gestalten, Heidelberger Studien zur Praktischen Theologie Bd. 13, Berlin 2008 sowie Ulrich Fischer, Kirche der Freiheit – Michael Nüchterns Beitrag zur theologischen Leitung. – In: Georg Lämmlin (Hg.), Die Kirche der Freiheit evangelisch gestalten. Michael Nüchterns Beiträge zur Praktischen Theologie, Heidelberger Studien zur Praktischen Theologie Bd. 17, (19–26) 26.

vorgegeben. Diesen Vorbehalt mit bedenkend hätte man also allenfalls die in den biblischen Verheißungen implizierten Leitbilder darstellen können; dies aber wurde im Leitsatzprozess bewusst unterlassen, um durch Formulierung einer größeren Anzahl von Leitsätzen einen offenen und dynamischen Prozess mit großer Basisbeteiligung möglich zu machen. Unter dieser Perspektive haben wir dann im Jahr 2000 hier in der Landessynode Leitsätze wie etwa folgende verabschiedet[149]:

- Wir feiern Gottesdienst: Gebet und Musik, Predigt und Abendmahl stärken uns, Gott zu lieben und den Nächsten wie uns selbst.
- Wir nehmen Menschen so an, wie sie sind, und begleiten sie in den Höhen und Tiefen ihres Lebens.
- Unser Glaube hat Hand und Fuß. Nah und fern helfen wir Menschen in Not, auch durch unsere diakonische Arbeit.
- Wir treten in Verantwortung für die zukünftigen Generationen für Frieden, Gerechtigkeit und Bewahrung der Schöpfung ein.
- Wir wollen in einer zweckbestimmten Welt das Heilige erfahren und erfahrbar machen.
- Wir wollen den Mitgliedern unserer Kirche eine geistliche Heimat bieten und noch mehr Menschen für Jesus gewinnen.
- Wir wollen, dass alle zum Lesen der Bibel ermutigt werden und zur Auslegung der Schrift beitragen.
- Wir wollen durch religiöse Erziehung und Bildung das Christliche in unserer Kultur lebendig halten.
- Wir wollen eine ökumenische Gemeinschaft der Kirchen, in der die Vielfalt als Bereicherung erlebt wird.
- Wir wollen eine menschliche Gesellschaft gestalten, die von Freiheit, Gerechtigkeit und Menschenwürde geprägt ist.

Was wir damals im Leitsatzprozess unterlassen haben, das haben wir nun getan. Wir haben Leitbilder für die Zukunft unserer Landeskirche entwickelt, die bewusst biblische Verheißungen und Bilder aufnehmen und diese in ihrer Relevanz für die Sozialgestalt unserer Landeskirche bedenken. In der zweiten Hälfte des Jahres 2005 wurden in einem anregenden Diskussionsprozess der drei kirchenleitenden Organe Landesbischof, Oberkirchenrat und Landeskirchenrat vier Leitbilder für die Zukunft der Evangelischen Landeskirche in Baden formuliert. Diese Leitbilder sind bewusst präsentisch formuliert, um den künftigen Zustand der Kirche verlockend zu beschreiben und weniger normativ einzufordern. Das hier gewählte Präsens ist ein »Präsens der Zukunft«, denn in der grammatika-

---

[149] Leitsätze I.3; II.4.11.12.; III.1.2.4.5.8.10.

lischen Form des Präsens wird in bildhafter Form die Zukunft der Kirche beschrieben, die zwar an die Gegenwart anknüpft, dann aber entscheidend über sie hinausgeht. Die Leitbilder sind also nicht realitätsfern, aber sie beinhalten einen »Überschuss zur Realität«. Ich stelle Ihnen nun die vier Leitbilder vor und füge jeweils einen kurzen erläuternden Kommentar hinzu. In jedem Leitbild ist jeweils eine Dimension kirchlicher Arbeit abgebildet, wobei Sie manches aus den Leitsätzen wiederfinden werden, und auch manches aus der Communio-Ekklesiologie von Christoph Schwöbel, der ich in meinem Bericht zur Lage vor zwei Jahren die Leitsätze zugeordnet hatte.[150]

1. Die Evangelische Landeskirche in Baden weiß sich als Teil des wandernden Gottesvolkes (Hebr 4,9; 13,14) von Gott berufen. Auf dem Weg durch die Zeiten hin zum Ziel des Reiches Gottes steht sie unter der Verheißung der Gegenwart Christi bis ans Ende der Welt.

Unter dieser Perspektive nimmt die Evangelische Landeskirche in Baden ihren missionarischen Auftrag wahr, Gottes Leben schaffende Kraft und seine Zukunft eröffnende Liebe den Menschen in Wort und Tat einladend zu bezeugen. Ihre Orte entwickeln sich zur geistlichen Heimat für immer mehr Menschen, die hier Gemeinschaft pflegen, liebende Zuwendung finden und Gottesdienste feiern. Diese Gottesdienste sind bunt und lebendig, vielfältig in den Formen der Verkündigung und in ihrer musikalischen Gestaltung. Menschen jeden Alters werden in diesen Gottesdiensten gestärkt, finden Lebensorientierung und erfahren das Heilige. Aus der Leidenschaft für das Wort Gottes entsteht ein evangelisches Wir-Gefühl. In einem Klima des Vertrauens wird gemeinsam Verantwortung für die ganze Kirche wahrgenommen. Die Bereitschaft zum Einsatz für die gemeinsame Sache des Glaubens wächst, weil sich die Mitarbeiterschaft team- und gabenorientiert einbringen kann. In einem ermutigenden Miteinander von Haupt- und Ehrenamtlichen wird das Priestertum aller Glaubenden so überzeugend gelebt, dass immer mehr Menschen dieser Kirche gern angehören.

Im ersten Leitbild ist die Dimension der *geistlichen Beheimatung von Menschen vor allem im Bereich des gottesdienstlichen* Lebens in den Blick genommen. Nun wissen wir, dass wir als wanderndes Gottesvolk unterwegs sind, lebend in der eschatologischen Dialektik von »Schon« und »Noch nicht«, schon gerettet durch Jesus Christus, aber noch nicht am endgültigen Ziel unserer Wanderung. Wir haben hier keine bleibende Stadt, aber doch erfahren wir schon Heimat in der Kirche, sozusagen vorläufige Beheimatung. Dementsprechend bezieht

---

[150]   Christoph Schwöbel, Gott in Beziehung, Tübingen 2002.

unser Leitbild den missionarischen Auftrag der Kirche mit ein, der auf das Reich Gottes als letzte Zukunft ausgerichtet ist und unter der Verheißung der Gegenwart Christi bis ans Ende der Welt steht. Um *vorläufige* Beheimatung also kann es nur gehen in der Kirche und ihren Orten, aber um eine Beheimatung, in der Menschen das für die Wegstrecke ihres begrenzten Lebens Wichtige finden. Welch eine Bedeutung kirchliche Beheimatung für Menschen zunehmend hat, wurde durch unsere Kircheneintrittsstudie deutlich.[151] Offenkundig ist eine spezifische konfessionelle Prägung gerade des Gottesdienstes für Menschen, die sich in einer unübersichtlichen Lebenswelt vorfinden, unter dem Gesichtspunkt der Beheimatung wichtig. Menschen fühlen sich in vertrauter Liturgie, in Ritualen und Gebräuchen ihrer Kirche zu Hause. Aber eine evangelische gottesdienstliche Monokultur gibt es nicht, vielmehr sind evangelische Liturgie, Rituale und Gebräuche längst pluralistisch ausdifferenziert – je nach Alter, Herkunft und kultureller Prägung der jeweiligen gottesdienstlichen Zielgruppe. Deshalb kann Beheimatung in der Kirche nur gelingen, wenn wir uns das sogenannte »Kerngeschäft« der Kirche, das gottesdienstliche Handeln, bunt und lebendig ausgestalten, damit wirklich Menschen jeden Alters das gottesdienstliche Handeln ihrer Kirche als für sie relevant erfahren.

Im Mittelpunkt des Gottesdienstes steht die Verkündigung des Wortes Gottes. Deshalb war es wichtig, in diesem ersten Leitbild die identitätsstiftende Bedeutung des Wortes Gottes für die Bildung eines evangelischen Wir-Gefühls zu betonen. Zu den reformatorischen Grunderkenntnissen gehört die Wiederentdeckung des Priestertums aller Getauften. Alle Getauften haben durch Kenntnis und Studium der Heiligen Schrift einen direkten Zugang zum Wort Gottes. Der freie und unverstellte Zugang zu Gott muss ihnen nicht erst über einen Amtsträger oder eine Institution gesichert werden. Um der Freiheit des Wortes Gottes willen gibt es keine klerikale Vermittlung desselben. Deshalb ist die wesensmäßige Unterscheidung von Priestern und Laien nicht evangeliumsgemäß. Und deshalb kann Beheimatung in der evangelischen Kirche nicht anders geschehen als in einer aus der Leidenschaft für das Wort Gottes entstehenden Zeugnis- und Dienstgemeinschaft, in der sich Haupt- wie Ehrenamtliche, Ordinierte wie sogenannte »Laien« team- und gabenorientiert einbringen können. Das gelingende Miteinander von Haupt- und Ehrenamtlichen ist nicht etwas, das wir entdecken, um Personalkosten

---

[151] Der Evangelische Oberkirchenrat hatte 2002 beim Sozialwissenschaftlichen Institut der EKD (SWI) in Bochum eine empirische Untersuchung über den Kircheneintritt in Auftrag gegeben; vgl. Rainer Volz, Massenhaft unbekannt – Kircheneintritte. Forschungsbericht über die Eintrittsstudie der Evangelischen Landeskirche in Baden, Kurzfassung: Michael Nüchtern, Karlsruhe, 2005.

für unsere Kirche zu sparen. Sondern es ist das entscheidende Kriterium dafür, ob wir mit der protestantischen Wiederentdeckung des Priestertums aller Getauften wirklich überzeugend ernst machen. Es ist eine notwendige Voraussetzung für eine Beheimatung möglichst vieler Menschen in unserer evangelischen Kirche.

2. Als Haus der lebendigen Steine (1 Petr 2,5) schöpft die Evangelische Landeskirche in Baden ihre Gestaltungskraft aus einer demütigenHaltung, die sich der begrenzten Reichweite eigenen Planens und Tuns bewusst ist. In bereichernder Selbstbegrenzung wandelt sich die Evangelische Landeskirche in Baden zu einer Kirche lebendiger geistlicher Orte. In den Ortsgemeinden begleitet sie Menschen an wichtigen Stationen ihres Lebens. Daneben treten zahlreiche nichtparochiale Gemeindeformen, die sich um unterschiedlich profilierte Zentren bilden. Von ihnen gehen spirituelle und diakonische, politische und gesellschaftliche Impulse aus. Orte, an denen vielfältige kirchliche Arbeit regional gebündelt wird, strahlen wie »Leuchttürme« weithin aus und motivieren zu Dienstgemeinschaften auf allen kirchlichen Ebenen. In nicht mehr für Gemeindegottesdienste genutzten Kirchen sind verstärkt christliche generationsübergreifende Wohngemeinschaften und diakonische Initiativen anzutreffen, in denen Gottes Option für die Armen praktisch gelebt wird. Für diesen Weg zu einer Kirche lebendiger geistlicher Orte setzt die Landeskirche das ihr anvertraute Geld verantwortungsvoll ein. Zugleich ist sie vorbereitet auf den Rückgang der Kirchensteuer. Sie hat alternative Finanzierungskonzepte entwickelt, mit deren Hilfe Bewährtes fortgeführt und Neues gewagt werden kann. Den Fortbestand ihrer gegenwärtigen Strukturen hält sie nicht für prioritär, sondern setzt sich engagiert für grundlegende Veränderungen im deutschen und europäischen Protestantismus ein.

In diesem zweiten Leitbild wird der Blick auf eine Dimension kirchlichen Handelns gelenkt, die seit einiger Zeit in der praktisch-theologischen Diskussion Bedeutung gewonnen hat, die Dimension der *Konzentration und Ausstrahlung geistlicher Orte*. Es war besonders das Buch der Hamburger Theologin Uta Pohl-Patalong mit dem Titel »Von der Ortskirche zu kirchlichen Orten«, das zu Recht viel Aufmerksamkeit gefunden hat.[152] Da aus der Synode das Interesse geäußert wurde, sich mit den Thesen von Frau Pohl-Patalong intensiver auseinanderzusetzen, füge ich an dieser Stelle einen Exkurs ein:

---

[152] Uta Pohl-Patalong, Von der Ortskirche zu kirchlichen Orten. Ein Zukunftsmodell, Göttingen 2004.

Pohl-Patalong geht aus von der Fragestellung, wie die Stärken der beiden kirchlichen Organisationsprinzipien, der parochialen und der nichtparochialen Struktur gewinnbringend genutzt werden können. Mit dem parochialen Organisationsprinzip ist die Gliederung einer Landeskirche in territorial umgrenzte Ortsgemeinden gemeint, das nichtparochiale Organisationsprinzip bildet sich in den übergemeindlichen Werken und Diensten einer Landeskirche ab. Während das nichtparochiale Strukturprinzip darin seine Stärke hat, dass eine plurale Organisationsform der Kirche in einer pluralen Gesellschaft ermöglicht wird, hat das parochiale Prinzip seine Stärke in der Ortsgebundenheit und Wohnortnähe. Pohl-Patalong möchte die Stärken beider Strukturprinzipien nutzen und eine Struktur kirchlicher Arbeit entwickeln, die Territorialität und Mobilität gleichermaßen berücksichtigt, die die lange Tradition territorialer Organisation von Gemeinde und das zunehmende Bedürfnis nach freiem Zusammenkommen zu einer Gemeinde aufeinander bezieht, in der sowohl territorial vorgegebene wie auch subjektiv gewählte Formen der Gemeinschaftsbildung ermöglicht werden, in der sowohl eine Orientierung an Familie und natürlichem Lebenslauf, also an Geburt, Alter und Sterben stattfindet wie auch unterschiedliche Lebenswelten, Milieus, Stile und Arbeitswelten von Menschen im Blick sind, in der wohnortnahe Strukturen durch differenzierte Angebote für die unterschiedlichen Lebenswelten ergänzt werden.

Das Modell, das beide kirchlichen Strukturprinzipien verbindet, nennt Pohl-Patalong das Modell »kirchliche Orte«. Kirchliche Orte können ebenso bisherige Parochien sein wie auch Tagungshäuser, kirchlich genutzte Räume in Krankenhäusern, Schulen, Gefängnisse und andere Gebäude, in denen bisher kirchliche Arbeit geleistet wurde. An jedem dieser kirchlichen Orte sollen sowohl ein vereinsähnliches Leben (»Gemeindehaus«) entwickelt als auch inhaltliche Arbeitsbereiche (»Kirche«) verortet werden. Im »vereinskirchlichen« Bereich geht es vor allem um einen Zusammenschluss von Menschen, der von Selbstorganisation, Gemeinschaft und Geselligkeit geprägt ist (SeniorInnenkreise, Single-Gruppen, Eltern-Kind-Gruppen, Gemeindefeste, Reisen, Basare, Bibelkreise). Dieses vereinsähnliche kirchliche Leben kommt Menschen entgegen, die im Nahbereich Gemeinschaft suchen und die ein kirchliches Heimatgefühl wie in einer Parochie entwickeln wollen. Gestaltet und geleitet wird der vereinskirchliche Bereich von Ehrenamtlichen, die hier selbstbestimmt und nach eigenen Neigungen tätig sein können.

Neben dem vereinskirchlichen Leben soll es an jedem kirchlichen Ort mindestens einen klar definierten inhaltlichen Arbeitsbereich geben. Bei regionaler Steuerung wird so ein differenziertes, plurales kirchliches Angebot ermöglicht, z. B. in der Bildungsarbeit, Beratung, in spezialisierter Seelsorge, Zielgruppenarbeit, Kirchenmusik, Spiritualität, ökumenischer Arbeit, interreligiösem Dialog. Anders als für den vereinskirchlichen Bereich liegt die Verantwortlichkeit für die spezialisierten Arbeitsbereiche nicht vorrangig in ehrenamtlicher Hand, sondern diese Bereiche werden von Haupt- und Ehrenamtlichen gemeinsam gestaltet. Dies ermöglicht eine starke Pluralisierung und Spezialisierung des Pfarrberufs.

An jedem kirchlichen Ort findet gottesdienstliches Leben statt, allerdings ist der agendarische Gottesdienst am Sonntagmorgen nicht mehr die einzige Form. Vielmehr entsteht eine Vielfalt gottesdienstlicher Formen mit unterschiedlichem Charakter und zu unterschiedlichen Zeiten. Das Modell »kirchliche Orte« bietet nach Pohl-Patalong den Vorteil, dass die Chancen des parochialen und des nichtparochialen Prinzips vereint werden: Das vereinskirchliche Leben stellt sicher, dass die Kirche auch weiterhin am Wohnort präsent ist, mit den unterschiedlichen inhaltlichen Bereichen wird die Pluralität kirchlicher Aufgaben in der Gegenwart erfüllt.

Soweit Uta Pohl-Patalong. Wer mehr hören möchte, muss zum Gemeindeentwicklungskongress im September 2007 nach Karlsruhe kommen. Unschwer werden Sie den Formulierungen des zweiten Leitbildes abspüren können, dass wesentliche Impulse von Uta Pohl-Patalong hier aufgenommen wurden, allerdings in mancher badischen Besonderheit. Der Obersatz des Leitbildes mit dem Hinweis auf eine demütige Haltung, die sich der begrenzten Reichweite eigenen Planens und Tuns bewusst ist, nimmt jenen Grundsatz protestantischer Spiritualität der Planung auf, über den ich eingangs bereits gesprochen habe. Die Konzentrationsentwicklung hin zu einer Kirche weithin ausstrahlender lebendiger geistlicher Orte kann und darf nicht als ein Finanzsparprogramm angegangen werden, sondern hat in dieser Haltung zu geschehen, die wir als eine Haltung bereichernder Selbstbegrenzung beschrieben haben.

So wird die Synode am morgigen Tag auch danach fragen müssen, wo unsere Ortsgemeinden, die Parochien, ihre Stärken haben. Diese sollten wir vor allem in den weiten ländlichen Teilen unserer Landeskirche ausbauen, etwa in der verlässlichen Lebensbegleitung von Menschen an wichtigen Stationen ihres Lebens. In dieser Begleitung erweist sich Kirche als Interpretationsgemeinschaft. Die Stärken dieser parochialen Arbeit haben wir weiterzuentwickeln, besonders – wie uns auch die Kircheneintrittsstudie lehrt – in einer Qualifizierung der Kasualpraxis. Wir müssen aber auch feststellen, dass die Parochien in den Großstädten und auch in manchen Mittelzentren an Bedeutung verlieren, weil sich die Lebensweltorientierung von Menschen wandelt. Hier ist genau hinzuschauen, welche Aufgaben die Parochien haben und welche

Kapazitäten wir für eine regionale Bündelung von Arbeit freisetzen können. In den Großstädten und wohl auch in den Mittelzentren werden wir zahlreiche nichtparochiale Gemeindeformen brauchen, die sich um unterschiedlich profilierte Zentren bilden. Solche Zentren, von denen kräftige Impulse ausgehen, bezeichnen wir – die Bildsprache unseres Kirchenkompasses und bestimmte praktisch-theologische Diskussionsstränge aufnehmend – als »Leuchttürme«. In ihnen strahlt Kirche als kooperative Kommunikationsgemeinschaft weithin aus. Wir werden viel Phantasie entwickeln müssen, wie wir an solchen »Leuchttürmen« kirchlicher Arbeit leistungsstarke Dienstgemeinschaften etablieren können, zu denen auch Gemeindepfarrerinnen und -pfarrer sowie Gemeindediakoninnen und -diakone ihren Beitrag leisten können.

Zum Weg hin zu einer Kirche lebendiger geistlicher Orte gehört es auch, dass wir den Bedarf an kirchlichen Gebäuden zielgerichtet planen und ein Liegenschaftsmanagement etablieren. Nicht für alle Gebäude, die wir in satten Jahren errichtet und gebraucht haben, werden wir künftig noch Verwendung haben. Sinnvolle Umnutzungen sind zu planen – wie jetzt in Mannheim, wo eine Innenstadtkirche zum Konzertraum für die staatliche Musikschule umgestaltet wird. Aber auch ganz anderes ist denkbar. So können in nicht mehr für Gemeindegottesdienste genutzten Kirchen etwa verstärkt christliche generationsübergreifende Wohngemeinschaften und diakonische Initiativen ihren Ort finden, sogenannte diakonische »Leuchttürme« wie etwa die Diakonischen Hausgemeinschaften in Heidelberg. Kreativität und Phantasie sind gefragt, nicht nur bei der künftigen Nutzung mancher Kirchen, sondern auch bei der rechtzeitigen Entwicklung von alternativen Finanzierungsmöglichkeiten unserer Arbeit, damit wir uns auf einen drohenden Rückgang der Kirchensteuer einstellen und nicht bewegungslos wie Kaninchen auf die Schlange starren. Auch mit alternativen Finanzierungskonzepten werden wir in unserer Kirche Bewährtes fortführen und Neues wagen können, übrigens auch über den Bereich unserer badischen Landeskirche hinaus, wie die Reformprozesse in der EKD derzeit eindrucksvoll dokumentieren.

3. »Solchermaßen in sich einig und mit allen Christen in der Welt befreundet« weiß sich die Evangelische Landeskirche in Baden als Glied des weltweiten Leibes Christi (Röm 12,5; 1 Kor 12). Die ökumenische Gemeinschaft der Kirche erlebt sie im Miteinander mit Kirchen an anderen Orten der Welt ebenso wie mit Kirchen anderer Konfessionen im eigenen Land. Mit ihnen zusammen bildet sie eine ökumenische Lerngemeinschaft.

In einer Kultur des Dialogs trägt die Evangelische Landeskirche in Baden dazu bei, das Christliche in unserer wie in der Weltgesellschaft lebendig zu erhalten. Wissend um die Vielfalt ihrer Quellen, aus der sie sich speist, bringt sie das eigene evangelische Profil und die Schätze der eigenen Tradition selbstbewusst ein. Sie nimmt Fragen der Zeit auf, regt Menschen zum Lesen der Bibel und zu ihrer Auslegung an, und befähigt sie, ihren Glauben in der Sprache der Gegenwart zu bezeugen, ihn weiterzugeben und ihm mit der ganzen Person Ausdruck zu verleihen. Dabei lässt sie sich vom Respekt gegenüber anderen christlichen Konfessionen leiten und weiß sich in ihrer ökumenisch orientierten Bildungsarbeit eingebunden in die Lerngemeinschaft der weltweiten Kirche Jesu Christi. In Gemeinden und Bildungseinrichtungen bildet sie in ökumenischer Arbeitsteilung generationsübergreifende Erzählgemeinschaften des Glaubens, stärkt Piloteinrichtungen mit hoher überregionaler Ausstrahlung, engagiert sich im verstärkt konfessionsverbindenden Religionsunterricht, investiert in die eigene kirchliche Bildungsarbeit und unterstützt die anderer mit ihr ökumenisch verbundener Kirchen.

Seit ihren Anfängen ist die Evangelische Landeskirche in Baden eine Kirche, welche ihre ökumenische Orientierung als etwas ihr Wesensgemäßes und sie Bereicherndes begriffen hat. Darum gilt für unsere Landeskirche ganz besonders, was ich auch sonst für einen richtigen ökumenischen Grundsatz halte: Wir werden die Zukunft unserer Landeskirche nicht gestalten können, ohne uns bewusst und gewollt als Teil einer ökumenischen Lern- und Sozialisationsgemeinschaft zu begreifen. Zur Gestaltung einer solchen ökumenischen Lerngemeinschaft im badischen Land empfinde ich die von Erzbischof Zollitsch ins Gespräch gebrachte Kategorie der »arbeitsteiligen Ökumene« als hilfreich.[153] Ganz besonders im Bildungsbereich könnte ich mir vielfältige Möglichkeiten einer ökumenischen Arbeitsteilung vorstellen, von der Gründung ökumenischer Bildungszentren oder Piloteinrichtungen mit hoher überregionaler Ausstrahlung über einen immer stärker konfessionsverbindenden Religionsunterricht bis hin zum stellvertretenden Handeln einer Konfession für die andere in bestimmten Regionen oder Handlungsfeldern der Bildungsarbeit. Wir werden der eigenen kirchlichen Bildungsarbeit in der Zukunft deutlich

---

[153] »Bei der Planung von pastoralen Aktivitäten prüfen wir daher, ob diese verstärkt in ökumenischer Zusammenarbeit durchgeführt werden können, auch im Sinne einer arbeitsteiligen Kooperation. Weiterhin sichten wir das pastorale Tun, inwieweit es die Einheit im Glauben vertieft und der gemeinsamen Sendung dient« (Den Aufbruch gestalten. Pastorale Leitlinien der Erzdiözese Freiburg, Freiburg 2005). Zur Ökumene in Baden vgl. auch: Ulrich Fischer, In Baden gehen die ökumenischen Uhren anders. Begegnung auf Augenhöhe. – In: Fridolin Keck (Hg.), Glauben gestalten – Glaubensgestalten. Mit Robert Zollitsch auf dem Weg, Freiburg u. a. 2008, 221–226.

mehr Aufmerksamkeit schenken müssen und dürfen dabei auch vor ökumenischen Kooperationen nicht zurückschrecken, wie wir auch die Bildungsarbeit anderer mit uns ökumenisch verbundener Kirchen unterstützen sollten.

So kommt es nicht von ungefähr, dass im dritten Leitbild unter dem Aspekt der ökumenischen Lerngemeinschaft vor allem die Dimension der *Bildungsarbeit in ökumenischer Verantwortung* in den Blick genommen wird, und zwar speziell unter der Zielsetzung der *Sprach-, Urteils- und Handlungsfähigkeit des Glaubens*. Wir werden auf Dauer das Christliche in unserer wie in der Weltgesellschaft nur lebendig erhalten können, wenn wir als Kirche wie als einzelne Christenmenschen in ihr dialogfähig sind. Zu solcher Dialogfähigkeit gehört vor allem, mit Hilfe der biblischen Botschaft und ihrer Auslegung auf Fragen der Zeit eingehen und dem eigenen Glauben in der Sprache der Gegenwart Ausdruck verleihen zu können – sowohl im Gespräch mit Mitgliedern anderer Kirchen wie auch mit Angehörigen anderer Religionen. Dabei ist es wichtig, dass wir die Mitglieder unserer Kirche einerseits zu ökumenischer Offenheit ermutigen und sie sich andererseits der Schätze protestantischer Verwurzelung vergewissern. Wenn sich der Respekt gegenüber anderen Konfessionen mit gesundem evangelischem Selbstbewusstsein verbindet, kann ein ökumenischer Dialog gelingen, bei dem die Lern- und Sozialisationsgemeinschaft der weltweiten Kirche Jesu Christi als bereichernd erfahren wird.

4. Als Salz der Erde (Mt 5,13) hat die Evangelische Landeskirche in Baden Anteil an dem Auftrag, die »Botschaft von der freien Gnade Gottes auszurichten an alles Volk« (Barmen 6) und damit für Gottes gnädige Gerechtigkeit in allen Bereichen des Lebens einzutreten.

Mit ihren unterschiedlichen Diensten ist die Evangelische Landeskirche in Baden für alle Menschen da – für Glaubende und Suchende, für Fragende und Zweifelnde, für Nahe und Distanzierte. Mit ihrer Arbeit wirkt sie heilend, versöhnend und wegweisend in der Gesellschaft. In Dienstgemeinschaften von spirituell und sozial kompetenten Haupt- und Ehrenamtlichen, selbstständig oder in Gemeinschaft mit nichtkirchlichen Organisationen und unter Aufnahme überparteilicher Angebote eröffnet sie Räume zur Gestaltung des Lebens in Frieden und Gerechtigkeit und zur Bewahrung der Schöpfung. Damit macht sie Gottes gnädige Gerechtigkeit im gesellschaftlichen Alltag wie im persönlichen Leben erfahrbar. Sie begleitet Menschen seelsorgerlich und diakonisch durch Höhen und Tiefen ihres Lebens. Sie weiß sich in der Einen Welt den Menschen in nah und fern verbunden, hilft, die Teilhabe aller an den Gaben der Schöpfung zu ermöglichen und Not zu lindern. Ihre diakonische Arbeit im eigenen Land findet in und durch Gemeinden statt. Die diakonischen

Einrichtungen haben eine missionarische Ausstrahlung, weil in ihnen die Einheit von Verkündigung durch Wort und Tat eindrücklich erfahren wird.
Im vierten und letzten Leitbild wird jene Dimension kirchlichen Handelns betrachtet, die mit den *sozialen Auswirkungen christlichen Glaubens* zu tun hat, also die Dimension der *Gesellschaftsdiakonie und Weltverantwortung.* An dieser Stelle will ich das Bild der konzentrischen Kreise bemühen, das sich aus der Schifffahrt nahelegt, wenn wir an die Kreise denken, die ein vom Schiff ins Wasser geworfener Stein zieht. Mit dem vierten Leitbild erreichen wir den äußersten Kreis kirchlichen Handelns. Dieser nimmt seinen Ausgang an jenem Ort, an dem der Stein ins Wasser fiel, ohne dass jedoch der ins Wasser geworfene Stein unbeachtet bliebe. Ohne Bild gesprochen: Die Weltverantwortung der Kirche hat ihren Ursprung in der Liebe Gottes zu dieser Welt, in der Menschwerdung Gottes in Christus. Und diese Liebe Gottes will Kreise ziehen – hinaus über die Gottesdienste der christlichen Gemeinde, hinaus über die geistlichen Orte, an denen diese Gemeinde ihr Leben gestaltet, hinaus über Einrichtungen in der ökumenischen Lerngemeinschaft, hinaus in alle Welt. Hier kommt Gottes Liebe an ihr Ziel. Hier erweist sich die Kirche als Handlungsgemeinschaft. Deshalb muss alles, was in diesem äußersten Kreis kirchlicher Arbeit geschieht, deutlich zurückverweisen auf seine Quelle. Die Einheit von helfender Tat und bezeugtem Wort muss eine missionarische Ausstrahlung haben. So wird deutlich, dass die Verortung am äußersten der konzentrischen Kreise keine Wertigkeit dieser Handlungsdimension kirchlicher Arbeit impliziert.

Dies bringen wir im Obersatz des vierten Leitbildes dadurch zum Ausdruck, dass wir die 6. These der Bekenntnissynode von Barmen zitieren und den Auftrag in Erinnerung rufen, die »Botschaft von der freien Gnade Gottes auszurichten an alles Volk«.[154] Ob wir es als Kirche mit der Welt zu tun bekommen, ist keine Frage kirchlicher Prioritätensetzung, sondern schlicht und ergreifend die Wahrnehmung unseres Auftrags. Darum darf keine Frage sein, dass wir für Gottes gnädige Gerechtigkeit in allen Bereichen des Lebens einzutreten haben und dass wir für alle Menschen da sein müssen. Allzu oft kann man den Eindruck gewinnen, als wären wir in der Kirche nur für uns selbst da. Wenn wir uns an die Analyse unserer Stärken und Schwächen machen, werden wir gerade die Qualität kirchlicher Arbeit unter diesem Gesichtspunkt der Außenorientierung der Kirche als einer Handlungsgemeinschaft überprüfen müssen. Zugleich werden wir uns fragen lassen, wie wir als Kirche die ethische Kompetenz unserer Mitglieder nutzen und durch

---

[154] Die Barmer Theologische Erklärung (1934), These VI. – In: Bekenntnisschriften der Evangelischen Landeskirche in Baden, (141–146) 145f.

sie in die Gesellschaft hineinwirken – heilend, versöhnend und wegweisend. Gelingt es uns wirklich, Räume zur Gestaltung des Lebens in Frieden und Gerechtigkeit und zur Bewahrung der Schöpfung zu öffnen? Dabei dürfen wir die großen Themen des konziliaren Prozesses, in denen die Welt- und Gesellschaftsverantwortung der Kirche fokussiert wird, nicht ausspielen gegen das seelsorgliche bzw. priesterliche Tun der Kirche. Eine Kirche, die ihren prophetischen Auftrag an der Welt vergisst, verleugnet ihren Herrn ebenso wie eine Kirche, die nicht bereit ist, sich der einzelnen Menschen in ihren Lebensnöten anzunehmen. Priesterliches und prophetisches Amt der Kirche gehören untrennbar zusammen, wie sie in Jesus Christus eine untrennbare Einheit bilden. Darum haben wir in diesem vierten Leitbild beide Aspekte der Weltzugewandtheit der Kirche unvermittelt nebeneinander genannt: das Eintreten für Gottes Gerechtigkeit im gesellschaftlichen Alltag und im persönlichen Leben, die Hilfe für Menschen nah und fern in der Einen Welt und die seelsorgliche bzw. diakonische Begleitung Einzelner durch Höhen und Tiefen des Lebens. Im Begriff der Gesellschaftsdiakonie sind die Aspekte der Weltverantwortung und der individuellen Begleitung von Menschen zusammengebunden.

Ich habe Ihnen die vier Leitbilder zum »Kirchenkompass« vorgestellt und kommentiert. Nun kann die Arbeit am »Kirchenkompass« beginnen. Diese Arbeit wird uns viel abverlangen. Das Wichtigste aber, was uns abverlangt wird, ist ein Perspektiven- oder – besser gesagt – ein Mentalitätswechsel: Wir müssen lernen, von der Zukunft her zu denken und kirchliche Arbeit zu planen. Dafür bringen wir eigentlich von der biblischen Fundierung unserer Arbeit und vom biblischen Zeitverständnis her beste Voraussetzungen mit. Die Bibel versteht die Zukunft nicht als die Verlängerung der Gegenwart, sondern von der Zukunft Gottes her wird die Gegenwart qualifiziert. Das von Gott verheißene Reich der Gerechtigkeit und des Friedens taucht unsere Gegenwart in ein neues Licht. Wir entdecken unter dem Horizont des verheißenen Gottesreiches bereits in der Gegenwart Spuren desselben. Wir haben Gottes »Spuren festgestellt«, das können Christenmenschen singen, weil sie auf die Zukunft Gottes, auf das »Noch Nicht« des Reiches Gottes vertrauen und daran glauben, dass diese Zukunft in Jesus Christus »schon« begonnen hat. Also eigentlich bringen wir als glaubende Menschen beste mentale Voraussetzungen für den notwendigen Mentalitätswechsel mit.

Abschließend will ich noch etwas zum Zusammenhang der Leitbilder mit der morgigen synodalen Arbeit sagen: Die Leitbilder sind – wie ich einleitend feststellte – weder im luftleeren Raum verfasst noch für einen solchen bestimmt. Sie sind auch nicht für alle Zeiten fixiert, sondern werden ganz gewiss noch Veränderungen erfahren – natürlich nicht während dieser Synodaltagung, aber ganz gewiss in der weiteren Zukunft. Erste Formulierungsanregungen haben mich bereits erreicht, andere werden sich aus dieser Synodaltagung ergeben. Nun sind die Leitbilder zunächst einmal einzubringen in die weiteren Kommunikations- und Planungsprozesse. Wenn Sie sich morgen also in der Synode vertraut machen mit dem Instrument einer SWOT-Analyse[155], dann werden Sie auch für jedes der vier Leitbilder fragen müssen, welche Stärken unserer Kirche es leichter machen, jenen Zustand zu erreichen, der in den Leitbildern beschrieben ist, und welche Chancen eine Orientierung an diesen Leitbildern bietet. Umgekehrt haben Sie zu fragen, welche Schwächen unserer Kirche daran hindern bzw. es schwer machen, den in den Leitbildern beschriebenen Zustand zu erreichen bzw. welche Risiken eine Orientierung an diesen Leitbildern birgt.

Also: Wo sind wir stark und wo sind wir schwach, wenn es darum geht, im *wandernden Gottesvolk* den Menschen vorläufige Beheimatung insbesondere im gottesdienstlichen Leben unserer Kirche zu bieten? Welche Chancen und welche Risiken bietet die Orientierung an diesem Leitbild? Auf welche Kerne wollen wir unsere Kräfte konzentrieren?

Wo sind wir stark und wo sind wir schwach, wenn es gilt, im *Haus der lebendigen Steine* einen Weg der Konzentration kirchlicher, geistlicher Orte mit großer Ausstrahlung zu gehen? Welche Chancen und welche Risiken bieten sich, wenn wir die Konzentration geistlicher Orte und die Vielfalt von Gemeindeformen aufeinander beziehen?

Wo sind wir stark und wo sind wir schwach, wenn wir als *Leib Christi* in ökumenischer Gemeinschaft eine umfassende Sprach-, Urteils- und Handlungsfähigkeit des Glaubens bei den Mitgliedern unserer evangelischen Kirche erreichen wollen? Welche Chancen und welche Risiken bietet eine evangelisch profilierte Bildungsarbeit in einer ökumenischen Lerngemeinschaft? Wo sind wir stark und wo sind wir schwach, wenn wir als *Salz der Erde* Weltverantwortung wahrnehmen und diakonisch sowie seelsorglich in der Gesellschaft wirken wollen? Welche Chancen haben wir, die Repräsentanz der evangelischen Kirche in säkularen Lebensbereichen zu verstärken und durch kluges Themenmanagement wertorientierte Fragestellungen in den gesellschaftlichen Diskurs einzubringen? Und welche Risiken liegen in solcher Wahrnehmung von Weltverantwortung?

---

[155] Eine SWOT-Analyse evaluiert Stärken (**Strengths**), Schwächen (**Weaknesses**), Chancen (**Opportunities**) und Risiken (**Threats**). Die Analyse ist ein Instrument der Positionsbestimmung und der Strategieentwicklung von Unternehmen und Organisationen.

Und im Bezug auf alle vier Leitbilder haben Sie zu fragen: Wo sind wir stark und wo sind wir schwach, wenn wir neue Formen evangelischer Präsenz durch vielfältiges ehrenamtliches Engagement ermöglichen wollen? Welche Chancen erkennen wir darin, dass immer mehr Menschen es wirklich als eine Ehre ansehen, für die evangelische Kirche in der Öffentlichkeit einzutreten? Wo sind wir stark und wo sind wir schwach, wenn wir das Qualitätsbewusstsein unserer Hauptamtlichen stärken wollen im Sinne einer theologisch verantworteten stärkeren Mitgliederorientierung und welche Risiken birgt die Zumutung eines solchen Mentalitätswechsels?

Ich hoffe, ich habe Ihnen andeuten können, in welch enger Beziehung das für die morgige Sitzung Geplante zu den Leitbildern steht, die ich Ihnen vorgestellt habe. Nun kann ich Sie nur noch zu einer mutigen und demütigen Synodalarbeit einladen. Willkommen an Bord!

9 VON LEUCHTFEUERN UND KOMPASSNADELN – DER ZUKUNFTSKONGRESS DER EKD UND DER »KIRCHENKOMPASSPROZESS« DER EVANGELISCHEN LANDESKIRCHE IN BADEN[156] (2007)

Im vergangenen Jahr habe ich beim Tag Badischer Pfarrerinnen und Pfarrer dargelegt, warum mir meine Arbeit im Bischofsamt seit einiger Zeit besonders viel Freude bereitet. Dies will ich heute zu Beginn meines Berichtes zur Lage vor dieser Landessynode wiederholen. Ich tue dies nicht, weil ich meinte, dass die Tagung einer Landessynode einer Sitzung auf der Psycho-Couch ähnlich wäre, sondern weil ich den paulinischen Grundsatz »Freut euch mit den Fröhlichen« (Röm 12,15) auch im Miteinander kirchenleitender Organe für sehr hilfreich halte und im Übrigen auch meine, dass ein Bischof die Freude an seinem Amt durchaus auch mit anderen teilen sollte. Was nun macht diese Freude aus? Die Freude an meinem Amt hat sehr viel damit zu tun, dass sich nach mehr als neun Jahren des Dienstes als Landesbischof Zusammenhänge kirchenleitender Arbeit geklärt haben, die sich in verschiedenen Schritten seit 1998 entwickelt haben: eine neue Visitationsordnung, die Einführung des Orientierungsgesprächs, der mehrjährige Leitsätzeprozess, die Veränderung der Haushaltssystematik mit Budgetierung und Leistungsbeschreibung, um nur einiges zu nennen. Was anfangs noch manchmal unverbunden nebeneinander zu stehen schien, fügt sich nun für mich im Rahmen des begonnenen »Kirchenkompassprozesses« wie Puzzleteile zu einem Ganzen zusammen. Mit unserem »Kirchenkompass« haben wir – nicht zuletzt auch angeregt durch diese Synode – einen systematisch angelegten Planungs- und Kommunikationsprozess für unsere Landeskirche begonnen, und dies fast genau zum selben Zeitpunkt, zu dem in der EKD wichtige Impulse für die Gestaltung künftiger Arbeit im deutschen Protestantismus gegeben wurden.

---

[156] Frühjahrstagung der Landessynode der Evangelischen Landeskirche in Baden, Bad Herrenalb, 26. April 2007.

Die Impulse auf der EKD-Ebene und unsere landeskirchlichen Planungsprozesse nun wiederum sehe ich in einem engen Zusammenhang. Diesen
Zusammenhang Ihnen zu verdeutlichen, scheint mir sinnvoll zu sein. Denn
wer blickt eigentlich im Augenblick noch durch, wenn von »Leuchtfeuern«
und »Leuchttürmen«, von »Lotsen« und »Kompassnadeln« gesprochen wird,
vom »Impulspapier« und vom »Zukunftskongress« der EKD und dann vom
»Kirchenkompassprozess« unserer Landeskirche mit strategischen Zielen,
Messgrößen und Erfolgskriterien, mit Maßnahmen und Handlungsfeldern,
mit Kompass- und Projektmitteln, die zwar für das Haushaltsbuch 2008/2009
wirksam sein, aber dann doch weit über diesen Zeitraum hinausreichen sollen?
In das Gewirr der Impulse, Begriffe und Prozesse Schneisen des Verstehens zu
schlagen, ist heute mein Anliegen. Wenn dabei nicht nur mancher Schleier des
Nichtverstehens gelüftet werden kann, sondern auch Sie motiviert werden, als
Synodale weiterhin mit Freude an die kirchenleitende Arbeit zu gehen, dann
ist dies ein psychosozialer Nebeneffekt, über den ich nicht unglücklich wäre.

Beginnen will ich, indem ich das Impulspapier der EKD vom Jahr 2006
würdige[157] und mit Ihnen auf den Zukunftskongress der EKD in Wittenberg
Anfang dieses Jahres zurückschaue (1)[158]. Dann will ich hilfreiche Impulse
von Wittenberg für unseren Kirchenkompassprozess und auch für unsere
Zusammenarbeit mit der württembergischen Landeskirche bedenken (2), um
schließlich unseren Kirchenkompassprozess selbst – einmal mehr rückwärts-
gewandt reflektierend, einmal mehr vorausschauend planend – in den Blick
zu nehmen (3).

9.1   DAS IMPULSPAPIER DER EKD UND DER ZUKUNFTSKONGRESS VON WITTENBERG

9.1.1   Das Impulspapier der EKD

Noch nie wohl hat es dies gegeben, dass der Protestantismus in Deutschland seine eigene Zukunft auf der Basis einer klaren Analyse seiner gesellschaftlichen
Rahmenbedingungen und seiner inneren Verfasstheit in den Blick genommen
hätte. Als dies mit der Abfassung eines Impulspapiers geschah, wurde dieses
von einer Perspektivkommission der EKD formulierte Papier schon bald nach
seiner Veröffentlichung schlecht geredet. Gewiss mag manche Kritik an einer

---

[157]   Kirche der Freiheit. Perspektiven für die Evangelische Kirche im 21. Jahrhundert.
Ein Impulspapier des Rates der EKD, Hannover 2006 (vgl. epd Dokumentation 29/2006).
Mitglied der Perspektivkommission war u. a. Oberkirchenrat Dr. Michael Nüchtern.

[158]   Vgl. dazu insgesamt: http://www.kirche-im-aufbruch.ekd.de/reformprozess/witten-
berg.html.

zu stark ökonomisch geprägten Sprache, die wir übrigens aus gutem Grund in unserem Kirchenkompassprozess vermeiden, berechtigt sein. Auch sind inhaltliche Defizite des Papiers unbestreitbar, wie ich nachher noch zeigen werde. Aber manche Häme in Teilen der bundesdeutschen Presselandschaft und manche Kränkung seitens kirchenleitender Persönlichkeiten oder von Berufsgruppen, die sich in dem Papier vernachlässigt bzw. missachtet fühlten, kann ich kaum nachvollziehen. Vieles, was in den Monaten nach Veröffentlichung des Impulspapiers geschehen ist, offenbarte eine tiefsitzende protestantische Lust der Selbstzerfleischung. Oder ist es doch eher so, dass der Widerstand letztendlich die protestantische Form der Anerkennung ist und »Neid die evangelische Form der Aneignung«? Letzteres hat jedenfalls mein geschätzter Kollege Axel Noack, Bischof der Kirchenprovinz Sachsen, beobachtet. Wie auch immer: Viele Reaktionen aus dem deutschen Protestantismus standen in auffälligem Kontrast zu dem Beifall, den dieses Papier bei unseren katholischen Glaubensgeschwistern ebenso fand wie bei Menschen, die von anderen Kontexten gesellschaftlichen Lebens her auf uns als Evangelische Kirche in Deutschland schauen und uns um den Mut zu weitreichender Perspektivplanung geradezu beneiden.

Als besonders hilfreich empfinde ich die im EKD-Impulspapier formulierten vier Grundsätze kirchlicher Zukunftsplanung, die ich auch für unsere Landeskirche als wegweisend ansehe:
– Geistliche Profilierung statt undeutlicher Aktivität
– Schwerpunktsetzung statt Vollständigkeit
– Beweglichkeit in den Formen statt Klammern an Strukturen
– Außenorientierung statt Selbstgenügsamkeit.
Mit diesen vier Grundsätzen hat die Perspektivkommission der EKD Unverzichtbares für die Weiterentwicklung der Evangelischen Kirche in Deutschland und damit auch unserer badischen Landeskirche benannt. Und darin sehe ich das besondere Verdienst dieses Impulspapiers. Endlich einmal sind die richtigen Fragen gestellt und mutige Antworten gewagt und dadurch produktive Diskussionen über die Zukunft unserer Kirche angestoßen worden. Deshalb verdient das Impulspapier nach meiner Meinung volle Unterstützung, wenngleich im Detail manche Konkretion eine eher nord- und ostdeutsche Sicht auf die evangelische Kirchenlandschaft verrät. Dazu nachher mehr.

Diese positive Würdigung voraussetzend, möchte ich nun – sozusagen in der Klammer – drei kritische Anmerkungen machen, wobei ich einiges aus den Stellungnahmen zur Vorbereitung auf den Zukunftskongress aufnehme und weiterführe:

(1) Sehr bedenkenswert auch für unseren badischen Kirchenkompassprozess finde ich eine grundlegende Anmerkung, die Prof. Hermelink

(Göttingen) hinsichtlich der Wirksamkeit des durch das Impulspapier An-
geregten macht.[159] Hermelink verweist auf die jüngste Kirchenmitglied-
schaftsstudie, nach der die Bindung an die Kirche weniger von punktuellen
Erfahrungen abhängt, als vielmehr von der Vermittlung eines bestimmten
Kirchenbildes durch die Familie. Deshalb sollte man nicht zu große Hoffnungen in schnelle Wirkungen der Reformbemühungen setzen. Ein einladen-
des Bild von der Freiheit des Glaubens, für das die Kirche steht, wird die
Menschen erst ganz allmählich prägen. Die Kirche, die wir jetzt reformie-
ren, wird bei vielen Menschen erst in der nächsten Generation ankommen.
Ferner ist zu beachten, dass die kirchlich Hochverbundenen den aktuellen
Umbrüchen mit viel Ambivalenz gegenüberstehen. Wie Kirche heute auf den
wirtschaftlichen Druck als Großorganisation reagiert, erscheint den Hochverbundenen weit weg von den eigenen Lebensbezügen, sodass gerade sie sich
als passive Randsiedler der neuen Kirche erleben. Hier stehen wir vor der
großen Aufgabe, intern davon zu überzeugen, dass der gegenwärtige Wandel
das Leben in und mit der Kirche befördern soll.

»Die Kirche hat den Zahn der Zeit verschlafen«, sagte ein Jugendlicher. Dieser Satz markiert die Ambivalenz vieler Erwartungen: Die Kirche möge weltof-
fener sein, doch zugleich wird der »Zahn der Zeit«, also die Modernität von
Kirche als verunsichernd, wenn nicht bedrohlich erfahren, da dieser »Zahn«
alle individuelle Gewissheit annagt. Die Kirche soll im Alltag ansprechen
und zugleich zum Alltag auf Abstand bringen, sie soll Gewissheit vermitteln
und den Zweifel nähren – diese Ambivalenz gehört zur kirchlichen Bindung.
Das heißt: Die Kirche muss beheimaten in dieser Zeit und sie muss zugleich
befremden, sie muss einladen in eine Gemeinschaft und zugleich ermutigen
zum Aufbruch.

Diese Anmerkungen von Prof. Hermelink stimmen nachdenklich. Angesichts der Tatsache, dass manche Entwicklungen im Protestantismus wirklich
verschlafen wurden, musste im Impulspapier der Ruf zum Aufbruch domi-
nieren. Das ist verständlich. Ihm muss nun aber auch die Einladung in die
bergende Gemeinschaft der Kirche zur Seite treten. Darum müssen wir nicht
nur das verlockend Neue in den Blick nehmen, sondern auch das bewährte
Überkommene pflegen und weiterentwickeln.

(2) Wir haben unseren Kirchenkompassprozess in Baden begonnen mit
einer gründlichen theologischen Reflexion über Möglichkeiten und Grenzen

---

[159]   Jan Hermelink, Die Freiheit des Glaubens und die kirchliche Organisation. Praktisch-theologische Bemerkungen zum Impulspapier des Rates der EKD. – In: Pastoraltheologie 96 (2007), 45–55.

kirchlicher Planung. Ich erinnere an Michael Nüchterns Diktum von der protestantischen Spiritualität in der Balance zwischen Mut und Demut: Im Wissen um die Unverfügbarkeit göttlichen Wirkens müssen wir mutig das angehen, was wir zu tun haben.

Ich verhehle nicht, dass nach meiner Meinung das Impulspapier der EKD mehr von dieser protestantischen Spiritualität hätte durchdrungen sein können. In diesem Sinn – aber nur in diesem – hätte ich mir ein stärkeres theologisches Profil gewünscht. Der Text redet viel von empirischen Fakten, aber wenig von der Treue Gottes, viel von dem, was Menschen tun, wenig von Gottes Wirken, viel von der Notwendigkeit menschlicher Werke, wenig von Rechtfertigung. Das Impulspapier ruft eher auf zum Vertrauen in günstige Umstände als zum Vertrauen in Gott. Dass gerade das Vertrauen in das, was Gott uns zugutegetan hat, Kräfte freisetzt, davon ist nicht die Rede. Deshalb ist die Leistungskraft des Papiers dadurch begrenzt, dass es relativ stark auf die strukturellen Probleme fokussiert ist und dementsprechend strukturelle Lösungen vorschlägt. Was aber die inneren Bindungskräfte von Glaubensvorstellungen begünstigen könnte, bleibt unerörtert. So dominiert in diesem Papier eine utilitaristische Perspektive. Kirchliches Teilnahmeverhalten, also das, was Menschen bei der Kirche und beim Glauben hält, ist aber nicht ausschließlich von Nützlichkeitserwägungen bestimmt. Die Ausdrucksformen und Gestaltungen, in denen Gewissheit des Glaubens gelebt und erlebt wird, können in einer Perspektive der Effizienz allein nicht hinreichend erfasst werden.[160]

Dem entspricht, dass uns aus dem Impulspapier eine gewisse Angestrengtheit entgegenkommt. Ein wenig mehr Gewissheit des Glaubens täte diesem Papier gut. Eine Kirche der Freiheit muss in der Freiheit des Glaubens handeln. Nicht aus Furcht oder aus puren Nützlichkeitserwägungen sollte sie zu einer ökonomischen Sprache greifen, sondern in Freiheit sollte sie sich ihrer bedienen, ohne sich von ihr gefangen nehmen zu lassen. Ich halte es für verkehrt, dem Impulspapier Theologievergessenheit vorzuwerfen, aber ich meine auch, dass die Zielprojektionen dieses Papiers in der Gefahr stehen, die Funktion von Heilsmitteln zu bekommen, die allein vor dem drohenden Untergang bewahren. Stattdessen sollten wir sie als das sehen, was sie sind: Erklärungshilfen zu einer verbindlichen Zielfindung, bei der wir uns von Gott und seinem Heiligen Geist leiten lassen. Die Balance zwischen Mut und Demut

---

[160]   Vgl. Friedrich Hauschildt, Beitrag im Materialband zur Diskussion des Impulspapiers »Kirche der Freiheit« auf dem Zukunftskongreß in Wittenberg (25. bis 27. Januar 2007), hrsg. vom Kirchenamt der EKD in Hannover 2007, 60.

jedenfalls ist meines Erachtens nicht gefunden; zu sehr ist unser Mut betont, die von uns geforderte Demut dagegen bleibt unterbelichtet. Umso wichtiger, dass wir in unserem Kirchenkompassprozess immer wieder zu dieser Balance finden und uns nicht überheben. Ein Sprichwort aus Russland bringt diese Haltung auf den Punkt: »Frage nicht, wie die Ernte sein wird, sondern bestelle dein Feld und bitte Gott um seinen Segen.«

(3) Ich finde es zwar sehr verständlich, dass der Protestantismus in Deutschland bei der Planung seiner Zukunft zunächst einmal auf sich selbst schaut und die Hausaufgaben in den Blick nimmt, die er ganz alleine zu erledigen hat. Aber ich frage: Besteht nicht die Gefahr einer evangelisch-deutschen Nabelschau, die den ökumenischen Horizont des Protestantismus in unzulässiger Weise ausblendet? Wird es wirklich möglich sein, die ökumenische Perspektive nachträglich einzuzeichnen, wenn man sie zuvor ausgeblendet hat? Verkommt dabei die Ökumene nicht zu einem Zuckerguss, den wir über unsere Arbeit gießen können, der aber unserem Kirchesein nicht essenziell eigen ist? An diesem Punkt gehen wir in Baden sehr bewusst andere Wege. Gemeinsam mit der Erzdiözese Freiburg haben wir uns darangemacht, eine »arbeitsteilige Ökumene« in Baden zu entwickeln. Erzbischof Zollitsch hatte im Jahr 2005 in den Pastoralen Leitlinien für die Erzdiözese Freiburg diesen Begriff ins Spiel gebracht.[161] Stellvertretend Aufgaben für andere übernehmen – unter dieser Perspektive haben wir eine Arbeitsgruppe eingerichtet, die mit jeweils drei Kollegiumsmitgliedern besetzt ist. Sie soll prüfen, in welchen Bereichen »arbeitsteilige Ökumene« sinnvoll und machbar ist, und sie wird konkrete Arbeitsaufträge an die jeweiligen Fachabteilungen weitergeben. In einem Jahr sollen bereits konkrete Ergebnisse vorliegen. Auf unserer Liste stehen neben der Arbeit von Diakonie und Caritas auch die Krankenhausseelsorge, der Bereich der Fortbildung und Erwachsenenbildung sowie das Gebäudemanagement. Daneben soll geprüft werden, ob ökumenische Trägerschaften von Kindertagesstätten möglich sind. Wo keine Arbeitsteilung denkbar ist, wollen wir unsere Kooperation verstärken und ausbauen. Wir gehen damit nicht nur einen aus finanzieller und personeller Not gebotenen Schritt, sondern unser Vorgehen ist ebenso Ausdruck ökumenischer Freundschaft und Zusammenarbeit in Baden. Ich freue mich sehr über dieses in Deutschland bisher wohl einmalige Vorhaben zwischen einer katholischen Diözese und einer evangelischen Landeskirche.

Im Impulspapier der EKD dagegen erfährt die ökumenische Verflochtenheit der EKD und ihrer Gliedkirchen keine qualifizierte Betrachtung. Es

---

[161]   Den Aufbruch gestalten. Pastorale Leitlinien der Erzdiözese Freiburg, Freiburg 2005.

entsteht ein Bild von Kirche, in dem Lernerfahrungen aus Partnerschaften und Einsichten von Geschwistern anderer Kirchen für unseren Reformprozess nicht relevant erscheinen. Und Mission scheint nur als Sammelbegriff für Aktivitäten zur (Rück-)Gewinnung von Mitgliedern zu fungieren, nicht aber als Grunddimension kirchlicher Arbeit. Indem die Teilhabe am Leben der Geschwister binnenkirchlich verengt ist und die Schwächen-Stärken-Analyse ohne den ökumenischen Blick von außen erfolgt, werden die Reformpotenziale nur in der eigenen Kirche gesucht. *De facto* erscheint ein Bild von Kirche, die auf ökumenische Gemeinschaft nicht angewiesen ist. Diese Selbstbezogenheit und Selbstgenügsamkeit führt dann auch dazu, dass die für die Ökumene geradezu essenziellen Themenkomplexe des Konziliaren Prozesses fast vollständig ausgeblendet bleiben und die Weltverantwortung von Kirche aus dem Blick gerät. Diese Blickverengung aber können wir uns nicht leisten, wenn wir wirklich Kirche im weltweiten Leib Christi sein und als Salz der Erde in die Welt hineinwirken wollen.

Diese drei kritischen Anmerkungen sollen aber keineswegs das Verdienst schmälern, das sich die Perspektivkommission der EKD erworben hat. Entscheidende Impulse für die Weiterentwicklung kirchlichen Lebens im deutschen Protestantismus wurden gegeben. Statt sich über Einzelheiten zu erregen – so auch der Konsens in Wittenberg und bei der letzten Sitzung der Kirchenkonferenz im März –, sollten wir uns an die Arbeit machen, eventuelle Defizite des Papiers landeskirchlich komponsioron, ocinc wertvollen Impulse aufgreifen und in unsere landeskirchliche Planungsarbeit übersetzen.

9.1.2   Der Zukunftskongress in Wittenberg

Ehe ich dazu einige Anregungen gebe, will ich auf den Zukunftskongress der EKD in Wittenberg zurückschauen. Mit der Veröffentlichung des Impulspapiers begann bereits die Vorbereitung auf diesen Kongress, denn die darin skizzierten zwölf Leuchtfeuer sollten schwerpunktmäßig Inhalt der Beratungen in Wittenberg sein. In Baden-Württemberg haben wir uns dann noch in ganz besonderer Weise vorbereitet, indem alle badischen und württembergischen Delegierten zu zwei Vorbereitungstreffen in Karlsruhe und in Stuttgart zusammentrafen. So fuhren wir gut baden-württembergisch eingestimmt nach Wittenberg. Zwar war das Wetter nicht schön, der Tagungsort für das Plenum verströmte postsozialistische Kühle, und manche der Kirchenleitenden hatten bezüglich der Kommunikation mit Jugenddelegierten, ganz normalen Gemeindepfarrerinnen oder Synodalen Probleme. Das Genus der mit Glockengeläut eingeleiteten und durch einen hochintellektuellen

Vortrag[162] des Ratsvorsitzenden geprägten Eröffnungsveranstaltung war nicht klar, und manchen behagte auch nicht die sehr streng strukturierte Form der Gruppenarbeit. Aber all dies halte ich für fast lächerliche Details angesichts dessen, was in Wittenberg wirklich geschah: Hier traf sich eine Art Vollversammlung des Protestantismus mit einem ausgeprägten Willen, kirchliche Arbeit gemeinsam zu planen. Ich habe Wittenberg als eine um Aufbruch in die Zukunft bemühte Gemeinschaft erfahren, für die zumeist das galt, was eine junge badische Delegierte später in die Worte fasste: »Jammern war gestern!« Wir konnten uns freuen an einer geistlichen Gemeinschaft, die wir bei der Morgenandacht von Landessuperintendentin Holze-Stäblein[163] ebenso erfuhren wie bei der Bibelarbeit von Prof. Jüngel[164] oder beim Abschlussgottesdienst in der Wittenberger Stadtkirche, der Predigtkirche Martin Luthers. Wir wurden von der Kulturbeauftragten des Rates der EKD Dr. Petra Bahr in exzellenter Weise durch das Programm geführt, und auch die Organisation dieser protestantischen Vollversammlung klappte vorzüglich. Ermutigung haben wir erlebt, Gemeinschaft des Feierns und des Betens, des Beratens und Planens – mit Jungen und Alten, mit Mitgliedern anderer Landeskirchen, die teilweise vor ganz anderen Herausforderungen stehen als wir hier in Baden. »Avanti Protestanti!«[165] Mit diesem Aufruf hat die Katholikin Dagmar Reim, Intendantin des Rundfunks Berlin-Brandenburg, uns in Wittenberg zum Aufbruch ermutigt. Diesen Aufruf möchte ich aufnehmen: Macht euch auf den Weg in die Zukunft. Schaut an, was vor euch liegt und macht euch zuversichtlich an eure Arbeit. Geht mit Gott, aber geht! Avanti Protestanti Badensi!

Natürlich war nicht alles Euphorie, aber ich möchte der Versuchung wehren, die Aufbruchstimmung von Wittenberg wieder protestantisch-selbstquälerisch kaputtzureden, als wären wir keine GmbH, keine Gemeinschaft mit begründeter Hoffnung. Damit Sie spüren, dass in Wittenberg durchaus sehr kontrovers diskutiert wurde, nenne ich einige der Fragestellungen, die bei den Plenarveranstaltungen eingebracht wurden:

---

[162]   Wolfgang Huber, Eröffnungsvortrag für den Zukunftskongress der Evangelischen Kirche in Deutschland, Wittenberg am 25. Januar 2007: Evangelisch im 21. Jahrhundert. – In: epd Dokumentation 6/2007. Zum Zukunftskongress vgl. epd Dokumentation 3/2007, zu den folgenden Redebeiträgen vgl. epd Dokumentation 6/2007.

[163]   Oda-Gebbine Holze-Stäblein, Morgenandacht über Jes 43,19a am 26. Januar 2007.

[164]   Eberhard Jüngel, Bibelarbeit über 1. Mose 13a, 27. Januar 2007.

[165]   Dagmar Reim, Von anderen lernen, 26. Januar 2007.

a) Beheimatung

Wenn die tiefste Wurzel der Beheimatung in etwas Fremdem liegt, nämlich in der Beziehung zu Gott und zu seinem Wort, was ist dann hinsichtlich unserer Bemühungen um Beheimatung in der Kirche machbar und was nicht?

Welche Bedeutung hat in diesem Zusammenhang der von Bischof Huber geforderte »Mut zum Ritus«[166]?

Wie kann Kirche nachhaltig und verlässlich beheimatend wirken und zugleich Freiheit zur Veränderung gewinnen?

Wie gelingt Beheimatung in einer evangelischen Kirche bei gleichzeitiger großer ökumenischer Offenheit?

b) Bindekraft der Institution Kirche

Wie können wir die Bindekraft der Institution stärken, ohne die Freiheit der Einzelnen einzuschränken?

Wie können wir Freiheit als Freiheit in der Kirche beschreiben und nicht als Freiheit von der Institution?

Wie kann der Gefahr der Unverbindlichkeit im Protestantismus begegnet und die Bereitschaft gefördert werden, aus Freiheit Verbindlichkeit wachsen zu lassen?

Wie kann Kirche ihre Aufgabe als Förderin von Hochkultur wahrnehmen bei gleichzeitiger Achtung anderer kultureller Formen, wie kann sie zugleich anwaltliche Kirche für die Schwachen sein und Meinungsführerschaft in der Gesellschaft mitprägen?

c) Veränderungsbereitschaft

Wie können wir aus der Leidenschaft für das Evangelium Mut zur Veränderung schöpfen statt uns durch Angst vor negativen Trends das Gesetz des Handelns aufzwingen zu lassen?

Wie können wir das Einfordern von Qualitätsstandards kirchlicher Arbeit so vermitteln, dass dies nicht als ständige Kränkung empfunden wird?

Welchen theologischen Status haben Qualitätskriterien und -überprüfungen? Können wir etwa, weil überzeugendes geistliches Reden nicht machbar ist, deshalb auf jede Bemühung um die Qualität geistlichen Redens verzichten?

Wie können wir eine »Ethik des Aufgebens« [167]einüben?

---

[166]   Zukunftskongress der Evangelischen Kirche in Deutschland (EKD), Lutherstadt Wittenberg, 25. bis 27. Januar 2007: Wolfgang Huber, Schlusswort zum Zukunftskongress. – In: epd-Dokumentation 6/2007.

[167]   Johann Hinrich Claussen, Für eine Ethik des Aufgebens. Die Theologie der Kirchenschließung angesichts der rückläufigen Entwicklungen. – In: F.A.Z. vom 21. Dezember 2005.

Unschwer erkennen Sie, dass das in Wittenberg Diskutierte nicht unähnlich jenem ist, was wir im Rahmen unseres Kirchenkompassprozesses behandeln. In Wittenberg konnten wir uns jedenfalls mit unseren mitgebrachten Fragestellungen bestens aufgehoben fühlen. Und wir wurden in unserer Bereitschaft, kirchliche Arbeit langfristig und strategisch zu planen, kräftig unterstützt, nicht zuletzt durch Eberhard Jüngel, der es in seiner Bibelarbeit für mich auf den Punkt brachte: »Vertrauen ist gut, Gottvertrauen allzumal, ... Planen ist – nein: nicht besser – aber auch gut.«

9.2   VON WITTENBERG NACH HERRENALB: CHANCEN UND GRENZEN BADISCHER REZEPTION DER EKD-IMPULSE

9.2.1   Die Gleichzeitigkeit des Ungleichzeitigen

Welche Impulse gilt es nun aus dem EKD-Impulspapier und aus dem Zukunftskongress von Wittenberg aufzunehmen und badisch, in manchem auch badisch-württembergisch fortzuschreiben? Bei der Beantwortung dieser Frage ist grundsätzlich festzustellen: Wir müssen eine süddeutsche Lesart des Impulspapiers vornehmen, d. h. wir müssen in den Gliedkirchen der EKD sehr genau schauen, welche Besonderheiten sich hinsichtlich der künftigen Planung kirchlicher Arbeit für die süddeutschen Landeskirchen ergeben. Bischof Frank Otfried July hat dies bereits im vergangenen Jahr vor der württembergischen Landessynode angedeutet, Bischof Johannes Friedrich dann bei seinem Bericht zur Lage vor der bayerischen Synode. In unserem gemeinsamen Statement zum Wittenberger Zukunftskongress haben Bischof July und ich darauf verwiesen, dass angesichts des deutschen Ost-West- und Nord-Süd-Gefälles viele der von der EKD prognostizierten Entwicklungen uns entweder überhaupt nicht, nur sehr vermindert oder stark verzögert ereilen. Hinsichtlich der Dringlichkeit des Handelns gibt es in unseren Landeskirchen einen gänzlich anderen Überzeugungsbedarf als in anderen Gliedkirchen der EKD.

Wenn Entwicklungen in den einzelnen Regionen Deutschlands sehr unterschiedlich schnell und stark oder gar gänzlich anders ablaufen, dann wird die Gemeinschaft der Gliedkirchen vor große Zerreißproben gestellt. Welches Reformtempo können wir angesichts dieser »Gleichzeitigkeit des Ungleichzeitigen« in den Gliedkirchen der EKD gemeinsam absprechen oder einander zumuten? Welche Maßnahmen können wir vereinbaren, wenn notwendige Reformschritte in bestimmten Regionen nicht im angemessenen Tempo erfolgen oder wenn einige Gliedkirchen hinsichtlich ihres Reformtempos weit vorauseilen? Wie können wir sehr unterschiedliche Ziel- und Messgrößen miteinander kommunizieren? In welchem Maße kann die Solidarität von einzelnen Gliedkirchen eingefordert werden, wenn finanzpolitische Hausaufgaben dort nicht gemacht werden, und was bedeutet dies für den landeskirchlichen Finanzausgleich? Wie können wir bei künftig unterschiedlichen Entwicklungen die Einheit des Protestantismus in Deutschland wahren und die Stärkung der EKD vorantreiben?

Das sind sehr grundsätzliche Fragen, die wir im Rahmen der verlässlichen Arbeitsbeziehungen zwischen den Landeskirchen zu klären haben. Über diese grundsätzlichen Fragen hinaus möchte ich – im Anschluss an Bischof Friedrich – vier im EKD-Impulspapier genannte Punkte ansprechen, die entweder für uns in Baden keine Rolle spielen oder bei denen wir von gänzlich anderen Voraussetzungen ausgehen müssen:

(1) Die Verringerung der Zahl der Gliedkirchen ist kein baden-württembergisches Thema, selbst wenn dieses Thema immer wieder ventiliert wird. Dass es auf der Fläche des Landes Baden-Württemberg zwei katholische Diözesen und zwei evangelische Landeskirchen gibt, hat sich außerordentlich bewährt – gerade hinsichtlich der konfessionellen Balance und im Gegenüber zur Landesregierung. Erst im vergangenen Jahr hat der Ministerpräsident beim 450-jährigen Reformationsjubiläum in Karlsruhe die Stabilität dieses ökumenischen Kleeblatts gelobt. Dem ist nichts hinzuzufügen.

(2) Die im EKD-Impulspapier bis zum Jahr 2030 anvisierte Reduzierung der Zahl der Pfarrerinnen und Pfarrer um 20% ist eine für Baden viel zu hohe Zielgröße. Mit der Einrichtung unseres Gemeindesicherungsfonds haben wir Vorsorge getroffen, die Reduzierung von Pfarrstellen deutlich unter dem von der EKD angegebenen Maß halten zu können. Ich gehe davon aus, dass wir in den kommenden 10 Jahren, wenn überhaupt, nur in sehr geringem Umfang eine Reduzierung von Gemeindepfarrstellen haben werden. Dies ist ganz besonders im Blick auf die ländlichen Regionen unserer Landeskirche von besonderer Bedeutung.

(3) Das im Impulspapier angepeilte Verhältnis von 1:1:1 bei Pfarrerinnen/ Pfarrern – Prädikantinnen/Prädikanten – Lektorinnen/Lektoren halte ich schon deshalb nicht für sachgemäß, weil wir die Dienstbezeichnung des Lektoren in Baden aus guten Gründen abgeschafft haben. Zu diskutieren wäre also die Frage: In welcher quantitativen Relation werden hauptamtliche Pfarrerschaft – Prädikantinnen/Prädikanten und ehrenamtliche Ordinierte – und als dritte Gruppe, die erst noch zu installieren wäre, Teil- bzw. Nebenerwerbspfarrerinnen und -pfarrer stehen? Diese Debatte, die ich vor einigen Jahren eröffnet habe, müssen wir jetzt intensiver führen und dabei auch von Kirchen in der Ökumene lernen, für welche die Beschäftigung von Pfarrern und Pfarrerinnen im Nebenamt (also neben einem weltlichen Beruf) schon längst eine Normalität ist.

(4) Die im Impulspapier angesteuerte Verringerung der Zahl der rein parochial ausgerichteten Ortsgemeinden um 50% halte ich für unsere Landeskirche, die gerade in den ländlichen Bereichen eher noch wächst als schrumpft, für überzogen. Wir wären töricht, wenn wir unser recht stabiles Netz der pastoralen Versorgung in unseren ländlichen Parochien zerstören würden. Anders sehe ich die Entwicklung in den Großstädten. Der dort mit der Bezirksstrukturreform beschrittene Weg muss konsequent weitergegangen werden. Stadtteilgemeinden, Unionspfarrgemeinden, Gruppenpfarrämter und Gruppenämter, thematische Zentren – all dies werden wir weiterentwickeln und dabei auch die Zahl der rein parochial ausgerichteten Gemeinden in den Städten allmählich und mit Augenmaß reduzieren. Damit tragen wir der Tatsache Rechnung, dass Menschen in der Großstadt sich nur noch sehr bedingt hinsichtlich ihrer kirchlichen Beteiligung und Beheimatung an parochialen Vorgaben orientieren.

9.2.2   Leuchtfeuer und Handlungsfelder
Nach diesen abgrenzenden Bemerkungen will ich nun aber fragen, welche der von der EKD definierten Leuchtfeuer wir in unserem badischen Kirchenkompassprozess konstruktiv aufnehmen und weiterentwickeln sollten. Darüber hinaus werde ich auch auf unsere Absprachen mit der württembergischen Landeskirche zu sprechen kommen, mit der wir an manchen Themenbereichen gemeinsam weiterarbeiten möchten.

(1) Das erste von der EKD definierte Handlungsfeld »*Kirchliche Kernangebote*« mit den Leuchtfeuern 1–3[168] hat bereits jetzt seine Entsprechung in den ersten beiden Leitbildern für die Zukunft unserer Landeskirche, nämlich im Leitbild vom *wandernden Gottesvolk* und vom Haus der lebendigen Steine und im vierten von der Landessynode definierten Handlungsfeld »*Besinnung auf Botschaft und Auftrag*«. Hier sehe ich sehr enge Berührungspunkte und große Chancen, Fragestellungen des Impulspapiers und des Wittenberger Kongresses badisch durchzudeklinieren. Die Angemessenheit der Rede von »kirchlichen Kernangeboten« möchte ich dabei nicht thematisieren, vielmehr will ich jene Fragestellungen benennen, die in unserem Kirchenkompassprozess Beachtung finden müssten.

So haben wir die bereits begonnene Diskussion um die Beheimatung in unserer Kirche so weiterzuführen, dass wir einen differenzierten Heimatbegriff entwickeln, der auch kulturelle Beheimatung auf Zeit sowie orts- und parochieunabhängige Zugehörigkeit zur Kirche mit einschließt. In diesem Zu-

---

[168]   Kirche der Freiheit. Perspektiven für die evangelische Kirche im 21. Jahrhundert. Ein Impulspapier des Rates der EKD, Hannover 2006, 49–62.

sammenhang wird es auch um die Entwicklung und angstfreie Ermöglichung vielfältiger Gemeindeformen und -modelle gehen, um die Stärkung der Integrationsfähigkeit der Landeskirche in Bezug auf verschiedene geistliche Gemeinschaften und um die Identifizierung von missionarisch-diakonisch-kulturellen Begegnungsorten des Glaubens für unterschiedliche Milieus und Kulturen. Zur Sicherung der inhaltlichen wie strukturellen Qualität der Arbeit in solchen Gemeindeformen werden wir Parameter entwickeln müssen. Und wir werden regionale und bezirkliche Entwicklungspläne erstellen müssen, in denen Parochien, parochiale Profilgemeinden, Personalgemeinden, Begegnungsorte evangelischen Glaubens und geistliche Gemeinschaften einander zugeordnet sind. Wir sind daran, mit der württembergischen Landeskirche eine gemeinsame »Landkarte geistlicher Kraftorte« zu entwickeln. Eine Grundlage hierfür hat die Fachstelle »Geistliches Leben« in unserer Landeskirche gelegt, indem sie in einer ansprechenden Broschüre einige solcher »Kraftorte« – auch jenseits landeskirchlicher und konfessioneller Grenzen – dargestellt hat. In diesem Zusammenhang könnte es künftig auch um eine entsprechende Personalentwicklung über die Grenzen von Landeskirchen hinweg gehen.

Wenn wir diese Fragestellungen aufnehmen (zum Teil haben wir dies schon vor Wittenberg getan), dann wird in unserer Landeskirche ein fairer und begrenzter Wettbewerb um »Profil-Ressourcen« (Hemminger, zeitzeichen) zu installieren sein: Die Basisdienste unserer Gemeinden müssen wie bisher verlässlich weiterfinanziert werden, aber auf der Ebene von Bezirken oder auch der Landeskirche müssen zugleich Mittel für Projekte und Dienste bereitgestellt werden, durch die eine besondere Profilierung möglich wird. Erfolgversprechende Konzepte sollten honoriert werden.

2) Das zweite von der EKD definierte Handlungsfeld »*Kirchliche Mitarbeitende*« mit den Leuchtfeuern 4–6[169] berührt sich aufs engste mit dem dritten von der Landessynode benannten Handlungsfeld »*Ehrenamt und Hauptamt*«.

Hier geht es vorrangig um die Klärung, wie sich das protestantische Prinzip des Priestertums aller Getauften verhält zu der Tatsache, dass der Pfarrberuf nun einmal ein Schlüsselberuf unserer Kirche ist. Wie verhält sich dazu das Ernstnehmen der Ehrenamtlichen als Expertinnen und Experten ihrer Lebenswirklichkeit und die Verbannung des Begriffs »Laie« aus dem evangelischen Wortschatz sowie die Entwicklung einer Kultur der Anerkennung Ehrenamtlicher? Ich will ehrlich gestehen, dass ich die wechselseitige Aufregung über das Impulspapier in den zurückliegenden Monaten nicht nachvollziehen konnte. Dass als Reaktion auf die Erklärung des Pfarrberufs zum Schlüsselberuf ein

---

[169] Kirche der Freiheit, 63–76.

Aufschrei bei vielen Ehrenamtlichen und nicht-pastoralen Berufsgruppen zu vernehmen sein würde, war ja noch zu erwarten, aber dass man (!) sich dann beim Deutschen Pfarrertag in polemischer Kritik am Impulspapier gefiel, ist mir unbegreiflich.[170] Da erlebe ich die Debattenlage in unserer Landessynode zum Thema »Haupt- und Ehrenamt« doch als wesentlich konstruktiver. Ja, wir müssen beides zugleich sagen und miteinander gestalten: den Schlüsselberuf des Pfarrers bzw. der Pfarrerin und das wertschätzende unverzichtbare Miteinander von Ehren- und Hauptamtlichen in einer Kirche des Priestertums aller Getauften.

Zu verbessern haben wir in der Tat die Qualität der Zusammenarbeit zwischen Ehren- und Hauptamtlichen. Ein verbindliches, theologisch verantwortetes Qualitätsmanagement für kirchliche Mitarbeitende, das auch geistliche Persönlichkeitsbildung einschließt, ist zu implementieren, Qualitätszirkel auf verschiedenen Ebenen wären einzurichten, Qualitätskriterien und -standards festzulegen. Verbindliche Fortbildungskanons sind zu erstellen und die Fortbildung für Pfarrerinnen, Gemeindediakone und andere Mitarbeitende (auch Ehrenamtliche) zu vernetzen. Auch ist an den Aufbau von Netzwerken »kollegialer Beratung« zu denken, an geistliche Begleitung durch alle Ausbildungs- und Berufsphasen hindurch, an Schaffung von Leistungsanreizen, möglicherweise auch in der Form eines die Landeskirchen übergreifenden Baukastensystems, und an die Entwicklung eines Gesamtkonzepts für Organisations- und Personalentwicklung.

Mit der Etablierung eines Qualitätsmanagements müssen wir eine Akzeptanz für Qualität erreichen und damit unsere Arbeit verbessern. Theologisch reflektiertes Qualitätsmanagement ist kein hierarchisches Selektionsvorhaben. Vielmehr muss Steigerung der Motivation und Leistungsbereitschaft unser Ziel sein, nicht Aufbau neuer Versagens- oder Verlustängste. Wichtig ist bei alledem, gerade angesichts drohender Überforderung von Haupt- wie Ehrenamtlichen, dass wir im Miteinander aller Mitarbeitenden eine »Kultur des Lassens« entwickeln. Dabei meine ich diesen Begriff durchaus doppeldeutig. Wir müssen einerseits lernen, das zu unterlassen, was dem Auftrag der Kirche nicht wirklich dient, andererseits müssen wir lernen, andere auch dort wirken und arbeiten zu lassen, wo wir selbst nicht unsere Stärken und Qualitäten haben.

(3) Das dritte von der EKD definierte Handlungsfeld »*Kirchliches Handeln in der Welt*« mit den Leuchtfeuern 7–9[171] findet seine Entsprechung im dritten

---

[170]   Vgl. Klaus Weber, »Wir sind's nicht, die da könnten die Kirche erhalten!«. – In: Deutsches Pfarrerblatt 11/2006.
[171]   Kirche der Freiheit, 77–88.

und vierten Leitbild für die Zukunft unserer Landeskirche, also in den Leitbildern vom *Leib Christi* und vom *Salz der Erde*. Dem korrespondieren die drei von der Landessynode entwickelten Handlungsfelder *»Diakonie – Gemeinde – Kirche«* und *»Zuwendung zur Welt, Kommunikation und Dialog«* sowie *»Bildung, Religionsunterricht, Weitergabe des Glaubens«*. Schon diese Zuordnung lässt die von mir eingangs genannten Defizite im Impulspapier der EKD an dieser Stelle erkennen und zeigt auf, dass unsere Landessynode hier einen deutlich stärkeren Akzent setzen will. So lese ich die beiden Leitbilder und die von der Landessynode ihnen zugeordneten strategischen Ziele in diesen Handlungsfeldern als eine spezifisch badische Akzentsetzung, die weit über die Impulse aus Wittenberg hinausgeht.

Dabei denke ich an folgende Umsetzungsmöglichkeiten: Die Bildungsarbeit unserer Landeskirche könnte neu konzeptionell ausgerichtet werden im Rahmen eines Bildungsgesamtplans, wie ihn die Synode im sechsten ihrer strategischen Ziele vorschlägt. Bildungseinrichtungen unserer Landeskirche (und der württembergischen) sollten stärker miteinander vernetzt werden. Gemeinsam mit der württembergischen Kirche wäre ein elementarer »Grundkurs Glauben« für kirchlich Mitarbeitende zur Stärkung der Sprachfähigkeit im Glauben zu entwickeln. Und durch unser bereits auf den Weg gebrachtes Projekt zur Förderung evangelischer Eliten, das demnächst beginnt, wären neue Zugänge zu gesellschaftlichen Meinungsführern bzw. -führerinnen zu erschließen. Wir müssen dringend einiges dafür tun, dass wir die Meinungsführerschaft zur religiösen Dimension gesellschaftlicher Themen wiedergewinnen, indem profilierte »evangelische Köpfe« im gesellschaftlichen und politischen, im kulturellen und wissenschaftlichen Diskurs gehört und ernst genommen werden.

Schließlich stehen wir auch – und das hat die Synode eingefordert – hinsichtlich der Wahrnehmung kirchlicher Weltverantwortung vor großen Aufgaben: Das kirchliche Umweltmanagement, dessen Weiterführung Sie im letzten Jahr beschlossen haben, gehört ebenso dazu wie die Diakonie. Wir müssen Diakonie als kirchliche Gemeinschaftsaufgabe auf allen Ebenen fördern im Sinne eines Diakonia-Mainstreaming, auch um der wachsenden Armut in unserer Gesellschaft zu begegnen. Wir müssen die Verbindung gemeindlicher und diakonischer Arbeit vorantreiben und damit das Wort- und das Tatzeugnis aufeinander beziehen. Und wir stehen – besonders in den städtischen Kontexten mit dem hohen Anteil an ausländischen Mitbürgerinnen und Mitbürgern – vor der großen Herausforderung eines interkulturellen und interreligiösen Dialogs, der Gewissheit über den eigenen Glauben und Kenntnis der eigenen Religion ebenso voraussetzt wie empathische Konvivenz und Entwicklung einer fairen Streitkultur. Weiter wäre hier auch das kirchliche Engagement für

Menschen zu nennen, die in unserem Land Asyl suchen und oft schon viele Jahre mit ihren Familien hier leben, ohne ein gesichertes Bleiberecht zu erhalten.

(4) Das vierte von der EKD definierte Handlungsfeld *»Kirchliche Selbstorganisation«* mit den Leuchtfeuern 10–12[172] hat vor allem das föderale System zwischen den Gliedkirchen zum Inhalt. Von daher ist es selbstverständlich, dass sich zu unserem Kirchenkompassprozess nur schwache Beziehungen herstellen lassen. Lediglich im Kommentar zum zweiten Leitbild hatten wir formuliert:»Die Evangelische Landeskirche in Baden hat alternative Finanzierungskonzepte entwickelt, mit deren Hilfe Bewährtes fortgeführt und Neues gewagt werden kann. Den Fortbestand ihrer gegenwärtigen Strukturen hält sie nicht für prioritär, sondern setzt sich engagiert für grundlegende Veränderungen im deutschen und europäischen Protestantismus ein.« Einen Bezug zu den strategischen Zielen der Landessynode sehe ich nicht, mehr schon zum operativen Geschäft im Evangelischen Oberkirchenrat. Insbesondere werden wir uns darum mühen müssen, einen Mentalitätswandel im Blick auf Spenden und Stiftungen zu fördern sowie das erwerbswirtschaftliche Handeln von Gemeinden und die in unserer Landeskirche vorhandene Fundraising-Kompetenz zu stärken.[173] Ferner werden wir auf EKD-Ebene unseren Beitrag dazu leisten, leistungsfähige und solidarverträgliche Strukturen des kirchlichen Föderalismus zu erhalten bzw. diese Strukturen daraufhin zu überprüfen, inwiefern sie die Handlungsfähigkeit der EKD fördern. Wir werden – neben der oben dargestellten ökumenischen Arbeitsteilung – landeskirchenübergreifende Arbeitsteilung einüben und diese auch öffentlich darstellen, etwa in Form einer für das Spätjahr vorgesehenen Rahmenvereinbarung zwischen den beiden evangelischen Landeskirchen in Baden-Württemberg. Gemeinsam mit unserer württembergischen Schwesterkirche wollen wir auch darüber nachdenken, welches eigentlich die Kriterien und Standards für eine funktionierende Landeskirche sind. Dieses gemeinsame baden-württembergische Nachdenken ist einerseits sinnvoll, um populistischen Forderungen nach einer Fusion unserer Landeskirche argumentativ besser begegnen zu können, andererseits kann mit der Beschreibung nachvollziehbarer Kriterien für die Selbständigkeit einer Landeskirche auch anderen EKD-Gliedkirchen Hilfestellung geleistet werden. In allem, was wir als Landeskirche innerhalb der EKD tun, muss der Grundsatz gelten: so viel Gemeinsames wie möglich, so viel Unterschiedliches wie nötig.

---

[172]   Kirche der Freiheit, 89–100.
[173]   Vgl. Vgl. Michael Nüchtern, Kirche evangelisch gestalten, Heidelberger Studien zur Praktischen Theologie Band 13, Berlin 2008, 43–49.

Sie sehen: Es ist nicht wenig, was wir aus den Anstößen des EKD-Impulspapiers und des Wittenberger Zukunftskongresses für den Kirchenkompassprozess unserer Landeskirche gewinnbringend umsetzen könnten. Auch der erste Gemeindeentwicklungskongress unserer Landeskirche, der am Samstag, 22. September in Karlsruhe stattfindet, bietet unter dem Titel »Vertraut den neuen Wegen« konkrete Anregungen. Er schließt sich mit seinen Foren und Inhalten an die eben skizzierten Handlungsfelder, Leitbilder und Ziele an, könnte also zu einem »kleinen badischen Wittenberg« werden. Also: Avanti Protestanti Badensi!

9.3 DIE DYNAMIK DES BADISCHEN KIRCHENKOMPASSPROZESSES

Im dritten und letzten Teil meines Berichtes will ich unseren Blick gezielt auf unseren Kirchenkompassprozess lenken und danach fragen, welche Dynamik dieser Prozess seit der Frühjahrstagung 2006 entwickelt hat und wie er sich in den kommenden Monaten weiter gestalten wird.

Zunächst eine für mich wichtige Beobachtung: Dieser Prozess verlangt sehr vielen Menschen in unserer Kirche sehr vieles ab. Offenkundig ist es nicht leicht, Unbeteiligten die Sinnhaftigkeit dieses ganzen Unternehmens zu vermitteln. Betrüblich finde ich die Tatsache, dass in nicht wenigen Reaktionen dieser Prozess als wohl für Unternehmenshierarchien geeignet, aber einer evangelischen Kirche unangemessen angesehen wird. Nicht selten wird der Verdacht ausgesprochen, damit solle – wie angeblich in der EKD – ein Zentralismus gestärkt werden und Ziel sei es nur, Geld zu sparen und unliebsame Stellen oder Arbeitsfelder wegzurationalisieren. Da ist es dann doch ermutigend, wenn in manchen Reaktionen anerkannt wird, dass die Kirchenleitung (Landesbischof, Oberkirchenrat und Landessynode) mit diesem Prozess ihre Leitungsverantwortung wahrnehme, dass eine transparente Meinungsbildung ermöglicht werde, dass der Zeitplan gut durchdacht und mit einer partizipatorischen Methodik vor allem die Beteiligung Ehrenamtlicher möglich sei. Insgesamt aber herrscht in Gemeinden und Bezirken noch eine relativ große Unkenntnis, und das ist nur zu verständlich, da dieser Prozess derzeit nur auf der landeskirchlichen Ebene durchgeführt wird. Bis zu den Ältestentagen im Juni werden wir eine Broschüre zu den Leitbildern und den strategischen Zielen herausgeben, und ab 2008 planen wir dann ein Projekt mit dem Arbeitstitel »Gemeindeentwicklung und Kirchenkompass«. Dadurch sollen Gemeinden und Bezirke ermutigt werden, eigene Kompassprozesse durchzuführen. Wir werden jedenfalls in nächster Zeit noch viel an Informations- und Überzeugungsarbeit zu leisten haben. Dabei sind auch ganz entscheidend Sie, liebe Synodale, gefordert: Die Gemeinden und Bezirke brauchen Sie als Botinnen und Boten des Kirchenkompasses!

Auch in der Landessynode und im Evangelischen Oberkirchenrat sind wir durch diesen Prozess vor bisher nicht gekannte Herausforderungen gestellt. Die Erstellung von Kompasskarten für jedes einzelne Referat bedarf ständig einer doppelten Rückkoppelung hinsichtlich der Stimmigkeit der einzelnen Referatsziele einerseits mit den Zielen der anderen Referate und den Zielen des Evangelischen Oberkirchenrats insgesamt, andererseits mit den von der Landessynode verabschiedeten strategischen Zielen. Und innerhalb der Landessynode muss auch noch das Vertrauen in die Zuständigkeit der synodal-oberkirchenrätlichen Lenkungsgruppe beherzter gelebt werden. Es ergibt nicht nur wenig Sinn, sondern ist auch in einem hohen Maße aufreibend, wenn bereits Vereinbartes wieder in Frage gestellt wird.

Im Blick auf die dem Kirchenkompassprozess zugrunde liegenden Leitbilder ist überwiegend Positives festzustellen. Die Leitbilder haben eine große Akzeptanz erfahren. Ihre bildhafte Sprache und ihre Anknüpfung an biblische Motive werden ebenso gelobt wie ihr ekklesiologischer Gehalt. Einige Rückmeldungen während der letztjährigen Frühjahrstagung der Landessynode und manche Anregungen aus Bezirken und Gemeinden während der nachfolgenden Monate fand ich sehr hilfreich, sodass eine maßvolle Überarbeitung des Textes der Leitbilder als sinnvoll erschien. Neben kleineren redaktionellen Änderungen wurde im ersten Leitbild das von der Synode eingebrachte Leitmotiv der eucharistischen Gemeinschaft aufgenommen; das zweite Leitbild hat eine Straffung erfahren, weil einige der dort zunächst genannten Konkretionen in der Synode als erst noch zu beschließende Maßnahmen benannt worden waren; schließlich wurde im dritten Leitbild die besondere Verantwortung für den jüdisch-christlichen Dialog und für die interreligiöse Verständigung aufgenommen. Die überarbeitete Fassung der vier Leitbilder habe ich als Anhang meinem Bericht beigefügt. Bei aller Akzeptanz der Leitbilder besteht aber eine durchgehende Schwierigkeit darin, aus ihnen mit Stringenz strategische Ziele abzuleiten. Die Leitbilder werden weniger als Grundlage für die Entwicklung strategischer Ziele verwendet, sondern eher als kritisches Korrektiv bei deren endgültiger Formulierung. Dies ist durchaus im Sinne des Kirchenkompassprozesses. Am Ende müssen nicht alle Kompasskarten stringent aus den vier Leitbildern abgeleitet, sie müssen aber mit ihnen stimmig sein.

So scheinen die Leitbilder bezüglich der Formulierung strategischer Ziele dann doch eine nicht unbeträchtliche Leitfunktion wahrzunehmen. Denn wenn wir uns die von der Landessynode verabschiedeten Ziele betrachten und daneben jene, die derzeit noch in den Referaten des Evangelischen Oberkirchenrats entwickelt werden, dann zeichnet sich eine große gemeinsame Schnittmenge ab. Und es ist zu erwarten, dass wir bei der Formulierung von Maßnahmen zur Erreichung dieser Ziele und bei Vorschlägen zum Einsatz von Kirchenkompassmitteln in vielen Bereichen einen breiten Konsens zwischen Landessynode und Evangelischem Oberkirchenrat erreichen werden. Allerdings sehe ich *eine* Akzentverschiebung zwischen den strategischen Zielen der Landessynode und des Evangelischen Oberkirchenrats: Während vier der sechs Ziele der Landessynode den Leitbildern 3 und 4 zugeordnet werden können, also den Leitbildern vom *Leib Christi* und vom *Salz der Erde*, zeichnet sich im Evangelischen Oberkirchenrat ein besonderer Schwerpunkt im Blick auf die Leitbilder 1 und 2 ab: *das wandernde Gottesvolk* und das *Haus der lebendigen Steine* und Bezug nehmend darauf besonders die Bemühungen um Beheimatung im Bereich des gottesdienstlichen Lebens, die Entwicklung neuer Gemeindeformen und die Förderung lebendiger Kraftorte des Glaubens. Ich verstehe diese Differenz nicht so – wie es bisweilen nach der letzten Synodaltagung ausgelegt wurde -, dass der Synode das gottesdienstliche Leben unserer Landeskirche und die Pluralisierung gemeindlicher Formen kein Anliegen sei, sondern eher so, dass hinsichtlich dieser beiden Ziele mit Recht eher eine spezifische Zuständigkeit seitens des Evangelischen Oberkirchenrats vermutet wird. Der künftige Verlauf des Kirchenkompassprozesses jedenfalls wird zeigen – da bin ich mir ganz sicher -, dass die strategischen Ziele der Landessynode und des Evangelischen Oberkirchenrats im höchsten Maße kompatibel sind und in prächtiger Weise einander korrespondieren.

Wie es nun mit unserem landeskirchlichen Kirchenkompassprozess weitergehen wird, das wird Frau Oberkirchenrätin Hinrichs im Anschluss an die Pause näher darstellen. Ich kann an dieser Stelle meine Ausführungen beenden. Einen weiten Weg bin ich heute mit Ihnen gegangen. Ich hoffe, dass es mir gelungen ist, unseren Kirchenkompassprozess und die Entwicklungen in unserer Landeskirche hineinzuzeichnen in Entwicklungen, die derzeit auf der Ebene der EKD auf den Weg gebracht werden. Die Freude an der Arbeit steigt, wenn wir bei unserer Arbeit wissen, wo wir stehen und wohin wir gehen, wenn wir vermuten dürfen, keine Sackgassen zu beschreiten, sondern zielgerichtete Wege, wenn wir erkennen, dass wir unsere Wege mutig mit anderen gehen dürfen und demütig im Vertrauen, dass Gott uns auf diesen Wegen mit seinem Segen begleitet. In diesem Sinne schließe ich mit der Hoffnung, Ihnen durch meinen Bericht – nochmals mit Paulus gesprochen – ein Gehilfe der Freude geworden zu sein.

10 Von der Organisationswerdung der Kirche [174] (2008)

Wie wichtig es ist, an Schwellensituationen des Lebens innezuhalten, zurückzublicken und sich des künftigen Wegs zu vergewissern, wissen wir alle. Ohne ein solches zutiefst menschliches Bedürfnis gäbe es keine Gedenktage und Jubiläen und auch keine Rituale wie Kasualien oder Familienfeste. Was für uns Menschen im Privaten gilt, das gilt auch von menschlichen Gemeinschaften und Institutionen: Jahrestage, Ende von Legislaturperioden, Dienstwechsel – all solche Ereignisse sind Anlass, die zurückgelegte Wegstrecke in den Blick zu nehmen und sich dessen zu vergewissern, was getragen hat und künftig hoffentlich tragen wird. Das gilt auch für eine Synode, die zur letzten Tagung einer Wahlperiode zusammenkommt. Allerdings schauen wir bei dieser Gelegenheit nicht nur zurück auf unser menschliches Tun. Wir halten nicht nur inne, um Wegmarkierungen für unser weiteres Planen zu setzen, sondern auch in Dankbarkeit gegen Gott, der uns bis hier begleitet hat, und im Vertrauen darauf, dass er unsere Herzen und Sinne künftig so regieren möge, dass Segensreiches erwachse aus unserem Tun – für seine Kirche, für die uns in der Kirche anvertrauten Menschen und für die Welt, in der diese Kirche als Salz der Erde wirkt. Insofern ist dieses Innehalten am Ende einer synodalen Wahlperiode am ehesten mit einer Kasualie zu vergleichen und mein Bericht zur Lage wie eine umfangreiche Kasualansprache zu verstehen.

Zum zweiten Mal nun schon halte ich als Landesbischof gemeinsam mit unserer Synode am Ende einer Wahlperiode in dieser Weise inne. Ich habe nochmals nachgelesen, was ich im Jahr 2002 vor der Landessynode gesagt habe. Orientiert an Leitsätzen unserer Landeskirche habe ich die Fülle synodaler Arbeit in den zurückliegenden Jahren in den Blick genommen. Mein

---

[174] Frühjahrstagung der Landessynode der Evangelischen Landeskirche in Baden, Bad Herrenalb, 17. April 2008.

heutiger Bericht wird sich von dem vor sechs Jahren erstatteten deutlich unterscheiden – nicht nur, weil die 34 Leitsätze längst in vier Leitbilder für die Zukunft unserer Landeskirche hinein aufgehoben wurden. Ich will mich vielmehr auf eine bestimmte Fragestellung konzentrieren, die wie keine andere die synodale Arbeit der letzten Jahre geprägt hat und auch die Tagesordnung dieser letzten Synodaltagung bestimmt. Am Ende dieser Wahlperiode will ich mit Ihnen bedenken, was es für die kirchenleitende Arbeit bedeutet, dass wir mit unserem »Kirchenkompass« ein neues Instrument entwickelt haben, das sich einerseits theologisch verantwortet und andererseits ökonomische Rahmenbedingungen ernst nimmt. Wie hat sich kirchenleitende Arbeit der Landessynode und des Landeskirchenrats, des Evangelischen Oberkirchenrats und des Landesbischofs durch den Kirchenkompass verändert und wie damit auch unser Verständnis von Kirche?

Wie sehr diese Frage das synodale Geschehen der letzten Jahre bestimmt hat, können Sie schon an den Themen meiner »Berichte zur Lage« ablesen: Im Jahr 2004 sprach ich über »Grund, Auftrag und Ziel der Kirche«, im Jahr 2006 gab ich eine Einführung in die Leitbilder im Rahmen des Prozesses »Kirchenkompass«. Im letzten Jahr schließlich sprach ich über »Leuchtfeuer und Kompassnadeln« und habe dabei den Zukunftskongress der EKD und den »Kirchenkompassprozess« unserer Landeskirche zueinander in Beziehung gesetzt. Wie sehr uns die Frage neuer Wahrnehmung kirchenleitender Verantwortung in den zurückliegenden Jahren beschäftigt hat, merken Sie aber auch daran, dass wir alle in der Entwicklung und Handhabung des »Kirchenkompasses« ungemein viel Neues erlernen mussten. Manchmal hatte ich das Gefühl, dass wir uns angesichts all des Neuen, das es erstmals zu erlernen galt, zu überfordern drohten. Jedenfalls sind manche Verunsicherungen der letzten Jahre wohl dem geschuldet, dass wir mit den schwierigen Lernprozessen Neuland betreten haben und dabei oft an Belastungsgrenzen geführt wurden. Dies wird gewiss bei der späteren Weiterführung des Kirchenkompassprozesses erheblich leichter werden. Und so will ich in aller Deutlichkeit sagen: Ich freue mich sehr darüber, dass wir es im Zusammenwirken der kirchenleitenden Organe in der nun zu Ende gehenden Wahlperiode geschafft haben, neue Instrumentarien kirchenleitenden Handelns zu entwickeln, ohne dabei das über Jahrzehnte gewachsene Vertrauen zwischen den vier kirchenleitenden Organen zu beschädigen. Und obwohl es mir als Landesbischof eigentlich nicht zusteht, stelle ich doch fest: Ich bin am Ende dieser Wahlperiode stolz auf das, was die Landessynode geleistet hat.

Wenn wir bedenken, was sich in unserem kirchenleitenden Arbeiten mit dem Kirchenkompassprozess verändert hat, dann bedarf dieser Rückblick einerseits eines gründlichen theologischen Nachdenkens, andererseits einer Einordnung in größere kirchliche Zusammenhänge. Und so ergibt sich für meine Ausführungen ein Dreischritt, indem ich zunächst theologische Reflexionen anstelle, sodann einen Blick auf die EKD-weite Reformdiskussion werfe, um schließlich auf diesem Hintergrund die Arbeit unserer Kirchenleitung in den zurückliegenden Jahren zu betrachten.

10.1   DIE ORGANISATIONSWERDUNG DER KIRCHE BRAUCHT GUTE THEOLOGIE: THEOLOGISCHE REFLEXIONEN[175]

Ich beginne mit theologischen Reflexionen und nehme dabei Anleihen bei dem Praktischen Theologen Eberhard Hauschildt. Er hat während der EKD-Synode 2007 in Dresden mit einem eindrucksvollen Referat eine Verstehenshilfe gegeben, um das in dem EKD-Reformprozess seinen Ausdruck findende, veränderte Verständnis von Kirche zu begreifen.[176] Ein Blick in die Kirchengeschichte lehrt uns, dass am Anfang der Kirche zwei »große B« standen: die Begegnung und die Bewegung. Aus der Begegnung des Auferstandenen mit seinen Jüngern entstand die Kirche als eine Bewegung, als Glaubensbewegung. Bewegung aber kann nicht Bewegung bleiben. Sie drängt auf Verstetigung, auf Beständigkeit. So wird aus der Glaubensbewegung eine Institution. Im Neuen Testament ist dieser Prozess der Institutionswerdung ablesbar, und schon bald sind es drei andere »große B«, die die Institution Kirche kennzeichnen: Bibel, Bekenntnis und Bischof. Eine Institution nun steht immer in Differenz zu ihren Anfängen, in Spannung zur ursprünglichen Bewegung. Darum war es das Verdienst der Reformation, dass sie die Institutionalisierung der Kirche daran prüfte, wieweit sie der Begegnung mit Gott diente oder diese Begegnung gerade verhinderte. Deshalb definierte die Reformation als die beiden entscheidenden Kennzeichen der Kirche, als die grundlegenden *notae ecclesiae,* die reine Predigt des Evangeliums und die einsetzungsgemäße Feier der Sakramente. Denn diese beiden vor allem ermöglichen den Menschen die Begegnung mit Gott. Alle weiteren Kennzeichen einer Institution haben für die Reformation keine Kirchen begründende Bedeutung. Mit der Begrenzung auf die beiden *notae ecclesiae*

---

[175]   Vgl. Michael Nüchtern, Kirche evangelisch gestalten, Heidelberger Studien zur Praktischen Theologie Band 13, Berlin 2008, 7–19.20–33.

[176]   Hier und zum folgenden vgl. Eberhard Hauschildt, Organisation der Freiheit – Evangelisch Kirche sein verändert sich. Referat zur Einführung in das Schwerpunktthema. – In: Dresden 2007. Bericht über die sechste Tagung der zehnten Synode der Evangelischen Kirche in Deutschland vom 4. November bis 7. November 2007. Ausgeliefert durch das Kirchenamt der EKD in Hannover 2008, 60–65.

der Verkündigung und der Sakramentsverwaltung eignet dem Protestantismus eine Dynamik zwischen Bewegung und Institutionalisierung. So ist das Leiden an der Institution typisch für Evangelische: Da die Begegnung mit Gott einziges Kriterium echten Kircheseins ist, leiden viele Evangelische daran, dass sie in ihrer Kirche statt auf Bewegung zumeist auf Institution treffen. Heimlich oder offenkundig wünschen sich Evangelische eine Kirche in Bewegung, wie in ihren Anfängen, aber sie müssen mit der Institution Kirche leben.

Im 19. Jahrhundert entstand als neue Sozialform die Organisation, zunächst im Wirtschaftsbereich, dann aber auch in der Kirche, und zwar in den Hilfsvereinen der Diakonie und in den Werken der Mission. Organisationen im modernen Sinn zeichnen sich dadurch aus, dass sie (1.) ein klares Programm haben, sich (2.) ein eindeutiges Ziel geben und (3.) zur Erreichung dieses Ziels materielle und personelle Ressourcen definieren und einsetzen. Dazu brauchen sie schnelle Entscheidungsfindung und eindeutige Steuerungsmöglichkeiten, damit auch schlanke Leitungsstrukturen. Dieser Schub an Organisationslogik hat nun in den letzten Jahren auch die Kirche als Institution erreicht: Nachdem die Kirchensteuermittel in den 90er Jahren erstmals nachließen und Stellenpläne nachhaltig gekürzt werden mussten, geriet die Kirche als Institution erkennbar an die Grenzen ihrer Steuerungsfähigkeit. Und so haben die Gliedkirchen der EKD – gewiss in unterschiedlichem Tempo und in unterschiedlicher Qualität – begonnen, mit Hilfe der Organisationslogik die eigenen Ressourcen besser zu nutzen. Damit hat der Wandel der Institution Kirche hin zur Organisation begonnen. Was wir also derzeit erleben, ist ein Prozess der Organisationswerdung der Kirche.

Wir erleben, dass viele Planungs- und Leitungsprozesse neu strukturiert werden. Mehr Flexibilität im kirchenleitenden Handeln ist gefragt, auch mehr Lernen von anderen Organisationen, besonders von Non-Profit-Organisationen, aber auch von Profit-Organisationen. Für die Leitung der Kirche reichen bloße Verfahrenstechniken nicht länger mehr aus. Was gefragt ist, könnte mit dem von Daniel Friedrich Schleiermacher geprägten Begriff der »Kunstregeln« bezeichnet werden, »ohne deren Besitz und Gebrauch eine zusammenstimmende Leitung der christlichen Kirche nicht möglich ist«. Damit meint Schleiermacher Regeln, die so viel Spielraum lassen, »dass das richtige Handeln in Gemäßheit der Regeln immer noch ein besonderes Talent erfordert, wodurch das Rechte gefunden werden muss.«[177] Für das Organisationswerden von Kir-

---

[177] Friedrich Daniel Ernst Schleiermacher, Kurze Darstellung des theologischen Studiums zum Behuf einleitender Vorlesungen (1811.1830), Kritische Ausgabe von Heinrich Scholz (Leipzig 1910), Nachdruck Darmstadt, 3. Auflage 1993, § 5.

che bedarf es solcher schmiegsamer Kunstregeln. Sie zu erlernen ist gar nicht
so einfach, wie wir alle in den zurückliegenden Jahren schmerzhaft verspürt
haben.

Und für das Organisationswerden von Kirche bedarf es guter Theologie.
Wichtig ist, dass sich Kirche der – meist aus dem Bereich der Ökonomie stammenden – Organisationslogik nicht besinnungs- und bedingungslos ausliefert.
Kirche muss theologisch auskunftsfähig sein über ihre Entscheidungen, d. h.
kirchliches Leitungshandeln kann sich nicht allein an Effizienz und Effektivi-
tät orientieren. Geht es kirchlichem Handeln um Ermöglichung von Gottesbegegnung, so ist diese nicht einfach organisierbar. Organisierbar sind nur die
sichtbaren *Wirkungen* der Gottesbegegnung wie z. B. lebendige Gottesdienste
oder diakonisches Handeln aus Liebe. Für die Organisationslogik einer Kirche
darf nicht die Frage leitend sein »Was kostet das? Können wir uns dies leisten?«, sondern die Frage »Wollen wir uns etwas zu welchem Preis mit welchem
Einsatz an Zeit und Personen leisten?« Um als Kirche theologisch kontrollierte
Entscheidungen treffen zu können, die für die jeweilige Situation passen,
ist Theologie gefragt. Deshalb sind biblisch fundierte Leitbilder so wichtig
für unseren Kirchenkompassprozess. Hier ist im Hören auf die Botschaft der
Bibel die Auftragsperspektive beschrieben, die für alle weiteren kirchlichen
Leitungsentscheidungen grundlegend ist.

Selbst wenn wir die Kirche als Institution wegen ihrer hohen Verläss-
lichkeit schätzen gelernt haben, so dürfte spätestens seit dem Impulspapier
der EKD und dem Zukunftskongress von Wittenberg klargeworden sein, dass
Kirche eben auch als lernende Organisation gestaltet werden muss. Ganz an-
schaulich und zutreffend wählt Hauschildt an dieser Stelle das Bild eines
Hybridmotors, der sich nicht auf eine Kraft alleine verlässt[178]; Kirche muss als
Hybrid aus Institution und Organisation verstanden werden, in dem nicht die
Veränderung der Begründung bedarf, sondern die Beharrung auf dem status
quo. Das ist der eigentliche »Paradigmenwechsel«, das, was uns wirklich zum
Umdenken und zum Aufbrechen aus gewohnten Denkweisen herausfordert:
Es muss nicht begründet werden, wenn etwas verändert werden soll, sondern
im Gegenteil wenn alles beim Alten bleibt. Oder um ein Zitat von Erich Fried[179]
abzuwandeln: »Wer will, dass die Kirche so bleibt, wie sie ist, der will nicht,
dass sie bleibt.« Hier kommt unter der Hand wieder etwas vom anfänglichen

---

[178]   Eberhard Hauschildt, Organisation der Freiheit – Evangelisch Kirche sein verändert
sich. – In: Dresden 2007, 63; vgl. ebenso ders., Hybrid evangelische Großkirche vor einem
Schub an Organisationswerdung. – In: Pastoraltheologie 96/2007, 55–66.

[179]   »Wer will / dass die Welt / so bleibt / wie sie ist / der will nicht / dass sie bleibt.« Erich
Fried, Status quo. – In: Ders., Lebensschatten, Berlin 1981, 93.

Status der Kirche als »Bewegung« ins Spiel! Dennoch: Diese Organisationslogik müssen wir für uns in der Kirche erst durchbuchstabieren. Dazu bedarf
es klarer kirchlicher Leitungsstrukturen oder wie Hauschildt sagt: Es muss
geklärt werden: »Was ist wessen Job auf welcher Ebene der Kirche?« Organisation verlangt Leitung, aber oft sind unsere Leitungsstrukturen eher diffus.
Auch zwischen unseren vier kirchenleitenden Organen ist nicht immer klar,
wer wen beauftragen darf, wer wem berichten muss und wer wann tatsächlich
entscheidet. Weil wir das Organisationswerden von Kirche erst noch erlernen
müssen, sind auch während des Kirchenkompassprozesses manche Unklarheiten aufgetreten. Wieweit muss die Synode in die Entwicklung konkreter
Projekte und Maßnahmen einbezogen werden? Wie verhält sich die Vorberei-
tungsgruppe »Kirchenkompass« zu den traditionellen Strukturen der Synode,
zu Ältestenrat und Ausschüssen? Inwieweit sind die von der Synode formulierten strategischen Ziele beim Kirchenkompassprozess im Evangelischen
Oberkirchenrat berücksichtigt worden? Wo endet die Kompetenz der Synode,
wo die des Evangelischen Oberkirchenrats? Weil diese Fragen nicht geklärt
waren, haben wir manche Reibungsverluste erlitten. Ohne geklärte Zuständigkeiten und Klärung der Ziele aber sind Organisationsreformen nicht zu
machen. Deshalb brauchen wir etwa auch bei unseren Haushaltsplanungen
das neue Instrument eines Projektmanagements, bei dem das Ziel des Projektes mit der Darstellung eines Zielfotos ebenso präzise angegeben ist wie die
Zuständigkeit für das Gesamt- und jedes Teilprojekt wie auch der Zeitraum,
bis zu dem das Projekt abgeschlossen werden soll.

Kirche muss ihren Organisationscharakter ausbauen, nicht als Alternative, sondern als sachgerechte Ergänzung zu ihrem Institutionscharakter. Um
es mit Eberhard Hauschildt zu sagen: »Für all das *brauchen wir* nicht entweder Theologie *oder* Zahlen, sondern Theologie *und* Zahlen, *durch Zahlen
informierte Theologie und theologisch gewichtete Zahlen.*«[180] Oder mit einem
Zitat aus meinem Bericht zur Lage aus dem Jahr 2002 gesagt: »Die Frage der
Organisation einer Kirche ist eine sowohl theologische wie ökonomische. In
der Organisation einer Kirche bilden sich sowohl ihr Glaube ab wie auch ihre
Kraft zu haushalterischem Handeln. Theologisch verantwortete Leitung der
Kirche ist keine penible Buchhalterschaft. Sie findet vielmehr Gestalt in einer
ökonomisch vertretbaren Haushalterschaft, die bei aller notwendigen profes-
sionellen Ökonomie von der Zuversicht in Gottes Möglichkeiten geprägt ist ...
Das theologisch Notwendige muss auch ökonomisch machbar sein, und das

---

[180] Eberhard Hauschildt, Organisation der Freiheit – Evangelisch Kirche sein verändert
sich. – In: Dresden 2007, 65.

ökonomisch Wünschenswerte muss sich theologischem Nachfragen aussetzen.« Genau an dieser Stelle haben wir in den zurückliegenden sechs Jahren
in unserem gemeinsamen kirchenleitenden Handeln Beachtliches entwickelt
und geleistet. Wir sind auf einem guten Weg, die Organisationswerdung von
Kirche in unserer Institution der Evangelischen Landeskirche in Baden voranzubringen.

10.2   DIE ORGANISATIONSWERDUNG DER KIRCHE GESCHIEHT NICHT NUR IN BADEN: DER REFORMPROZESS DER EKD

Bevor ich auf die Situation in unserer Landeskirche zu sprechen komme, will
ich – anknüpfend an meinen letztjährigen Bericht zur Lage – kurz skizzieren,
wie unter dem Aspekt der Organisationswerdung von Kirche der Reformprozess in der EKD vorangekommen ist. Ich will aufzeigen, wie es gelungen ist,
(1.) die vorrangig zu bearbeitenden Themen zu identifizieren und die Zuständigkeit für deren Bearbeitung zu klären, (2.) die personellen Ressourcen für
die Fortführung des Prozesses festzulegen und die notwendigen Maßnahmen
für eine wirksame Steuerung zu ergreifen sowie (3.) ein Zeitfenster für den
Abschluss erster Reformvorhaben zu definieren. Mit alledem folgt die EKD in
dem von ihr initiierten Reformprozess einer Logik der Organisation.

10.2.1   Themen und Zuständigkeiten
Natürlich gibt es eine bedrängende Themenfülle, wenn über eine Reform der
Kirche nachgedacht wird. Die EKD-Synode von Dresden etwa hat folgende
Reformanstrengungen benannt, in denen sich übrigens auch alle Themenstellungen unseres Kirchenkompassprozesses wiederfinden:
- die Konzentration auf erkennbar geistliche und theologische Handlungsfelder unterstützen
- die Offenheit und Vielfalt gemeindlicher Angebotsformen erweitern
- die Kompetenz in situativen Begegnungsformen mit Glaube und Kirche
  fördern
- die religiöse Bildung in allen Lebensphasen stärken
- das diakonische Engagement evangelisch und das evangelische Profil diakonisch schärfen
- das Gespräch mit der Christenheit vor Ort und weltweit intensivieren und
  gemeinsam den konziliaren Prozess beherzt vorantreiben
- die Begegnung und die Auseinandersetzung mit anderen Religionen wahrnehmen
- den einladenden Charakter der evangelischen Arbeit unterstreichen

- die Mitarbeitenden in der Kirche neugierig machen auf die »Fernstehenden« und »Distanzierten«
- den beteiligungsoffenen Charakter der evangelischen Kirche und ihrer Handlungen fördern.

Angesichts dieser Fülle gilt es zu prüfen, welche Themen von wem mit welcher Zuständigkeit bearbeitet werden können. Schon im Vorlauf der EKD-Synode waren alle Landeskirchen gebeten worden, über die bei ihnen laufenden Reformvorhaben zu informieren und jene Themen zu benennen, über die entweder bereits Erarbeitetes anderen Gliedkirchen zur Verfügung gestellt werden kann oder für deren Beratung Kooperation gewünscht wird. Aus dieser Umfrage entstanden zwei beeindruckende Übersichten: zum einen ein »Schwarzes Brett« über Kooperationswünsche – sogenannte »Kundschafterthemen« – und Kooperationsangebote oder »Botschafterthemen«. Zum anderen entstand ein »Schaufenster der Reformen in den Gliedkirchen«. So ist ein erster Schritt getan, die in den Landeskirchen vorhandenen Reformthemen so zu kommunizieren, dass es zu gegenseitiger Unterstützung kommen kann. Mit der Bekanntmachung gliedkirchlicher Botschafter- und Kundschafterthemen ist die Verabredung von Kooperationen ermöglicht und erleichtert. Nun ist es an den Landeskirchen, in eigenen Zuständigkeiten oder in Kooperation mit anderen Gliedkirchen Themen des Reformprozesses weiter voranzubringen.

Damit ist auch geklärt, für welche Themenstellungen im Reformprozess die Zuständigkeit ausschließlich bei den Gliedkirchen liegt und für welche eine spezifische EKD-Zuständigkeit besteht. So gelang es, sich auf drei Themenstellungen zu verständigen, die seitens der EKD weiter bearbeitet werden sollen, da sie nur in der Gemeinschaft aller Gliedkirchen vorangebracht werden können:

a) *Qualitätsentwicklung* (speziell in Gottesdienst und Kasualien): Hier besteht in allen Gliedkirchen ein Reformbedarf. Gerade weil wir schon in vielem gut sind, können und wollen wir noch besser werden und nach neuen Wegen suchen, die Menschen zu erreichen. Es kommt nicht von ungefähr, dass auch in unserem Kirchenkompassprozess die Qualitätsentwicklung in Gottesdiensten und Kasualien im ersten und im vierten Leitbild auftaucht.

b) *Missionarischer Aufbruch in Gemeinde und Region:* Unter diesem Thema sollen die Chancen der Beheimatung in Parochien und Regionen verbessert werden. Der Bezug zu unserem zweiten Leitbild ist evident.

c) *Leitung und Führung auf allen kirchlichen Ebenen:* Mit der Identifizierung dieses Themas trägt die EKD der Organisationswerdung von Kirche selbst Rechnung, denn – wie schon gesagt – ohne Führungs- und Leitungskompetenz bei kirchlich Verantwortung Tragenden gibt es keine Organisationsentwicklung.

Ferner soll schon bis zum Frühjahr eine Übersicht über in den Gliedkirchen vorhandene Kompetenzzentren erstellt werden. Es ist zu klären, welche Zentren geeignet sind, in exemplarischer Weise die Zusammenarbeit der Landeskirchen zu verbessern und wie deren Weiterentwicklung allen Gliedkirchen zugutekommen kann. In diesem Zusammenhang müssen dann auch die Zuständigkeiten der EKD und der Gliedkirchen abgegrenzt werden.

10.2.2 Ressourcen und Maßnahmen
Inzwischen ist auch geklärt, mit welchen personellen Ressourcen und Kompetenzen die EKD den Reformprozess weiter lenkt. In Absprache aller kirchenleitenden Gremien auf EKD-Ebene wurde eine Steuerungsgruppe eingesetzt, der Mitglieder des Rates, der Kirchenkonferenz und der Synode angehören.[181] Sie hat die Aufgabe, den weiteren Fortgang des Reformprozesses wirksam zu steuern. Ferner wurde im Kirchenamt der EKD ein Projektbüro eingerichtet, das seit März in voller Besetzung mit vier zeitlich befristeten Theologenstellen ausgestattet ist. Die Tatsache, dass mehrere Gliedkirchen diese Personalstellen mitfinanzieren, zeigt das hohe Interesse, den Reformprozess voranzutreiben. Und die Besetzung der Steuerungsgruppe und des Projektbüros zeigt auch, in welcher Weise die Organisationswerdung der EKD Gestalt annimmt.

10.2.3 Zeitfenster
Schließlich wird für den Reformprozess ein Zeitfenster vorgegeben, das durch zwei große Maßnahmen eingerahmt wird. Zum einen wird die für den 24. bis 26. September 2009 in Kassel geplante »Zukunftswerkstatt für Multiplikatoren« ein Meilenstein sein. Dort werden ca. 1500 Teilnehmende Gelegenheit erhalten, viele Reformbemühungen kennenzulernen, um sie dann in ihren Landeskirchen weiterzuführen. Impulse aus dieser Zukunftswerkstatt werden sicherlich auch in unseren zweiten badischen Gemeindeentwicklungskongress einfließen, der für September 2011 geplant ist. – Zum andern soll eine Reformdekade durchgeführt werden unter dem Titel »Kirche im Aufbruch – unterwegs zum Reformationsjubiläum 2017«.[182] Durch sie soll der Reformationstag in der Öffentlichkeit deutlicher etabliert und profiliert werden. In unserer Landeskirche trifft dieser Beschluss gleich auf zwei Vorhaben, die sich im Rahmen der Dekade gut verorten lassen. Vom 31. Oktober 2008 an werden wir mit der baden-württembergischen Einführung einer ökumenischen »Nacht der offenen Kirchen« einen besonderen Akzent

[181] Vgl. epd Dokumentation 48/2008.
[182] Ebd.

auf den Reformationstag setzen. Und im Jahr 2013 wird der Reformationstag durch das 450-jährige Jubiläum des Heidelberger Katechismus eine bundesweite Prägung erhalten. Ich hoffe, dass die Reformdekade unterwegs zum Reformationsjubiläum 2017 im Leben vieler unserer badischen Gemeinden und Kirchenbezirke eigene Akzente setzen wird.

Sie sehen, dass wir uns in Baden mit unserem Kirchenkompassprozess nicht nur inhaltlich gut in den EKD-Reformprozess einfügen. Unser Planungsprozess ist auch ein wirksames Instrument, den Reformprozess von Wittenberg dynamisch aufzunehmen und badisch weiter voranzubringen. Ich sage dies ausdrücklich auch auf dem Hintergrund der im Badischen Pfarrvereinsblatt vorgetragenen Kritik, wir würden mit unserem Kirchenkompassprozess die Dynamik von Wittenberg bremsen. Abgesehen davon, dass diese Äußerung von völliger Unkenntnis zeugt, ist sie auch noch grundsätzlich falsch: Der Wittenberg-Prozess und unser Kirchenkompassprozess sind nicht gegeneinander gerichtet, sie sind vielmehr zwei Seiten derselben Medaille, welche den Prägestempel trägt »Dynamische Organisationswerdung von Kirche«.

10.3 Die Organisationswerdung der Kirche badisch verstanden: Der Paradigmenwechsel kirchenleitenden Handelns in der Evangelischen Landeskirche in Baden

Damit bin ich nun direkt bei unserer Situation hier in Baden. Was hat sich für uns in den zurückliegenden Jahren verändert? Um es kurz zu sagen: Auch wir haben gelernt, die Kirche als Organisation weiterzuentwickeln. Wir haben eine neue Qualität kirchenleitender Arbeit erreicht, nämlich eine strukturierte Zukunftsplanung, bei der wir auskunftsfähig werden über die Ziele, die wir uns setzen, und rechenschaftsfähig über die Maßnahmen zur Erreichung dieser Ziele sowie die Verwendung der Mittel. Mit dem *»Kirchenkompass«* haben wir ein strategisches Steuerungsinstrument kirchenleitenden Handelns entwickelt. Mit den *Leitbildern* für die Zukunft unserer Landeskirche haben wir die Kultur, die theologisch-geistliche Ausrichtung gemeinsamer Planungsarbeit markiert. Und mit der Neufassung unserer *Grundordnung* haben wir die Gestaltungsspielräume für strukturelle Veränderungen geschaffen. Damit haben wir für die *Strategie* kirchenleitenden Handelns, für die *Kultur* kirchlichen Lebens und für die *Struktur* künftiger Veränderungsprozesse Grundsätzliches geklärt. Und wenn wir uns vergegenwärtigen, dass Veränderungsprozesse in Großorganisationen nur möglich sind, wenn die Dimensionen Strategie, Struktur und Kultur gleichermaßen berücksichtigt werden, dann wird uns klar, dass wir in der Tat Grundlegendes und Zukunftsweisendes für künftiges kirchenleitendes Handeln geleistet haben. Dies zeigt sich darin, dass wir Gestaltungsspielräume schaffen, Ziele formulieren und Projektanträge entwickeln konnten. Im Folgenden möchte ich das konkret erläutern.

10.3.1 Gestaltungsspielräume schaffen

Zunächst einmal haben wir bezüglich einer Kernkompetenz der Landessynode neue Wege beschritten, nämlich hinsichtlich ihrer Haushaltshoheit. In der Vergangenheit bildete der von der Synode verabschiedete Haushalt unserer Landeskirche die langfristig eingegangenen Verpflichtungen ab, die sich vor allem in Stellenplänen und daraus resultierenden Personalkosten darstellten. Mit den Konsolidierungsmaßnahmen der letzten Jahre haben wir diese dauerhaften Verpflichtungen nachhaltig reduziert – das war oft schmerzhaft. Die Folgen sind vielerorts noch deutlich spürbar und es sind – gerade auch in unseren Gemeinden und Kirchenbezirken – die Ehrenamtlichen, die nicht nur maßgeblich an Umstrukturierungen mitwirken, sondern auch vieles auffangen, was den Einsparungen zum Opfer fiel. Dennoch waren diese Einsparungen unbedingt notwendig, wie allein schon ein Blick auf die demographische Entwicklung beweist. Und wir haben mit dieser Haushaltskonsolidierung zugleich Gestaltungsspielräume geschaffen, die wir nun kurz- und mittelfristig nutzen, ohne uns langfristig zu binden. Mit diesem Paradigmenwechsel leisten wir einen wesentlichen Beitrag zu einer wirksamen Generationengerechtigkeit, denn den nach uns Kommenden werden nicht Lasten auferlegt, die sie nicht tragen können. Mit dem Einstieg in eine mehr projektorientierte Haushaltsplanung schaffen wir Spielräume der Haushaltsgestaltung, denn Projekte binden künftige Generationen nicht. Natürlich muss eine kluge Balance zwischen langfristigen Bindungen und der Finanzierung eher kurzfristiger Projekte gefunden werden. Aber bei dieser Balance von der falschen Seite vom Pferd zu fallen, sind wir derzeit nicht in Gefahr. Zwei Zahlen mögen dies verdeutlichen. Wenn wir für die kommenden drei Jahre ein Finanzvolumen von 10 Millionen € für Kirchenkompassprojekte zur Verfügung stellen, dann müssen wir dies zunächst in Relation setzen zum Gesamthaushaltsvolumen dreier Jahre, das mehr als eine Milliarde € beträgt: Wir reden also hier von weniger als 1% des gesamten Haushaltsvolumens. Die zweite Zahl: 10 Millionen € entsprechen in etwa der Ausfinanzierung von fünf Pfarrstellen auf die Dauer von 35 Jahren. Diese fünf Pfarrstellen wären wiederum in Relation zu setzen zu den 100 gekürzten Pfarrstellen und zu den ca. 600 Gemeindepfarrstellen, die wir jetzt haben. Beide Zahlenangaben verdeutlichen, dass es vollkommen unsachgemäß wäre, die notwendigen Haushaltskonsolidierungen der zurückliegenden Jahre gegen die Bewilligung von Projektmitteln auszuspielen. Damit unsere

Kirche als Institution auch Organisation werden kann, brauchen wir beides: eine nachhaltige Reduzierung der langfristigen Belastungen und die Eröffnung von Gestaltungsräumen kirchlichen Handelns in unseren Gemeinden und Bezirken. So können wir unseren Auftrag als Kirche auch jeweils den aktuellen Erfordernissen gemäß gestalten. Dabei muss die anhand der biblischen Leitbilder formulierte Auftragsperspektive für unsere Kirche zugrunde gelegt werden. Gleichzeitig muss sie aber auch immer wieder neu überprüft werden.

10.3.2 Ziele formulieren

Gestaltungsräume müssen inhaltlich qualifiziert ausgefüllt werden. Darum haben wir aufgrund der Leitbilder strategische Ziele (Schwerpunktziele) formuliert. Zugegeben, dies waren mühsame Lernprozesse. Aber wer noch synodale Prioritätendebatten früherer Zeiten in Erinnerung hat, weiß, dass diese kaum je zu schlüssigen Ergebnissen führten. Die Landessynode beschritt einen neuen Weg, als sie sich auf den Kirchenkompassprozess einließ und im Rahmen dieses Prozesses Ziele formulierte. Damit hat sie vorgegeben, in welcher Weise das kirchliche Leben in Gemeinden und Bezirken, in Einrichtungen und Werken künftig akzentuiert werden soll. Diese Zielformulierungen waren kein Glasperlenspiel, sondern sie dienen der Profilierung kirchlicher Arbeit vor Ort. Sie dienen dazu, dass »Zahlen theologisch gewichtet« bzw. die zur Verfügung stehenden Mittel theologisch verantwortet ausgegeben werden. Dabei hat die Landessynode den Mut gefunden, sich aus vielen verfolgenswerten Zielen auf einige wenige zu verständigen, die mit besonderem Nachdruck angegangen werden sollen.

An diesen von der Landessynode vorgenommenen Zielformulierungen haben auch wir uns im Evangelischen Oberkirchenrat orientiert, als wir uns daranmachten, in aufwändigen Kirchenkompassworkshops Ziele für die einzelnen Referate zu formulieren und Maßnahmen zur Erreichung dieser Ziele zu entwickeln. Eine Übersicht über die EOK- und Referatsziele und die den strategischen Zielen der Landessynode zugeordneten Maßnahmen ist Ihnen zugegangen. Unschwer werden Sie erkennen können, dass wir – wie die Landessynode – beim Formulieren von Teilzielen und beim Entwickeln von Maßnahmen die Förderung kirchlicher Arbeit an der Basis im Blick hatten. Darin zeigt sich ein einheitliches kirchenleitendes Handeln: In der Landessynode wie im Evangelischen Oberkirchenrat greift eine neue Art des Planens und Denkens Platz, das auf abgestimmten Zielen basiert. Mit dieser Planungsarbeit, welche die Überprüfbarkeit der Zielerreichung ebenso einschließt wie die Rechenschaft über die notwendigen Ressourcen, folgen wir einer Organisationslogik, die uns auskunftsfähiger macht über die Schwerpunktsetzung kirchlicher Arbeit und ihre theologische wie ökonomische Begründung. Allerdings möchte ich warnend hinzufügen: Der Ertrag solcher Planungsarbeit wird nicht ganz kurzfristig deutlich werden. In jedem Fall dürfen Erfolg oder Misserfolg dieses neuen Ansatzes nicht allein an den ersten Kirchenkompassprojekten gemessen werden. Also erst die Landessynode, die sich im Herbst neu konstituiert, wird in einigen Jahren erste Erfolge wirklich messen können. Aber es ist das Verdienst *dieser* Landessynode, diese neue Art vorausschauender Haushaltsplanung auf den Weg gebracht und zur Organisationswerdung unserer Landeskirche beigetragen zu haben.

10.3.3 Projekte entwickeln[183]

Wie die Ihnen vorgelegten Kirchenkompassprojekte im Sinne der dargestellten Organisationslogik Spielräume für die kirchliche Arbeit vor Ort schaffen bzw. erweitern sollen, will ich Ihnen nun abschließend verdeutlichen. Dabei setze ich die strategischen Ziele der Landessynode in Beziehung zu den Kirchenkompassprojekten, über deren Durchführung und Finanzierung Sie während dieser Tagung der Landessynode zu entscheiden haben.

a) Die Evangelische Landeskirche in Baden ermutigt dazu, gern und überzeugend vom Glauben zu sprechen.

Um dieses Ziel zu erreichen, haben wir im Evangelischen Oberkirchenrat eine Reihe von Maßnahmen entwickelt, die der Förderung eines kirchlichen Berufsverständnisses und der Professionalisierung der Mitarbeiterschaft dienen, der Stärkung der Kompetenz derer, die im Verkündigungsdienst stehen, sowie der Qualitätssteigerung gottesdienstlichen Handelns. Ferner liegen zur Erreichung dieses Ziels zwei Projekte vor. Mit dem Projekt »Den Kirchenraum besser als Glaubenszeugnis nutzen und gestalten« tragen wir der Tatsache Rechnung, dass viele Kirchenräume sprechende Zeugen des Glaubens sind. Gemeinden soll mit diesem Projekt geholfen werden, den in ihren Kirchenräumen bewahrten geistlichen Schatz noch besser zu heben, vor allem durch sorgfältige, theologisch und ästhetisch bewusste Gestaltung und Pflege der Kirchenräume. In solchen Kirchenräumen lässt sich dann noch überzeugender Gottesdienst feiern und vom Glauben sprechen. Mit dem Projekt »Bibel sinnlich inszenieren« soll eine Erfolgsgeschichte gebündelt, gesichert und multipliziert werden, die mit dem »Ostergarten« und der »Lebendigen Krippe«

---

[183] Die Landessynode hatte sieben Projekte auf den Weg gebracht. Gefördert werden Vorhaben, die neue Wege in der kirchlichen Arbeit beschreiten. Sie entsprechen den Leitbildern der Evangelischen Landeskirche in Baden, die im Zuge des Kirchenkompass-Prozesses entwickelt worden sind. Die Projekte haben Vorbild-Charakter. Für die Kirchengemeinden werden Impulse erwartet, die über die Projektphase hinaus Wirkungskräfte entfalten. Rund 6,7 Millionen Euro investierte die Landeskirche in diese Vorhaben.

von Linkenheim ihren Anfang genommen hat. In zehn Regionen Badens sollen Menschen intensive Erfahrungen mit Inszenierungen biblischer Geschichten machen und dadurch ermutigt werden, gern und überzeugend von ihrem Glauben zu sprechen.

b) Zur Vertiefung des Wissens über den christlichen Glauben richtet die Evangelische Landeskirche in Baden ihr Bildungsangebot neu aus.

Der Erreichung dieses Ziels dienen die im Evangelischen Oberkirchenrat entwickelten Maßnahmen, die von Impulsen in der Bildungsarbeit durch Vereinbarung von Jahresthemen über Initiativen im Bereich der Schulseelsorge bis hin zur Entwicklung eines landeskirchlichen Bildungsgesamtplans[184] reichen. Ferner liegt Ihnen das Projekt »Gründung und Weiterentwicklung von zwei Evangelischen Schulen« vor. Unbestritten sind in einer Zeit, die von Wertewandel und nachlassender Bildungskraft der Kirchengemeinden geprägt ist, evangelische Schulen zentrale Orte kirchlicher Sozialisation. In zwei neuen Schulen ein evangelisches Bildungsverständnis exemplarisch zu realisieren, wäre ein wirksamer Beitrag zur Neuausrichtung des Bildungsangebots unserer Landeskirche.

c) Die Evangelische Landeskirche in Baden richtet ihr Augenmerk besonders auf Menschen in seelischer und materieller Not. In der diakonischen Arbeit wird der gemeinsame christliche Auftrag der Gemeinden und der diakonischen Einrichtungen deutlich erkennbar.

Zur Erreichung dieses Ziels kann der Evangelische Oberkirchenrat – wie Sie der Zusammenstellung entnehmen können – direkt nicht sehr viele wirksame Maßnahmen entwickeln. Vielmehr richten wir hier unser Augenmerk vorrangig darauf, Kirchengemeinden und -bezirke zu unterstützen, die sich konkreter gesellschaftlicher Probleme annehmen. Auf dieser Linie liegen auch die beiden vorgelegten Projekte: Sie haben ihren gemeinsamen Bezugspunkt in der Qualifizierung und Unterstützung seelsorgerlicher bzw. diakonischer Arbeit vor Ort. Mit dem Fonds »Diakonische Gemeinde« sollen Initiativen geweckt und gefördert werden, mit deren Hilfe Armut bekämpft und sozial benachteiligte Menschen integriert werden. Wie viele gute Ideen in den Gemeinden können oft nicht verwirklicht werden, weil eine Anschubfinanzierung fehlt! Mit diesem Projekt kann wirksam Menschen in materieller Not geholfen werden. Hilfe in seelischer Not – diesem Ziel ist

---

[184] Freiheit und Liebe. Bildungsgesamtplan der Evangelischen Landeskirche in Baden, Hrsg. Evangelischer Oberkirchenrat in Karlsruhe. Der Bildungsgesamtplan, der unter Federführung von Oberkirchenrat Prof. Dr. Christoph Schneider-Harpprecht und Kirchenrat Prof. Dr. Hartmut Rupp erstellt wurde, wurde am 21. Oktober 2009 von der Landessynode genehmigt.

die beantragte Gründung eines »Zentrums für Seelsorge« verpflichtet. Es ist höchste Zeit, dass der Seelsorge als einem zentralen Element christlichen Handelns wieder Priorität in unserem kirchlichen Leben eingeräumt wird. Vor allem die oft leider geringgeschätzte Alltagsseelsorge (Hausbesuche) bedarf einer Förderung, die an diesem »Zentrum für Seelsorge« durch die Aus- und Fortbildung Ehrenamtlicher und Hauptamtlicher geleistet werden soll.

d) In der Evangelischen Landeskirche in Baden arbeiten Ehrenamtliche und Hauptamtliche vertrauensvoll zusammen. Sie tun dies zielgerichtet, wertschätzend und effektiv. Sie kennen ihre gemeinsame Verantwortung und ihre jeweiligen Zuständigkeiten. Konflikte werden als Chance begriffen.

Der Förderung des Miteinanders von Ehren- und Hauptamtlichen dienen zahlreiche Maßnahmen, die im Evangelischen Oberkirchenrat im Rahmen des Kirchenkompassprozesses entwickelt wurden. Alle Referate werden in den kommenden Jahren in der Förderung des Ehrenamts besondere Schwerpunkte setzen. Das vorgelegte Projekt »Gemeinde leiten und entwickeln mit dem Kirchenkompass« zielt auf eine veränderte Leitungskultur auf Bezirks- und Gemeindeebene. Nach evangelischem Kirchenverständnis wird die Übernahme von Leitungsverantwortung immer im Miteinander von Ehrenamtlichen und Hauptamtlichen wahrgenommen, beruht also auf der reformatorischen Auffassung vom Priestertum aller Getauften. Bei der Methodik des Kirchenkompasses geht es darum, in den leitenden Gremien auf theologisch verantwortete Weise gemeinsam Ziele und Schwerpunkte für den jeweils eigenen Verantwortungsbereich zu entwickeln und geeignete Maßnahmen zu ihrer Umsetzung zu vereinbaren. Den gemeinde- oder bezirksleitenden Gremien sollen durch das Projekt kompetente Personen zur Seite gestellt werden, die sie bei diesem Prozess der Zielentwicklung und Schwerpunktsetzung beraten und begleiten. Ich muss kein Prophet sein, wenn ich sage: Nichts wird stärker dazu beitragen, unsere kirchliche Arbeit vor Ort zu profilieren, als gelingende Kirchenkompassprozesse in interessierten Gemeinden und Bezirken!

e) Die Evangelische Landeskirche in Baden sucht den lebendigen Dialog mit Menschen anderer Kulturen und Religionen.

Zu diesem Ziel wird der Evangelische Oberkirchenrat in seiner alltäglichen Arbeit nur indirekt Beiträge leisten können. Umso wichtiger ist es, dass wir dieses Ziel durch zwei vorgelegte basisnahe Projekte umzusetzen versuchen: Beide Projekte verbindet dieselbe Zielsetzung, nämlich der Erwerb interkultureller Kompetenz bei Haupt- und Ehrenamtlichen. Beim Projekt »Interkulturelle und interreligiöse Fortbildung mit Haupt- und Ehrenamtlichen mit Austausch und Begegnung« soll dies geschehen durch interkulturelle Trainings auf regionaler

Ebene, beim Projekt »Offensive für Partnerschaftsbeziehungen zu Gemeinden und Bezirken in Asien und Afrika« durch interkulturelle Begegnungen mit evangelischen Gemeinden auf anderen Kontinenten. Durch beide Projekte kann die interkulturelle und interreligiöse Kompetenz von Gemeindegliedern so gestärkt werden, dass Menschen anderer sprachlicher und kultureller Herkunft in unserer Kirche Beheimatung erfahren.

f) Durch ihre Verkündigung und in ihren verschiedenen Arbeitsfeldern nimmt die Evangelische Landeskirche in Baden Menschen in unterschiedlichen Lebenssituationen wahr und bringt ihnen die christliche Botschaft einladend nahe.

Zur Umsetzung dieses Ziels liegt Ihnen kein Projektantrag vor. Wohl aber ersehen Sie aus der Ihnen vorliegenden Übersicht, auf welch vielfältige Weise im Evangelischen Oberkirchenrat Maßnahmen ergriffen werden, um die Qualität gottesdienstlicher Angebote für Menschen in unterschiedlichen Lebenssituationen zu steigern. Unter anderem haben wir zeitlich befristet im Umfang eines halben Deputats einen Dienstauftrag für planmäßiges »Gottesdienst-Coaching« erteilt, also für eine Art gottesdienstlicher Qualitätsverbesserung durch Gottesdienstbesuch mit qualifiziertem Feedback zum liturgischen Verhalten. In diesem Zusammenhang sind auch all jene Maßnahmen zu nennen, die der Identifizierung und Entwicklung von »Leuchttürmen« dienen, die in unserer kirchlichen Landschaft Menschen einladen sollen, sich auf die Kirche und ihre Botschaft einzulassen. Im Übrigen: Wenn in den Kirchenbezirken gute Ideen zur Umsetzung dieses sechsten Schwerpunktzieles entwickelt werden, scheuen Sie sich nicht, entsprechende Anträge auf Mittel aus dem »Kirchenkompass-Fonds für Gemeinden und Kirchenbezirke« zu stellen.

Sechs strategische Ziele. Viele Ideen, sie zu erreichen. Sie zu entwickeln, hat in den zurückliegenden Monaten viel Kraft gekostet, aber auch viel Freude bereitet und Motivation ausgelöst. Und es hat jetzt schon zu einer Veränderung der Arbeitskultur im Evangelischen Oberkirchenrat geführt. Es ist hoffentlich deutlich geworden, dass die vorgelegten Kirchenkompassprojekte nicht losgelöst betrachtet werden dürfen von all den Maßnahmen, die im Evangelischen Oberkirchenrat angedacht oder bereits in Angriff genommen wurden. Und sie dürfen nicht losgelöst betrachtet werden von dem Prozess, den der Kirchenkompass mit voranbringt, dem Prozess der Organisationswerdung der badischen Landeskirche. Was das hierfür notwendige gemeinsame kirchenleitende Handeln der vier Leitungsorgane unserer Kirche angeht, so üben wir noch. Ich denke aber, dass die acht vom Evangelischen Oberkirchenrat vorgelegten Kirchenkompassprojekte dem Rechnung tragen, was die Landessynode mit der Formulierung strategischer Ziele vorgegeben hat. Die Landessynode hat sich mit diesen sechs Schwerpunktzielen so langfristig bedeutende Ziele gesetzt,

dass sie in keinem Fall mit nur einem einzelnen Projekt oder einer Einzel-
maßnahme zu erreichen sind. Jedes der vorgeschlagenen Vorhaben versteht
sich daher als ein Schritt auf dem Weg zur Umsetzung dieser großen Schwerpunktziele, auf dem wir noch einige Jahre unterwegs sein werden. Alle diese
Projekte und Maßnahmen wollen einen wirksamen Beitrag zur Verstärkung
und Profilierung der kirchlichen Arbeit vor Ort leisten. So wollen wir mit
Ihnen zusammen in unserer Kirche an dem arbeiten, was eine Organisation
auszeichnet: klares Programm, eindeutige Ziele und Einsatz materieller und
personeller Ressourcen zur Erreichung dieser Ziele.

Wir haben Ihnen acht Kirchenkompassprojekte als Paket vorgelegt. Ein
Paket kann fest verschnürt oder leicht zu öffnen sein. Dieses Paket hat Schnüre,
die in Ihren Händen liegen. Schnüren Sie es auf, nehmen Sie Einzelnes heraus
oder packen Sie anderes hinein. Was Sie für Ihre Entscheidung brauchen, ist
in der Einbringung der Kirchenkompassprojektanträge formuliert. Ich fände
es wunderbar, wenn die Landessynode ihre vorzügliche Arbeit dieser Wahlperiode dadurch krönen würde, dass mit der Verabschiedung vieler an der Basis
Wirksamkeit entfaltender und Aufsehen erregender Projekte neues Interesse
an der Kirche geweckt würde, an dieser Kirche, die bei aller Institutionalisierung immer auch Glaubensbewegung bleibt und die dabei ist, Organisation
zu werden.

Über diese Kirche schreibt Hape Kerkeling in seinem Buch »Ich bin dann
mal weg«[185]: »Gott ist für mich so eine Art hervorragender Film wie ›Gandhi‹,
mehrfach preisgekrönt und großartig! Und die Amtskirche ist lediglich das
Dorfkino, in dem das Meisterwerk gezeigt wird. Die Projektionsfläche für Gott
Die Leinwand hängt leider schief, ist verknittert, vergilbt und hat Löcher. Die
Lautsprecher knistern, manchmal fallen sie ganz aus oder man muss sich
irgendwelche nervigen Durchsagen während der Vorführung anhören. Kein
Vergnügen wahrscheinlich, sich einen Kassenknüller wie ›Gandhi‹ unter solchen Umständen ansehen zu müssen. Viele werden rausgehen und sagen:
Ein schlechter Film. Wer aber genau hinsieht, erahnt, dass es sich doch um
ein einzigartiges Meisterwerk handelt. Die Vorführung ist mies, doch ändert
sie nichts an der Größe des Films. Leinwand und Lautsprecher geben nur das
wieder, wozu sie in der Lage sind. Das ist menschlich. Gott ist der Film und
die Kirche ist das Kino, in dem der Film läuft. Ich hoffe, wir können uns den
Film irgendwann in bester 3-D- und Stereo-Qualität unverfälscht und mal in
voller Länge angucken! Und vielleicht spielen wir dann ja sogar mit!« Soweit

---

[185]   Hape Kerkeling, Ich bin dann mal weg. Meine Reise auf dem Jakobsweg, München
2006. Kerkeling bezieht sich auf den Film von Richard Attenborough, Gandhi (1982).

Hape Kerkeling. Und ich füge hinzu: Vielleicht können wir mit dem, was wir in der Kirchenleitung auf den Weg bringen, wirksam mithelfen, dass viele den Film im Dorfkino unserer Landeskirche heute schon in besserer Qualität sehen können.

»Ich bin getauft auf deinen Namen« (EG 200,1) – wie oft haben wir dieses
Lied schon gesungen, in Taufgottesdiensten oder bei Tauferinnerungsfeiern,
bei Konfirmationen oder anderen Anlässen. Sicherlich haben wir es oft ange-
stimmt, ohne dabei zu bedenken, welchen Schatz wir da besingen. »Ich bin
getauft.« Das ist keine Nebensächlichkeit für das Leben eines Christenmenschen. Das ist die Grundbestimmung unserer christlichen Existenz. Von der
Taufe kommen wir her. Aus dem Ja, das Gott in der Taufe zu uns gesprochen
hat, schöpfen wir unsere Lebenskraft. Aus der Taufe beziehen wir die maßge-
bende Orientierung für ein Leben in der Nachfolge Jesu. Darum ist es wichtig,
sich der eigenen Taufe immer wieder zu erinnern, mehr noch: gründlicher zu
bedenken, was die Taufe für unser Leben bedeutet.

Genau das will ich heute mit Ihnen tun. Alle, die schon längere Zeit in
dieser Landessynode mitarbeiten, wissen, dass ich gern bei meinem Bericht
zur Lage Impulse aufnehme, die durch die Synode der EKD gesetzt werden.
Dies tue ich auch heute, denn die EKD-Synode des Jahres 2008 in Bremen hat
sich in weiten Teilen mit dem im Wasser der Taufe gründenden Lebenswandel
der Christenmenschen beschäftigt. Aber nicht nur hieran knüpfe ich heute an,
sondern ich nehme diesen Bericht zur Lage auch zum Anlass, Sie mit einem
außerordentlich guten Text vertraut zu machen, den die EKD im vergangenen Jahr veröffentlicht hat, nämlich mit der Orientierungshilfe »Taufe«.[187] Dieser Text ist hervorragend geeignet, das Thema »Taufe« in Gottesdiensten und
Bildungsveranstaltungen auf Gemeinde- und Bezirksebene zu vertiefen. Ich
werde heute auf diesen Text zurückgreifen und hoffe, damit auch Ihre Lust zu

---

[186]   Frühjahrstagung der Landessynode der Evangelischen Landeskirche in Baden, Bad
Herrenalb, 23. April 2009.

[187]   Die Taufe. Eine Orientierungshilfe zu Verständnis und Praxis der Taufe in der evangelischen Kirche. Vorgelegt vom Rat der EKD, Gütersloh 2008.

wecken, ihn selbst zu lesen und dann auch in den Kontexten, in denen Sie verortet sind, fruchtbar zu machen – in der Absicht, Taufvergewisserung in unseren Gemeinden zu stärken und den Schatz der Taufe neu wertschätzen zu lernen.

II.I   ICH BIN GETAUFT – DIE BEDEUTUNG DER TAUFE FÜR MEIN LEBEN

In einem ersten grundsätzlichen Teil will ich uns die Bedeutung der Taufe für unser Leben dadurch verdeutlichen, dass ich Grundzüge des neutestamentlichen Taufverständnisses in Erinnerung bringe, reformatorische Erkenntnisse reflektiere und den breiten ökumenischen Konsens im Taufverständnis skizziere.

11.1.1   Der biblische Befund

Die christliche Taufe knüpft an die Taufe des Johannes an. Auch Jesus ließ sich von Johannes dem Täufer im Jordan taufen, und diese Tatsache war sicherlich maßgeblich dafür, dass die Taufe schon in der Urgemeinde zum entscheidenden Initiationsritus für alle wurde, die der Gemeinde angehören wollten. Die Taufe wurde von Anfang an »auf den Namen« oder »im Namen« des dreieinigen Gottes vollzogen. Sehr schön ist diese Unterschiedlichkeit in der Taufformel am Beispiel des Taufbefehls in Mt 28,19 zu sehen, wo die Handschriftenüberliefung beide Varianten bezeugt. Während die Formel »auf den Namen« – wie in dem heute von uns gesungenen Lied – die Übereignung der Getauften in den Wirkungsbereich des dreieinigen Gottes betont, bringt die Formel »im Namen« zum Ausdruck, dass die Taufe im Auftrag Gottes, also mit göttlicher Vollmacht geschieht. Die Taufe war von Anfang an mit dem Empfang des Heiligen Geistes verbunden, auch wurde die Taufe in urchristlicher Zeit häufig mit der Sündenvergebung verbunden. Was nach biblischem Verständnis Taufe bedeutet, fasse ich in fünf Aussagen zusammen:

a) *Die Taufe ist eine Gnadengabe:* Menschliches Leben ist gefährdetes Leben, bedroht durch Krankheit und Not, durch Gewalt und Tod. Die Gnadengabe der Taufe besteht darin, dass Gott uns öffentlich, sichtbar und erfahrbar in eine Lebensgemeinschaft hineinnimmt, die das irdische und vielfältig gefährdete Leben übersteigt. In der Taufe feiern die Getauften und mit ihnen die ganze Kirche die Zusage dieser rettenden Lebensgemeinschaft mit Gott.

b) *Die Taufe befreit von der Macht der Sünde:* »Macht der Sünde« meint dabei die prinzipielle Neigung eines jeden Menschen, ein Leben ausschließlich in eigener Regie, also ohne Gott führen zu wollen. Nach biblischem Zeugnis gewinnen die, die in der Taufe mit dem Geist Gottes begabt sind, Anteil an einer Kraft, sich gegen die Macht der Sünde zu behaupten. Glaubende finden im Vollzug ihres Lebens die Kraft, Hoffnung nicht allein auf sich selbst zu setzen und auch sich anderen Menschen zuzuwenden. In der Taufe wird das Leben auf einen neuen Herrn, auf Gott selbst, ausgerichtet. Daraus erwächst dann auch eine Kraft zu ethisch verantwortlichem Handeln, zum Dienst an unseren Nächsten.

c) *Die Taufe lässt teilhaben an Christi Kreuz und Auferstehung:* Im Paulusjahr, das wir in diesem Jahr in ökumenischer Verbundenheit begehen, liegt es besonders nahe, in die Schriften dieses Apostels zu schauen. Paulus verwendet im Römerbrief das Bild, dass wir in der Taufe mit Jesus Christus gekreuzigt werden und mit ihm sterben (Röm 6,4–6). Dieses Bild wirkt ungeheuer radikal, widerspricht scheinbar aller Erfahrung und ist insbesondere bei einer Taufe von gerade in das Leben getretenen Kindern kaum nachvollziehbar. Mit den radikalen Bildern des gegenwärtigen Mitsterbens und künftigen Mitauferstehens wird die Unzerstörbarkeit der neuen Lebensgemeinschaft mit Gott zum Ausdruck gebracht. So bedeutet die Taufe für unser Leben eine »frohe Befreiung aus den gottlosen Bindungen dieser Welt[188]«.

d) *Die Taufe begabt mit dem Heiligen Geist:* Nach biblischem Zeugnis ist die Taufe mit der Gabe des Heiligen Geistes verbunden. Dieser Geist konkretisiert sich in einer Vielzahl von Geistesgaben. Der Geist ist der Tröster, den Jesus den Seinen nach seiner Auferstehung sendet. Der Heilige Geist gibt Kraft, ein Leben als Zeuge Jesu Christi zu führen. Getaufte bleiben immer auch Zweifelnde, Suchende, Fragende. Der Heilige Geist macht insofern lebenstüchtiger und gemeinschaftstauglicher, als er gegen die Sünde wirkt – nicht indem er *vor* allen Gefahren und Anfechtungen bewahrt, wohl aber, indem er *in* allen Gefahren und Anfechtungen bewahrt.

e) *Durch die Taufe geschieht Aufnahme in die Gemeinschaft der Glaubenden:* Nach biblischem Verständnis werden durch die Taufe Gleichheit und Geschwisterlichkeit unter den Menschen ausgebreitet. Indem alle Getauften Christus wie ein Gewand anziehen, erhalten sie unterschiedliche Gaben und Kräfte des Geistes. Sie werden zu unterschiedlichen Gliedern am Leib Christi. Jeder Mensch wird als Einzelner getauft, bleibt in der Taufe aber nicht allein (Dietrich Bonhoeffer[189]). Die in biologischen und sonstigen Differenzen angelegten Ungleichheiten werden relativiert und in die Einheit einer Gemeinschaft aufgehoben. Diese einmalige Berufung in die Gemeinschaft der Getauften ist von Seiten Gottes unverlierbar und unzerstörbar. Der unverlierbare Charakter

---

[188]   Die Barmer Theologische Erklärung (1934), These II. – In: Bekenntnisschriften der Evangelischen Landeskirche in Baden, (141–146) 144.
[189]   Vgl. Dietrich Bonhoeffer, Nachfolge (1937), München 1967, 204.

der Taufe gründet nicht in einem Vermögen des Menschen, sondern in der Treue Gottes.

11.1.2 Zur Geschichte der Taufe

In urchristlicher Zeit folgte die Taufe in der Regel auf den Glauben, d. h. sie wurde in der Anfangszeit des Christentums als Erwachsenentaufe vollzogen; die Praxis der Kindertaufe etablierte sich flächendeckend sicherlich erst mit der Ausbreitung des Christentums als Staatsreligion im 4. Jahrhundert. Das Neue Testament betont, dass jeder Täufling die Taufe wie Jesus von Nazareth passiv an sich geschehen lässt. Kein Mensch kann sich selbst taufen. Auch das Zum-Glauben-Kommen ist keine aktive Tat des Menschen, sondern jeder Mensch empfängt seinen Glauben passiv, als Geschenk. Im Geschehen der Taufe ist Gott der Aktive. Er schenkt das Heil. Das erzwingt die Kindertaufe nicht, aber es hindert sie auch nicht.

In der Antike war die Taufe ein unbedingter Wechsel vom Tod zum Leben, der deutliche Konsequenzen für die Lebensgestaltung hatte und der durch eine reichhaltige liturgische Gestaltung in der Feier in der Osternacht öffentlich vor der Gemeinde gefeiert wurde. Die Taufe in der Osternacht war ein dramatisch inszenierter Herrschaftswechsel, die rituelle und faktische Befreiung aus dem dämonischen Machtbereich der Sünde und des Todes. Der Weg vom Gründonnerstag bis zum Ostermorgen gestaltete das Taufgeschehen als Mitsterben und Mitauferstehen. Am Ostermorgen mit dem ersten Sonnenlicht wurde im »fließenden, lebendigen Wasser« getauft. Dieser Aspekt der radikalen Neugeburt ist heute noch erkennbar am Namen des seit frühchristlicher Zeit beliebten Taufsonntags Quasimodogeniti, den wir am vergangenen Sonntag begangen haben: »Wie die neugeborenen Kinder« – der Name dieses nachösterlichen Taufsonntags sagt grundlegend aus, dass die Taufe seit urchristlicher Zeit als ein Akt der Neugeburt verstanden wurde.

Die strenge antike Taufpraxis endete spätestens im sechsten Jahrhundert. Am Ende der Antike begannen die Massentaufen, die ein häufig wiederkehrendes Moment der Missionsgeschichte wurden. Der antike Horizont der Taufe wurde in einen eher familiären Kontext transformiert und auf die göttliche Annahme eines neugeborenen Lebens eingeschränkt. Die Taufe wurde nach Möglichkeit gleich nach der Geburt vollzogen.

Neue Akzente im Taufverständnis wurden in der Reformationszeit gesetzt, wobei sich lutherische und reformierte Tauftheologie wie Taufpraxis durchaus unterschieden: Luther formuliert im »Kleinen Katechismus«[190] als

---

[190] Luthers Kleiner Katechismus (1529). – In: Bekenntnisschriften der Evangelischen Landeskirche in Baden, (89–102) 99f.

Antwort auf die Frage, was die Taufe sei: »Die Taufe ist nicht allein schlicht Wasser, sondern sie ist das Wasser in Gottes Gebot gefasst und mit Gottes Wort verbunden. Sie wirkt Vergebung der Sünden, erlöst vom Tode und Teufel und gibt die ewige Seligkeit allen, die es glauben, wie die Worte und Verheißung Gottes lauten.« Das Wassertaufen bedeutet, »dass der alte Adam in uns durch tägliche Reue und Buße soll ersäuft werden und sterben mit allen Sünden und bösen Lüsten; und wiederum täglich herauskommen und auferstehen ein neuer Mensch, der in Gerechtigkeit und Reinheit vor Gott ewiglich lebe.«

Johannes Calvin, dessen 500. Geburtstages wir in diesem Jahr gedenken, verstand dagegen die Taufe mit Wasser als Abbild der durch Christi Blut vollzogenen Reinigung des Menschen von der Sünde, als Zeichen der Neubestimmung des Lebens in der Gemeinschaft mit Jesus Christus, als Vergewisserung der Gotteskindschaft und Zeichen der Einfügung in den Leib Christi.[191] Entsprechend heißt es im Heidelberger Katechismus auf die Frage *»Wie wirst du in der heiligen Taufe erinnert und versichert, dass das einzige Opfer Christi am Kreuz dir zugute kommt?* Also, dass Christus dies äußerliche Wasserbad eingesetzt und dabei verheißen hat, dass ich so gewiss mit seinem Blut und Geist von der Unreinigkeit meiner Seele, das ist von allen meinen Sünden, gewaschen sei, so gewiss ich äußerlich mit dem Wasser, welches die Unsauberkeit des Leibes hinweg nimmt, gewaschen bin« (Frage 69)[192]. Die Taufe stellt also die Gotteskindschaft nicht erst her, sondern bringt sie zum Ausdruck.

Jahrhunderte später ist es in den innerevangelischen Lehrgesprächen zwischen Lutheranern, Reformierten und Unierten gelungen, in der Leuenberger Konkordie von 1973 ein gemeinsames Taufverständnis zu formulieren. In Artikel 14 dieser Konkordie ist der erzielte evangelische Konsens folgendermaßen formuliert: »Die Taufe wird im Namen des Vaters, des Sohnes und des Heiligen Geistes mit Wasser vollzogen. In ihr nimmt Jesus Christus den der Sünde und dem Sterben verfallenen Menschen unwiderruflich in seine Heilsgemeinschaft auf, damit er eine neue Kreatur sei. Er beruft ihn in der Kraft des Heiligen Geistes in seine Gemeinde und zu einem Leben aus Glauben, zur täglichen Umkehr und Nachfolge.«[193]

---

[191]   Vgl. Heinrich Heppe, Die Dogmatik der evangelisch-reformierten Kirche. Dargestellt und aus Quellen belegt. Neu durchgesehen und herausgegeben von Ernst Bizer, Neukirchen 1935, (486–499) 492.

[192]   Der Heidelberger Katechismus (1563). – In: Bekenntnisschriften der Evangelischen Landeskirche in Baden, (103–139) 121.

[193]   Die Leuenberger Konkordie (1973). – In: Bekenntnisschriften der Evangelischen Landeskirche in Baden, (155–165) 160.

11.1.3 Die Taufe als Sakrament der Einheit

Inzwischen ist die Taufe das Band der Einheit nicht nur zwischen den Kirchen der Gemeinschaft Evangelischer Kirchen in Europa, welche die Leuenberger Konkordie unterschrieben haben. Am 29. April 2007 wurde in Magdeburg die Vereinbarung über die wechselseitige Anerkennung der Taufe von vielen evangelischen, katholischen und orthodoxen Kirchen unterzeichnet.[194] Damit wurde übrigens etwas vorgenommen, was in der ACK Baden-Württemberg bereits im Jahr 1998 elf Mitgliedskirchen vollzogen hatten. In der Magdeburger Erklärung heißt es: »Jesus Christus ist unser Heil. Durch ihn hat Gott die Gottesferne des Sünders überwunden (Röm 5,10), um uns zu Söhnen und Töchtern Gottes zu machen. Als Teilhabe am Geheimnis von Christi Tod und Auferstehung bedeutet die Taufe Neugeburt in Jesus Christus. Wer dieses Sakrament empfängt und im Glauben Gottes Liebe bejaht, wird mit Christus und zugleich mit seinem Volk aller Zeiten und Orte vereint.«

Auf dieser Verständigung der Kirchen über die Taufe gilt es, im ökumenischen Miteinander aufzubauen. Nach meiner Meinung müssten wir viel häufiger ökumenische Gottesdienste mit einem besonderen Tauferinnerungsakzent feiern. Dann würde deutlich werden, welch großer Schatz an Verbindendem uns durch die Taufe auf den dreieinigen Gott geschenkt ist. Mit der Taufe werden wir nicht auf Paulus, nicht auf Martin Luther, nicht auf den Papst und somit auch nicht auf eine bestimmte Konfession getauft, sondern auf den Namen des dreieinigen Gottes. Die Taufe ist der Ort, an dem von allen Kirchen anerkannt wird, dass die Zugehörigkeit zu Christus umfassender ist als die Zugehörigkeit zu einer bestimmten Konfessionskirche. Den Reichtum der Taufe neu schätzen lernen – darin liegt für mich eine der Kraftquellen für das weitere ökumenische Miteinander der Kirchen. Bei allen Irritationen, die wir im ökumenischen Miteinander in den letzten Jahren erlebt haben, im Blick auf das gemeinsame Verständnis der Taufe gibt es einen breiten, unumstößlichen Konsens. Die Taufe ist ein »sakramentales Band der Einheit« und Tauferinnerung ist die Basis jedes ökumenischen Bemühens.

11.1.4 Tauferinnerung für Ausgetretene

Zum Schluss dieses ersten Teils will ich andeuten, wie eine bewusste Orientierung an der Taufe zu einer Wertschätzung der verfassten Kirche führt. Die Taufe ist ja nicht ein rein geistlicher Akt, so wenig die Gemeinschaft der Getauften nur geistlich verstanden werden kann. So wie die Taufe ein sinnlich

---

[194] Vgl. http://www.ekd.de/presse/pm86_2007_wechselseitige_taufanerkennung.html. Vgl. epd Dokumentation 20/20007.

erfahrbares Geschehen ist, so ist auch die Gemeinschaft der Getauften sinnlich wahrnehmbar in der sichtbaren Kirche. Eine Wertschätzung der Taufe hat zur Folge, dass ich auch die Zugehörigkeit zur Kirche ernst nehme. Dazu sollten wir Eltern aktiv ermuntern, indem wir sie einladen, ihre Kinder taufen zu lassen. Wir wissen, dass die Taufbereitschaft evangelischer Eltern außerordentlich hoch ist. Dies soll uns aber nicht in falscher Weise beruhigen. Wir haben auch die Aufgabe, jene, die den Wert der Taufe und einer daraus resultierenden Kirchenmitgliedschaft noch nicht erkannt haben, zur Taufe ihrer Kinder zu ermutigen. Wie wäre es, wenn wir – einen Vorschlag von Erzbischof Zollitsch aufnehmend – in allen Gemeinden Eltern zur Geburt ihres Kindes gratulierten und sie bei dieser Gelegenheit auf die Taufe ihres Kindes hinwiesen?

Darüber hinaus müssen wir auch mithelfen, die Gemeinschaft in der Kirche in einer Weise zu gestalten, dass sich Menschen an der Zugehörigkeit zur Kirche freuen können. Bedenken wir: Die aus unserer Kirche Ausgetretenen sind getaufte Menschen. Die Taufe hat auch für sie eine unverlierbare Bedeutung. Deshalb gilt es, eine Kultur der Tauferinnerung zu entwickeln, die auch die Ausgetretenen anspricht. Ausgetretenen zu verdeutlichen, welcher Schatz ihnen mit der Taufe geschenkt wurde und was sie mit ihrem Kirchenaustritt verloren haben, das ist unsere Aufgabe. Wir dürfen Kirchenaustritte nicht einfach achselzuckend hinnehmen. Vielmehr müssen wir eine seelsorgerlich-missionarische Praxis entwickeln, die die Ausgetretenen auf ihre Taufe anspricht. Dabei ist beides ernst zu nehmen: das mit dem Kirchenaustritt ausgesprochene »Nein« der Getauften und das bleibende »Ja« Gottes zu ihnen. Weil Gott zu seiner Verheißung steht, bleibt die Gemeinschaft der Christen auch den Getauften, die ausgetreten sind, verpflichtet. Sie steht vor der Aufgabe, sie weiterhin einzuladen, ihrer Taufe gemäß zu leben. Es kann uns nicht egal sein, wenn im Jahr 2008 die Zahl der Kirchenaustritte in unserer Landeskirche gegenüber dem Vorjahr um mehr als 30% auf 7.796 gestiegen ist und wir im Austritts-Eintrittssaldo mehr als 6.000 Gemeindeglieder verloren haben. Diesem Trend müssen wir entgegenwirken. Besuche bei Ausgetretenen, ein Sie-Erinnern an ihre Taufe, das wäre ein wichtiger Schritt, diesen Menschen die Gemeinschaft der Kirche wieder wertvoll und lieb zu machen.[195]

Uns muss klar sein: Für diese Form der Tauferinnerung, die auf Rückgewinnung jener zielt, die von der Gemeinschaft der Kirche Abschied genommen haben, zur Gemeinschaft der Getauften aber nach wie vor gehören, haben wir

---

[195] Taufe und Kirchenaustritt, Theologische Erwägungen der Kammer für Theologie zum Dienst der evangelischen Kirche an den aus ihr Ausgetretenen, EKD-Text Nr. 66, Hannover 2006.

nicht mehr lange Zeit. Schon jetzt wächst unter uns die Generation der Kinder dieser Ausgetretenen heran, die nicht mehr getauft sind und die wir an ihre Taufe nicht mehr erinnern können. Wie schwer es ist, jene zur Kirche zurückzuführen, die schon seit einigen Generationen nicht mehr wissen, was Kirche ist, das zeigt uns das Beispiel der Kirche in den neuen Bundesländern. Meiner Meinung nach müssen in unseren Gemeinden ganz gezielt Anstrengungen unternommen werden, einen Zugang zu den Ausgetretenen zu finden und sie an ihre Taufe zu erinnern und sie einzuladen, die Gemeinschaft der Getauften in der Kirche zu erleben und zu leben. Das Thema »Taufe« kann unter diesem Gesichtspunkt Schwerpunktthema der Bezirkssynoden und Pfarrkonvente im kommenden Jahr werden. Mit der Dekanskonferenz im September wollen wir einen Anfang in dieser Richtung machen. Ich halte den Zeitpunkt, eine Anstrengung zur Wiedergewinnung Ausgetretener zu unternehmen, für sehr günstig. Denn das Bedürfnis nach Vergewisserung eigener Wurzeln in einer immer unübersichtlicher werdenden Welt nimmt eher zu als ab.

Auch würden wir uns bei einer entsprechenden Schwerpunktsetzung in Pfarrkonventen und Bezirkssynoden des Jahres 2010 sehr gut einstimmen können auf das Jahr 2011: Das Jahr 2011 soll nämlich im Rahmen der Reformationsdekade, mit der wir auf das Reformationsjubiläum 2017 zugehen, unter dem Schwerpunktthema »Reformation und Taufe« gestaltet werden. Im Jahr 2011 wird es darauf ankommen, dass wir das Thema »Taufe« in der EKD und allen ihren Gliedkirchen, also auch in unseren Gemeinden und Bezirken, zu einem öffentlichen Thema machen. Dann könnten vielleicht auch manche Kirchenbezirke dem Beispiel des Kirchenbezirks Emmendingen folgen, der bereits einen Vorschlag von mir aufgegriffen hat, indem er zu einem Bezirksgottesdienst im Freien mit einer großen Tauffeier für viele Täuflinge einlud. Gerade für Familien und für Alleinerziehende, die in der Ausrichtung einer Familientauffeier überfordert sind, wären solche öffentlichen und zentralen Taufgottesdienste von großer Bedeutung, von der positiven Resonanz, die solche Ereignisse in der Öffentlichkeit finden, ganz zu schweigen. Diese Anregungen für die Praxis sollen verdeutlichen: Es lohnt sich, den Schatz der Taufe neu zu heben. Es lohnt sich für die Getauften selbst, es lohnt sich für unsere Kirche, und es lohnt sich für die Gemeinschaft der Kirchen.

II.2 ICH BIN GETAUFT – DIE TAUFE ALS GRUNDORDINATION

Die von mir im ersten Teil in ihrem theologischen Gehalt dargestellte Taufe ist Grundlage jedes Christenlebens. Mit einer Erinnerung an diese Taufe beginnt jeder Gottesdienst, den wir »Im Namen des Vaters und des Sohnes und des

Heiligen Geistes« eröffnen. Auf die Taufe beziehen sich alle Amtshandlungen der Kirche zurück:

Die Konfirmation als das bewusste Ja des Heranwachsenden zur eigenen Taufe, die Trauung als wichtige Station auf dem Taufweg, wie es in unserer Agende in einer bewussten Tauferinnerung bei der Trauung zum Ausdruck kommen kann[196], die Bestattung, mit der von Verstorbenen Abschied genommen wird im Glauben, dass sie auf ewig ruhen im Frieden des mit ihnen seit der Taufe verbundenen Gottes; schließlich gestalten wir einen ganz besonderen Rückbezug auf die Taufe bei der gottesdienstlichen Einführung in kirchliche Dienste. So sind alle sonntäglichen und Kasualgottesdienste, alle Einführungen und besonders die Ordinationen und Beauftragungen Tauferinnerungsfeiern. Im Blick auf die Beauftragung von Prädikantinnen und Gemeindediakonen und die Ordination ins Haupt- und Ehrenamt will ich dies theologisch ausführen und dann die Ordinations- und Beauftragungspraxis unserer Landeskirche als eine Praxis lebendiger Tauferinnerung darstellen.

11.2.1 Reformationstheologische Erinnerungen

Zu den reformatorischen Grunderkenntnissen gehört die Wiederentdeckung des Priestertums aller Getauften. Da alle Getauften ausnahmslos teilhaben am Heilswerk Jesu Christi, haben sie auch Anteil an seinem priesterlichen Versöhnungsamt. Martin Luther formulierte es auf seine Art deutlich: Der Glaube ist »ein priesterlich Amt. Darum sind alle Christenmänner Priester, alle Frauen Priesterinnen, jung oder alt, Herr oder Knecht, Herrin oder Magd, Gelehrter oder Laie. Hier ist kein Unterschied.« [197]

Diese Einsicht findet im Augsburgischen Bekenntnis ihren Niederschlag. Nach CA 5[198] ist ein Verkündigungsamt – die Übersetzungen sprechen für uns heute etwas missverständlich vom Predigtamt – allen Getauften gegeben. Dieses Verkündigungsamt ist nach göttlichem Recht Ausdruck der Tatsache, dass die Kirche hört und lehrt, dass sie zum Wort Gottes hin und vom Wort Gottes her lebt. Das hörende und lehrende Amt gehört zum Wesen der Kirche und kann von jedem Christenmenschen ausgefüllt werden. Gerade weil alle Christenmenschen verkündigen können und ein priesterliches Amt haben,

---

[196]   Trauung. Agende für die Union Evangelischer Kirchen in der EKD, Band 4. Im Auftrag des Präsidiums hrsg. v. der Kirchenkanzlei der UEK, Bielefeld 2006, 50.

[197]   Ein Sermon von dem neuen Testament, das ist von der heiligen Messe (1520). – In: Ausgewählte Schriften II (Hg. Karin Bornkamm und Gerhard Ebeling), Frankfurt 1990, (78–114),103.

[198]   Das Augsburger Bekenntnis (1530). – In: Bekenntnisschriften der Evangelischen Landeskirche in Baden, (43–87) 51 (Vom Predigtamt).

muss die Ausübung des Amtes im Gottesdienst und in der Sakramentsverwaltung aber nun geregelt werden, damit es verlässlich geschieht und
nicht zum Durcheinander kommt. Von dem der ganzen Kirche anvertrauten
Verkündigungsamt ist deswegen ein besonderes, ordinationsgebundenes
Amt zu unterscheiden.

Davon handelt CA 14[199]; das dort definierte Amt ist nach menschlichem
Recht ein vor allem funktionales Amt, das durch ein geregeltes Verfahren der
Berufung die Verkündigung des Wortes Gottes und die Verwaltung der Sakramente in der Gemeinde sicherstellen soll. Dieses Amt soll an bestimmte theologische Kompetenzen gebunden werden. Für alle reformatorische Erkenntnis
war entscheidend, dass eine Ordination – also eine Berufung nach CA 14 – nicht
zu einem Statuswechsel oder zu einer Statuserhöhung der Ordinierten führt.
Die Ordination führt – anders als die Priesterweihe – nicht zu einer besonderen
Würde, sondern zu einem besonderen Dienst. Für die Reformatoren verleiht
nämlich die Taufe die priesterliche Würde. Die Ordination beruft Getaufte in
einen bestimmten Dienst.

Wenn Luther in der ihm eigenen Weise zugespitzt sagt: »Was aus der Taufe
gekrochen ist, das kann sich rühmen, dass es schon zum Priester, Bischof und
Papst geweiht ist«[200], dann macht er gleichzeitig unmissverständlich klar, dass
das Sakrament der Taufe auch begründend für die Berufung zu gottesdienstlicher Wortverkündigung und Sakramentsverwaltung ist. Die Taufe ist die
Grundordination aller Christenmenschen. Jede Ordination oder Beauftragung
verweist zurück auf die Taufe. In unserer Liturgie für die Ordination und
Beauftragung wird dies sehr schön deutlich, wenn es heißt: »Aufgrund der
Taufe sind alle Christen zum Zeugnis und Dienst in der Welt verpflichtet. Der
Erfüllung dieses Auftrags dienen alle Ämter der Kirche. Die Kirche ist dafür
verantwortlich, dass Menschen, die dazu willig und vorbereitet sind, in den
Dienst der öffentlichen Verkündigung berufen werden.«[201]

11.2.2 Ordnungsgemäß berufen (rite vocatus et vocata)
Nun lief in den zurückliegenden Jahren in den verschiedenen Gliederungen
auf EKD-Ebene ein Prozess, der auf ein einheitliches Verständnis und eine
möglichst identische Praxis der Berufung zu öffentlicher Wortverkündigung

---

[199]   A. a. O., 55 (Vom Kirchenregiment).
[200]   Martin Luther: An den christlichen Adel deutscher Nation (1520). – In: Martin Luther
Schriften. Aufbruch zur Reformation. Ausgewählte Schriften. Hg. Karin Bornkamm und
Gerhard Ebeling, Frankfurt am Main 1990, (150–269) 156f.
[201]   Agende für die Evangelische Landeskirche in Baden, Band V, Ordination – Einführung –
Einweihungshandlungen, Karlsruhe 1987, 12 u. ö.

und Sakramentsverwaltung zielte. Es ging dabei um die Frage, wie die bereits angesprochene Bestimmung von CA 14, wonach »niemand in der Kirche öffentlich predigen oder die Sakramente reichen soll ohne ordnungsgemäße Berufung«[202] dem Bekenntnis und den heutigen Gegebenheiten entsprechend verwirklicht werden soll. Vereinfacht dargestellt vertreten eine kleinere Gruppe von Kirchen sowie einige Theologielehrende an Universitäten die Auffassung, dass CA 14 im Hinblick auf die Einheit des Verkündigungsamtes die *Ordination aller* im gottesdienstlichen Verkündigungsdienst Stehenden erforderlich mache. Die weitaus größere Gruppe argumentiert, dass die unterschiedliche Ausformung des einen Amtes es erlaube, auch begrifflich bei diesem Vorgang der Berufung zu differenzieren. So wird hier unterschieden zwischen einer *Berufung in Gestalt der Ordination,* wenn das Amt in einem Pfarramt und ohne zeitliche oder örtliche Beschränkung ausgeübt werden soll, und der *Berufung in Gestalt der Beauftragung,* wenn der Dienst nicht als Pfarrdienst und im Hinblick auf eine örtliche oder zeitliche Beschränkung ausgeübt werden soll.

Für diese Differenzierung hat sich auch unsere Landeskirche ausgesprochen, die sich in diesen Diskussionsprozess engagiert eingebracht hat. In diesem Zusammenhang möchte ich besonders Oberkirchenrat Nüchtern und Rektor Marquard von der Evangelischen Hochschule in Freiburg herzlich für ihre weiterführenden Beiträge danken.[203] Zum Abschluss des Diskussionsprozesses hat unter dem Titel »Ordnungsgemäß berufen« die Bischofskonferenz der VELKD am 14. Oktober 2006 eine Empfehlung zur »Berufung zu Wortverkündigung und Sakramentsverwaltung nach evangelischem Verständnis« erlassen. In dieser Empfehlung heißt es zum Amt der gottesdienstlichen Wortverkündigung und Sakramentsverwaltung: »Dieses Amt ... ist nach den Grundsätzen reformatorischer Theologie *eines.* Es wird unter Gebet und Handauflegung und Bitte um den Heiligen Geist durch die Kirche – in der Regel durch eine Inhaberin oder

---

[202]   Das Augsburger Bekenntnis (1530). – In: Bekenntnisschriften der Evangelischen Landeskirche in Baden, 55 (Vom Kirchenregiment).

[203]   Vgl. Michael Nüchtern, Stellungnahme des Evangelischen Oberkirchenrats der Evangelischen Landeskirche in Baden zur Studie des Theologischen Ausschusses der VELKD »Allgemeines Priestertum und Ordination nach evangelischem Verständnis« vom 24. Mai 2002 sowie Reiner Marquard, Erinnerung an die Zukunft der Reformation. Zur aktuellen theologischen Diskussion über die Ordination in kirchliche Ämter und Ehrenämter. – In: MDKI 4/2004, 75–78 (Wiederabdruck in: epd Dokumentation 12/2005 vom 15. März 2005 [Ordinationsverständnis: Streit zwischen Katholiken und Lutheranern. Stillstand in der Ökumene? Beiträge zur Empfehlung »Allgemeines Priestertum, Ordination und Beauftragung nach evangelischem Verständnis« der Bischofskonferenz der Vereinigten Evangelisch-Lutherischen Kirche Deutschlands – Texte zum Stand der Ökumene], 32–38).

einen Inhaber des bischöflichen Amtes – übertragen. Personen, denen das Amt der öffentlichen Verkündigung übertragen wurde, reden und handeln im Auftrag der Kirche; sie sind in ihrem Reden und Handeln der Einheit der Kirche verpflichtet. Insofern ist das Amt der öffentlichen Verkündigung bezogen auf die Katholizität und Apostolizität der Kirche.«[204] Diese Formulierungen machen deutlich, dass die Regelungen zur Übertragung des Amtes ein Ausweis der Ökumenizität der Kirche sind. Die »Empfehlung« fährt dann fort: »Das eine Amt der Kirche wird in evangelischen Kirchen seit der Reformationszeit differenziert, das heißt, mit sehr unterschiedlichem Auftragsumfang – in räumlicher und zeitlicher Hinsicht, sowie in der Beschreibung des konkreten Arbeitsbereiches – wahrgenommen. Dieser faktisch erheblichen Differenzierung in der Wahrnehmung des einen Amtes tragen die evangelischen Kirchen in Deutschland heute dadurch Rechnung, dass sie für die Übertragung des *einen* Amtes je nach Auftragsumfang *unterschiedliche* Begriffe verwenden, nämlich zwischen ›Ordination‹ und ›Beauftragung‹ unterscheiden.«

Innerhalb der VELKD sind durch die Empfehlung der Bischofskonferenz vom 14. Oktober 2006 und durch eine Richtlinie vom 3. März 2008 nun die Voraussetzungen für eine Einheitlichkeit im Verständnis, in den Begrifflichkeiten und im Vollzug der Berufung nach CA 14 gegeben.[205] Für unsere Landeskirche gilt es, auf der Folie der VELKD-Empfehlung die eigenen Regelungen im Hinblick auf begriffliche Klarheit, gliedkirchliche Übereinstimmung, eine weitgehend identische Praxis und vor allem eine ökumenische Ausweisbarkeit zu überprüfen und gegebenenfalls zu verändern. In der neuen Grundordnung wird durch Art. 90 (1) und Art. 96 und 97 hinlänglich klar bei den »Diensten der Verkündigung« zwischen dem »ordinationsgebundenen Amt« und den »Diensten der Verkündigung aufgrund einer Beauftragung« unterschieden. Sowohl Ordination als auch Beauftragung sind als Berufung nach CA 14 verstanden, die Berufung durch den Landesbischof ist festgeschrieben. Von diesen Grundordnungsbestimmungen und den Empfehlungen der VELKD her wäre eine Novellierung des Predigtamtgesetzes und des Prädikantengesetzes zu empfehlen, damit wir zu einer konsistenten Ordinations- und Beauftragungspraxis und ihrer gesetzlichen Regelung gelangen. Auch müssen die

---

[204] »Ordnungsgemäß berufen«. Eine Empfehlung der Bischofskonferenz der VELKD zur Berufung zu Wortverkündigung und Sakramentsverwaltung nach evangelischem Verständnis, Ahrensburg, 14. Oktober 2006, 18.

[205] Richtlinie der Vereinigten Evangelisch-Lutherischen Kirche Deutschlands zur Ordnung der Beauftragung und des Dienstes der Prädikanten und Prädikantinnen vom 3. März 2008 (ABl. VELKD Bd. VII S. 395); erneut abgedruckt in Texte aus der VELKD, Nr. 164, August 2012, 7–11.

Regelungen für die Lehrvikarinnen bzw. Lehrvikare, für die Gemeindediakoninnen und Gemeindediakone sowie für die Prediger der Landeskirchlichen
Gemeinschaften überprüft werden. So sollte z. B. eine von Bischof Friedrich
für die bayerische Landeskirche geschilderte Praxis, nach der Lehrvikarinnen
und Lehrvikare lediglich per Brief – oder auch nur telefonisch – mit der Abend-
mahlsverwaltung beauftragt werden, endgültig der Vergangenheit angehören.
Eine solche Praxis ist – wie Bischof Friedrich zu Recht sagt – nicht nur für
Katholiken, sondern auch für uns selbst »unerträglich«.

11.2.3 Badische Ordinationspraxis

Ich bin sehr froh, dass wir am vorläufigen Ende eines sehr langen Prozesses
angekommen sind, der unser Verständnis von Ordination und Beauftragung
und unsere Ordinationspraxis geklärt hat. Bei meinem Dienstantritt als Landesbischof nämlich machte ich die für mich überraschende Feststellung, dass
es bei uns in Baden hinsichtlich der Ordination einen merkwürdigen Widerspruch zwischen der Verfassungsnorm unserer Kirche und ihrer Praxis gab:
Nach Art. 90 unserer Grundordnung erfolgt die Berufung zum dauerhaften und
umfassenden Dienst im Predigtamt der Kirche durch die vom Landesbischof
vorzunehmende Ordination. Ergänzend heißt es dann: »Den Vollzug kann er
(der Landesbischof) im Ausnahmefall auch einer anderen Pfarrerin bzw. einem anderen Pfarrer übertragen.« De facto wurde das Ordinationsrecht aber
über etliche Jahrzehnte nur in ganz geringem Maße durch den Landesbischof
ausgeübt. Die Delegation der Ordination an Lehrpfarrerinnen und Lehrpfarrer
war die Regel. Damit aber wurde nicht nur das Regel-Ausnahme-Verhältnis
vertauscht, nein: Man konnte über viele Jahre von einer fast »bischofsfreien«
Ordinationspraxis in Baden reden. Damit aber widersprach die Praxis in deutlicher Weise der in Art. 73 unserer Grundordnung formulierten Norm, nach der
es heißt: Der Landesbischof erfüllt seinen Dienst an der Leitung dadurch, dass
er »das Ordinationsrecht ausübt«. Übrigens galt dies nicht in gleicher Weise
für die Beauftragung von Prädikantinnen und Prädikanten. Diese wurden
und werden immer schon durch den zuständigen Dekan bzw. die zuständige
Dekanin oder deren Stellvertretung unter Gebet und Handauflegung zu ihrem
Dienst gottesdienstlich beauftragt.[206]

Die badische Praxis war in der gesamten EKD singulär, denn in allen anderen Gliedkirchen ist das Recht zur Ordination ausschließlich jenen vorbehal-

---

[206]   Vgl. auch: Landesbischof Dr. Ulrich Fischer, »Was aus der Taufe gekrochen ist, das mag
sich rühmen, dass es schon zum Priester, Bischof und Papst geweiht ist« (Martin Luther).
Gedanken zum ordinierten Amt in unserer Kirche, Evangelische Landeskirche in Baden,
Karlsruhe 2002, 25–30.

ten, die ein Amt der Episkope ausüben, also den Bischöfen und Prälatinnen, Regionalbischöfen und Superintendentinnen usw., während nicht ordinierte Gemeindeglieder der Ortsgemeinde und ordinierte oder nicht ordinierte Personen aus dem persönlichen Umfeld der Ordinanden bzw. Ordinandinnen assistierend mitwirken. Den für die EKD geltenden Konsens formuliert Gunther Wenz so: »Daß die Ordination im Verein mit zwei ordinierten Pfarrern als Assistenten und unter Wahrung gemeindlicher Mitwirkungsrechte, wie sie bereits durch die Einzugsordnung sinnenfällig vorstellig werden, ›durch den Bischof oder einen dazu Beauftragten vorgenommen‹ wird, entspricht der Tatsache, daß zum Dienst der Einheit, zu welchem die Ordination beauftragt, die Sorge um den universalkirchlichen Beziehungszusammenhang elementar hinzugehört, der jeder ›congregatio sanctorum‹ unveräußerlich eignet. Unter den Ordinatoren sollte daher ein Träger bzw. eine Trägerin eines episkopalen Amtes sein, wobei es eine sekundäre Frage ist, ob dieses Amt mit dem Bischofstitel oder mit einem anderen Titel, der es als übergemeindliches Leitungsamt kennzeichnet, versehen ist.«[207]

Nur in unserer Landeskirche konnte eine Ordination durch Gemeindepfarrerinnen und Gemeindepfarrer vorgenommen werden. Den Grund für diese außerordentliche Praxis hat mir der Nestor der Liturgiewissenschaft D. Frieder Schulz im Jahr 2003 in einer kleinen Ausarbeitung dargelegt: Bis 1918 war die Ordination ausschließlich den Dekanen vorbehalten, denn der badische Großherzog konnte als weltlicher Landesbischof nicht ordinieren, und den Mitgliedern des Oberkirchenrats als oberster Behörde waren keine geistlichen Aufgaben zugewiesen. Noch vor 1918 wünschte Friedrich Niebergall in seiner Praktischen Theologie, dass die Ordination nicht als Sammelordination durch den Generalsuperintendenten (= Regionalbischof) vorgenommen werden sollte, sondern am Dienstort der Kandidaten durch den Superintendenten oder von einem dem Kandidaten befreundeten Pfarrer. Dieser Empfehlung entsprach dann die badische Praxis, die aber im Kern eine Privatisierung der Ordination darstellte. Mit dieser Privatisierung ging der gesamtkirchliche und kirchenleitende Aspekt der Ordination verloren. Schulz empfahl damals als sachgemäß, eine Ordinationspraxis zu entwickeln, bei der »ein Träger überörtlicher Verantwortung ordiniert, nicht ein Ortspfarrer«. Allerdings sollte »die Ordination nicht ohne Bezug auf eine versammelte Ortsgemeinde vollzogen« werden.

---

[207] Gunther Wenz, Amt, Ämter und Ordination in lutherischer Perspektive. Vortrag anlässlich der Herbstplenartagung der Lutherischen Liturgischen Konferenz Deutschlands vom 21. bis 23. September 1998 in der Tagungsstätte Kreuzbergbaude der Evangelischen Kirche der schlesischen Oberlausitz, MS 12 S., S.11.

In Aufnahme dieser Gedanken von Frieder Schulz habe ich es als unsere Aufgabe angesehen, eine Ordinationspraxis zu entwickeln, die der Grundordnungsnorm unserer Landeskirche entspricht, die die gesamtkirchlichen Aspekte der Ordination zum Leuchten bringt, die EKD-kompatibel und auch ökumenisch anschlussfähig ist und dennoch die Pfarrgemeinde als Ort der Ordination wertschätzt. Nach vielen Gesprächen mit Lehrvikarinnen und -vikaren, mit der Lehrpfarrerkonferenz, mit Dozentinnen und Dozenten des Predigerseminars und im Kollegium des Evangelischen Oberkirchenrats haben wir nun folgende Praxis etabliert: Zweimal im Jahr ordiniert der Landesbischof an immer wechselnden Orten Gruppen der angehenden Pfarrerinnen und Pfarrer. Die übrigen Ordinandinnen und Ordinanden werden von der Prälatin, dem Prälaten, einem theologischen Mitglied des Kollegiums des Evangelischen Oberkirchenrats oder durch Leitungspersonen auf Kirchenbezirksebene ordiniert. Die Ordinationen, die ich jeweils im März und September mit kleineren oder größeren Gruppen angehender Pfarrerinnen und Pfarrer durchführe, erlebe ich jedes Mal als große Kirchenfeste, die von der jeweils gastgebenden Gemeinde gerne ausgerichtet und festlich gestaltet werden. Und ich erlebe sie als wunderbare Tauferinnerungsfeiern, die nicht nur die Ordinierten, sondern die ganze versammelte Gemeinde dessen vergewissern, was uns allen in der Taufe geschenkt ist.

II.3.   ICH BIN GETAUFT – DAS WASSER DER TAUFE
         UND MEIN LEBENSWANDEL

Seit biblischen Zeiten bis in unsere Zeit und in allen Kirchen der weltweiten Ökumene gibt es hinsichtlich der Taufe einen elementaren Zusammenhang, der niemals vergessen werden darf: Der Gabe der Taufe entspricht die Aufgabe eines taufgemäßen Lebenswandels. Die Taufe bleibt nicht konsequenzenlos für unser Leben. Sie fordert heraus zu einem Leben in der Nachfolge Jesu Christi. Was ein der Taufe gemäßer Lebenswandel ist, ließe sich nun an zahlreichen individualethischen Herausforderungen aufzeigen. Ich will mich im dritten Teil auf einen besonderen Aspekt beschränken, der im Herbst letzten Jahres durch die Tagung der EKD-Synode in Bremen in den Mittelpunkt des Interesses gerückt wurde. Wie schon das Thema dieser Synode »Klimawandel – Wasserwandel – Lebenswandel« andeutet, geht es um ökologische Konsequenzen, die sich aus der christlichen Taufe für den Lebenswandel von Christenmenschen ergeben.

11.3.1 Die ökologische Krise als Wasserkrise

Ich rufe uns einige Fakten in Erinnerung, die verdeutlichen, dass die sich immer deutlicher abzeichnende ökologische Krise in wesentlichen Teilen eine Wasserkrise ist. Der globale Wasserkreislauf der Erde wird von der Klimaerwärmung beeinträchtigt. Denn ein wärmeres Klima hat zur Folge, dass es zu veränderten Niederschlagsmustern und einer geringeren Verfügbarkeit von Wasser sowie zu häufigeren und intensiveren extremen Wetterereignissen wie Dürren, Überschwemmungen und Stürmen kommt. In den vergangenen sieben Jahrzehnten hat sich der weltweite Wasserverbrauch versechsfacht und ist damit doppelt so schnell gewachsen wie die Weltbevölkerung. In Deutschland verbraucht jeder Mensch durchschnittlich 130 Liter am Tag, als Mindestbedarf pro Kopf gelten nach UN-Angaben 50 Liter pro Tag. 1,1 Milliarden Menschen haben keinen Zugang zu ausreichendem Trinkwasser. Wassermangel, Verunreinigung des Wassers und fehlende sanitäre Versorgung bedrohen gegenwärtig das Überleben von mehr als 2,4 Milliarden Menschen. Schon jetzt sterben täglich 6.000 Menschen einen vermeidbaren Tod wegen Wassermangels. Der nicht zuletzt durch privatwirtschaftliche Interessen eingeschränkte Zugang zu Wasser führt zu Konflikten zwischen Menschen, Gemeinwesen, Regionen und Ländern. Diese Risiken sind vor allem in armen Ländern auf mehreren Kontinenten zu finden.

Die Wasserkrise dieser Welt ist eine von Menschen gemachte Krise. Eine Krise, die ihren Grund darin hat, dass sich der Mensch zum Herrn über die Schöpfung erklärt hat. Christenmenschen waren es, die taufvergessen handelten. Statt in Verantwortung gegenüber Gott, dem Schöpfer, auf dessen Namen sie getauft sind, sich selbst zu begrenzen, handelten sie über Jahrhunderte so, als gäbe es keinen Gott. Anklagend müssen wir uns heute Worte des abwesenden Gottes anhören, wie sie Carl Amery formuliert hat[208]:

>*»Was rufst du um hilfe, törichter? Ich helfe dir nicht. Du hast dir selbst geholfen.*
>*erwählt, geprüft, verbündet mit der allmacht, wie du sie verstehst,*
>*hast du aus deiner winzigen weltecke die erde erobert ...*
>*und klagst nun, dass das wasser faul ist.*
>*was habe Ich dir versprochen, was du dir nicht selbst holen wolltest?*
>*Ich ging fort, Ich gab dich frei. Ich bin abwesend, weil du es so willst.*
>*Was schreist du also, dass du in Meinem auftrag handelst,*

---

[208] Carl Amery, Das Ende der Vorsehung. Die gnadenlosen Folgen des Christentums, Hamburg, 1962.

dass du Mir vertraut hast?
Ich habe dir alles überlassen – auch die vorsorge für dich selbst.
aber was hast du mit Meiner abwesenheit gemacht?«

11.3.2 Der Klimawandel und der Lebenswandel der Getauften

Die ökologische Krise als Wasserkrise ist zugleich eine Krise der mit dem Wasser des Lebens Getauften und ihres Lebenswandels. Auf diesen Zusammenhang hat die EKD-Synode vom Herbst 2008 mit ihrer Kundgebung hingewiesen, die ich im Folgenden kursorisch zitiere.[209] Der Klimawandel ist untrennbar verbunden mit unserem Lebenswandel, untrennbar verbunden mit der Frage, wie wir unser Leben so gestalten können, dass wir zu weltweiter Gerechtigkeit beitragen. Denn wenn die Verteilung des Wassers zu einer entscheidenden Frage weltweiter Gerechtigkeit wird, auch zu einer Frage von Krieg und Frieden, dann ist von den mit Wasser Getauften ein Lebenswandel zu fordern, der Frieden und Gerechtigkeit weltweit fördert und damit der Klima- und Wasserkrise entgegenwirkt. Für alle Getauften stellt sich die Frage: Wie erlernen wir einen unserer Taufe entsprechenden Lebenswandel, der das hohe Gut des Wassers, dem wir uns im Leben und in der Taufe verdanken, zu schützen vermag?

Weil wir »mit Christus durch die Taufe begraben sind in den Tod, damit, wie Christus auferweckt ist von den Toten durch die Herrlichkeit des Vaters, auch wir in einem neuen Leben wandeln« (Röm 6,4), hat die Taufe mit Lebenswandel zu tun: Die in der Taufe erfolgende Zusage eines neuen Lebens soll in einem neuen Lebenswandel sichtbar werden. Indem sich im Sakrament der Taufe das zusagende und fordernde Wort Gottes mit dem Wasser verbindet, kommt dem Wasser und dem Umgang mit ihm im Lebenswandel der Getauften eine besondere Bedeutung zu. Der Klimawandel erfordert einen Lebenswandel, der geprägt ist von einer Wertschätzung des Wassers, geprägt von einer »intelligenten Liebe« zur Schöpfung, so die EKD-Synode. »Intelligente Liebe« hilft, die meist verborgenen globalen Zusammenhänge zu erkennen, von denen die eigene Lebensweise profitiert. Wir »essen« mehr Wasser, als wir trinken: Reis, Zuckerrohr, Gemüse und viele Obstsorten, die wir importieren, werden unter hohem Einsatz von Wasser für unseren Konsum produziert. Es findet ein »virtueller Wasserexport« von Süden nach Norden statt. Wir sind also unmittelbar an der Wasserknappheit in vielen Regionen der Erde beteiligt.

---

[209]   Kundgebung der 10. Synode der Evangelischen Kirche in Deutschland auf ihrer 7. Tagung zu Klimawandel – Wasserwandel – Lebenswandel. – In: Bremen 2008. Bericht über die siebte Tagung der zehnten Synode der Evangelischen Kirche in Deutschland vom 2. November bis 5. November 2008. Ausgeliefert durch das Kirchenamt der EKD in Hannover 2009, 182–186.

»Intelligente Liebe« schließt die Bereitschaft ein, sich den negativen Folgen des bisherigen Lebenswandels zu stellen und auf eine bewusste Begrenzung der eigenen Wünsche zuzugehen.

Gefragt ist ein von »intelligenter Liebe« geprägter zukunftsfähiger Lebenswandel, der sich an den vier Dimensionen Dank, Demut, Denken und Dienst orientiert, abgekürzt ein »4-D-Lebenswandel«[210]:

Dank: Ich darf leben. Mein Dasein ist von Gott gewollt. Ich bin in den herrlichen Lebensraum Erde eingebunden, dessen Güter mir jeden Tag neu zugutekommen. Aber nicht nur mir, allen Lebewesen ist vom Schöpfer und Erhalter der Welt das Leben geschenkt.

Demut: Ich bin nicht Herr und Herrin der Welt, auch nicht in meinem Haus, meiner Familie oder Kommune. Die Frage nach den Grenzen meiner Möglichkeiten begleitet mich täglich als eine Frage des Schöpfers an mich: Was erlaubst du dir? Ich bin mit allen anderen herausgefordert, mir Grenzen zu setzen und das Lassen zu lernen.

Denken: Ich kann mein eigenes Tun bedenken. Das bedeutet auch, dass ich die Folgen meiner eigenen Lebensweise reflektiere und mich der Frage stelle: Was würde es für die gesamte Erde bedeuten, wenn alle so leben würden wie ich? Dies erfordert ein Umdenken und Umwandeln meines eigenen Lebensstils.

Dienst: Ich lebe in einer großen Gemeinschaft. Deshalb erschöpft und erfüllt sich mein Leben nicht in der Sorge um mich selbst. Die Einbeziehung der Lebensinteressen aller Menschen in mein lokal begrenztes Denken und Handeln befreit mich von der eigenen Enge und gibt mir heilsame Perspektiven für das eigene Leben. Dienst ist eine grundlegende Haltung gegenüber der Gemeinschaft, die mich trägt. Zu dieser Gemeinschaft gehören auch Menschen auf anderen Kontinenten. Darum bedeutet der Dienst im Sinne einer »intelligenten Liebe«, politische und gesellschaftliche Verantwortung wahrzunehmen.

11.3.3 Konsequenzen für die Kirche als Gemeinschaft der Getauften

Es war Dr. Angelika Zahrnt, die Ehrenvorsitzende des BUND, die auf der Tagung der EKD-Synode deutlich angemahnt hat, die Frage eines neuen Lebenswandels nicht zu einer individualethischen Forderung zu verkürzen.[211] Sie wies auf die »kollektiv(e) Schizophrenie«[212] hin, die darin besteht, dass unsere Erkenntnis über die Grenzen der Belastung der Erde und unser Han-

---

[210] A. a. O., 184f.
[211] Angelika Zahrnt, Referat zur Einführung in das Schwerpunktthema. – In: Bremen 2008, 64–67.
[212] A. a. O., 66.

deln nicht zusammenpassen. So wie wir in der Finanzkrise unsere Konten überzogen haben, so sind wir dabei, unser ökologisches Konto zu überziehen, ohne daraus die notwendigen Konsequenzen zu ziehen. Angelika Zahrnt geißelte individualistische Strategien gegen den Klimawandel wegen ihrer vor allem beruhigenden, sedativen Funktion. Ganz eindringlich mahnte sie an, dass nicht nur alle Getauften als Einzelne gefragt seien, sondern vor allem die Kirche, die als Institution die Aufgabe habe, dem Individuum die individuellen Umstellungsprozesse zu erleichtern. Und so kann es nicht wundern, dass ich am Ende meines Nachdenkens über einen der Taufe gemäßen Lebenswandel nun auch auf das zu sprechen komme, was wir als Landeskirche dazu beitragen können, einen neuen Lebenswandel zu fördern.

Zunächst einmal haben wir als Landeskirche in der Gemeinschaft mit allen anderen Kirchen an den untrennbaren Zusammenhang von ökologischem Klimawandel und taufgemäßem Lebenswandel hinzuweisen. Wir haben dafür Sorge zu tragen, dass politische Rahmenbedingungen für einen der Taufe wirklich angemessenen Lebenswandel geschaffen werden. So haben wir uns z. B. für das Menschenrecht auf Zugang zum Wasser einzusetzen und der fortschreitenden Privatisierung der Bewirtschaftung der weltweiten Wasserressourcen zu wehren. Die weltweite Wasserverteilung darf nicht den Marktmechanismen überlassen werden, noch kann ihre nachhaltige Sicherung den Macht- und Gewinninteressen weniger weltweit Agierender in Politik und Wirtschaft überlassen bleiben. Unter dieser Zielrichtung war es folgerichtig, dass unsere Landeskirche kürzlich auf Anregung des Umweltbeirats der Klima-Allianz beigetreten ist. Angesichts der immensen Herausforderung durch den Klimawandel haben sich über 100 Organisationen in der Klima-Allianz zu einem Bündnis zusammengeschlossen, das durch gemeinsame Aktionen auf eine Reduzierung der Kohlendioxid-Emissionen um 25% in den nächsten zehn Jahren hinwirken will.

Auch verfolgt unsere Landeskirche das Ziel, den aus der orthodoxen Tradition stammenden »Tag der Schöpfung« am 1. September eines jeden Jahres in der Landeskirche zu feiern.

Und wie einzelne Gemeinden unserer Landeskirche »intelligente Liebe« zur Schöpfung praktizieren, mögen einige Beispiele zeigen. So sind in Mannheim aus acht Gemeinden in 2003 nun bereits 14 geworden, die alle den »Grünen Gockel« nutzen. Sie haben sich immer stärker vernetzt – die Neuen lernen von den Erfahrenen, das Kirchengemeindeamt ist auch dabei. Die Chancen stehen gut, dass hier eine zukunftsfähige Großstadtgemeinde entsteht. Aglasterhausen gehört auch zu den Pionieren beim »Grünen Gockel« – schon 2004 wurden dort besonders Schwerpunkte in der Kindergartenarbeit gelegt. So entstand eine umweltpädagogische Konzeption, die direkt in die naturnahe

Neugestaltung der Außenanlagen mündete, und die ambitionierte CO^2-Einsparung wurde auch erreicht.

2006 entschloss sich Markdorf, Umweltschutz und soziale und ökonomische Fragestellungen aufeinander zu beziehen, denn letztlich kann nur durch dieses Zusammenspiel Klimaschutz und eine gerechtere Eine Welt gelingen. Mit Erfolg: Seit 2008 ist Markdorf die erste Gemeinde Europas mit einem geprüften Nachhaltigkeitsmanagement.

Diese Beispiele mögen verdeutlichen, was wir in unseren Gemeinden und Bezirken alles tun könnten, um in »intelligenter Liebe« die Schöpfung zu bewahren. Aber auch auf landeskirchlicher Ebene sind wir gefordert, um kräftig gegenzusteuern. Die anstehende energetische Optimierung kirchlicher Gebäude ist kein Luxus, sondern dringliche Aufgabe. Wir müssen verstärkt Mittel für den ökologischen Umbau auf allen kirchlichen Ebenen einsetzen. Wir müssen den Energiebedarf in unseren Gebäuden senken, müssen das mit dem »Grünen Gockel« auf den Weg Gebrachte weiterentwickeln. Wir müssen unseren Ressourcenverbrauch nachhaltig bewirtschaften und eine Energieeinsparung von 5% pro Jahr anstreben.

All dies sind Maßnahmen, die der Klimawandel von uns fordert. Dies alles sind aber zugleich Maßnahmen, die von einer Kirche gefordert werden können, die um das kostbare Gut des Wassers in besonderer Weise weiß. Ich bin davon überzeugt: Eine zukunftsfähige Kirche ist eine Kirche, die aus der Taufe Konsequenzen für die Förderung eines zukunftsfähigen Lebenswandels zieht, der in der Taufe begründet ist.

»Ich bin getauft auf deinen Namen.« Was dies für unser Leben als Christenmenschen bedeutet, welcher Schatz uns als Kirche mit der Taufe anvertraut ist, welche Konsequenzen sich aus der Taufe für unser Verhältnis gegenüber unseren Kirchenmitgliedern und den getauften Ausgetretenen ergeben, welche Chancen des ökumenischen Miteinanders die gemeinsame Erinnerung an die Taufe in sich birgt, wie wir uns in unserer Praxis der Berufung in das Amt der Wortverkündigung und Sakramentsverwaltung unserer Taufe vergewissern, sie als Grundordination aller Christenmenschen neu wertschätzen lernen und welche Konsequenzen für einen taufgemäßen Lebenswandel sich für uns selbst und für unsere Kirche ergeben – all dies haben wir heute morgen im Bericht zur Lage bedacht und zugleich singend kommentiert und meditiert.

Ich wünsche mir, dass dieses gemeinsame Nachdenken über die Taufe mit dazu beiträgt, die Taufpraxis in unserer Kirche und die Besinnung auf die Taufe zu stärken.

«Baptizatus sum«, das sagte sich Martin Luther immer wieder, wenn er Bedrängnisse zu bestehen hatte. »Ich bin getauft.« Welch ein Geschenk!

12 Im Strom des Lebens – Die Kasualien der Kirche und die Fälle des Lebens[213] (2010)

Eingangsszene

Acht Frauen und vier Männer sitzen in einem Stuhlkreis. Sie sind zum Theologiekurs »Zwischen Himmel und Erde« der Erwachsenenbildung der badischen und württembergischen Landeskirche gekommen. Der Theologiekurs beginnt mit einer Einheit mit dem Titel »Im Strom des Lebens«. Vor den zwölf Personen liegen in der Mitte Fotos mit Wasserbildern: ein sprudelnder Bergbach, ein etwas trüber Tümpel, das Hochwasser in einem Dorf. Der Brunnen aus dem Kreuzgang des Klosters Maulbronn ist auf einem Schwarzweißfoto zu sehen, ein ausgedörrtes Stück Land auf einem anderen. Die Teilnehmenden werden gebeten, sich ein Wasserbild auszusuchen, das sie besonders anspricht. Sie können es mit Erfahrungen ihrer Lebensgeschichte verbinden. Wer von seinem Leben erzählt, kann von dürren Zeiten berichten und von Jahren voller Saft und Kraft, von erfrischendem Wasser und von mitreißenden Strömungen, von Angst und Rettung, von Gefahr und überraschendem Wachstum.

»Im Strom des Lebens« – wir wünschen uns, in einem beständigen Strom des Wohlbefindens zu sein. Aber unser Leben kennt auch andere Zeiten. Wir kommen in Strudel oder sehnen uns nach frischem Wasser. Wasser ist beides: erfrischende Quelle des Lebens und bedrohliche Gefahr. Die Bibel kennt Wassererfahrungen der einen wie der anderen Art. Sie erzählt von Wassern des Todes und von grünen Auen mit frischem Wasser.

In meinem letztjährigen Bericht zur Lage habe ich mich mit der Taufe beschäftigt. Inzwischen sind aus Impulsen, die ich in diesem Bericht gesetzt habe, konkrete Planungen für ein »Jahr der Taufe« im Kontext der Reformationsdekade geworden. Zugleich hat der EKD-Reformprozess Fahrt aufgenommen.

---

[213] Frühjahrstagung der Landessynode der Evangelischen Landeskirche in Baden, Bad Herrenalb, 22. April 2010.

Das Hildesheimer Kompetenzzentrum für Qualität im Gottesdienst hat seine Arbeit begonnen. Damit rückt verstärkt ein Arbeitsfeld in den Mittelpunkt des Interesses, das wie kein anderes Schnittflächen zwischen dem Handeln der Kirche und dem Leben ihrer Mitglieder bietet: die Kasualien. Diese wiederum weisen zurück auf die Taufe und sind im Grunde Tauffolgehandlungen, Akte der Tauferinnerung. Indem ich mich mit meinem heutigen Bericht mit den Kasualien beschäftige, knüpfe ich also an meinen letztjährigen Bericht an und führe ihn zugleich im Kontext des EKD-Reformprozesses weiter. Ich spreche über die Kasualien der Kirche und die Fälle des Lebens.

Die Taufe ist die Grundkasualie im Leben eines Christenmenschen. Es gehört zum geheimnisvoll Anziehenden des Sakraments der Taufe, dass es sich mit den Wassererfahrungen des Lebens verbinden lässt. Die Extremerfahrungen des Wassers, Tod und Leben, scheinen in der Taufsymbolik auf. Zum Strom des Lebens gehören Ängste und Versagen, Gelingen und Scheitern, Liebe und Glück, Schuld und Krankheit, Heilung und schließlich der Tod. Und wenn wir das so sagen, merken wir, dass die sogenannten Kasualien (Taufe, Konfirmation, Trauung, Beerdigung) auf ihre Weise an wichtigen Etappen den Strom des Lebens begleiten und sich mühelos als Handlungen im Gefolge der Taufe verstehen lassen.

12.1   DIE BESCHÄFTIGUNG MIT DEN KASUALIEN – KEINE NEBENSACHE

12.1.1   Die strategische Bedeutung der Kasualien

Bei den Kasualien begegnen sich kirchliches Handeln und menschliche Biografien. Wir wissen nicht, wie viele Menschen bei Trauungen und Beerdigungen eine Predigt hören, beten und singen. Keine Statistik zählt sie. Bei gut 17.000 Bestattungen und Trauungen einerseits und 46.000 Gottesdiensten an Sonn- und Feiertagen andererseits in unserer Landeskirche lässt sich vermuten: Die Zahl derer, die sonntags den Gottesdienst besuchen, können wir noch einmal um ca. 35 % erhöhen, wenn wir alle Gottesdienstteilnehmenden zählen wollen. Die Resonanz auf Kasualgottesdienste zeigt eine Stärke kirchlichen Handelns und eine oft unterschätzte Form der Frömmigkeit.

Als wir vor einigen Jahren untersuchen ließen, aus welchen Anlässen Menschen in unsere Kirche eintreten, wurde als Motiv für den Eintritt häufig geäußert, man wolle wieder »dazugehören«, und als Anlass für den Eintritt wurden sehr oft Kasualien genannt. Viele äußerten, sie seien eingetreten, weil sie der Gottesdienst einer Amtshandlung angesprochen habe, und viele wollten selbst – und das ist ja eine Form der Zugehörigkeit – Pate werden oder auf eine kirchliche Bestattung nicht verzichten.

In der Untersuchung des Instituts zur Erforschung von Evangelisation und Gemeindeentwicklung an der Universität Greifswald »Wie Erwachsene zum Glauben finden«[214] wird das badische Ergebnis gestützt. Die Greifswalder fanden neben der hohen Bedeutung von Glaubenskursen für die Konversion zum Glauben bzw. die Vergewisserung im Glauben heraus, dass traditionelle wie neuere Gottesdienste und auch die Kasualien eine erhebliche Rolle spielen, wenn Menschen gefragt werden, wodurch sie im Glauben befestigt worden bzw. zum Glauben gekommen seien. Auch die nicht repräsentativen qualitativen Interviews zum Kircheneintritt, die im EKD-Text »Schön, dass Sie (wieder) da sind« abgedruckt sind[215], zeigen eindrucksvoll, dass und wie die Kasualien zum Anlass für einen Kircheneintritt werden.

Wir müssen die hohe Bedeutung der Kasualien für die Kirchenbindung und das Verhältnis zum christlichen Glauben immer wieder unterstreichen. Die meisten Kirchenmitglieder haben bei den Kasualien an bedeutsamen Ereignissen ihrer Lebensgeschichte Kontakt mit ihrer Kirche. Hier werden zugleich viele Nichtkirchenmitglieder erreicht, die aus familiären Gründen an Taufen, Trauungen oder Bestattungen teilnehmen und angesprochen werden. Wenn wir in Zukunft verstärkt unser Augenmerk auf Mitgliedergewinnung und Mitgliederbindung richten, werden wir den Gottesdiensten und der Seelsorge im Zusammenhang von Taufe und Trauung, Konfirmation und Beerdigung besondere Aufmerksamkeit zuwenden. Eine im wahrsten Sinne des Wortes an-sprechende Kasualpraxis ist die Zukunftsaufgabe für das zweite Jahrzehnt dieses Jahrhunderts.

Wir können bei den Kasualien aber nur Kirchenbindung stärken und erneuern, wenn dies nicht die primäre Absicht unseres Handelns ist, sondern die *Wirkung* einer berührenden und vergewissernden Gottesdiensterfahrung. Darauf zielt mein Bericht in diesem Jahr. Die Gebete, Predigten und Lieder eines Kasualgottesdienstes müssen eine spürbare und anregende Beziehung zum »Strom des Lebens« haben. Kasualpraxis spricht an, wenn sie auf die berechtigten Erwartungen von Menschen Bezug nimmt und wenn dabei zugleich deutlich wird, dass diese Gottesdienste aus dem Kern der Beziehung zu Jesus Christus kommen und zu ihm hinführen.

---

[214] Ernst-Moritz-Arndt-Universität Greifswald, Theologische Fakultät, Institut zur Erforschung von Evangelisation und Gemeindeentwicklung, Studie 2008–2009 »Wie finden Erwachsene zum Glauben?«.

[215] Schön, dass Sie (wieder) da sind! Eintritt und Wiedereintritt in die evangelische Kirche, EKD-Text 107, Hannover 2007.

12.1.2 Irritierende Erfahrungen bei Kasualien

Pfarrerinnen und Pfarrer machen irritierende Erfahrungen bei Kasualien. »Bei vielen Trauungen bist du doch bloß ein Zeremonienmeister«, sagte mir mein Lehrpfarrer. Und noch heute können wir in einem Lehrbuch lesen: »Kaum irgendwo ist der Dienst der Kirche so gefragt und gesucht wie im Zusammenhang der Kasualpraxis, aber zugleich kaum irgendwo finden Pfarrer sich so sehr missverstanden und missbraucht wie hier.«[216] Von außen gesehen handelt es sich in Fällen, bei denen Eltern wegen einer Taufe oder ein Paar wegen einer Trauung Kontakt mit dem Pfarramt suchen, um ein kompliziertes Kommunikationsgeschehen, in dem wechselseitig keineswegs immer Klarheit über die jeweiligen Rollen und Handlungsziele besteht. Menschen kommen oft gewissermaßen wie Kunden – im Bewusstsein, einen berechtigten Anspruch auf die jeweilige Kasualie zu haben. Natürlich steht bei den Betroffenen ihr Fest im Mittelpunkt. Pfarrerinnen und Pfarrer sehen sich verantwortlich für die richtige Tauf- oder Traupraxis mit dem Ziel, Evangelium zu verkündigen und Gemeinde zu verlebendigen. Diese Asymmetrie kann wechselseitig zu Irritationen führen. In einer Zeit, in der nahezu jeder äußerliche, gesellschaftliche Druck in Richtung auf eine Trauung oder eine Taufe weggefallen ist, ist es unsere Aufgabe, die inneren Motive mit den Betroffenen wahrzunehmen und ein Stück weit zu klären. Und auch über den Wunsch nach einer schönen Feier sollten wir nicht abwertend sprechen. Wir würden es ja auch für uns selbst so wollen. Fulbert Steffensky hat im Spätherbst bei einem Vortrag in Meersburg bei unserer Bibelgalerie zu Recht davon gesprochen, dass man auf Dauer nur an etwas glauben könne, was man auch »schön gefunden hat«.[217] Wer von uns kann das nicht bestätigen?

Der Wunsch nach einem Gottesdienst »im Strom des Lebens«, also nach einer so genannten Amtshandlung, ist letztlich mit vier meist unausgesprochenen Bitten verbunden, die begründete Erwartungen zeigen:

– Hilf mir zum Fest!
– Zeig mir etwas Schönes und Hilfreiches!
– Schließ mich durch den Stil deiner Frömmigkeit nicht aus!
– Lass mich erfahren, dass mein Leben eine Bedeutung hat!

Gefragt nach dem dichtesten Moment des Taufgottesdienstes antwortet eine Mutter: »Natürlich erst dieser Taufmoment, das ist natürlich auch klar, deswegen geht man ja auch da hin. Das ist ja nicht, um irgendwie 'ne Pflicht

---

[216] Christian Albrecht, Kasualtheorie. Geschichte, Bedeutung und Gestaltung kirchlicher Amtshandlungen, Tübingen 2006, 7.

[217] Vortrag am 22. November 2009 im Spiegelsaal des Neuen Schlosses Meersburg: Das Heilige mit in den Alltag nehmen.

abzulegen. Dann hätten wir das ja nicht gemacht ...«[218] Die Mutter benennt den Taufakt und das innere Berührtsein: »Ja, und gut, dicht ist auch dieser Moment, wenn das Kind getauft wird, und ich gebe es in die Hände auch der Paten, geb' ich auch ein Stück Verantwortung oder auch ein Stück der Obhut weiter in dem Moment auch, die ich sonst im Grunde für mich oder bei mir habe, gebe ich in die Hände der Paten, aber auch, ja, in die Hände Gottes letztendlich. Weil das ist halt auch eigentlich so der Grund in der Taufe, dass ich auch mein Kind (n)icht nur für mich behalte, sondern eben auch unter die Obhut auch anderer noch mitgebe.«[219]

12.2   GESELLSCHAFTLICHE VERÄNDERUNGEN UND IHRE FOLGEN FÜR DIE KASUALPRAXIS DER KIRCHE

12.2.1   Die Wertschätzung der Taufe und das faktische Taufverhalten

Untersuchungen zeigen, dass die Taufe für die Kirchenmitglieder eine ungebrochen – ja gegenüber den 1970er Jahren steigend – hohe Bedeutung hat. Bekannten bei der Kirchenmitgliedschaftsuntersuchung 1972[220] noch 82% der Evangelischen, dass sie ihr Kind taufen lassen würden, so stieg die Zustimmungsrate zur Taufe eines Kindes bei den kommenden Kirchenmitgliedschaftsuntersuchungen kontinuierlich an – auf sogar 95% im Jahr 2002. Auch 51% der Konfessionslosen (West) und 24% der Konfessionslosen (Ost) würden ihr Kind taufen lassen. Bei der Frage nach der Bedeutung der Taufe, die die EKD-Kirchenmitgliedschaftsuntersuchungen seit 1972 alle 10 Jahre stellen, hat der Wert für die Antwort »Das Kind wird mit der Taufe in die Gemeinschaft der Gläubigen aufgenommen« zwischen 1972 und 2002 um 10% zugenommen (von 82% auf 92%). Gleichzeitig ist auch der Wert für die Antwort »Die Taufe ist

---

[218]   Regina Sommer, Kindertaufe – Elternverständnis und theologische Deutung, Stuttgart 2009, 162.

[219]   A. a. O., 163.

[220]   Die EKD führt seit 1972 im Zehn-Jahres-Abstand Kirchenmitgliedschaftsuntersuchungen durch. Mit empirischen Mitteln geht sie dabei der Frage nach, wie ihre Mitglieder das Verhältnis zu ihrer Kirche sehen und leben. Die Ergebnisse der Kirchenmitgliedschaftsuntersuchungen sind unter folgenden Titeln veröffentlicht: Helmut Hild (Hg.), Wie stabil ist die Kirche? Gelnhausen/Berlin 1974 (Umfrage 1972); Johannes Hanselmann, Helmut Hild und Eduard Lohse (Hg.), Was wird aus der Kirche? Ergebnisse der zweiten EKD-Umfrage über Kirchenmitgliedschaft, Gütersloh 1984 (Umfrage 1982); Klaus Engelhardt, Hermann von Löwenich und Peter Steinacker (Hg.), Fremde Heimat Kirche. Die dritte EKD-Erhebung über Kirchenmitgliedschaft, Gütersloh 1997 (Umfrage 1992); Wolfgang Huber, Johannes Friedrich und Peter Steinacker (Hg.), Kirche in der Vielfalt der Lebensbezüge. Die vierte EKD-Erhebung über Kirchenmitgliedschaft, Hannover 2006 (Umfrage 2003).

vor allem eine Familienfeier« von 40% auf 64% gestiegen. Unverändert wissen die Evangelischen aber: »Ein Kind wird getauft, damit es zur Kirche gehört« (1972: 85%, 1982: 73%, 1992: 85%, 2002: 86%).

Daraus ergibt sich: Die theologische Alternative, ob der Taufakt eher »unverbindlich« als Familienfeier oder eher »verbindlich« als Bekenntnis zu Kirche und Glaube aufgefasst wird, trifft offensichtlich nicht das Bewusstsein der meisten Kirchenmitglieder. Für die Betroffenen aktualisiert sich in der familiär gefeierten Taufe ihrer Kinder ihre Verbundenheit mit der Kirche ebenso wie ihr Glaube. Die Taufe des Kindes ist Tauferinnerung für die Eltern.

Trotz dieser allgemeinen Zustimmung zur Taufe nimmt die Zahl der tatsächlich vollzogenen Kindertaufen ab. Zwischen 2001 und 2007 sank die Zahl der Kindertaufen in unserer Landeskirche um fast 20%, was natürlich vorrangig demografische Ursachen hat. Religionslehrerinnen und Religionslehrer berichten von einer hohen Zahl Nichtgetaufter, die am evangelischen Religionsunterricht teilnehmen. Die Zahl der Erwachsenentaufen in diesem Zeitraum ist leicht angestiegen, die Zahl der Taufen im Zusammenhang mit der Konfirmation ist in absoluten Zahlen bei etwa 800 ungefähr konstant. Herausfordernd ist der Umstand, dass sich schätzungsweise nur 25% der nicht verheirateten evangelischen Mütter zur Taufe ihres Kindes entscheiden.

Mütter und Väter bringen ihre frisch geborenen Kinder nicht mehr von selbst zur Taufe. Die ehemals selbstverständliche Koppelung von Geburt und unmittelbar darauffolgender Taufe besteht nicht mehr. Die Taufe bedarf einer besonderen Entscheidung und oft genug eines besonderen äußeren Anlasses. Die feststellbare Spannung zwischen grundsätzlicher Bejahung der Taufe und nicht immer vollzogenem Schritt zur Taufe lässt erwarten, dass besondere Einladungen zur Taufe erfolgreich sein könnten. Im kommenden Jahr 2011 wollen wir uns im Rahmen unserer Beteiligung am EKD-weiten »Jahr der Taufe« dieser Herausforderung annehmen.

Gemeinden stellen sich mit regional organisierten Tauffesten auf die neue Situation ein. In Loccum fand vor drei Jahren das erste große regionale Tauffest statt, zu dem besonders eingeladen wurde. Berichtet wird auch von einem Tauffest in Rinteln an der Weser, bei dem 47 Kinder getauft wurden. 350 Gemeindeglieder waren angeschrieben worden, deren Kinder noch nicht getauft waren. Wesentlich mehr Kinder hätten getauft werden können, erläuterte der örtliche Superintendent, aber bei ca. 50 Taufen bestehe eine organisatorische Grenze. Offensichtlich ist der Kreis derer, die für eine Taufe ansprechbar sind, größer als der Kreis derjenigen, die ihre Kinder von selbst zur Taufe bringen! Wir wollen im kommenden Jahr in unserer Landeskirche in mindestens 20 Kirchenbezirken zu solchen regionalen Tauffesten einladen.

12.2.2 Die Konfirmation als Familienaufstellung

Zu den statistisch gesehen stabilsten Kasualien gehört die Konfirmation. Evangelisch Getaufte werden zu einem ganz großen Prozentsatz auch konfirmiert. Die Konfirmation als wichtiger Punkt zum Innehalten beim Übergang vom Kindsein zum Erwachsenwerden bringt es auch mit sich, dass sich viele Jugendliche im Konfirmandenalter taufen lassen. Die in den letzten Jahren verstärkt durchgeführten Untersuchungen zum Erleben der Konfirmandenzeit haben die Rolle der Konfirmandenzeit für die religiöse und kirchliche Sozialisation hervorgehoben. Fragen wir Mütter und Väter nach den dichten Momenten bei der Konfirmation, so wird neben der Einsegnung von den besonderen Gefühlen beim Einzug der Konfirmandinnen und Konfirmanden erzählt. Hier stellt sich die Eigenständigkeit der jungen Menschen anschaulich dar. Wann erheben sich Mutter und Vater sonst beim Eintritt ihres Kindes? Erleben Mütter oder Väter die Taufe als Übergabe ihres Kindes, so ereignet sich rituell bei der Konfirmation noch einmal eine emotionale Wiederholung der Taufsituation.

Auch bei der Konfirmation besteht die Herausforderung, die Kasualie von einem bürgerlichen und wohlsituierten Familienbild zu unterscheiden. Was bedeutet der Konfirmationstag für Patchworkfamilien? Welche Herausforderung stellt er für Alleinerziehende mit neuen Partnern dar? Soll der geschiedene Ehepartner eingeladen werden? Hilfen müssen angeboten werden, wie Konfirmationen ohne teures Feiern begangen werden können.

12.2.3 Traugottesdienste: Vom Schwellenritual zum Vergewisserungsfest[221]

Wie gesellschaftliche Veränderungen unsere Amtshandlungen beeinflussen, zeigt sich deutlich bei den Traugottesdiensten. Im Strom des Lebens verlaufen Paarbiografien anders als in den 1960er und 1970er Jahren. Aus einem Modell der Paarbiografie, das mit Kennen- und Liebenlernen begann und über die Verlobung zu Eheschließung und gemeinsamem Hausstand führte, ist zwischen den späten 60er und den 90er Jahren des vergangenen Jahrhunderts ein Stufenmodell entstanden, bei dem auf jeder Stufe ein sinnvoller Abschluss erreicht sein kann und über die Fortsetzung auf einer anderen Stufe neu entschieden werden muss. Frau und Mann können und müssen heute wählen, ob sie zusammenziehen und dann irgendwann heiraten, oder ob sie heiraten und dann irgendwann auch einmal zusammenziehen, ob und wann sie Kinder haben wollen und dann heiraten oder auch mit Kindern ihre Partnerschaft in der bisherigen Form fortsetzen. Der gesellschaftliche Prozess

---

[221]   Vgl. Michael Nüchtern, Kirche evangelisch gestalten, Berlin 2008, 67–80.

der Individualisierung und Pluralisierung hat intensiv die Beziehungsbiografie der Menschen verändert. Wo Tradition war, sind Optionen entstanden. Die Eheschließung weist heute geradezu selbstverständlich nicht mehr auf den Beginn der häuslichen Gemeinschaft, sondern verdankt sich einer besonderen Entscheidung des zusammenlebenden Paares. Die Eheschließung ist zu einer bewussten Form der Ratifizierung und Publizierung dessen geworden, was schon lange währt. Oft sind es der Kinderwunsch oder das Vorhandensein eines oder mehrerer Kinder, die den Schritt zur Hochzeit veranlassen oder bewusst begründen. Der Traugottesdienst ist eine »Konfirmation«, also eine Bestätigung und Befestigung der bestehenden Ehe.

Diese Entwicklung hat zu einem Rückgang der Zahl der Eheschließungen und hier noch einmal der Trauungen geführt. Allein zwischen 1992 und 2006 hat EKD-weit die Zahl der Trauungen von 100.026 auf 54.753 abgenommen. Diese Abnahme ist natürlich durch den Rückgang der Eheschließungen selbst bedingt, aber auch durch den Rückgang des Prozentsatzes der Traugottesdienste im Verhältnis zu den Eheschließungen. In der Evangelischen Landeskirche in Baden sank der Prozentsatz der Traugottesdienste im Verhältnis zu den Eheschließungen mit einem evangelischen Partner von Ende der 1980er Jahre von etwas über 50% auf 36% bis 39% Ende der 1990er Jahre.

Der Rückgang der Traugottesdienste könnte in die Richtung weisen, dass sich die Trauung von einer Traditionshandlung mehr zu einer Bekenntnishandlung entwickelt. Nicht zu übersehen ist aber auch folgendes: Das Bild einer kirchlichen Trauung in Weiß mit Fest verbindet sich mit Kosten, die sich nicht alle leisten können oder wollen. Wenn es ökonomische Gründe sind, die Paare auf eine Hochzeitsfeier und die kirchliche Trauung verzichten lassen, so muss stärker bekannt gemacht werden, dass ein Traugottesdienst nicht die große Feier mit Kutsche, Frack und weißem Kleid voraussetzt. Es gibt die einfache, kleine Feier des Traugottesdienstes. Unsere neue Trauagende erlaubt inzwischen auch den Traugottesdienst ohne ausführliche eheschließende Fragen, konzentriert auf eine Segenshandlung. Sie ist nicht zuletzt nach vielen Jahren des Zusammenlebens mit vielleicht einem 5-jährigen Kind die womöglich sogar angemessenere Form für einen Segen auf der Lebensreise.

Die prozentual erhebliche Zunahme der Trauungen mit einem konfessionslosen Partner (in Baden von 327 im Jahr 2001 auf 460 im Jahr 2007) zeigt, dass die Trauung verstärkt eine kirchliche Handlung mit Kontakt über die Kirchenmitglieder hinaus ist. Wie bei anderen Kasualien auch wird damit aus Anlass der Trauung das Thema Kircheneintritt virulent.

Ob sich auch für Traugottesdienste die Form des Festes für mehrere Paare anbietet, muss sich noch zeigen. Jedenfalls wurden auch hiermit in Loccum

Erfahrungen gesammelt: Idea meldete Ende November 2009: »Elf Paare geben sich vor Gott das Ja-Wort. Hannoverscher Kirchenkreis feiert gemeinschaftliches Traufest. Mit der Aktion wollte der hannoversche Kirchenkreis der stetig abnehmenden Zahl kirchlicher Trauungen entgegenwirken. Superintendentin Ingrid Goldhahn-Müller (Stolzenau) hatte rund 300 Paare angeschrieben, die in den vergangenen fünf Jahren standesamtlich geheiratet hatten. Es habe viele interessierte Anfragen und ausschließlich positive Reaktionen gegeben. Die meisten der standesamtlich getrauten Paare hätten aus familiären und finanziellen Gründen bisher auf eine kirchliche Trauung verzichtet. Der Wunsch nach Gottes Segen sei aber bei allen vorhanden gewesen. Nach der Predigt wurden die elf Hochzeitspaare an vier verschiedenen Orten im Kloster Loccum von Pastoren aus dem Kirchenkreis getraut. Mit der Aufteilung auf vier Altäre sei man der Befürchtung entgegengetreten, dass das Traufest zu einer Massentrauung entarte.«[222]

An dieser Stelle möchte ich auch anregen darüber nachzudenken, ob nicht gezielt solche Ehepartner angesprochen werden könnten, die bei einer erneuten Eheschließung bisher an eine kirchliche Trauung nicht dachten. Viele dieser Ehepartnerinnen und Ehepartner bringen Kinder aus vorhergehenden Beziehungen mit in die neue Familie ein. So entstehen bei vielen Trauungen neue Patchworkfamilien, und es wäre aus seelsorglichen Überlegungen heraus durchaus erwägenswert, im Rahmen einer solchen Familiengründungskasualie den Kindern das Angebot der Taufe zu machen.

12.2.4 Veränderungen der Bestattungskultur

Kasualien sind mit dem Lebenslauf der Menschen verbunden. Wenn sich durch kulturelle Veränderungen der Lebenszyklus der Menschen verändert, hat dies auch Auswirkungen auf die Kasualpraxis. Wer Fernsehspiele und Kinofilme des 20. Jahrhunderts betrachtet oder Romane des 19. Jahrhunderts liest, merkt, dass bei einer Beerdigung die Beteiligung eines Pfarrers selbstverständlich dazu gehörte. Auch wenn sonst Kirche oder Religion nicht erscheinen, am Grab sind sie präsent: In den westdeutschen Fernsehkrimis wurden bis in die 80er Jahre hinein am Grab Elemente aus einem kirchlichen Ritual ins Bild gesetzt. Hier hat in den letzten beiden Jahrzehnten eine Veränderung stattgefunden. Immer wieder erscheinen nun auch Bestattungen ohne kirchliche Begleitung.

Die Zahl derjenigen Kirchenmitglieder, die ohne kirchlichen Gottesdienst bestattet werden, steigt stetig. Die so genannte Bestattungsziffer (Anteil der

---

[222] idea Pressedienst 337/2009, 5; vgl. ebenso ideaSpektrum 50/2009, 34.

evangelischen Verstorbenen, die kirchlich bestattet werden) betrug 2006 in Deutschland (West) 85%. In den 1970er und 1980er Jahren war sie weit über 90%. Zwischen 1995 und 2006 hat die Zahl der evangelischen Bestattungen in der EKD von 364.333 auf 300.991 abgenommen, in unserer Landeskirche von 2001 zu 2007 von 15.302 auf 14.039. In diesen Zahlen spiegeln sich stärker soziale als religiöse Veränderungsprozesse. Immer größer ist die Zahl der Alleinlebenden. Angehörige wohnen oft weit entfernt. Grabpflege wird zum Problem. Die Zunahme der Urnenbeisetzungen und die neuen Formen der Bestattung im Wald oder im anonymen Urnenfeld sind Folgen eines sozialen Wandels. Oft zwingen ökonomische Gründe zum Verzicht auf eine aufwändige Bestattung auf dem Friedhof.

Wir wollen uns als evangelische Kirche wie in den vergangenen Jahren weiter orientierend an der Debatte um die angemessenen Bestattungsorte beteiligen und dabei fragen: Was entspricht nicht nur dem Willen der Verstorbenen und ihrer Angehörigen, sondern ist zugleich einer gesellschaftlichen Gedenkkultur angemessen? Was entspricht aufgrund des Erfahrungswissens individuellen Trauerprozessen am besten? Wenn diese Leitfragen gestellt werden, sind für uns vor allem drei Orientierungspunkte von zentraler Bedeutung:

- »Begräbnisstätten sollen den *Hinweis auf den Namen* der Verstorbenen nicht ausschließen.« [223] Wo eine Bestattung im Wald dies nicht zulässt, haben wir große Bedenken. In der christlichen Bestattungsliturgie ist die Nennung des Namens der Verstorbenen wegen der Tauferinnerung ein zentraler Bestandteil. Der Hinweis auf den Namen und die Individualität des Verstorbenen ist von größerem theologischem Gewicht als die Form der Bestattung. An einer anonymen Begräbnisstätte besteht keine Möglichkeit, der bleibenden Beziehung zum Toten einen Ausdruck zu geben. Es gibt viele Beispiele dafür, dass Angehörige in ihrem Trauerprozess dadurch beeinträchtigt worden sind, dass sie den Ort nicht kannten, wo sie die sterblichen Überreste der Angehörigen oder des Freundes wussten.
- »Begräbnisstätten sollen *öffentlich zugänglich* sein.« Die Urne im Vorgarten oder gar im Wohnzimmer dient weder dem Trauerprozess noch entspricht sie der Würde des Verstorbenen.
- Begräbnisstätten sollten *besondere, gekennzeichnete Orte* sein, die wir nicht sozusagen schwellenlos und unfreiwillig betreten. In allen Kulturen gibt es den besonderen Ort der Totenruhe, einen geschützten Raum, in dessen bewusster Gestaltung sich die Kultur einer Zeit ausdrückt.

---

[223] Vgl. hier und zum folgenden Michael Nüchtern, Kirche evangelisch gestalten, Berlin 2008, 87.

Bestattungsorte müssen nicht die herkömmlichen Friedhöfe sein. Aber es lohnt sich der Einsatz für eine vielfältige Friedhofskultur. Friedhöfe sind Orte gesellschaftlicher Gedenkkultur. Auch Elemente der sogenannten »Friedwälder« können durchaus innerhalb vorhandener Friedhöfe verwirklicht und Baumbestattungen mit den drei oben genannten Kriterien innerhalb des Friedhofs gestaltet werden. Vorbildlich ist es, wenn Friedhöfe auch preisgünstige Erdbestattungen anbieten und so niemand aus ökonomischen Gründen allein auf die Urnenbestattung zurückgreifen muss.

Abschließend zu diesem Teil meines Berichts ist festzustellen: Kasualien sind weiterhin wichtige Haftpunkte für das familiale Leben. Das ist ein wichtiger sozialdiakonischer, Familien unterstützender Nebeneffekt der kirchlichen Feiern! Die Familien – in welcher Form auch immer – nutzen die Kasualien für die Begegnung der oft weit verstreut lebenden Verwandtschaft. Gleichzeitig ist die Kasualpraxis mit betroffen von den Veränderungen des sozialen Lebens. Wenn unsere Kasualien sich einfach am Strom des Lebens der bürgerlichen Normalfamilie ansiedeln, werden wir zur Lebenswirklichkeit vieler Menschen die Beziehung verlieren. Die Kasualien lehren uns als Kirche, unsere Welt differenziert zu sehen und darauf zu reagieren.

12.3   Trost und Zumutung – Eigenart und Wesen der Kasualien

Kasualien sind auf die Lebensgeschichte von Menschen bezogen. Sie reagieren auf Punkte im Lebenslauf, an denen einschneidende Veränderungen, Klippen und Untiefen im »Strom des Lebens« bewusst werden. Wir haben unser Leben nicht in der Hand. Wir lenken unser Schiff im Strom des Lebens, aber bleiben abhängig von Wind und Wellen, Wasserstand, dem glücklichen Zusammenspiel der Crew und der Übersicht des Kapitäns. Kasualien zeigen die Unverfügbarkeit und Bedürftigkeit des Lebens an. Sie sind verbunden mit Lebensereignissen, die zu Staunen und Dank, Bitte und Klage führen. »Im Strom des Lebens« suchen und finden Menschen Vergewisserungs- und Orientierungspotentiale des christlichen Glaubens für ihren Lebensalltag.

Die Kasualgottesdienste trösten nicht nur, sie muten auch zu, stellen den Eintritt in eine besondere Verbindlichkeit dar. Sie ermutigen und ermächtigen in den ihnen zugeordneten Lebenslagen zu einem verantwortlichen Handeln. Keine Kasualie ist ohne einen ethischen Sinn. Im Fall der Taufe werden Vater, Mutter und Paten in eine besondere Verantwortung gestellt, und auch die Gemeinde bzw. die Kirche verpflichtet sich bei jeder Taufe. Die Trauung inszeniert weniger die Schließung einer Ehe als vielmehr eine Verpflichtung des Paares auf ein verantwortliches gemeinsames Leben. In der Bestattung ist in ethischer Hinsicht die Herausforderung zu einem Lebensweg ohne die Verstorbene oder den Verstorbenen verdichtet. Dass der ethische Sinn eine Folge der Gottesbeziehung ist, wird in allen Kasualien deutlich, immer geht es um ein »neues Leben« aus dem Geist Christi.

Kasualien sind gottesdienstzentriertes kirchliches Handeln anlässlich konkreter Ereignisse, in denen Vergewisserung und Neuorientierung erforderlich sind. Eine solche allgemeine Bestimmung ist nötig, um zu sehen, dass es nicht nur die klassischen vier Gelegenheiten für solche Gottesdienste im Lebenslauf gibt. Der Strom des Lebens enthält weitere Gelegenheiten für Gottesdienste zur Neuorientierung. Im vergangenen Jahr sind die besonderen Chancen von Kasualien an Ereignissen deutlich geworden, die herkömmlich nicht zu den klassischen Kasualien zählen. Ich denke an den Gottesdienst nach dem Amoklauf in Winnenden und an die Andacht in der Hannoverschen Marktkirche nach der Selbsttötung des Fußballers Robert Enke. Im Gottesdienst nach dem Massaker in Winnenden fand der Schrecken über einen entsetzlichen und unbegreiflichen Gewaltausbruch einen Ausdruck. Der Gottesdienst war der Ort, an dem die Namen der Toten verlesen und jede und jeder Einzelne durch das Symbol der Kerze vergegenwärtigt wurde. Im Gottesdienst stellten sich wenigstens für eine gute Stunde Gemeinschaft und Solidarität dar. Mit den unmittelbar Betroffenen konnten Mittrauernde und Repräsentanten der Gesellschaft ihre Trauer ausdrücken, ohne sogleich Maßnahmen ergreifen zu mussen. Gleichzeitig war der Gottesdienst der Ort, an dem um Gottes Segen für all die Maßnahmen gebetet wurde, die zu ergreifen sind, um solche abgründigen Taten zu verhindern.

Die nach der Selbsttötung von Robert Enke in der Marktkirche in Hannover fast spontan gefeierte Andacht, bei der die ehemalige Landesbischöfin Margot Käßmann predigte, machte den Menschen in Hannover und vielen Fußballfans bewusst, dass es hinter der Fassade der Leistung und des Sports unsichtbar einen Menschen gab, der mit seinem Leben nicht fertig wurde. Die Menschen trauerten um Robert Enke und erschraken zugleich über Zwang und Leistungsdruck, Unvollkommenheit und Verheimlichtes in der eigenen Lebensgeschichte. Im Strom des Lebens kam eine verborgene Untiefe zutage. Eine Schattenseite kam ins grelle Licht. Um diesen Schrecken auszudrücken und um mit dieser Erfahrung umzugehen, drängte es die Menschen in die Kirche. Sie ahnten, dass hier der Raum ist, wo Ratlosigkeit und Klage ausgesprochen werden können. Sie spürten auch, dass hier der Raum ist, wo der Text der Fußballhymne »You will never walk alone« noch einen anderen und tieferen Sinn bekommt. Es wurde klar, dass das Verhältnis von geforderter

236   B<small>ERICHTE</small>

Hochleistung im Alltag einerseits und Unvollkommenheit und Krankheit andererseits auch eine ethische Dimension enthält. Sie klang in Reden und in Kommentaren immer wieder an. »The games must go on!« Aber trotzdem hielten die Menschen inne. Wir müssen als Kirche deutlich machen, dass Gottesdienste, die an das Zeichen des Kreuzes und unsere Taufe erinnern, Mut machen, Unvollkommenheit in den Alltag zu integrieren.

Zu jeder Kasualie gehören einerseits die Darstellung von Gemeinschaft und andererseits die Vergegenwärtigung von Individualität und einer persönlichen Geschichte im Strom des Lebens. Dieser besondere Mensch wird getauft, diese einmaligen beiden Menschen führen ihre Ehe vor Gott oder das Leben dieses einzigartigen Menschen ist zu Ende gegangen. Über die klassischen Kasualien hinaus hat sich der Schulanfang inzwischen als neue Kasualie mit diesem Wechselspiel von Gemeinschaft und Individualität am nachhaltigsten etabliert. Hier wird das einzelne Kind in der neuen Gemeinschaft für die vor ihm liegende Etappe im Lebensweg gesegnet. Paradigmatisch zeigt diese Kasualie, wie Ereignisse im Strom des Lebens mit Gottes Wort verbunden werden können. Das Wort Gottes bekommt eine Lebensnähe, die es sonst in der Verkündigung nicht immer hat. Bei der Lektüre von Predigten, die im Zusammenhang der Visitation eingereicht werden, sagen die Gebietsreferenten oft, dass die Kasualansprachen der Pfarrerinnen und Pfarrer besonders gelungen sind. Die Predigt hat einen Lebensbezug, der fast von selbst verhindert, dass die Worte abstrakt oder lebensfern klingen. Der Bezug zur Lebenssituation gibt der Predigt Anschaulichkeit und Konkretion. Durch die besondere Ansprache von unmittelbar Betroffenen bekommt die Predigt eine Nähe, die die Sonntagspredigt nicht immer auszeichnet. So können sich bei Kasualien Menschen auf ihre Weise Gottes Zuspruch und Anspruch auf ihr Leben aneignen und die Gemeinschaft mit Gott bzw. Gottes Segen als Gabe und Kraft zum Leben wahrnehmen. »You will never walk alone.«

12.4   G<small>OTTESDIENSTLICHE</small> S<small>TRUKTUR UND</small> K<small>ERNRITUS DER</small> K<small>ASUALIEN</small>: V<small>ERDICHTETE</small> S<small>ZENEN VOR</small> G<small>OTT UND DEN</small> M<small>ENSCHEN</small>

Die gottesdienstliche Struktur der Kasualien ist grundsätzlich dieselbe wie die des sonntäglichen Gottesdienstes mit seinen drei Teilen »Eröffnung und Anrufung, Verkündigung und Bekenntnis, Sendung und Segen«. Freilich sind hier alle Elemente auf den konkreten Fall bezogen.

Eröffnung und Anrufung mit Musik, Lied und Gebet dient der Konstitution der Gruppe vor Gott, die den Gottesdienst feiert. Das Gebet spricht die Gedanken und Gefühle, die Trauer und den Schmerz im Falle der Bestattung, bei den anderen Kasualien die Freude, das Glück, die Dankbarkeit und die Erwartungen aus. Es bringt sie als Klage, Lob und Bitte vor Gott.

Biblische *Lesungen* verankern die Kasualie als Verheißung und Gebot in der Heiligen Schrift. Der Taufbefehl begründet die Taufhandlung im Gebot Jesu. Die Lesungen bei der Trauung umreißen Gabe und Aufgabe des Miteinanders der Ehe. Bibelworte richten bei der Bestattung tröstend auf die Gemeinschaft mit Gott aus. Unsere Agende sieht – fakultativ – bei allen Kasualien als Bekenntnis das Sprechen des Apostolischen *Glaubensbekenntnisses* vor. Ausdrücklich dient dies der Tauferinnerung. Als Konkretisierung des Taufbekenntnisses in einer bestimmten Lebenssituation lassen sich jene Akte in den Kasualien verstehen, in denen Betroffene Zustimmung durch eine Handlung bekunden oder ausdrücklich mit Ja auf eine Frage antworten. Ersteres geschieht z. B. bei der Taufe, wenn die Eltern nach Anrede bzw. Verpflichtung und Aufforderung das Kind zur Taufe bringen. Letzteres geschieht in aller Regel bei der Trauung in der Antwort z. B. auf die Frage: »Glaubt Ihr, dass Gott Euch einander anvertraut hat und Euch in Eurer Ehe segnen will? [...]«

Der bei der Konfirmation und der Trauung zugesprochene *Segen* folgt auf ein Gebet, um deutlich zu machen, dass Gott der Geber des Segens ist. Segen geschieht nicht von selbst und auch nicht magisch durch die Kraft der Segnenden. Die Bestattung enthält statt der zugesprochenen Segnung die sogenannte Anbefehlung, mit der die bzw. der Verstorbene in Gottes Hand befohlen wird. Während unsere Toten sichtbar in die Erde gesenkt werden, werden sie mit Worten der Gnade Gottes anbefohlen. Die Anbefehlung löst nicht die Rätsel einer Lebensgeschichte, sondern »übergibt« sie Gott. Bei ihm sind sie »aufgehoben«. Letztlich enthalten alle Kasualien implizit solch einen Akt der Anbefehlung. Eltern nehmen bei der Konfirmation ihres Kindes und dessen Segnung wahr, dass die Kraft des Segens Gottes größer und weiter ist als ihre beschränkten Möglichkeiten. Eheleute befehlen sich Gott an – und damit auch ihren Lebensweg, über dessen Gelingen sie trotz ihres Versprechens und ihrer guten Absichten nicht verfügen.

Es ist interessant, dass Luther den Übergang von der Nacht zum Tag bzw. vom Tag zur Nacht in seinem Morgen- bzw. Abendsegen (EG 808.1; 814.1) sozusagen als »Minikasualie« für die private Frömmigkeit gestaltet hat. Die Beterin bzw. der Beter spricht an der Schwelle zum Tag oder zur Nacht die Anbefehlung selbst aus. Die Betenden versichern und vergewissern sich selbst, dass sie umgeben und begleitet von Gott ihren Tag bzw. die Nacht beginnen und bestehen werden. Deswegen kann es dann am Schluss heißen »mit Freuden an dein Werk gegangen« bzw. – was genauso wichtig ist – »alsdann flugs und fröhlich geschlafen«. Einen solchen Zielpunkt, ja diesen Effekt, dass Menschen ihren Alltag in einer neuen Rolle – als Vater oder Mutter, als Jugendliche, als Paar, als Mensch, der von einem Angehörigen Abschied genommen hat – mit Freude und Tatkraft bestehen, haben und sollen alle Kasualien haben.

Die Kasualien lassen sich als ein sogenanntes performatives Geschehen bezeichnen. Beispiele für performative Sätze in der Alltagswelt sind bestimmte Rechtssätze wie etwa »Die Würde des Menschen ist unantastbar« oder »Eigentum verpflichtet«. Solche Sätze sind nicht aus der Analyse der Wirklichkeit gewonnen, sondern sie wollen eine Wirklichkeit schaffen. Auch Kasualgottesdienste sind mit Gesten und Sätzen verbunden, die nicht aussagen, was so schon wirklich ist. Vielmehr werden Gesten vollzogen und Sätze gesprochen, die schaffen und bewirken, dass etwas wirklich wird. Solche Wirklichkeit schaffenden Sätze oder Gesten gibt es in allen Kasualien. Die oben zitierte Mutter übergibt ihr Kind in die Obhut anderer. Ein Mensch wird unwiderruflich mit Jesus Christus verbunden. Menschen nehmen Abschied von ihrem Toten. Zwei Menschen verstehen sich als Paar. Sie halten es mit einem Bild fest, das fortan im Wohnzimmer steht. Kasualien setzen eine neue Wirklichkeit, die Glauben hervorruft. Ihnen wohnt ein die Lebenswelt veränderndes Potenzial inne.

Bei allen Kasualien können wir eine Art Kernritus erkennen, der für die Bedeutung der Kasualien entscheidend ist. Der Kernritus sind Akte, die sich als Bewegungen, Auftritte, Übergaben und Darstellungen vollziehen:
- der Taufakt mit Wasser, zu dem das Kommen der Eltern und Paten zum Taufstein ebenso gehört wie die vielfältigen die Taufe deutenden Worte,
- die Einsegnung des Konfirmanden, der Konfirmandin mit Handauflegung, zu der als Weg zum Altar auch der Einzug gehört,
- die Segnung des Paares vor dem Altar, zu der auch der Weg der beiden dorthin gehört
- und schließlich die Bestattung in der Erde, zu der der Weg zum Grab und die bekenntnishaften Worte gehören: »Erde zu Erde, Asche zu Asche. Wir aber hoffen auf unseren Herrn Jesus Christus, der da spricht: Ich lebe und ihr sollt auch leben!«

Alle Kasualien enthalten unterschiedliche Szenen. Sie sind zumindest in der Erinnerung der Betroffenen Momente, in denen sich für sie der Sinn der Amtshandlung verdichtet:
- die Aufstellung um den Taufstein herum bei der eigentlichen Taufhandlung,
- der Einzug der Konfirmandinnen und Konfirmanden in die Kirche,
- die Einsegnung vor dem Altar, die Platzierung des Paares vor dem Altar, die Handauflegung und der Ringwechsel
- sowie der Gang zum Grab, die »Familienaufstellung« am Grab und die Übergabe der Verstorbenen in Gottes Hand.

Kasualien sind so mit Bildern verbunden, die Raum für subjektive Sinnzuschreibungen lassen: Taufwasser, Ring, Erdwurf usw. Es muss und darf hier nicht alles erklärt werden. Die Riten »sprechen« oft deutlicher als Worte. Gleichzeitig »sagen« Fürbitte, Gebet, Anbefehlung und Segen, dass das Gelingen des Lebens unverfügbar ist. Sie »sagen«, dass es eine Macht gibt, die Böses in Gutes verwandeln kann, wie es beispielhaft in Kreuz und Auferstehung Jesu Christi anschaulich geworden ist. Sie verlocken, sich dieser Macht im Strom des Lebens anzuvertrauen. Riten selbst belehren nicht über ihren Sinn, aber sie erschließen ihn durch Beteiligung. Eine von der Liturgin oder dem Liturgen nachvollziehbar gestaltete Kasualie wird es Menschen einfacher machen, das gottesdienstliche Geschehen als Weg mit und zu Gott zu erleben, auch wenn dies von den Teilnehmenden rational nicht voll begriffen wird. Unsere Gottesdienstgestaltung ist deshalb zu Recht in den letzten beiden Jahrzehnten sinnlicher und körperlicher geworden. Liturgische Präsenz und liturgisches Verhalten stehen auf dem Lehrplan und in Fortbildungsprogrammen für unsere Pfarrerschaft.

12.5 IN DER KRAFT DES HEILIGEN GEISTES – DIE KASUALIE ALS REKREATION

Inhaltlich wirkt Kirche bei den Kasualien als Vergewisserungsraum für die christliche Wahrheit. Menschen spüren und sollen vernehmen: »Gott ist gegenwärtig« (EG 165). Die Kirche ist Gebets- und Segensraum. Sie ist der vom Alltag unterschiedene Ort, der zum Bestehen des Alltags hilfreich ist. Was der Feiertag in der Zeit ist, das ist die Kirche im Raum. Die Mutter eines Täuflings erzählt in einem Interview: »was für mich einfach immer unheimlich überhaupt in der Kirche einfach anrührend ist, ist für mich einfach immer das Vaterunser. Das ist für mich so eins von den ganz, ganz tiefen Dingen. Und auch dieses gemeinsame Sprechen vom Glaubensbekenntnis. Das sind so Sachen, die mich immer berühren, wenn ich in die Kirche gehe.«[224]

Die Interviewerin versucht, der Frau, die nach Worten sucht, mit dem Begriff Gemeinschaft zu helfen. Die Frau nimmt das auf und korrigiert es zugleich: »Es ist eben nicht nur die Gemeinschaft, sondern es ist in dem Moment auch wirklich so, ja, der Hauch kann man sagen vielleicht, weiß ich nicht, ob man, ja der Hauch Gottes, das nennen kann oder so. Aber man hat schon das Gefühl irgendwie, also das ist jetzt nicht nur hier in der Kirche und das ist nicht nur die Pfarrerin (R. M.) Müller, die da oben steht, es ist schon mehr

---

[224] Regina Sommer, Kindertaufe – Elternverständnis und theologische Deutung, Stuttgart 2009, 164.

hier jetzt. Also so'n Moment, dass mal so ein Moment einfach die Zeit so'n bisschen stillsteht. Dass da ist und mal für'n Momnent wirklich zum Atem holen kommt irgenwie. Das ist auch bei seiner Taufe mir wieder so aufgefallen.«[225] In untheologischer Sprache beschreibt die Mutter die Wirklichkeit des Heiligen Geistes. Es ist auch nicht zufällig, dass sie sich in dieser Situation an ihre eigene Konfirmation erinnert. Für die Betroffenen stehen die Kasualien in einem lebendigen Zusammenhang im Strom ihres Lebens.

Formal wird Kirche in einer Art Spiralbewegung genutzt. Man geht von der Alltagssituation aus bestimmtem Anlass in die Kirche als einen anderen Ort (Heterotopie) und begibt sich von dort wieder gestärkt und vergewissert, gesegnet und ermutigt in den Alltag zurück. Von außen betrachtet wäre dies als »Kirche bei Gelegenheit«[226] zu bezeichnen, innerlich geht es dabei um einen Vorgang der Rekreation, um eine Art kleiner Wallfahrt.

Die Angebote unserer Gemeinde stellen sich dort zur Verfügung, wo Menschen Vergewisserung in ihrem Lebenssinn suchen. Menschen sollen gestärkt durch den Glauben an Gott ihren Lebensweg gehen und ihren Alltag bestehen oder verändern können. Jeder Gottesdienst, in dem gesegnet wird, jede Taufe, Trauung und Konfirmation soll auf diese Vergewisserung ausgerichtet sein. Soll daran erinnern, dass Gutgemeintes böse enden kann und andererseits aus Bösem Gutes entsteht. Die Bilder und Geschichten des christlichen Glaubens geben keine handfeste Sicherheit; sie erzielen und bewirken aber gerade da Vertrauen, wo wir nicht alles in der Hand haben. Sie heben Zweifel und Unbestimmtheit nicht auf, helfen aber, damit umzugehen, weil sie unser Leben und unsere Welt im Gegenüber zu Gott begreifen.

Ich habe oben mit Verweis auf Luthers Morgensegen darauf hingewiesen, dass die Kasualien auf die Ermutigung im Bestehen einer neuen Lebenssituation zielen. Die Kraft des auferstandenen Christus soll im Alltag wirksam werden. In der berühmten Deutung der Taufe, die der Apostel Paulus in Röm 6 vorträgt, zielen seine Aussagen darauf, dass wir »in einem neuen Leben wandeln sollen« (V. 4). Zu einem solchen Wandel in einem neuen Leben, zu einer solchen Rekreation sollen die Kasualien Hilfestellung leisten – in der Kraft des Heiligen Geistes.

---

[225]   Ebd.
[226]   Vgl. Michael Nüchtern, Kirche bei Gelegenheit. Kasualien – Erwachsenenbildung – Akademiearbeit, Praktische Theologie heute Bd. 4, Stuttgart 1991.

12.6   HERAUSFORDERUNGEN FÜR DIE PRAXIS

12.6.1   Die Schärfung des »kasuellen Blicks«[227]

Je mehr wir auf die allgemeine Struktur der Kasualien achten, desto deutlicher wird, dass es eine Fülle von »Fällen« oder »Gelegenheiten« gibt, die kasual-ähnlich gottesdienstlich gestaltet werden können. Es handelt sich um alle Begehungen einer neuen Lebenssituation, den Eintritt in den Kindergarten, den Schuleintritt, den Schulwechsel, den Schulabschluss, den Abschluss des Erwerbslebens, die Krankensalbung u. a. m. Auch die Urlaubssituation ist als Kasualie beschrieben worden.[228] Der »kasuelle Blick« (Michael Nüchtern), das Achten auf das, was der Fall ist, tut der Kirche und ihrer Verkündigung gut. Der kasuelle Blick lässt uns themen- und zielgruppenbezogene Gottesdienste mit sozialen, kulturellen und politischen Ereignissen in der Stadt oder dem Dorf verbinden. Viel öfter könnten Gottesdienste ausdrücklich als Gottesdienste aus Anlass von ... gefeiert werden. Der kasuelle Blick könnte aber auch umgekehrt Gottesdienste im Kirchenjahr mit konkreten Ereignissen im Strom des Lebens verbinden. Wie es am Ewigkeitssonntag ein Totengedenken gibt, so sollte am 6. Sonntag nach Trinitatis zu einem Taufgedenken eingeladen werden. Viele Gemeinden laden am Valentinstag zu einem Segnungsgottesdienst für Paare ein. Und wer sagt, dass wir ein Ehejubiläum nur am 25. oder 50. Hochzeitstag feiern können?

Durch den »kasuellen Blick« gewinnt unsere Verkündigung Lebens- und Alltagsnähe. Sie wird aufmerksamer dafür – um es nahe an der Symbolik der Taufe zu sagen –, wo Menschen ins Wasser geschmissen werden und schwimmen lernen müssen. Sie wird aufmerksamer für die Brüche und neu-en Herausforderungen, denen sich Menschen im Alltag stellen müssen. Sie wird auf den Schatz der kleinen und größeren Rituale achten, die wir in der christlichen Tradition haben und die ein Stück Tauferinnerung sind. Sie wird ermutigt, der Kraft dieser Rituale mehr zu trauen als vielen Worten.

---

[227]   Vgl. Georg Lämmlin, Kirche bei Gelegenheit – dem segnenden Gott auf der Spur. Michael Nüchterns Beitrag zum ekklesiologischen Diskurs und zur kirchlichen Praxis. – In: Ders. (Hg.), Die Kirche der Freiheit evangelisch Gestalten. Michael Nüchterns Beiträge zur Praktischen Theologie, Heidelberger Studien zur Praktischen Theologie, Münster 2012, (83–98) 85–88.

[228]   Michael Nüchtern, Kirche bei Gelegenheit des Urlaubs, Praktische Theologie 2/2007, 130–140.

12.6.2   Die Freude an der Qualität der Kasualien

Wir brauchen in unserer Landeskirche eine breite Diskussion und eine intensive Fortbildung und Praxisbegleitung zur Qualität von Gottesdiensten und Kasualien. Wir können dabei auf die entsprechenden Anstrengungen in der EKD zurückgreifen und uns mit dem neuen Zentrum für Gottesdienstgestaltung vernetzen. Dabei ist klar: Qualität braucht Zeit und Know-how, Motivation und Kontrolle. Qualität wird primär erfahren. Sie zeigt sich in positiven Reaktionen jener, die Kasualien in unserer Kirche begehren. Für Lerngruppen von Pfarrerinnen und Pfarrern ist die Anknüpfung an eigene Erlebnisse weiterführend. Wie war das, als ich selbst als Mitfeiernder oder Mitfeiernde eine schöne Kasualie erlebt habe? Qualität hat ganz unterschiedliche Dimensionen, es gibt eine seelsorgliche, liturgische, kommunikative und nicht zuletzt eine organisatorische Dimension. Sie hat mit Erreichbarkeit, Verlässlichkeit, Pünktlichkeit usw. zu tun. Zur Qualität der Kasualien gehört die Beschäftigung mit folgenden Fragen: Gibt es Beteiligungsmöglichkeiten für Betroffene an dem Gottesdienst? Gibt es in der Region oder im Bezirk die Möglichkeit der »Streckung der Kasualie«, also Gesprächskreise von Taufeltern, Taufseminare, Ehekurse, Trauergruppen usw.? Dabei ist klar: Qualität muss von Innen kommen. Sie ist als gesegnete Praxis eine Gabe Gottes. Segen kommt her von Gott, geht aber durch unsere Hände (EG 508,2). Genauso richtig ist deswegen: Qualität kommt durch Reflexion, Lernprozesse und Kontrolle.

12.6.3   Die Verstärkung der Kasualien durch Bildungsveranstaltungen

Riten wirken und entfalten ihre Bedeutung, auch ohne dass alles mit Worten erklärt wird. Dennoch können Gespräche über eigene Erfahrungen bei Kasualien die Sinnpotenziale der Kasualien verstärken. Alle Kasualien bedürfen unterschiedlicher Begleitaktionen über das seelsorgliche Vor- und Nachgespräch hinaus. Es sollte zur Regel gehören, dass Kurse wie »Erwachsen glauben« im Zusammenhang von Taufe und Konfirmation angeboten werden. Kasualien sind Gelegenheiten für die Gemeinde, durch zeitlich klar befristete Angebote die Begegnungen mit denjenigen zu intensivieren, die sie von Fall zu Fall trifft.

Wir brauchen eine tauforientierte Erwachsenenbildung[229], die zugleich als missionarischer Glaubenskurs für Erwachsene wirkt. Solche tauforientierte Bildung ist wesentlich auf den liturgischen Vollzug selbst bezogen. Rituale besitzen ein pädagogisches Potenzial. Rituale bieten einen breiten Interpretationsspielraum. Sie stellen Zeichen zur Verfügung, die je nach biografischer Situation in unterschiedlicher Weise angeeignet werden können, ohne ihren

---

[229]   Vgl. Christian Grethlein, Gemeindepädagogik, Berlin/New York 1994, 288f. 296.

Grundsinn zu verlieren. Eine genaue Analyse der traditionell mit der Taufe verbundenen und dem Täufling unmittelbar applizierten fünf Zeichen – Kreuz, Handauflegung, Name, Wasser und Licht/Kerze – ergibt ein Repertoire an Möglichkeiten zu einer biografiebezogenen Akzentuierung der Bedeutung von Glaubensinhalten und von individuellen Aneignungen. Bildungsveranstaltungen können die Bedeutung der Kasualien für den Strom des Lebens erhellen. Und umgekehrt können die Riten der Kasualien die Bedeutung des Glaubens im Lebenslauf veranschaulichen.

Schlussszene
Wer den am Anfang zitierten Erwachsenenbildungskurs kennt, weiß, dass er trotz Wasserbildern und der Bildrede vom Strom des Lebens die Beziehung zur Taufe nicht ausdrücklich und deutlich herstellt. Wenn wir im kommenden Jahr ein »Jahr der Taufe« begehen, dann wird sich folgendes ereignen: Acht Frauen und vier Männer sitzen in einem Stuhlkreis. Sie sind zum Theologiekurs »Zwischen Himmel und Erde« der Erwachsenenbildung gekommen. Vor ihnen in der Mitte liegen Fotos mit Wasserbildern. Der Kurs beginnt mit der Einheit »Im Strom des Lebens« und schließt mit einem Tauferinnerungsgottesdienst, in dem die drei ungetauften Mitglieder des Kurses getauft werden können, wenn sie wollen.

Unsere Kirche ist froh über den Schatz, den sie an ihren Kasualgottesdiensten hat. In exemplarischer Weise verbinden die Kasualien Gottes Wort mit dem, was der Fall ist. Dadurch fällt Gottes Wort mitten ins Leben. In der Kasualpraxis erfahren Menschen in wichtigen Momenten ihres Lebens, dass sie gesehen und angesehen sind: Es ist kein Zufall, es ist gewollt, dass es dich gibt. Es ist nicht bedeutungslos, wie du lebst. Letztlich hängt deine Zukunft nicht an dem, was dir gelingt, sondern daran, was aus der Beziehung zu Gott segnend in den Strom deines Lebens kommt.

13   Gemeinsam unterwegs[230] (2011)

Vor einigen Monaten wurde ich in einem SWR-Interview gefragt: »Wie geht es Ihnen im Blick darauf, dass Sie nun allmählich auf die Zielgerade Ihrer Amtszeit als Landesbischof einbiegen?«. In der Tat: Dreizehn Jahre des Bischofsdienstes liegen hinter mir – nun bin ich schon der dienstälteste Bischof aller EKD-Gliedkirchen –, drei Jahre habe ich noch vor mir. Inzwischen hat die Präsidentin bereits das »Haus der Kirche« für die Bischofswahl im Jahr 2013 reservieren lassen.[231] In der Tat biege ich in die Zielgerade meines Bischofsdienstes ein. Da liegt es für mich nahe, mit Ihnen zu bedenken, wie meine Tätigkeit als Bischof dieser Landeskirche fruchtbar wird für das Zusammenwirken der Gliedkirchen der EKD und wie umgekehrt meine nicht gerade sparsamen Aktivitäten in Gremien und Organen der EKD für unsere badische Landeskirche von Nutzen sind. Wenn ich dieses heute reflektiere, werde ich natürlich auch jenes in den Blick nehmen, was andere Persönlichkeiten unserer Landeskirche in kirchenleitender Verantwortung im Rahmen der EKD beitragen, um das »Gemeinsam-auf-dem-Weg-Sein« der EKD zu stärken. Ich denke hierbei natürlich vorrangig an unsere Synodalpräsidentin Justizrätin Margit Fleckenstein, die zwölf Jahre lang im Rat der EKD mitgearbeitet hat und die sich weiterhin anhaltend für den EKD-Reformprozess und im Rahmen der Präsides-Treffen für eine verstärkte Zusammenarbeit der Landessynoden engagiert. Aber ich denke auch an das EKD-Engagement unserer Geschäftsleitenden Oberkirchenrätin Barbara Bauer, an das Wirken unserer EKD-

---

[230]   Frühjahrstagung der Landessynode der Evangelischen Landeskirche in Baden, Bad Herrenalb, 13. April 2011.

[231]   Am 19. Juli 2013 wurde Kirchenrat Prof. Dr. Jochen Cornelius-Bundschuh auf einer außerordentlichen Tagung der 11. Landessynode zum Nachfolger von Landesbischof Dr. Ulrich Fischer in das Amt des Landesbischofs gewählt. Seine Amtszeit beginnt am 1. Juni 2014.

Synodalen Dr. Fritz Heidland, Dr. Jutta Kröhl und Oberkirchenrätin Dr. Susanne Teichmanis und an das Agieren vieler Mitarbeitender des Evangelischen Oberkirchenrats auf EKD-Ebene. Wie also sind wir hier in Baden gemeinsam auf dem Weg – in der Gemeinschaft des deutschen Protestantismus?

13.1 GEMEINSAM AUF DEM WEG ZUM REFORMATIONSJUBILÄUM 2017

Was am 31. Oktober 1517 in Wittenberg geschah – oder geschehen sein soll –, hat die Welt verändert. Mit dem Anschlag seiner 95 Thesen an die Schlosskirche von Wittenberg entfachte Martin Luther einen Veränderungsprozess, ja sogar einen Sturm der Befreiung aus der babylonischen Gefangenschaft einer mittelalterlichen Kirche, die an der Banalisierung des geistlichen Lebens und an der Trivialisierung der Religion als Macht- und Geldbetrieb zu ersticken drohte. Was als Akt der Befreiung begann, führte zur Zersplitterung des bis dahin unter dem Summepiskopat des Papstes stehenden westlichen Christentums. Es führte zu einer Pluralisierung der Kirche, die einerseits als Verwundung des Leibes Christi empfunden, andererseits als Befreiung erlebt wurde und wird.

Im Jahr 2017 werden die Kirchen der Reformation der Ereignisse vor 500 Jahren gedenken. Wie werden sie es tun? Welche substanziellen geistlichen Inhalte will der Protestantismus erinnern und verlebendigen? Wie werden wir im Jahr 2017 für die zentrale Botschaft der Reformation eine solche Glaubenssprache entwickeln, dass diese auch im 21. Jahrhundert als befreiend erfahren wird? Die Freiheitsbotschaft der Reformation darf nicht einfach nur behauptet, sie muss auch in unseren Kirchen erfahrbar werden. Zu viele Menschen finden auch heute in unseren Gottesdiensten nicht das, was sie sehnsüchtig suchen. Tendenzen zur Trivialisierung des Glaubens sind bei uns ebenso wenig zu übersehen wie Übergeschäftigkeit. Beides ähnelt der babylonischen Gefangenschaft der vorreformatorischen Kirche durchaus. Deswegen gehört der mit dem Impulspapier »Kirche der Freiheit« angestoßene Reformprozess mit der Nötigung zur Konzentration auf das für die Kirche Wesentliche als gewichtiger Teil hinein in das Reformationsjubiläum. Im Reformprozess und in der ihn konkretisierenden Reformationsdekade soll ein Mentalitätswandel Veränderungsbereitschaft signalisieren, die auf das Grundereignis der Reformation erkennbar zurückverweist.

Als jemand, der die Planung der Reformationsdekade von Anfang an intensiv mit begleitet hat, freue ich mich besonders auf das Reformationsjubiläum. Ich lade unsere ökumenischen Geschwister ein, sich mitzufreuen. Denn viele Veränderungen, wie zum Beispiel die Entdeckung des Laienapostolats, die

Wertschätzung der Bibel oder die Wandlungen in der Abendmahlstheologie, viele dieser Veränderungen, welche gerade die römisch-katholische Kirche seit dem 16. Jahrhundert zu dem gemacht haben, was sie heute ist, wären ohne die Impulse der Reformation nicht denkbar. Das Reformationsjubiläum darf und soll nicht der Abgrenzung von der römisch-katholischen Tradition dienen. Vielmehr gehört die ökumenische Dimension unverzichtbar und zentral zum Gedenkjahr 2017 hinzu. Wie können wir bei diesem Jubiläum zu einer angemessenen Darstellung unserer ökumenischen Grundhaltung finden, ohne die Dankbarkeit für unsere spezifische Berufung in der weltweiten Christenheit zu vernachlässigen? Das ist für mich eine der wichtigsten Fragen im Blick auf die Gestaltung des Reformationsjubiläums von 2017. Wie können wir erreichen, dass auch die römisch-katholische Kirche sich herzlich eingeladen weiß und ermutigt fühlt, sich am Reformationsjubiläum zu beteiligen? Derzeit sind wir dabei, Ideen und Angebote innerhalb der Reformationsdekade zu entwickeln, die unsere ökumenische Grundhaltung kenntlich machen können. Und so hoffe ich, dass es vor allem gelingt, im Rahmen der Reformationsdekade – und in Verbindung mit dem 50-jährigen Gedenken an das 2. Vatikanische Konzil – ein »Jahr der Bibel« ökumenisch durchzuführen. Denn die Wiederentdeckung der Bibel als Quelle und Richtschnur des Glaubens war zentral sowohl für das Ereignis der Reformation wie auch für die Ausrichtung der römisch-katholischen Kirche nach dem 2. Vaticanum.

Aber wir müssen noch weiterdenken, denn im Jahr 2017 wird die »Welt zu Gast bei Freunden« sein. Das Reformationsjubiläum 2017 wird auch ein großes gesellschaftliches Ereignis für Menschen aus aller Welt werden. Es ist absehbar, dass im Jubiläumsjahr 2017 weltweit in vielen evangelischen Kirchen Events und Ausstellungen, Jubiläumsgottesdienste und -veranstaltungen stattfinden werden. Grundlegend sind die kulturellen und gesellschaftlichen Folgen der Reformation, die es zu bedenken gilt. Von der Sprache Luthers bis zur amerikanischen Demokratie, von der Bachschen Musik bis zum modernen Individualismus hat die Reformation Spuren hinterlassen, die selbstkritisch und selbstbewusst bedacht werden müssen. Von daher ist es unabweisbar, das Reformationsjubiläum einzuzeichnen in die kulturellen Debatten der Gegenwart. Die Erwartung eines Ereignisses von großer gesellschaftlicher und internationaler Bedeutung stellt an die evangelische Kirche in Deutschland die Herausforderung, ihre Kräfte so zu bündeln, dass herausragende Gemeinschaftserlebnisse im Jahre 2017 möglich werden. Und immer werden wir uns fragen müssen: Wie werden wir das Jahr 2017 so gestalten können, dass Menschen anderer Nationen voller Interesse die Stätten der Reformation in unserem Land besuchen und neue geistliche Impulse empfangen? Und wie können wir mit Gästen aus aller

Welt so feiern, dass in aller Vielfalt die verbindende Kraft des Protestantismus in unserem Land sichtbar und erfahrbar wird? Dies wird nur gelingen, wenn wir uns als evangelische Kirche nicht selbst feiern, sondern geistlich und theologisch kraftvoll wesentliche Einsichten der Reformation zum Ausdruck bringen. Gefeiert wird nicht die Kirche, sondern das Evangelium. Ins Zentrum des Feierns gehören die Theologie, die Frömmigkeit und die Sehnsucht nach Gott.

Deshalb sind die Themenjahre, mit denen wir eine ganze Dekade lang auf das Reformationsjubiläum zugehen, so bedeutsam. Jedes Jahr ruft uns auf seine Weise zentrale Einsichten der Reformation in Erinnerung:

Mit dem Jahr 2008 wurde die Reformationsdekade eröffnet, es folgte im Jahr 2009 das Calvinjahr, in dem der Zusammenhang von Glaube und Weltgestaltung bedacht wurde.

Das Melanchthonjahr 2010 reflektierte den Beitrag der Reformation zur Bildung, das »Jahr der Taufe 2011« thematisiert die grundlegende Freiheitsbotschaft der Reformation.

Das Jahr der Kirchenmusik 2012 wird den Charakter der Reformation als einer großen Singbewegung und ihre Wirkungen für die europäische Musikgeschichte in Erinnerung bringen.

Das Jahr 2013 soll mit dem Gedenken an die Entstehung des Heidelberger Katechismus und der Leuenberger Konkordie die Ambivalenzen reformatorischer Bekenntnisbindung in der Spannung von identitätsstiftender Intoleranz und pluralitätsbildender Toleranz zum Thema haben.

Das Jahr 2014 wird – für uns in Baden am Beispiel des Konstanzer Konzils – die Wirkkräfte der Reformation im Feld des Politischen bedenken.

Das Jahr 2015 soll mit dem Gedenken an den 500. Geburtstag von Lukas Cranach d. J. die kulturprägende Kraft der Reformation in den Mittelpunkt stellen, die gerade auch in illustrierten Ausgaben von Luthers Bibelübersetzung Wirkung entfaltete. Deshalb hätte ein ökumenisches »Jahr der Bibel« hier einen guten Ort.

Schließlich soll das Jahr 2016 die ökumenischen Auswirkungen der Reformation bedenken und uns daran erinnern, dass reformatorische Theologie ohne Ökumene nicht zu denken ist.

Mit den Themenjahren der Reformationsdekade haben wir nicht nur ein Band zwischen den Gliedkirchen der EKD geknüpft. Wir geben nicht nur wichtige, befruchtende Anregungen für die Arbeit auch in unserer Landeskirche, sondern wir bringen die Freiheitsbotschaft der Reformation Jahr für Jahr auf andere Weise zum Leuchten.

Ähnliches wird man von all jenen Früchten sagen können, die wir derzeit im Rahmen des Reformprozesses der EKD bereits ernten. Drei Kompetenzzentren wurden in den zurückliegenden Jahren errichtet: zum einen das Zentrum für Qualitätsentwicklung im Gottesdienst in Hildesheim und ihm zugeordnet das Zentrum für Predigtkultur in Wittenberg und zum anderen das Zentrum »Mission in der Region« mit den Standorten Dortmund und Stuttgart sowie seiner wissenschaftlichen Begleitung durch die Universität Greifswald. Schließlich ist beabsichtigt, das Zentrum für Kirche und Diakonie in Berlin auszubauen und für Fortbildungen im Bereich des Führens und Leitens zu profilieren. Immer wieder nutzen badische Pfarrerinnen und Pfarrer die Angebote dieser Zentren zur eigenen Kompetenzerweiterung. Es gibt hoffnungsvolle Ansätze, dass wir durch engagiertes Mitarbeiten eines badischen Pfarrvikars bald gewinnbringend an der Arbeit des Stuttgarter Zentrums für »Mission in der Region« teilhaben können. All dies nenne ich Ihnen um aufzuzeigen, dass der Reformprozess der EKD ein Prozess ist, der unserer Arbeit in Baden unmittelbar zugute kommt und der uns hilft, uns gemeinsam mit allen Gliedkirchen der EKD auf das Reformationsjubiläum 2017 vorzubereiten.

Im Blick auf den Reformprozess der EKD darf ich feststellen, dass der badische Beitrag zu diesem Prozess ganz erheblich ist. Einer der Mitautoren der Schrift »Kirche der Freiheit«, mit welcher der Reformprozess angestoßen wurde, war Oberkirchenrat Prof. Dr. Michael Nüchtern. Er hat durch seine Mitautorenschaft und durch viele Anstöße den Reformprozess geprägt. Ich selbst habe mich im Reformprozess von Anfang an persönlich stark engagiert, indem ich vor allem immer wieder versucht habe, in meinen Berichten zur Lage vor dieser Synode Themen des Reformprozesses mit Entwicklungen in unserer Landeskirche zu verknüpfen und Impulse von EKD-Synoden oder aus dem EKD-Kirchenamt in unsere Landeskirche einzubringen. Es kommt nicht von ungefähr, dass unser badischer Kirchenkompassprozess an vielen Stellen höchst anschlussfähig an den EKD-Reformprozess ist. Und so ist es nicht zufällig, dass der frühere Ratsvorsitzende der EKD Bischof Prof. Dr. Wolfgang Huber zur Auswertung des Kirchenkompassprozesses vor unserer Landessynode im Oktober dieses Jahres sprechen wird.[232] So werden wir vom EKD-Reformprozess profitieren, wie im Übrigen seit Kurzem auch das Reformbüro im Kirchenamt der EKD von badischer Mitarbeit profitiert, denn Pfarrerin Dorothea Gulba aus Mannheim wurde zum Dienst bei der EKD beurlaubt, um bei der weiteren Gestaltung des Reformprozesses mitzuwirken.

---

[232]   Wolfgang Huber, Zwischen Realität und Aktualisierung – das Evangelium als Gabe und die Herausforderungen kirchlicher Arbeit. Vortrag vor der Landessynode der Evangelischen Landeskirche in Baden am 24. Oktober 2011. – In: Verhandlungen der Landessynode der Evangelischen Landeskirche in Baden. 7. ordentliche Tagung vom 23. bis 27. Oktober 2011, Evangelischer Oberkirchenrat Karlsruhe 2011, 16–22.

Auf andere Weise tun dies Präsidentin Fleckenstein und ich durch unsere Mitgliedschaft in der Steuerungsgruppe für den Reformprozess, Oberkirchenrätin Bauer durch ihre Mitarbeit im Beirat zum Thema »Führen und Leiten« und Dekan Hans Scheffel aus dem Kraichgau durch seine Mitarbeit in der neu konstituierten Landkirchenkonferenz, in der – analog zur Konferenz der Citykirchenarbeit – spezifische Bedingungen kirchlicher Arbeit im ländlichen Raum EKD-weit erforscht und reflektiert, beschrieben und verändert werden sollen. Und schließlich sei jetzt schon darauf hingewiesen, dass das Jahr 2013 mit seinem Gedenken an die Entstehung des Heidelberger Katechismus vor 450 Jahren unsere Landeskirche in ganz besonderer Weise in die Reformationsdekade einbindet. Viele Veranstaltungen dieses Themenjahres werden in Heidelberg, dem Geburtsort des Heidelberger Katechismus, stattfinden. Besonders freuen dürfen wir uns jetzt schon auf einen großen Festakt am 11. Mai in Heidelberg, bei dem das niederländische Königshaus zugegen sein wird, und auf die Verleihung der Luthermedaille am Reformationstag des Jahres 2013 in der Heidelberger Heiliggeistkirche. So bleibt die Reformationsdekade nichts Fernes, sondern wird zu einer badischen Angelegenheit.

13.2   Das unierte Erbe in der EKD

Um zu zeigen, wie wir in Baden gemeinsam mit der EKD auf dem Weg sind, will ich aber nicht nur einen Zugang über die Reformationsdekade und das Reformationsjubiläum 2017 wählen. Ich möchte uns kurz die Lage unserer badischen Landeskirche im Kontext der EKD vor Augen führen: Einerseits sind wir eine mittelgroße Landeskirche, die zwar leistungsstark, aber doch auf die EKD angewiesen ist. Ich erwähne beispielsweise Texte aus dem Raum der EKD, die in unserer Landeskirche immer wieder große Verbreitung finden und Wirkung entfalten, wie etwa die Themenhefte zur Reformationsdekade oder verschiedene Denkschriften zu wichtigen ethischen Fragestellungen oder die drei bemerkenswerten Texte zu Abendmahl, Taufe und Gottesdienst, die der Rat der EKD in seiner letzten Amtsperiode herausgegeben hat. Wir profitieren in einem sehr viel höheren Maße von guter Arbeit, die im Kirchenamt und im Rat der EKD geleistet wird, als uns dies immer bewusst ist. Andererseits hat unsere Landeskirche mit ihrem Erbe einer Bekenntnisunion ein besonderes Gut in die Gemeinschaft der EKD einzubringen. Was die ekklesiale Qualität einer Gemeinschaft der Bekenntnisverschiedenen im Protestantismus ausmacht, das haben wir in unserer Landeskirche seit fast 200 Jahren gewinnbringend erfahren. Unser uniertes Erbe hilft und verpflichtet uns, in der EKD stets nach dem Verbindenden zu fragen und Verbindendes in der EKD zu stärken. Das klingt wie selbstverständlich, ist es aber keineswegs, wie ich aus leidvoller Erfahrung sagen kann.

Es ist gewiss kein Zufall, dass es zwei badische Bischöfe waren, die für die Förderung der Gemeinschaft des Protestantismus in Deutschland Wesentliches geleistet haben: Bischof Dr. Hans-Wolfgang Heidland und Bischof Prof. Dr. Klaus Engelhardt haben ihren bischöflichen Dienst (1964–1980/1980–1998) immer stark an der Gemeinschaft der EKD-Gliedkirchen ausgerichtet: Bischof Heidland durch die Gründung der Arnoldshainer Konferenz, einer der beiden Vorgängerinnen der heutigen Union Evangelischer Kirchen in der EKD (UEK), Bischof Engelhardt durch seine Tätigkeit als Vorsitzender des Rates der EKD (1991–1997), in der er wesentlich zur Vereinigung der Gliedkirchen aus Ost und West beigetragen und einen entscheidenden Impuls zur Überwindung der immer noch bestehenden konfessionellen Spaltungen innerhalb der EKD gegeben hat. Es ist nicht übertrieben zu sagen: Ohne das Wirken dieser beiden badischen Bischöfe gäbe es heute wohl kaum die UEK und wäre die Gemeinschaft unter den Gliedkirchen der EKD über konfessionelle Prägungen hinweg heute nicht so stark gefestigt.

Deshalb habe ich auch gern im Jahr 2003 den Vorsitz im Präsidium der neugegründeten UEK übernommen. Zuvor hatte ich einige Jahre lang den Vorsitz in der Arnoldshainer Konferenz inne und gestaltete deren Verschmelzung mit der Evangelischen Kirche der Union zur neuen UEK mit. Ich wirke in der UEK sozusagen als Enkel von Hans-Wolfgang Heidland und als Sohn von Klaus Engelhardt, ohne hiermit eine apostolische Sukzession in Fragen der Union postulieren zu wollen. Meine Mitarbeit in der UEK hat direkte Auswirkungen auf unsere Landeskirche, so etwa in der Übernahme von Agenden, die wir nicht mehr in eigener landeskirchlicher Zuständigkeit entwickeln, sondern nur noch in der Gemeinschaft der UEK-Kirchen und in Zukunft auch gemeinsam mit der Vereinigten Evangelisch-Lutherischen Kirche Deutschlands (VELKD). Schon die nächste Agende zu Einführung und Ordination entwickeln wir gemeinsam mit der VELKD.[233] Geplant ist dann eine gemeinsame Agende zu Einweihungshandlungen. Auch an dieser Stelle nenne ich nochmals

---

[233] Am 27. September 2012 haben der Vorsitzende des Präsidiums der UEK, Landesbischof Dr. Ulrich Fischer (Karlsruhe) und der Leitende Bischof der VELKD, Bischof Gerhard Ulrich (Kiel) die gemeinsam von der Vereinigten Evangelisch-Lutherischen Kirche Deutschlands (VELKD) und der Union Evangelischer Kirchen in Deutschland (UEK) erstellte Agende »Berufung – Einführung – Verabschiedung« bei einer Zusammenkunft zwischen der Kirchenleitung der VELKD und dem Präsidium der UEK präsentiert. Die Agende war als Agende IV/Teilband 1 im Herbst 2011 von der Generalsynode der VELKD und als Agende 6 von der Vollkonferenz der UEK beschlossen worden.

Michael Nüchtern, der bei der Erstellung der Trauagende[234], der Beerdigungs-agende[235] und der im Herbst von der UEK-Vollkonferenz zu verabschiedenden Ordinationsagende segensreich für die ganze EKD gewirkt hat. Indem wir in Zukunft auf badisches Sondergut im Bereich der Liturgie verzichten und uns um liturgische Gemeinsamkeit zwischen allen reformierten, unierten und lutherischen Kirchen innerhalb der EKD bemühen, tragen wir dazu bei, dass gottesdienstliches Feiern im gesamten deutschen Protestantismus wiederer-kennbar ist. Ich denke, dies stärkt die Gemeinsamkeit im deutschen Protestan-tismus mindestens ebenso wie viele Lehrvereinbarungen. Vergessen wir nicht: Es waren Impulse aus Baden, die in die von der VELKD geführten Debatten um eine rechte Zuordnung von Ordination und Beauftragung eingegangen sind. Und umgekehrt haben die Ergebnisse dieser Debatten dann Eingang in unsere Grundordnungsrevision gefunden.

Überhaupt entdecke ich, dass theologische Debatten, die wir im Rahmen der UEK[236] führen, von großem Wert für unsere Landeskirche sind. Der Text des Theologischen Ausschusses der UEK mit dem Titel «Unsere Hoffnung auf das ewige Leben»[237] wurde durch eine Arbeitshilfe, die Kirchenrat Helmut Strack für alle EKD-Kirchen erstellt hat[238], einer großen Öffentlichkeit zugänglich gemacht. Dieser Text ist eine wichtige Hilfestellung für Menschen, bezüglich ihrer Hoffnung über den Tod hinaus sprachfähig zu werden. Und seit Kurzem liegt nun der von der UEK-Vollkonferenz des letzten Jahres verabschiedete Text »Mit Gott reden von Gott reden« vor[239], der insofern einen wichtigen Beitrag für den interreligiösen Dialog leistet, als er uns einer spezifisch christlich ge-prägten Rede von Gott vergewissert. Die Stärke der UEK ist ihre theologische und liturgische Arbeit. Und so wollen wir die UEK gestalten und weiterent-

---

[234] Trauung. Abende für die Union Evangelischer Kirchen in der EKD, Bd. 4. Im Auftrag des Präsidiums hrsg. v. der Kirchenkanzlei der UEK, Bielefeld 2006.

[235] Bestattung. Agende für die Union Evangelischer Kirchen in der EKD, Bd 5. Im Auftrag des Präsidiums hrsg. v. der Kirchenkanzlei der UEK, Bielefeld 2004.

[236] Vgl. bereits epd Dokumentation 48/2009: … »unterwegs« … Das theologische Erbe zum Leuchten bringen. Bericht des Präsidiums der Union Evangelischer Kirchen (UEK) in der EKD von Landesbischof Ulrich Fischer.

[237] Unsere Hoffnung auf das ewige Leben. Ein Votum des Theologisches Ausschusses der Union Evangelischer Kirchen in der EKD. Hrsg. im Auftrag der Union Evangelischer Kirchen in der EKD, Neukirchen-Vluyn 2006.

[238] Helmut Strack, Arbeitshilfe zum Votum des Theologischen Ausschusses der UEK »Unsere Hoffnung auf das ewige Leben«, Karlsruhe 2006.

[239] Mit Gott reden – Von Gott reden. Ein Votum des Theologischen Ausschusses der Union Evangelischer Kirchen in der EKD. Hrsg. im Auftrag der Union Evangelischer Kirchen in der EKD, Neukirchen-Vluyn 2. Auflage 2011.

wickeln zu einer Plattform guter Theologie. Um als Plattform guter Theologie arbeiten zu können, werden wir der UEK künftig eine deutlich schlankere Struktur geben müssen. Wenn wir im kommenden Jahr die bisherige Arbeit der UEK evaluiert haben, wird sich abzeichnen, in welchem veränderten Zustand ich die UEK an meinen Nachfolger im Vorsitzendenamt übergeben kann.

Einen Zugewinn, den wir als badische Landeskirche von der Arbeit der UEK haben, möchte ich abschließend noch benennen, nämlich die Partnerschaft zur UCC, der United Church of Christ in den USA, genauer zur Oklahoma-Conference dieser Kirche. Diese Partnerschaft, die für unsere Landeskirche bedeutsam ist, wurde durch die UEK angeregt, und ich hoffe, dass wir noch in diesem Jahr auf der Vollkonferenz die Kirchengemeinschaft der UEK mit der UCC erklären können. Dies wäre eine schöne Frucht unseres unierten Erbes.

13.3 SYMBADISCHE SYNERGIEN

Auch in der alltäglichen Arbeit von Kirchenkonferenz, Rat und Synode der EKD zeigt mein Rückblick auf 13 Jahre kirchenleitender Arbeit gute Früchte symbadischer Synergien. Es waren Impulse aus Baden, genauer von Oberkirchenrat Dr. Beatus Fischer, die – in engem Kontakt mit der württembergischen Landeskirche – zur Gründung einer EKD-Arbeitsgruppe führten, die sich mit neuen Anforderungen an ein modernes Finanzwesen in der EKD befasste. Unter der Leitung von Kirchenoberverwaltungsdirektor Hermann Rüdt hat diese Arbeitsgruppe wesentliche Meilensteine kirchlichen Finanzmanagements entwickelt, die Ihnen bekannt sind. Ein wichtiges Ergebnis dieser Arbeitsgruppe ist die EKD-weite Umstellung auf doppisches Rechnungswesen bzw. erweiterte Betriebskameralistik mit einem einheitlichen Bilanzkontenrahmen für alle EKD-Gliedkirchen. Auch ist Herr Rüdt verantwortlich beteiligt in der Steuerung von Prozessen auf EKD-Ebene mit dem Ziel, einen Leitfaden für ethisch nachhaltige Geldanlagen in den EKD-Gliedkirchen zu entwickeln.

In den verschiedenen kirchenleitenden Gremien unserer Landeskirche, so auch in der Landessynode, wurde in den letzten Jahren verschiedentlich diskutiert, ob die Finanzlage einzelner Gliedkirchen der EKD Auswirkungen auf unsere Kirche haben könnte. Unter anderem aufgrund entsprechender Anfragen von uns, aber auch aus gegebenem Anlass hat die EKD unter Mitwirkung unserer Finanzreferentin einen Solidarpakt unter den Gliedkirchen entwickelt. Dieser sieht ein Berichtswesen über wesentliche Finanzdaten vor. In Problemfällen können Beratungen mit den Gremien der betroffenen Kirche geführt werden, die bisher auch Veränderungen bewirkt haben. Weiteres ist zu nennen: So war Oberkirchenrätin Barbara Bauer in eine von der EKD eingesetzte kleine Arbeitsgruppe gebeten, die Vorschläge zur Verbesserung der Arbeitsteilung zwischen Gliedkirchen gemacht hat. Unter anderem wurde von uns die Rechnungsprüfung der Landeskirche durch das Oberrechnungsamt der EKD als Modell auch für andere Gliedkirchen eingebracht. Und schließlich wurde Oberkirchenrätin Bauer nach der Neukonstituierung des Rates der EKD in den Finanzbeirat berufen. Dadurch sind wir immer auf einem sehr guten Informationsstand, können aber auch unsere Informationen unserer Steuerung auf EKD-Ebene einbringen. Wenn das keine symbadischen Synergien sind!

Seit November 2009 bin ich Mitglied des Rates der EKD. Bis auf die Tatsache, dass ich seitdem die Leitung einiger weniger Bezirksvisitationen an meinen ständigen Vertreter Oberkirchenrat Gerhard Vicktor abgeben musste und mich bisweilen bei Repräsentationspflichten vertreten lasse, habe ich jedenfalls keine Einschränkung hinsichtlich der Wahrnehmung meiner bischöflichen Aufgaben in unserer Landeskirche feststellen müssen. Dagegen bedeutet es nicht nur für mich einen großen Gewinn, dass ich nun noch frühzeitiger als bisher Entwicklungen in der EKD in Beratungen des Kollegiums einbringen kann, wie etwa die Abstimmung über etwaige Entschädigungszahlungen an Opfer sexueller Gewalt in unserer Kirche oder die intensive Beratung des Rates zur Präimplantationsdiagnostik, die ihren Abschluss fand in einer sorgsam formulierten, die Konfliktsituationen sensibel wahrnehmenden Erklärung, die bestehende Dissense nicht ausspart.[240]

Auf die Sitzungen des Rates bereite ich mich in der Weise vor, dass ich spezifische Anliegen unserer Landeskirche in die Aussprachen des Rates einbringe und auch Sorge trage für eine verantwortliche Repräsentanz unserer Landeskirche in Gremien der EKD. Auch ist es hilfreich, bezüglich der Tagesordnung des Rates stets eine kurze Abstimmung mit unserer Geschäftsleitenden Oberkirchenrätin Barbara Bauer vorzunehmen sowie sofort nach der jeweiligen Ratssitzung über wichtige Beratungsgegenstände das Kollegium des Evangelischen Oberkirchenrats wie auch ggf. den Landeskirchenrat zu informieren. Wir neigen in Baden nicht zu provinzieller Enge in unserem kirchlichen Handeln. Die Mitarbeit im Rat empfinde ich als Hilfe, diese Weite des Denkens und Planens beizubehalten oder noch zu erweitern. Die Ratsreise Anfang April nach Genf und die absolvierten Gespräche mit Vertretern der dort ansässigen ökumenischen Organisationen haben meinen Horizont beträchtlich erweitert. Dasselbe erhoffe ich mir auch von der bevorstehenden Ratsreise

---

[240] Evangelische Kirche in Deutschland (EKD): Stellungnahme des Rates der Evangelischen Kirche in Deutschland zur Präimplantationsdiagnostik (PID), Hannover 15. Februar 2011 (epd Dokumentation 09/2011).

nach Brüssel Ende Mai, wie ja auch Sie, verehrte Frau Präsidentin, von den Ratsreisen, die Sie absolviert haben, vielfältige Impulse aus der weltweiten Ökumene empfangen haben. Auch die Gespräche des Rates mit den Spitzen der höchsten deutschen Gerichte und verschiedener Parteien sind Beiträge nicht nur zur Horizonterweiterung eines Bischofs, sondern auch seiner Kirche. Eine solche Orientierung an dem größeren Rahmen, den die EKD setzt, empfinde ich für unsere Landeskirche als ungemein entlastend. So haben wir uns etwa im Umgang mit Fällen sexuellen Missbrauchs in unserer Kirche selbstverständlich an den von der EKD erlassenen Richtlinien für den Umgang mit sexuellem Missbrauch orientiert.[241] Es erhöht sicherlich die Stimmigkeit kirchlichen Handelns, wenn nicht jede Gliedkirche eigene Standards erarbeitet, sondern sich an dem von der EKD Vorgegebenen orientiert. Ich wünschte, dies wäre öfter und durchgängiger der Fall.

Nicht unerwähnt lassen möchte ich schließlich meine EKD-Aktivitäten im Medienbereich. Seit seiner Gründung vor etwa acht Jahren bin ich Vorsitzender des Medienausschusses von Rat und Kirchenkonferenz und seit sieben Jahren Vorsitzender des Verwaltungsrates des Gemeinschaftswerks der Evangelischen Publizistik in Frankfurt. Ferner leite ich seit neun Jahren die Jury des Geisendörfer-Preises, des evangelischen Funk- und Fernsehpreises. Die mit diesen Funktionen verbundenen Begegnungen mit Intendanten der öffentlichen Rundfunk- und Fernsehanstalten, mit Vertretern der Zeitschriften- und Zeitungsverlage, die Jury- und Gremiensitzungen sowie die Teilnahme an medienpolitischen Diskussionsforen und Fachtagungen haben nicht nur meine eigene Medienkompetenz beträchtlich gesteigert, sondern konfrontieren mich auch ständig mit dem Blick der Gesellschaft auf unsere Kirche. Davon profitiert unsere Landeskirche in erheblichem Umfang. So konnte ich bei der ersten Gründung eines gemeinsamen epd-Desks mehrerer Landesdienste, den wir in enger Kooperation mit der württembergischen und der bayerischen Landeskirche betreiben, bei der Entwicklung von *chrismon plus baden*, bei der Umstrukturierung der Journalistenschule in Berlin und der Medienakademie in Düsseldorf und bei der Professionalisierung der crossmedialen Arbeit im Gemeinschaftswerk der Evangelischen Publizistik, ein Know-How zukunftsfähiger Medienarbeit entwickeln, das bei der Gründung unseres Zentrums für Kommunikation dann auch für unsere landeskirchliche Medienarbeit von Nutzen war. Aber am wichtigsten für mich ist, dass sich durch

---

[241] Evangelische Kirche in Deutschland (EKD), Hinschauen – Helfen – Handeln. Hinweise für den Umgang mit Verletzungen der sexuellen Selbstbestimmung durch beruflich und ehrenamtlich Mitarbeitende im kirchlichen Dienst, Hannover 2012.

mein Engagement in der Medienarbeit stets Fenster zur Welt hin öffnen, die mir – und hoffentlich auch unserer Kirche – helfen, Kanzeln zur Welt hin neu zu erschließen und die Herausforderungen für die Kommunikation des Evangeliums hinein in die Welt immer neu zu erfassen.

13.4 SCHRITTE ZUR RECHTSVEREINHEITLICHUNG IN DER EKD

Im Schlussteil meines Berichtes wird die aktuelle Bedeutung von Entscheidungsprozessen auf EKD-Ebene für unsere Landeskirche besonders für Sie hautnah erfahrbar. Denn nun rede ich über die in den letzten Jahren vollzogene Rechtsvereinheitlichung, die sich stärkend für den deutschen Protestantismus auswirkt.

Obwohl die EKD seit 1948 existiert, hat ihre Gesetzgebung mit Wirkung für bzw. in den Gliedkirchen erst im letzten Jahrzehnt deutlich an Bedeutung gewonnen. Möglich wurde dies durch eine Änderung der Grundordnung der EKD im Jahre 2002. Bis zu diesem Zeitpunkt konnte die EKD nur dann Gesetze mit Wirkung für die Gliedkirchen erlassen, wenn alle Gliedkirchen zustimmten. Diese einstimmige Zustimmung konnte nur in den seltensten Fällen erreicht werden, was damit zusammenhing, dass eine eigene Gesetzgebungskompetenz, die eine Gliedkirche durch Zustimmung zu einem EKD-Gesetz aufgab, nicht wieder zurückgeholt werden konnte. Durch die Grundordnungsänderung 2002 ist das Verfahren flexibler gestaltet worden; die Angst, Kompetenzen unwiderruflich zu verlieren, ist kleiner geworden. Und so konnte die Synode der EKD in den letzten Jahren wichtige Gesetzeswerke mit Wirkung für die Gliedkirchen verabschieden: im Jahre 2005 das Kirchenbeamtengesetz, im Jahre 2009 ein neues Disziplinargesetz, das Verwaltungsverfahrens- und Zustellungsgesetz und das Gesetz zum Schutz des Seelsorgegeheimnisses. Nach wie vor sind die Gesetzgebungsprojekte durch die Notwendigkeit zahlreicher Kompromisse gekennzeichnet – bei 22 Gliedkirchen mit je eigenen Interessen kein Wunder. Nach wie vor geht der Prozess daher nur langsam vorwärts, aber er geht vorwärts, und es ist zu hoffen, dass die zu erzielenden Synergien mehr und mehr geschätzt werden, so dass in Zukunft immer mehr immer einfacher möglich wird.

Der letzte und wohl bedeutsamste Schritt zur Rechtsvereinheitlichung im deutschen Protestantismus war die Verabschiedung eines einheitlichen Pfarrdienstgesetzes für alle Gliedkirchen der EKD durch die Synode der EKD. Als Vorsitzender einer ad-hoc-Kommission, die in der letzten Phase den erfolgreichen Versuch unternahm, die noch verbliebenen Differenzen bei der Formulierung dieses einheitlichen Pfarrdienstgesetzes auszuräumen, habe ich bei der Einbringung dieses Gesetzes vor der EKD-Synode in Hannover erklärt, dass die Einführung eines einheitlichen Pfarrdienstgesetzes für alle Gliedkirchen der EKD ein »epochales Ereignis« ist.[242] Wir müssen uns vorstellen: Nicht weniger als 11 unterschiedliche Pfarrdienstgesetze gibt es bisher in den 22 Gliedkirchen der EKD. Das führt zu Unübersichtlichkeit und Auslegungsproblemen. Die Rechtszersplitterung erschwert aber auch zunehmend die Akzeptanz kirchlichen Rechts bei staatlichen Stellen und bei Betroffenen, die nicht zu den kirchlichen Insidern gehören. Andererseits weisen die Gesetze der Gliedkirchen und gliedkirchlichen Zusammenschlüsse in den Kernregeln viele inhaltliche Übereinstimmungen auf. Manche Unterschiede in den Gesetzen erklären sich sicherlich aus der vom Bekenntnis mitgeprägten Tradition. Grundlegende Differenzen im heutigen Verständnis der reformatorischen Bekenntnisse, die einer Vereinheitlichung des Pfarrdienstrechts entgegenstehen könnten, sind aber nicht erkennbar. Im Jahr 2006 hat die Kirchenprovinz Sachsen über die Kirchenkonferenz angeregt, das Pfarrdienstrecht für alle Gliedkirchen in einem Gesetz zusammenzuführen. Im Jahr 2010 konnten die Beratungen erfolgreich zum Abschluss gebracht und der EKD-Synode vorgelegt werden. Mit der Verabschiedung durch die EKD-Synode im November des letzten Jahres – übrigens ohne eine einzige Gegenstimme – fand ein wahrhaft epochales Werk seinen erfolgreichen Abschluss. Mit dem gemeinsamen Pfarrdienstgesetz gehen wir einen entscheidenden Schritt weiter zur Rechtsvereinheitlichung innerhalb der EKD. Die rechtlichen Rahmenbedingungen für den Beruf, der zu Recht als »Schlüsselberuf der evangelischen Kirchen« bezeichnet wird, werden auf eine einheitliche und verlässliche Grundlage gestellt. Es ist dringend erforderlich, dass die Gliedkirchen auch in diesem Kernbereich ihrer Arbeit eine Sprache sprechen und enger zusammenarbeiten, dass ihre Praxis vergleichbarer und der Wechsel von Pfarrerinnen und Pfarrern zwischen den Gliedkirchen leichter und einfacher wird. Mit dem gemeinsamen Pfarrdienstgesetz sollen künftiger Regelungsaufwand reduziert und nicht zuletzt eine höhere Akzeptanz des kirchlichen Rechts bei staatlichen Stellen erreicht werden. Es ist gar nicht hoch genug zu schätzen, dass es – angesichts sehr unterschiedlicher Kulturen der Rechtsetzung in den Landeskirchen – möglich war, zu gemeinsamen Regelungen auch hinsichtlich der Amts- und Lebensführungspflichten der Pfarrerschaft zu kommen.

---

[242] Ulrich Fischer, Einbringung des Entwurfs des Kirchengesetzes zur Regelung der Dienstverhältnisse der Pfarrerinnen und Pfarrer in der EKD (Pfarrdienstgesetz der EKD – PfDG.EKD). – In: Hannover 2010. Bericht über die dritte Tagung der elften Synode der Evangelischen Kirche in Deutschland vom 7. bis 10. November 2010. Ausgeliefert durch das Kirchenamt der EKD in Hannover 2011, 96f.

Ich bedaure es außerordentlich, dass in den öffentlichen Debatten der letzten Wochen dieser enorme Fortschritt zur Rechtsvereinheitlichung in der EKD kaum oder gar nicht gewürdigt wurde. Welch ein großes Gut ist es doch, für die Beschäftigungsverhältnisse der gesamten Pfarrerschaft in allen EKD-Gliedkirchen nun eine gemeinsame rechtliche Basis zu haben. Wer hätte davon noch vor zehn Jahren zu träumen gewagt! Und auch mit der Formulierung des § 39 des Pfarrdienstgesetzes ist es gelungen, die Gemeinschaft der Gliedkirchen zu wahren. Denn wir müssen uns vor Augen führen, dass es in den einzelnen Gliedkirchen sehr unterschiedliche Regelungen und Vorstellungen über die Lebensführung der Pfarrer und Pfarrerinnen gibt. Diese Unterschiedlichkeiten waren zu berücksichtigen und zu respektieren. Darum wurde in den Beratungen zu § 39 bewusst der Begriff »familiäres Zusammenleben« gewählt. Dieser Begriff ermöglicht es den Gliedkirchen und gliedkirchlichen Zusammenschlüssen, ihr eigenes Profil im Umgang mit unterschiedlichen Lebensgemeinschaften beizubehalten und weiterzuentwickeln. Gleichzeitig benennt das Gesetz die Voraussetzungen, die unabhängig von der jeweiligen landeskirchlichen Handhabung als Maßstab an jede Form des Zusammenlebens bei Pfarrern und Pfarrerinnen anzulegen sind: Verbindlichkeit, Verlässlichkeit und gegenseitige Verantwortung.

Statt diesen enormen Schritt zur Stärkung der EKD zu würdigen, sind in manchen Gliedkirchen der EKD – heftig auch in unserer Landeskirche – Kontroversen aufgebrochen, die mich sowohl von der Schärfe, in der sie ausgetragen werden, wie auch hinsichtlich ihrer inhaltlichen Zuspitzungen beunruhigen und belasten. Dass sich in diese Debatten dann an prominenter Stelle auch Altbischöfe – natürlich nicht der badische – und andere Personen mit kirchenleitender Erfahrung eingemischt haben, finde ich ebenso wenig förderlich wie die Tatsache, dass langjährige Konsense in unserer Kirche plötzlich in Frage gestellt wurden. Seit mehr als 20 Jahren besteht Einvernehmen darüber, dass die sexuelle Orientierung einer Person bei der Übernahme in den Pfarrdienst kein Einstellungskriterium sein darf. Es bedrückt mich, dass von diesem Konsens nun abgerückt und zugleich suggeriert wird, dass durch das Pfarrdienstgesetz neue, nämlich liberalere gesetzliche Regelungen für den Zugang zum Pfarrdienst geschaffen werden sollten. Ein Blick in den vorgelegten Gesetzentwurf zeigt, dass dies nicht den Tatsachen entspricht, auch wenn es immer wieder in der Öffentlichkeit behauptet wird.

Kernpunkt der Debatten der letzten Monate war und ist ein unterschiedliches Verständnis jener biblischen Passagen, in denen homosexuelles Verhalten als Sünde, als »Gräuel« bezeichnet wird (3. Mose 18,22). Es ist als unbestreitbar festzuhalten, dass »es keine biblischen Aussagen gibt, die Homosexualität in eine positive Beziehung zum Willen Gottes setzen – im Gegenteil«.[243] Aber im Verständnis jener Bibelstellen, die Homosexualität als Sünde bewerten, gibt es eben einen grundlegenden Dissens: Während die Einen diese Bibelstellen insofern als zeitbezogen verstehen, als hier nur bestimmte homosexuelle Praktiken der Antike verurteilt werden, nicht aber verlässlich, verbindlich und verantwortungsvoll gelebte homosexuelle Partnerschaften, sehen die Anderen an diesen Stellen ein grundsätzliches göttliches Verdikt über jede Form homosexueller Praxis. Ich verkenne nicht die große Sorge, die viele Menschen in unserer Kirche umtreibt, die eine Ausrichtung des Lebens am Wort Gottes als für die Kirche maßgebend halten und deshalb jegliche Form homosexueller Praxis als sündhaft bewertet wissen wollen. Mit großem Respekt habe ich gelesen, was Präses Dr. Michael Diener vor der Mitgliederversammlung des Evangelischen Gnadauer Gemeinschaftsverbandes im Februar dieses Jahres in seinem Bericht ausführte: Sehr offen wies er auf die »gefühlte Einseitigkeit« hin, mit der in der Gemeinschaftsbewegung ethische Themen diskutiert werden, und kritisierte die unbiblische und nicht sachgemäße Verengung auf die Frage der Homosexualität.[244] Seine Einschätzung, dass nach Gottes Willen die lebenslange Einehe zwischen Mann und Frau die menschlicher Sexualität entsprechende Gestaltung der Geschlechtsgemeinschaft sein und dass deshalb am Leitbild von Ehe und Familie festgehalten werden sollte, teile ich ausdrücklich. Aber ich teile auch seine Meinung, dass es in sexualethischen Fragen nicht reicht, Bibelstellen zu zitieren, sondern dass wir bei der Bewertung von Homosexualität auch die gesamtgesellschaftliche Einstellung zu diesem Thema und ihre grundlegende Veränderung mit in unsere ethische Urteilsbildung einbeziehen müssen. Ferner teile ich seine Einschätzung, dass zwischen praktizierter Homosexualität einerseits und homosexuellen Menschen andererseits differenziert werden muss, wie ich auch zwischen praktizierter Heterosexualität und heterosexuellen Menschen differenziere. Nicht jede Form praktizierter Homosexualität kann ich als ethisch verantwortlich bezeichnen, aber eben viele Formen gelebter Heterosexualität auch nicht.

So reduziert sich der Dissens auf eine einzige Frage, und die sollten wir dann in der Tat gewissenhaft, ernsthaft und in Verantwortung vor unserem

---

[243] Evangelische Kirche in Deutschland (EKD), Mit Spannungen leben. Eine Orientierungshilfe des Rates der Evangelischen Kirche in Deutschland zum Thema »Homosexualität und Kirche«, Hannover 1996, 21.

[244] Michael Diener, Lasst uns Gottes Liebe leben. Theologische und ethische Herausforderungen für Gemeinschaftsbewegung, Kirche und Gesellschaft, Mitgliederversammlung des Evangelischen Gnadauer Gemeinschaftsverbandes, Marburg, 14.–16. Februar 2011, 14; vgl. ebenso a. a. O., 18–22.

Herrn, aber auch in Verantwortung vor betroffenen Menschen in unseren Kirchen diskutieren und erörtern, nämlich ob praktizierte Homosexualität in jedem Fall Sünde ist. Für mich gilt dies nicht für jene Formen praktizierter Homosexualität, die verantwortlich, verlässlich und verbindlich gelebt werden. Vielmehr habe ich großen Respekt vor jenen, die eine homosexuelle Orientierung wohl als Abweichung von einer Norm geschöpflichen Lebens, nicht aber als Krankheit oder Sünde begreifen und die das Bemühen um eine von Verantwortung, Verbindlichkeit und Verlässlichkeit geprägte homosexuelle Praxis als eine christlich verantwortbare Position anerkennen. Weder ist es richtig, all jene, die jede Form der Homosexualität als Sünde qualifizieren, als unbelehrbare Evangelikale oder gar als Fundamentalisten zu verunglimpfen, noch ist es recht, diejenigen, die Homosexualität differenziert bewerten, des Mangels an Glaubensgehorsam zu verdächtigen. Nicht immer wurde in den Debatten der letzten Wochen solchen Beschuldigungen und Verdächtigungen gewehrt, wie bisweilen auch der Eindruck erweckt wurde, die Kirchenleitung wolle mit der Einführung des Pfarrdienstgesetzes sexueller Promiskuität und sexuellem Libertinismus Tür und Tor öffnen. Manchmal erschrecke ich über die eines Christenmenschen unwürdige, polarisierende Sprache, die Gräben aufreißt und in verunglimpfender Weise Menschen geistlich exkommuniziert – wie in einem Fürbittaufruf aus dem Raum unserer Landeskirche, in dem Homosexualität in einem Atemzug mit sexueller Freizügigkeit und Gefährdung menschlichen Lebens im Mutterleib genannt wird. Sprache kann ein Klima vergiften. Auch die Sprache von Gebeten.

Das müsste doch unter uns Evangelischen Konsens sein: So wie jeder Christenmensch in Fragen seiner Lebensführung Gott direkt verantwortlich ist, so hat er auch in eigener Verantwortung nach einem lebensdienlichen und heilvollen Verständnis der Heiligen Schrift zu suchen. Es gibt eben in Fragen des Bibelverständnisses kein evangelisches Lehramt, das letztinstanzlich entscheiden würde, wie biblische Texte zu verstehen sind. Auch können Fragen des angemessenen Schriftverständnisses nicht Gegenstand synodaler Mehrheitsentscheidungen sein. Ich rede nicht einem Relativismus in der Bibelauslegung das Wort, aber ich kämpfe für das Recht eines jeden Christenmenschen, sich selbst darum zu bemühen, durch Auslegung der Heiligen Schrift Gottes Wort als Weisung für das eigene Leben zu empfangen.

Und wenn ein Konsens in der Auslegung der Heiligen Schrift nicht zu finden ist, dann müssen wir es aushalten, mit Dissensen zu leben, ohne einander darüber den Glauben abzusprechen oder die kirchliche Gemeinschaft aufzukündigen. Und wir haben uns zu fragen, ob ein festgestellter Dissens so grundsätzlicher Art ist, dass durch ihn die Kirchengemeinschaft wirklich gefährdet ist. Nochmals schließe ich mich Präses Diener an, der zu Recht darauf hinweist, dass ein Dissens hinsichtlich der Einschätzung sexueller Praktiken nicht die Bekenntnisgrundlagen einer Kirche tangiert und nicht die Ausrufung des status confessionis rechtfertigt. Diener warnt davor, die auftretenden Konflikte in der Bewertung von Homosexualität zu nutzen, um eine antikirchliche Grundhaltung zu verstärken oder Gewissensfragen, um die es in diesem Zusammenhang geht, zum Spielball kirchenpolitischer Erwägungen zu machen. Eine Warnung, die wir uns zu Herzen nehmen sollten.

Wie wir trotz recht grundsätzlicher Differenzen im Verständnis der Bibel unter dem Wort zusammenbleiben können, haben wir vor einigen Jahrzehnten erlebt, als es um die Ordination von Frauen zum Pfarrdienst ging. Auch damals war die Debattenlage eine ähnliche, denn es ging um die Frage, ob das von Paulus ausgesprochene Verbot, die Frau solle im Gottesdienst schweigen (1. Kor 14,34), als zeitbedingt und situationsbezogen zu verstehen oder ob es als ein grundsätzliches Verbot zu begreifen sei. Die damaligen Auseinandersetzungen waren schmerzhaft, aber wir sind trotz aller Differenzen im Verständnis der Schrift doch unter dem Wort beieinander geblieben. Darum geht es mir auch in dem heute diskutierten Zusammenhang. »Niemand darf verlorengehen« – das war nicht nur ein gutes Motto der letzten EKD-Synodaltagung[245], das ist auch ein wichtiger Grundsatz für kirchenleitendes Handeln.

Die derzeitigen Debatten zeigen mir, dass wir hinsichtlich einer hermeneutischen Grundentscheidung weiteren Klärungsbedarf unter uns haben: Niemand kann sich der Aufgabe entziehen, Aussagen der Heiligen Schrift daraufhin zu befragen, ob sie zeitbedingt und deshalb von begrenzter normativer Kraft sind oder ob und wie sie für die Lebensbedingungen unserer Zeit Relevanz haben und bleibend als normativ verstanden werden können. Niemand käme doch auf die Idee, alle Bibelstellen, die sich mit unterschiedlichen Verfehlungen von Menschen befassen, als für das heutige Handeln normativ anzusehen. Niemand käme auf die Idee, seine Tochter in die Sklaverei zu verkaufen, obwohl es nach 2. Mose 21,7 erlaubt ist. Niemand wird jemanden töten, der am Sabbat arbeitet, obwohl dies nach 2. Mose 35,2 geboten ist.

---

[245] »Niemand darf verlorengehen!« Evangelisches Plädoyer für mehr Bildungsgerechtigkeit. Lesebuch zum Schwerpunktthema der 3. Tagung der 11. Synode der Evangelischen Kirche in Deutschland (EKD) vom 7. bis 10. November 2010 in Hannover, Münster 2010; vgl. ebenso Kundgebung der 11. Synode der Evangelischen Kirche in Deutschland auf ihrer 3. Tagung zum Schwerpunktthema »Niemand darf verlorengehen!« – Evangelisches Plädoyer für mehr Bildungsgerechtigkeit. – In: Hannover 2010. Bericht über die dritte Tagung der elften Synode der Evangelischen Kirche in Deutschland vom 7. bis 10. November 2010. Ausgeliefert durch das Kirchenamt der EKD in Hannover 2011, 159–162.

Und wer wollte einen Menschen verbrennen, der mit seiner Schwiegermutter schläft, obwohl dies nach 3. Mose 20,14 gefordert wird? Schließlich frage ich, wie wir alle angesichts der höchst reichtumskritischen Worte Jesu in unserem reichen Land überhaupt noch wagen können, für uns in Anspruch zu nehmen, im Gehorsam gegen unseren Herrn unser Leben führen zu wollen. Glaubensgehorsam, der sich auf das in der Bibel bezeugte Wort Gottes gründet, ist nicht einfach aus einzelnen Bibelstellen abzuleiten. Der scheinbar so klare Bezug auf scheinbar so eindeutige biblische Aussagen wird der Komplexität des Lebens, wie es sich seit biblischen Zeiten entwickelt hat, nicht gerecht. Für viele Fragestellungen der Moderne bietet die Bibel keine direkte Weisung. Vielmehr müssen wir uns solche Weisung mühsam aus dem Gesamtzeugnis der Heiligen Schrift erschließen. Und dies kann nach evangelischem Verständnis nur im Diskurs all jener geschehen, die immer wieder neu nach einem für ihr Leben hilfreichen Verständnis des in der Bibel bezeugten Wortes Gottes ringen. Die Ernsthaftigkeit dieses Ringens dürfen wir einander nicht absprechen. Vielmehr müssen wir im Ringen um das rechte Verständnis der Schrift gemeinsam auf dem Weg bleiben. Verbunden im gemeinsamen Ringen um ein lebensdienliches und heilsames Verständnis des Wortes Gottes können wir mit verbliebenen Dissensen leben. Das macht evangelische Weggemeinschaft aus. Ich wünsche mir, dass uns in diesen Tagen solche Weggemeinschaft gelingt – gemeinsam unterwegs unter Gottes Wort.

Mit meinem diesjährigen Bericht vor der Landessynode komme ich einer Bitte nach, die im Zusammenhang der letztjährigen Debatte um die Einführung des neuen Pfarrdienstgesetzes der EKD und um die Bewertung homosexueller Partnerschaften im Pfarrdienst mehrfach geäußert wurde. Es wurde nämlich deutlich, dass etliche Kontroversen in diesem Zusammenhang in einem unterschiedlichen Verständnis des Umgangs mit der Bibel und ihrer Deutung als Wort Gottes ihren Grund haben. Viele Synodale äußerten den Wunsch, das Thema »Bibelauslegung« nochmals in einem Bischofsbericht aufzugreifen und vertiefend zu behandeln.

Wenn ich heute diesem Wunsch entspreche, will ich keine falschen Erwartungen wecken. Deshalb stelle ich eingangs klar: In meinem heutigen Bericht werde ich mich nicht zur biblischen Bewertung von Homosexualität direkt äußern und auch nicht bei rein exegetischen Fragen stehen bleiben, vielmehr will ich grundsätzlicher danach fragen, wie wir aus dem Bezug auf die Bibel ethische Urteile gewinnen können. Was meine Ausführungen für die Bewertung der biblischen Aussagen zur Homosexualität austragen, könnte ich dann mit Ihnen in den Ausschussaussprachen zu meinem Bericht gesprächsweise erörtern. Mit meinem heutigen Bericht schlage ich zugleich eine Brücke zu meinem ersten Bericht, den ich der Synode vor 13 Jahren gegeben habe. Ich habe damals die hermeneutische Frage als eine der Schlüsselfragen für eine Theologie zu Beginn des anbrechenden Jahrtausends bezeichnet. Ich habe betont, dass es nicht gutgehen könne, wenn die Kirche meint, sich in der Deutung der Lebenswirklichkeit zu verausgaben, ohne sich in dieser Deutung ständig zurückzubeziehen auf das, was Grundlage ihres Seins ist, das von Gott

---

[246]   Frühjahrstagung der Landessynode der Evangelischen Landeskirche in Baden am 26. April 2012 in Bad Herrenalb.

gesprochene Wort, das in Jesus Christus Fleisch geworden ist. Dass es aber auch nicht gutgehen könne, wenn die Kirche meint, die heutige Lebenswirklichkeit entweder ausblenden oder zumindest nicht ernst nehmen zu müssen und das Verstehen des Lebens ausschließlich auf das Verstehen des in der Bibel gegebenen Wortes Gottes reduzieren zu können. Weltzugewandtheit und Bibelzugewandtheit schließen sich gerade nicht aus, sondern bedingen einander, denn der Bibel ist nichts Menschliches fremd. So geht es in der Hermeneutik immer einerseits um die »Hermeneutik des biblischen Textes« und andererseits um die »Hermeneutik gegenwärtiger Wirklichkeit«.[247] Beide sind wichtig; erst in dieser doppelten Bewegung folgen wir dem Weg Gottes in der Welt und in die Welt.

Dabei ist das Bemühen um Bibel und Lebenswelt stets in zwei Richtungen gefährdet: Die eine Gefährdung besteht darin, das Leben deuten zu wollen, ohne sich auf die biblische Botschaft zu beziehen oder die Bibel lediglich als Steinbruch zur Absicherung eigener Positionen zu missbrauchen. Die andere Gefährdung besteht darin, vorschnell eine biblische Position für sich zu reklamieren und damit eigene Konventionen und Überzeugungen zu stützen. In beiden Fällen wird letztlich verweigert, Bibeltext und Lebenswelt als wechselseitige Herausforderung zu begreifen.

Dieses Dilemma hat auch unsere Debatte um die Homosexualität mit geprägt. Ich hoffe, dass mein heutiger Bericht zur Verständigung darüber beiträgt, was uns im Umgang mit der Bibel verbindet, und zugleich die Unterschiede im Bibelverständnis klären hilft, die unser kirchliches Handeln bestimmen.

Ich gliedere meinen Bericht in drei Teile: Im ersten geht es mir um das Verständnis der Bibel als Gottes Wort; im zweiten frage ich, wie die Bibel grundsätzlich zur ethischen Orientierung im 21. Jahrhundert beitragen kann; abschließend konkretisiere ich meine allgemeinen Überlegungen an einem aktuellen theologischen und ethischen Problem.

14.1 GOTTES WORT UND DAS WORT DER BIBEL

14.1.1 Offenbarung im Wort der Bibel

Grundlegende, geradezu umstürzende Gotteserfahrungen waren es, welche am Anfang standen und welche die weitere Geschichte des Gottesvolkes

---

[247] Wilhelm Gräb, Die Bibel und die Predigt: homiletische Hermeneutik zwischen Textauslegung und religiöser Selbstauslegung. – In: Theologie und Predigt: Grundlagen – Modelle – Konsequenzen, FS Karl-Heinrich Bieritz, Arbeiten zur Praktischen Theologie Bd. 21, hrsg. v. Wilfried Engemann, Leipzig 2001, 323.

prägten: Die Befreiung aus Ägypten, die Gründerzeit Israels unter David und Salomon, der Bau des Tempels von Jerusalem, die Jahre des Exils in Babylon und die wundersame Heimkehr, das Wirken und Leben, Leiden und Sterben des Jesus von Nazareth sowie die Begegnung mit dem auferstandenen Christus – diese und andere Ereignisse aus der Geschichte des Gottesvolkes haben Menschen in ihrem Glauben als Akte der Selbstoffenbarung Gottes verstanden. Das Offenbarungsgeschehen, von dem in biblischen Texten gesprochen wird, ist ein Geschehen, in welchem sich die Wirklichkeit Menschen so erschließt, dass sie im Glauben diese neu als eine von Gott gestaltete verstehen und nun versuchen, ihr Leben gemäß dieser neuen Wirklichkeit zu gestalten. Wenn Menschen von einer Offenbarung Gottes reden, dann behaupten und bezeugen sie, dass sich Gott in seinen Worten und Taten offenbart, dass es eine Kommunikation zwischen Himmel und Erde gibt. Dass Gott sich offenbart, war für die Menschen in biblischer Zeit selbstverständlich, ein unhinterfragbares Axiom; die Frage danach, *wie* Gott sich offenbart, war dagegen eher ein Nebenthema.

Wie verschieden die biblischen Autoren von Gottes Offenbarung reden können, zeigt ein kurzer Vergleich zwischen der Erzählung von der Selbstoffenbarung Gottes vor Mose im brennenden Dornbusch (2. Mose 3,1–15), dem Bericht des Paulus über sein Damaskuserlebnis, das er als ein Offenbarwerden des Auferstandenen in seinem eigenen Leben interpretiert (Gal 1,15f) und den geradezu philosophisch anmutenden Ausführungen über die Offenbarung Gottes in Jesus Christus, dem Fleisch gewordenen Wort Gottes, im Prolog des Johannesevangeliums (Joh 1,1–18). Das grundlegende Offenbarungsgeschehen wird in diesen drei Texten in sehr unterschiedlicher Weise in Sprache umgesetzt und bezeugt – und trotzdem geht es immer um die eine gute Nachricht. Ein Blick auf die vier Evangelien belegt zudem, dass das Zeugnis von der Offenbarung Gottes in Jesus Christus von Anfang an in der Christenheit mehrstimmig erklang. Von der Offenbarung Gottes kann eben immer nur mehrperspektivisch gesprochen werden. Die biblischen Schriften reflektieren die Offenbarung Gottes in der Geschichte seines Volkes und dann besonders im Leben und Wirken, Sterben und Auferstehen Jesu Christi und bezeugen sie in der Sprache sowie der kulturellen, besonders der gottesdienstlichen Praxis jeweils ihrer Zeit. So ist also die Bibel Alten wie Neuen Testaments nicht selbst Gottes geschehene Offenbarung, sondern sie bezeugt in ihrer Sprache und in ihrer Kultur Gottes geschehene Offenbarung (Karl Barth)[248], und insofern hören wir in der Bibel Gottes Wort.

---

[248]   Karl Barth, Kirchliche Dogmatik I/2, Zürich 6. Auflage 1975, § 19 (Gottes Wort für die Kirche), 512f.

Im Alten und Neuen Testament redet nicht Gott unmittelbar selbst, sondern wir haben es in den biblischen Schriften mit menschlichen Worten zu tun, durch die uns Gottesworte und Gottesbilder vermittelt werden. Das Gottesbild des barmherzigen, vergebenden und Weisung gebenden Gottes, das für das Alte Testament tragend war, wurde im Neuen Testament um eine weitere, mit dem Bezug auf Jesus Christus sehr spezifische Auslegung der Offenbarung Gottes ergänzt. Das Besondere des christlichen Gottesbildes besteht darin, dass die Idee von Gott als Inbegriff einer barmherzigen Liebe sich in einer historischen Person vollständig realisiert hat. In Jesus Christus vollzog sich die grundlegende Selbstbekundung Gottes, die in der Zusage barmherziger Liebe zu den Menschen ihre unaufhebbare Mitte hat. Ergriffen vom Christusgeschehen versuchten Menschen, die erlebte und gefeierte Offenbarung in ihrem jeweiligen Kontext zu verstehen, und deuteten die erlebte Einzigartigkeit Jesu mit ihren kulturellen Möglichkeiten. So wurden in diesem Überlieferungsprozess Jesus verschiedene christologische Hoheitstitel beigelegt, bis es schließlich zu der dogmatischen Aussage kam, dass im Christusgeschehen Gott als dreieiniger Gott gegenwärtig ist.

Schon die Menschen, die zu biblischen Zeiten anderen etwas von der Offenbarung mitteilen wollten, konnten dies nur tun, indem sie die Offenbarung Gottes in einen Zusammenhang mit ihrer damaligen Weltsicht, Wirklichkeitsdeutung und Lebenspraxis brachten. Die in den biblischen Schriften in Worte gefasste Offenbarung Gottes ist von jeher an menschliche Sprache, an menschliche Vorstellungen und an geschichtliche Kontexte gebunden, so wie Gott sich selbst an das Kind in der Krippe, an den leidenden Christus am Kreuz bindet.

Die Offenbarung Gottes ist auch heute nur im Modus der Interpretation gegenwärtig; unhintergehbar unterliegt sie den Bedingungen menschlicher Kommunikation und den Möglichkeiten und Grenzen menschlicher Sprache und kultureller Darstellung. Der mit der Offenbarung gesetzte Gottesbezug bleibt für die Glaubenden unaufgebbar, die sprachliche Entfaltung des Glaubens aber muss in verschiedenen Kontexten unterschiedlich geschehen. Soll die Offenbarung Gottes in Jesus Christus heute so vermittelt werden, dass sie Leben eröffnet, muss sie sich auf die gegenwärtige Welterfahrung beziehen und in ihrem Horizont beschrieben, gedeutet und gestaltet werden.

Am Ende bleibt die Feststellung, dass alle menschlichen Versuche, Gottes Offenbarung zu verstehen, nicht in der Lage sind, das Geheimnis dieser Offenbarung zu lüften. Manchmal begegnen wir einer »Verstehenswut«[249], die

---

[249] Jochen Hörisch, Die Wut des Verstehens. Zur Kritik der Hermeneutik, Frankfurt am Main 1988, 57.

alles – Texte, Situationen, Menschen, auch Gott – vollständig zu erfassen sucht. Solche menschlichen Verstehensversuche überfordern sich: Bei der Lektüre und Deutung biblischer Texte bleibt ein offenes Geheimnis, denn diese Texte sprechen vom dreieinigen Gott, den zu verstehen und zu erklären wir Menschen stets an unsere Grenzen kommen. Auch wenn wir meinen, einen biblischen Abschnitt endlich wirklich verstanden zu haben, ist er »ein Schloss, das immer wieder zuschnappt«, wie der Literaturwissenschaftler Peter Szondi über Gedichte sagt. Ein Schloss, das nicht aufgebrochen werden kann, ohne es zu zerstören; ein Schloss, das jede Zeit und Generation neu aufschlüsseln muss. So bleibt letztlich manches in biblischen Texten unerklärlich, geheimnisvoll, nur in der Form der Doxologie aussagbar.

14.1.2   Die Bibel – das bekannte und doch fremde Buch

Dass die Bibel als Urkunde von der Offenbarung Gottes für unser Christsein wie für unser Kirchesein grundlegend ist, ist eine Selbstverständlichkeit oder auch eine theologische Binsenweisheit. Und doch ist es mit dieser Feststellung nicht getan. Denn zu klären ist dann immer noch, wie wir der Bibel begegnen, diesem ach so bekannten und doch so fremden Buch. Fremdheit können wir nicht gut ertragen. Dies gilt auch im Verhältnis zur Bibel. Und so haben wir viele Techniken entwickelt, die Fremdheit der Bibel zu überwinden.

Weit verbreitet ist die Methode, die Fremdheit der Bibel durch *Abwertung* zu eliminieren, indem Aussagen der Bibel als bloß alttestamentlich, als zeitbedingt und damit überholt, als derzeit nicht aktuell abgewertet werden. Eliminierung der Fremdheit der Bibel geschieht aber auch ganz *fromm*, indem ein Mensch »seinen« Jesus entdeckt, der ihm ganz nahe und ganz ähnlich ist. Eliminierung der Fremdheit geschieht ganz *kritisch* in der historisch-kritischen Exegese, wenn die jeweils geltende Logik zum Maßstab des Urteils über Bibeltexte wird. Eliminierung der Fremdheit geschieht oft völlig *unbewusst in anderen Auslegungsmethoden,* wenn nämlich die gegenwärtige Moral zum Maßstab der Bibelauslegung wird. Wenn unabhängig von der jeweils gewählten Auslegungsmethode in der Bibel stehen soll, was die Auslegenden für richtig halten, wird die Bibel zugerichtet nach dem Maßstab der eigenen Logik oder der eigenen Moral. Damit ist die Würde der Fremdheit der Bibel nicht nur angetastet, sondern zerstört.

Sowohl eine Haltung, die das geschichtliche Eingebundensein des Wortes Gottes negiert und vermeintliche Wahrheit in unmittelbarem Zugriff auf Wörter der Bibel reklamiert, als auch die in unserer Kirche unbestreitbar vorfindliche Unverbindlichkeit im Umgang mit biblischen Texten verweigert wirkliches Verstehen. Es gibt eine »Unschädlichmachung biblischer Texte durch Umarmung«, wie es Eberhard Jüngel genannt hat, die im Grunde einen »christlichen Verrat an der Wahrheit des Glaubens« darstellt. Der Unglaube gegenüber dem biblischen Text ist nicht weniger schlimm als der »Aberglaube derer, die die Erkenntnis der lebendigen Wahrheit in das Rezitieren toter Richtigkeiten verfälschen und Gottes Wort mit dem menschlichen Wort der Heiligen Schrift ... unmittelbar identifizieren«.[250] Die innere Wahrheit der Bibel als Zeugnis von der Offenbarung Gottes wird zerstört, wenn sie gefangen wird in der Wörtlichkeit von Sätzen, aber auch wenn sie gefangen wird von dogmatischen Setzungen, welche Schriftauslegung von vornherein eingrenzen.

Dies wäre durchaus kritisch anzumerken gegenüber Luthers Bibelexegese. Denn sein hermeneutischer Grundsatz »was Christum treibet«[251], aber auch das Axiom von der sich selbst auslegenden Schrift haben immer wieder verhindert, den Wortsinn einer Schriftstelle offenzulegen. Und ganz gewiss war das altprotestantische Prinzip der Identifikation von Heiliger Schrift und göttlicher Offenbarung mittels der Lehre von der Verbalinspiration auch kein Weg, die Fremdheit der Bibel zu wahren. Im übrigen ist uns heute dieser Zugang zur Bibel verwehrt, da die historische Kritik die Behauptung von der Irrtumsfreiheit und Unfehlbarkeit biblischer Sätze zumindest in ihren geschichtsbezogenen und naturbezogenen Aussagen gründlich erschüttert hat. So ist es uns heute nicht einfach möglich, bei der Bibelauslegung an Luther und die auf ihn aufbauende Ära des Altprotestantismus anzuknüpfen. Für uns gibt es in der Bibelauslegung kein Zurück hinter die Aufklärung. Es kann aber auch nicht unser Weg sein, aufgeklärtes Denken zum alleinigen Maßstab für die Gültigkeit biblischer Aussagen zu machen.

Die Bibel gewinnt Autorität für uns, weil hinter ihren Wörtern, durch ihre Wörter, manchmal auch trotz ihrer Wörter Gottes Wort gesagt wird. Weil die biblischen Texte Wahrheiten erzählen und verkündigen, die sich nicht auf historische Fakten reduzieren lassen. »Wo die Wahrheitsfrage mit der Historizität identifiziert wird, wird die Faktizität zum einzigen Maßstab der Wirklichkeit.«[252] Die Frage nach der Historizität einer biblischen Geschichte darf nicht zum Gradmesser ihrer Wahrheit gemacht werden, denn Leben ist weit mehr als das historisch Nachweisbare. Wie könnten wir denn überhaupt Leben gestalten, wenn wir nur das für wirklich halten würden, was historisch verifizierbar ist?

---

[250] Eberhard Jüngel, Das Evangelium von der Rechtfertigung des Gottlosen als Zentrum des christlichen Glaubens. Eine theologische Studie in ökumenischer Absicht, Tübingen 1998, 115f.
[251] Martin Luther, Vorrede zum Jakobus- und Judasbrief (1522), WA DB 7, 384 (ebenso StA Bd 1, 404).
[252] Jürgen Ebach, Und behutsam umgehen mit deinem Gott. Theologische Reden 3, Bochum 1995, 40.

Ist die fremde Bibel, wenn wir sie zu »unserer« Bibel gemacht haben, wirklich noch die Bibel? Ist sie noch Zeugnis der Offenbarung Gottes, ist sie noch Gottes Wort, wenn wir alles Zeitbedingte in ihr einfach löschen – den Verkauf der Tochter in die Sklaverei (2. Mose 21,7), das Verbot des Geschlechtsverkehrs während der Tage der Menstruation (3. Mose 15,19–24), den Besitz von Sklaven (z. B. 3. Mose 25,44), die Speisegebote (z. B. 3. Mose 11,10), die Verdammung der Homosexualität (z. B. 3. Mose 18,22; 20,13), das Tötungsgebot für den, der mit seiner Schwiegermutter schläft (3. Mose 20,14), oder all die reichtumskritischen Worte Jesu, die so große Probleme bereiten?

Sind wir bereit, das Fremde in der Bibel zunächst einmal als uns Fremdes anzuschauen und uns durch dieses Fremde befragen zu lassen? Erst wenn das Fremde als Fremdes zur Bereicherung unseres Lebens wird, kann es uns anderes sagen als das, was wir uns ständig selber sagen. Damit die Bibel uns etwas sagen kann, muss sie uns erst fremd werden. Wer sagt denn, dass uns höchst vertraute Worte wie »Liebe«, »Treue« und »Lust« in der Bibel das meinen, was wir dabei empfinden? Gilt der garstige Graben, von dem Lessing bereits im Umgang mit der Bibel sprach,[253] nicht auch für Gefühle und Stimmungen, nicht nur für Werthaltungen der Bibel, die uns fremd sind? Auf allen Ebenen menschlichen Lebens erfahren wir im Verhältnis zur Bibel Distanz und Nähe, Bekanntes und Fremdes. Gerade das fremd Bleibende könnte das sein, was uns weiterhilft. Und wie geht es uns mit allzu vertrauten Texten? Sind sie nicht geradezu gegen jede Neuentdeckung gefeit und damit letztlich bedeutungslos? Wer bereits fünfmal über den barmherzigen Samariter gepredigt hat, weiß, was ich meine. Diese Erinnerung an die Gefahr des allzu Vertrauten ist zugleich eine Mahnung, die Bibel nicht um die Würde ihrer Fremdheit zu betrügen.

Als eine Fremde und zugleich Nahe kann die Bibel uns sagen, was wir uns nicht selber sagen können. Aber wie kann diese Schrift eine solche Autorität besitzen, wenn sie doch so voller Widersprüche steckt, wie etwa in den beiden Erzählungen von der Erschaffung der Welt in 1. Mose 1 und 2? Es ist zurückzufragen: Könnte es nicht sein, dass das Leben so komplex ist, dass *eine* Erzählung alleine nicht reicht, um die Komplexität des Lebens zu erfassen? Könnte es nicht sein, dass Wahrheit und Leben mehrdeutig sind, so dass Gegengeschichten nötig sind, um die ganze Fülle des Lebens zu erfassen? Die Welt ist eben nicht nur herrlich, sie ist zugleich auch schrecklich. Das Leben ist nicht nur schön, es ist zugleich auch grausam. Gott ist eben nicht nur der

---

[253]　Gotthold Ephraim Lessing, Über den Beweis des Geistes und der Kraft (1777). – In: Ders., Die Erziehung des Menschengeschlechts und andere Schriften. Nachwort von Helmut Thielicke, Stuttgart 1965 (31–38) 36.

Liebende, er ist auch der Strafende. Das »Sowohl als auch« macht unser Leben aus. Könnten die Widersprüchlichkeiten biblischer Texte nicht Widerspiegelungen des gelebten Lebens mit seinen Widersprüchen sein?

Aus der Begegnung mit dem Fremden gewinnen wir ein »Mehr«. Mit der uns fremden Bibel haben wir zu ringen. Wir dürfen uns nicht ohne Not und nicht ohne Schaden für unser eigenes Leben ihrer Fremdheit entledigen – weder indem wir sie zu »unserer« Bibel machen, noch indem wir sie in den für uns fremden Teilen für überholt erklären. Wer allzu wortstark zu sagen weiß, was »seine« Bibel zu einer Fragestellung der Gegenwart zu sagen hat, der hat die Bibel ebenso ihrer Fremdheit beraubt wie jene, die allzu selbstbewusst erklärt, dass Fremdes in der Bibel für die Gegenwart ohne Relevanz ist. Nicht nur für uns Theologinnen und Theologen, sondern für alle, denen die Bibel etwas bedeutet, kommt es darauf an, mit den Bibeltexten so umzugehen, dass sie uns ein wenig vertrauter und das Vertraute in ihnen ein wenig fremder wird. Im Umgang mit der Bibel ist also eine »Hermeneutik des Fremden« angemessen, denn der biblische Text hat mehr zu sagen als das, was wir in ihm sehen und ihm zuschreiben.

14.2   Die Bibel als Hilfe zur Orientierung in ethischen Fragen des 21. Jahrhunderts

Lassen Sie mich nun aus dem bis hierher grundsätzlich Ausgeführten einige Folgerungen für die Frage ziehen, wie die Bibel zur Orientierung in ethischen Urteilsbildungen beitragen kann. Nach dem zuvor von mir Gesagten dürfte deutlich geworden sein, dass sich zwei Wege verbieten: Es ist nicht möglich, die Bibel einfach deshalb als für ethische Fragen unserer Zeit insgesamt irrelevant zu erklären, weil ihre Fremdheit zu groß zu sein scheint. Dies geschieht etwa, wenn festgestellt wird, dass bestimmte uns heute betreffende Fragen in der Bibel noch gar nicht gestellt wurden, oder wenn in der Bibel sich widersprechende Aussagen zu ethischen Problemstellungen zu finden sind oder wenn konstatiert werden muss, dass manche ethischen Urteile der Bibel so offenkundig kontext- und zeitgebunden sind, dass sie nicht einfach übernommen werden können. Aber der andere Weg des Umgangs mit der Bibel als ethischem Orientierungsmaßstab ist nicht weniger irreführend, wenn nämlich in falsch verstandener Bibeltreue behauptet wird, dass die Bibel zu allen ethischen Fragen direkte Antworten gebe.

In beiden Fällen findet eine Immunisierung gegenüber der Fremdheit biblischer Weisungen und Normen statt – im ersten Fall durch eine Auslieferung an den Zeitgeist, im anderen Fall durch einen naiven Biblizismus, der die Offenbarung Gottes mit dem Zeugnis desselben und das Wort Gottes mit den Worten der Bibel in eins setzt. In beiden Fällen werden letztlich eigene Normen und Werte zum Maßstab der Beurteilung biblischer Texte gemacht.

Wer die Bibel zur ethischen Urteilsbildung heranziehen will – und das muss eine auf die Bibel gegründete evangelische Kirche immer wieder tun –, muss einen dritten Weg zwischen der Preisgabe der Bibel als Orientierungsmaßstab und Biblizismus wählen. In der Begegnung mit einem biblischen Text geht es zunächst darum, seinen Inhalt zu erfassen, indem der Text in seinem Wortlaut meditiert wird, sodann verschiedene Übersetzungen herangezogen werden, um die Bedeutungsvielfalt einzelner Worte oder Sätze zu erschließen und eigene Fragen an den Text zu entwickeln. Nach einem solchen Akt biblischer Meditation sollten jene *vier* Schritte gegangen werden, mit deren Hilfe eine biblisch begründete ethische Urteilsbildung möglich wird:

Zunächst einmal müssen die biblischen Weisungen in ihrem historischen Kontext verstanden werden. Das schließt ein, dass ihr Verhältnis zu Normen in ihrer damaligen Umwelt angeschaut und ihre Differenz gegenüber solchen Normen präzise bestimmt wird. Ferner ist zu fragen, welche Bedeutung biblische Weisungen in der Situation ihrer Entstehung und Überlieferung hatten. Bei diesem ersten Schritt kann es leicht geschehen, dass scheinbar klare biblische Weisungen (zunächst einmal) als merkwürdig fremdartig erscheinen.

In einem *zweiten* Schritt sind aus der Betrachtung der zahlreichen biblischen Einzelweisungen ethische Grundüberzeugungen der Bibel herauszuarbeiten, so etwa das Hauptgebot der Gottesliebe, das Nächstenliebegebot und seine Erweiterung zum Gebot der Feindesliebe, die biblische Option für die Armen mit dem Gebot des Eintretens für soziale Gerechtigkeit sowie das Gebot zur Achtung der Schöpfung als einer guten Gabe Gottes. All diese Gebote stehen in einem theologischen Begründungszusammenhang, in dem das Verständnis Gottes als Schöpfer allen Lebens und des Menschen als Ebenbild Gottes mit unverlierbarer Würde sowie Gottes Heilswillen für alle Menschen und die Zuordnung aller Weisungen auf das Ziel des Reiches Gottes zusammengeschaut werden müssen.

Im *dritten* Schritt sind die gegenwärtigen Verhältnisse, in denen ein ethisches Urteil getroffen werden muss, genau wahrzunehmen. Es ist also danach zu fragen, welche gesellschaftlichen und politischen, sozialen und psychologischen Faktoren ein ethisches Problem mitbestimmen. Auch ist die gegenwärtige Rechtslage zu beachten und sind wissenschaftliche Einsichten zu berücksichtigen. Bei diesem Schritt kann eine noch größere Entfremdung vom biblischen Text auftreten, da neuzeitliche Fragestellungen nur schwer auf biblische Weisungen zurückbezogen werden können.

Im *vierten* Schritt müssen auf dem Hintergrund der Grundlinien der Bibel Verhaltensmöglichkeiten einer ethischen Position bewertet werden. Dabei ist auch zu prüfen, für welche Folgen Verantwortung übernommen werden kann. Diese verantwortungsethische Positionierung ist wiederum auf etwaige konkrete biblische Weisungen und auf das Gesamtzeugnis der Bibel zu beziehen in der Hoffnung und Erwartung, dass aus diesem Rückbezug Normatives, nämlich als Gottes Wort Aussagbares für das eigene ethische Urteil zu gewinnen ist.

Wird ein solcher Durchgang in vier Schritten vorgenommen, kann ein ethisches Urteil beanspruchen, an dem aus der Bibel zu uns sprechenden Wort Gottes orientiert zu sein. Klar ist es, dass sich bei einem solchen Verfahren ethischer Urteilsbildung immer wieder Interpretationsspielräume ergeben, so dass auch fraglich wäre, ob wir nach einem solchen Verfahren hinsichtlich der ethischen Bewertung von Homosexualität mehr Einigkeit erzielt hätten. Klar ist aber auch, dass das eben beschriebene Verfahren nicht einfach beliebige ethische Urteile im Namen der Bibel zulässt, sondern die Bibel als hilfreich und orientierend für die Gewinnung ethischer Maßstäbe erschließt.

14.3 Vom Sabbatgebot zum Sonntagsschutz

14.3.1 Das Sabbatgebot in seinem historischen Kontext

Gemäß diesem Vierschritt versuche ich nun, das alttestamentliche Sabbatgebot und die gegenwärtigen Debatten zum Sonntagsschutz in sozialethischer Perspektive zueinander in Beziehung zu setzen und aus Texten der Bibel Normierendes für eine eigene ethische Urteilsbildung zu gewinnen. Bei diesem Versuch – das kündige ich jetzt schon an – werden wir auf eine aufregende Auslegungsgeschichte des Sabbatgebotes stoßen, die noch keineswegs abgeschlossen sein dürfte.

Zunächst einmal versuche ich also das biblische Sabbatgebot in seinem historischen Kontext zu verstehen und sein Verhältnis zu Normen in der Umwelt des Volkes Israel zu betrachten. Dabei ist festzustellen, dass – salopp formuliert – der Sabbat auch nicht mehr das ist, was er einmal war. Er hat nämlich in der Geschichte der biblischen Überlieferung selbst einen erheblichen Bedeutungswandel durchgemacht. Wenig bekannt dürfte sein, dass der Sabbat zunächst im alten Israel wohl kein allgemeiner Ruhetag war, sondern ein wahrscheinlich mondphasenbezogener monatlicher Freuden- und Festtag. Sabbat und Neumond waren Elemente der Volksreligion. Eine umfassende Arbeitsruhe an diesem Fest oder ein Wochensabbat ist aus der Frühzeit des Volkes Israel nicht zu belegen. Wohl erst in der Zeit des babylonischen Exils, also ab 598 v. Chr., wurde der Sabbat mit der Unabhängigkeit vom Tempelkult vom Mondphasenzyklus gelöst und mit der Tradition eines Ruhetages verbunden. So entwickelte er sich zu einem wöchentlichen Festtag. Aus einem Monatsfest wurde ein den wöchentlichen Rhythmus strukturierender Ruhetag – eine erstaunliche Transformationsleistung mit nachhaltigen Wirkungen. Von nun an erscheint der Sabbat als fundamental für die Gliederung der Zeit, als Gabe Gottes an sein Volk, als begründet im Heilswillen Gottes. Alle, die an der Bewirtschaftung des Landes beteiligt waren, sollten in den Genuss einer wöchentlich wiederkehrenden Ruhe kommen. Schöpfungstheologisch wurde dieses Ruhen am Sabbat mit dem Ruhen Gottes am siebten Schöpfungstag begründet. Mit der Einhaltung des Sabbats wird also zugleich die Schöpfungsordnung aufrechterhalten.

Das Sabbatgebot erhielt in nachexilischer Zeit – so etwa bei Nehemia – den Rang *des* jüdischen Hauptgebotes. An der Einhaltung des Sabbats entschied sich von nun an ganz wesentlich jüdische Identität, unterschieden sich Jüdinnen und Juden, auch die in der Diaspora, von ihrer Umwelt. Arbeitsruhe am Sabbat war von da an für das gesamte Judentum – bis in die Zeit des Neuen Testaments und darüber hinaus – eine Selbstverständlichkeit. Zentral blieb der Bezug zur Schöpfung, sodass Philo von Alexandrien den Sabbat als »Geburtstag der Welt« bezeichnen konnte; wichtig war aber auch die eschatologische Bedeutung des Sabbats: Wenn es Israel gelänge, zwei Sabbate vollständig zu halten, würde der Messias kommen, heißt es in der rabbinischen Tradition.[254] Nirgends wurde das Sabbatgebot als ein Gebot verstanden, das auch von den Heiden befolgt werden musste. Aber immer wieder ist aus antiken Quellen zu entnehmen, dass der Sabbat und die Sabbatobservanz des Judentums eine Anziehungskraft auch auf Nichtjuden ausübten, gerade weil der Sabbat stärker als Entlastung denn als Belastung erfahren wurde.

So ist festzuhalten, dass schon innerhalb des Alten Testaments ein beachtenswerter Bedeutungswandel des Sabbats und des Sabbatgebotes festzustellen ist: Von einem Neumondfest über ein Angebot der Gnade Gottes für alle im Land Lebenden hin zum Identitätsmerkmal des Judentums.

14.3.2 Das Sabbatgebot im Kontext der ethischen Grundüberzeugungen der Bibel

In einem zweiten Schritt zeichne ich das Sabbatgebot ein in ethische Grundüberzeugungen der Bibel. Ich setze ein bei jener literarischen Gestalt, die das Sabbatgebot – wohl in der Zeit des babylonischen Exils – als Teil des Dekalogs erhalten hat. Eingeleitet wird der Dekalog mit der Erinnerung an die

---

[254] Babylonischer Talmud, Sabbath Kap. XVI, II, Fol. 118b.

Befreiung des Volkes Israel aus der ägyptischen Gefangenschaft: *»Ich bin der Herr, dein Gott, der dich aus Ägyptenland, aus der Knechtschaft geführt hat.«* Und dann heißt es zum dritten Gebot: *»Gedenke des Sabbattages, dass du ihn heiligst. Sechs Tage sollst du arbeiten und alle deine Werke tun. Aber am siebten Tag ist der Sabbat des Herrn, deines Gottes. Da sollst du keine Arbeit tun, auch nicht dein Sohn, deine Tochter, dein Knecht, deine Magd, dein Vieh, auch nicht dein Fremdling, der in deiner Stadt lebt. Denn in sechs Tagen hat der Herr Himmel und Erde gemacht und das Meer und alles, was darinnen ist, und ruhte am siebenten Tage. Darum segnete der Herr den Sabbattag und heiligte ihn«* (2. Mose 20,1.8–11). Im Zentrum des Sabbats steht die Unterbrechung der Arbeit. Die mit der Unterbrechung ökonomischer Abläufe gegebene Ruhe soll allen im Lande Lebenden zugutekommen, auch den Abhängigen, den Fremden, sogar den Nutztieren. Damit wohnt dem Sabbat ein egalitäres Element inne, insofern Abhängigkeitsverhältnisse für die Zeit des Sabbats zumindest tendenziell negiert werden. Begründet wird die Egalisierung der Abhängigkeitsverhältnisse mit der Erinnerung an die Sklavenarbeit in Ägypten und an die Befreiung aus der Knechtschaft durch Gott.

Der Sabbat ist damit theologisch qualifiziert als eine um des Menschen willen eingerichtete Gabe Gottes. Der Sabbat ist um des Menschen willen da, um ihm gnadenvolle Unterbrechung von den immerwährenden Zwängen des Arbeitens und Produzierens zu gewähren. Genau diese Intention des Sabbats nimmt Jesus auf, wenn er im Streitgespräch anlässlich des Ährenraufens seiner Jünger am Sabbat zu den Pharisäern sagt: »Der Sabbat ist um des Menschen willen gemacht und nicht der Mensch um des Sabbats willen« (Mk 2,27). In diesem Streitgespräch (Mk 2,23–28) wie in der anschließenden Erzählung von der Heilung am Sabbat (Mk 3,1–6) erweist sich Jesus – anders als lange Zeit von Exegeten behauptet – als ein gesetzestreuer Jude. Keineswegs stellt Jesus den Sabbat grundsätzlich in Frage, auch wenn die Bemerkung des Evangelisten, dass Jesu Heilung am Sabbat den Tötungsbeschluss der Pharisäer ausgelöst habe, dies vermuten ließe. In Wahrheit befindet sich Jesus mit seiner den Menschen und sein Wohl in den Blick nehmenden Haltung als Jude im Gespräch mit dem zeitgenössischen Judentum. In der rabbinischen Überlieferung jener Zeit sind Aussagen zu finden, die denen Jesu fast wörtlich gleichen. Zugleich gehört zu diesem Gespräch auch der Streit mit einem Teil des gesetzestreuen Judentums, der 39 Haupttätigkeiten aufzählte, die am Sabbat strikt verboten waren. Gewiss ist Jesu Haltung »liberaler«, aber er teilt mit dem gesamten Judentum die Überzeugung, dass der Sabbat als Gabe Gottes an Israel heilsame Bedeutung für die Menschen hat.

Mit seinem Reden und Handeln stellt Jesus die beiden zentralen Intentionen des Sabbats wieder in den Mittelpunkt: die soziale Qualität des gemeinsamen Ruhetages, den Gott gegeben hat, und die Vorwegnahme des kommenden Reiches, die in die ewige Ruhe bei Gott führt. In seinem Einsatz für das Wohl des Menschen bringt er die soziale Funktion des Sabbats wieder zum Leuchten als Protest gegen eine inhumane Verzweckung des Menschen für ökonomische Produktionsabläufe und führt mit der Heilung am Sabbat zugleich vor Augen, dass er auch Herr über den Sabbat ist, dass das Reich Gottes mit ihm jetzt schon gegenwärtig, »mitten unter uns« ist. Die Heilung durch Jesus am Sabbat ist kein Verstoß gegen das Arbeitsverbot, sondern entspricht genau der Intention des Sabbats, der Erneuerung des Lebens zum Lobe Gottes. Mit seinem Wort, dass »der Sabbat um des Menschen willen gemacht sei«, nimmt Jesus die alttestamentliche Sabbattradition ernst, stellt die im Sabbatgebot mitgesetzte Option Gottes für die Armen und damit einen Grundzug biblischer Ethik markant heraus und deutet den Sabbat als Vorschein der neuen Wirklichkeit des Reiches Gottes.

14.3.3 Von der christlichen »Enteignung« des Sabbats zu seiner Rehabilitierung

In einem dritten Schritt beleuchte ich die gegenwärtigen Verhältnisse unserer Gesellschaft und frage danach, welche Faktoren unser ethisches Urteil über den Schutz des Sonntags bestimmen. Ehe ich dies tue, muss ich aber einen Blick auf die christliche Rezeptionsgeschichte des Sabbatgebotes werfen, da dieser Blick helfen kann, unsere derzeitige Debattenlage zu beurteilen. Am Anfang des Christentums stand eine selbstverständlich praktizierte Sabbatheiligung der nachösterlichen Gemeinde in Jerusalem. Für die Urgemeinde war die Achtung des Sabbats ebenso selbstverständlich wie die Bewahrung ihrer jüdischen Identität. Auch in den paulinischen Gemeinden wurde die Sabbatobservanz nicht zum Streitthema. Schon im 2. nachchristlichen Jahrhundert aber kam es mit der Abgrenzung von der Synagoge auch zu einer Entfremdung des Christentums vom Sabbat. In der altkirchlichen Theologie fand das Unbehagen an einer jüdischen Mußekultur immer wieder Ausdruck in theologischer Polemik. Vor allem zu nennen sind jene Formulierungen, in denen der Sonntag als »Herrentag« und damit als die überbietende Erfüllung des Sabbats dargestellt wurde. Gleichzeitig bewahrte der Sabbat eine hohe Attraktivität für viele Christengemeinden, so dass über einige Zeit von einer pluriformen Haltung gegenüber dem Sabbat gesprochen werden kann.

Immer mehr aber wurde in der Folgezeit eine sabbatkritische Haltung für das Christentum kennzeichnend, bis unter Kaiser Konstantin der Sonntag als allgemeiner Feiertag eingeführt und damit die »Enteignung« des Sabbats durch die Kirche vollzogen wurde. Obwohl mit dieser staatlichen Gesetzgebung für die Kirche die Nötigung verbunden war, ein positiveres Verhältnis zur sonntäglichen Arbeitsruhe zu entwickeln, entstand keine eigene theologische Begründung für den arbeitsfreien Sonntag. So konnte auch später Martin Luther gegen die jüdische Sabbatpraxis polemisieren, da »dies Gebot nach dem groben Verstand uns Christen nichts angehe«.[255]

Bei dieser Missachtung der Sabbattradition im Verständnis des Sonntags wundert es nicht, dass bis ins 19. Jahrhundert hinein in kirchlichen Stellungnahmen zum Sonntagsschutz die theologischen Begründungen und sozialethischen Implikationen des arbeitsfreien Sonntags völlig unterbestimmt sind. Statt die Bedeutung des Sabbats für das Wohl der Menschen und als Vorschein des kommenden Reiches ernst zu nehmen, konzentrierte sich alles kirchliche Bemühen auf die Vermeidung einer die Gottesdienstkultur störenden Lärmkulisse. Eigentlich ist dies auch im Blick auf die zahlreichen kirchlichen Stellungnahmen in der 2. Hälfte des 20. Jahrhunderts zu sagen. Ich zitiere aus einem Beitrag von Günther Dehn im Evangelischen Soziallexikon von 1954: Man werde »zum rechten Verständnis der Sonntagsruhe gelangen, wenn man sich klar macht, dass Sabbat und Sonntag nichts miteinander zu tun habe. Die Reformatoren sind wieder zum ev. Verständnis des Sonntags vorgedrungen. Das hat freilich nicht verhindert, dass auch in der ev. Kirche bald wieder eine *Verdunkelung des rechten Sonntagsverständnisses* (›Sabbatarianismus‹) aufgekommen ist. Es ist ev. Pflicht, jeder ›Judaisierung‹ des Sonntags entgegenzutreten. Seine Heiligung besteht darin, dass die Gemeinde sich durch das Hören des Wortes heiligen lässt.«[256]

Bis in die 90er Jahre des letzten Jahrhunderts jedenfalls stand beim kirchlichen Kampf um den Erhalt des Sonntagsschutzes das kirchliche Proprium des Sonntags im Mittelpunkt. Es ging den Kirchen immer wieder und vor allem um eine funktionierende Gottesdienstkultur. In diesem Zusammenhang sei nur an die scharfen Auseinandersetzungen mit den Sportverbänden erinnert. Die Kirchen argumentierten bei ihrem Einsatz für den Erhalt des Sonntagsschutzes nicht in der Tradition der alttestamentlichen Sabbattheologie für die Ruhe des Sonntags und das Wohl der Menschen als Vorschein der neuen Wirklichkeit Gottes, sondern sie kämpften für die Sicherung von Gottesdienstzeiten. Über viele Jahrhunderte jedenfalls hat sich die Kirche in Abgrenzung zur jüdischen Sabbattheologie einer theologischen Bewertung der die Arbeit unterbrechenden Ruhe verweigert und sich ganz auf ein Wächteramt zur Wahrung kirch-

---

[255] Martin Luther, Der große Katechismus (1529). – In: BSLK 580, 40f.
[256] Günther Dehn, Art. »Sonntagsheiligung«. – In: Evangelisches Soziallexikon. Im Auftrag des Deutschen Evangelischen Kirchentages hrsg. v. Friedrich Karrenberg, Stuttgart/Berlin 6. Auflage 1969, 1098f.

licher Interessen beschränkt. Es ist wohl nicht verkehrt zu behaupten, dass erst mit der Erneuerung des christlich-jüdischen Dialogs nach der Schoa die christliche Theologie zu einer positiven Aufnahme der Sabbattradition und des Sabbatgebots gelangt ist.

Auf der Folie dieses Rückblicks betrachte ich nun unsere gesellschaftliche Situation und die Möglichkeiten der Kirchen, eine biblisch fundierte Position zum Schutz des Sonntags zu beziehen. Lange Jahrhunderte über besaßen die Kirchen insofern ein Monopol, als der Zeittakt des Kirchenjahres das kulturelle Leben und auch die Gesetzgebung in unserem Land bestimmte. Diese monopolartige kirchliche Zeittaktgeber-Funktion ist inzwischen in unserer pluralistischen Gesellschaft aufgehoben. Im Zusammenspiel von Tarifpartnern, durch neue Leitbilder wie Beschleunigung und Mobilität, durch die wachsende Bedeutung anderer Religionen, aber auch durch die von den Medien vorgegebene Taktung wird der Rhythmus des Lebens immer weniger durch kirchliche Vorgaben bestimmt. Die Kirchen haben sich seit einiger Zeit in der Debatte um den Schutz des Sonntags mit einer neuen Diskussionslage zu arrangieren. Dies hat zur Folge, dass in kirchlichen Stellungnahmen zum Sonntagsschutz spezifisch kirchlich-theologische Argumentationsmuster zurücktreten. Stärker denn je wird nun der Nutzen des geschützten freien Tages für das Gesamte einer Gesellschaft betont.

Da die Kirchen mit einer spezifisch christlich-theologischen Argumentationsfigur immer weniger auf Zustimmung in unserer Gesellschaft hoffen können, finden sabbattheologische Argumentationsmuster Einzug in die kirchlichen Debattenbeiträge zum Sonntagsschutz. Es kommt zu einer Rehabilitierung des Sabbats und des Sabbatgebotes. Die soziale Funktion des Sabbats und die heilsame Gabe einer gemeinsam zur Verfügung stehenden freien Zeit werden betont. So habe ich im Jahr 1999 – unter Rückgriff auf einen Text des Evangelischen Oberkirchenrats[257] – bei meinem Bericht vor dieser Synode auf die alttestamentliche Sabbattradition Bezug genommen, um einen Beitrag zur Debatte über den Sonntagsschutz zu leisten. Das damals Gesagte zeigt, wie das Sabbatgebot der Bibel durch kirchliche Stellungnahmen eine Renaissance erlebt. Mit dem ersten Gottesvolk habe ich daran erinnert, »dass der Wechsel von Arbeit und Ruhe, der Rhythmus von Tätigsein und Feiern zum geschöpflichen Leben des Menschen gehört, der ebenso ernst zu nehmen ist wie die Pflege der leiblichen Gesundheit. Wenn wir bedenken, dass das Gebot der Feiertagsheiligung im Dekalog direkt im Schöpfungshandeln

---

[257] Evangelischer Oberkirchenrat Karlsruhe, Zeit-Streit. Informationen und Argumente, Karlsruhe ⁴1999.

Gottes verankert wird, dann ist damit Wichtiges ausgesagt: Nicht die Steigerung des Arbeitseinsatzes, nicht die Verdoppelung der Kräfte vollenden das Werk, sondern die Ruhe von der Arbeit. Das beinhaltet für den Menschen die Zumutung, dass er den Erfolg seiner Arbeit nicht in Händen hat, aber auch den Trost, dass ihm nicht mehr abverlangt wird, als menschenmöglich ist. Wenn nun im Zuge der Pluralisierung und Individualisierung des Lebens die kulturelle Institution des Sonntags einer Erosion ausgesetzt ist, dann haben wir dagegen zu protestieren, dass die Unterbrechung des Alltags durch den Sonntag nur noch als ökonomischer Nachteil wahrgenommen wird. Wer den Sonntag nicht heiligt, wird auch den Alltag nicht human gestalten können. Wer meint, dass Arbeit das ganze Leben sei, der übersieht, aus welchen Quellen Menschen die Kraft zur Arbeit schöpfen. Wer meint, dass das ganze Leben nur Ökonomie sei, der muss sich nicht wundern, wenn immer mehr Menschen an den ökonomischen Zwängen ersticken. Der Sonntag und seine Kultur sind also kein Luxus, den sich eine durchökonomisierte Gesellschaft eigentlich nicht mehr leisten kann. Nein: Der Sonntag und seine Kultur ist Kraftquelle des Lebens, ohne die Menschen die Kraft zur Arbeit verlieren.«

Diese Worte aus dem Jahr 1999, die durch viele kirchliche Stellungnahmen der letzten Jahre ergänzt werden könnten, zeigen, wie ein altes biblisches Gebot, das über viele Jahrhunderte in seinen spezifischen Begründungszusammenhängen von einer um den Dialog mit dem Judentum nicht bemühten christlichen Theologie nicht wertgeschätzt und als fremdartig abgewertet wurde, angesichts der Veränderung gesellschaftlicher Verhältnisse und des Aufbrechens neuer Fragestellungen eine Renaissance erleben kann. Die biblisch-theologische Rede vom Sabbat wurde wiederentdeckt, weil sie deutlich machte, wie wichtig es ist, die Ökonomisierung aller Lebensbereiche zu unterbrechen und gemeinsam innezuhalten – zum Wohl der Menschen und zum Lobe Gottes.

14.3.4 *Der Sonntagsschutz in einer globalisierten Welt*

In einem letzten Schritt prüfe ich nun, welche Folgen sich aus einer sabbattheologischen Begründung des Sonntagsschutzes für das Zusammenleben unserer Gesellschaft in einer globalisierten Welt ergeben. Ganz gewiss ist das Zeitalter eines christlichen Abendlandes insofern zu Ende, als wir zwar die kulturprägende Kraft des jüdisch-christlichen Erbes weiterhin betonen müssen, aber von einer christlichen Leitkultur in unserem Land nicht mehr sprechen können. Ganz ohne Zweifel wird auch unsere bundesdeutsche Gesellschaft zunehmend multireligiös, wenn wir nur an die Migrationsströme dieser Welt denken, die auch für unser Land als Einwanderungsland immer größere Bedeutung erlangen werden. In einer solchen Situation ist immer neu zu fragen, wie ethische Positionierungen durch Rückgriff auf die Bibel so gewonnen werden können, dass sie im gesellschaftlichen Diskurs Plausibilität erlangen und nicht als Verteidigung kirchlicher Privilegien missverstanden werden.

Angewendet auf die Frage des Sonntagsschutzes werden wir dann konstatieren müssen, dass mit der Existenz von Christentum, Judentum und Islam in unserem Land natürlich konkurrierende Ansprüche auf jeweils unterschiedliche arbeitsfreie Tage aufeinanderprallen. Niemand wird nun auf die Idee kommen, den Freitag für Muslime, den Samstag für Jüdinnen und Juden und den Sonntag für die Christenheit als arbeitsfreien Tag zu gestalten. Es ist aber auch keine Option, angesichts der Multireligiosität auf das wertvolle Erbe eines gemeinsamen arbeitsfreien Ruhetages zu verzichten – quasi als laizistischer fauler Kompromiss. Vielmehr wird es darauf ankommen, den sabbattheologischen Grundzug stark zu machen, dass der gemeinsame Ruhetag um des Wohles des Menschen und der Gesellschaft willen unverzichtbar ist.

In diesem Zusammenhang zitiere ich unseren derzeitigen Ministerpräsidenten, der in einer Festschrift zum 70. Geburtstag von Erzbischof Zollitsch die sabbattheologische Begründung des Sonntagsschutzes aufnimmt, wenn er schreibt, dass es beim Sonntag um »das Geschenk einer religiösen Gemeinschaft an die ganze Gesellschaft« gehe.[258] Und da die Gesellschaft immer auch »Gemeinschaft der Gemeinschaften«[259] ist, darf es beim Kampf um den Sonntagsschutz nicht darum gehen, dass jeder und jede Einzelne einmal in der Woche einen arbeitsfreien Tag hat. Vielmehr ist gerade die Kollektivität dieses freien Tages wichtig, denn sie erst ermöglicht Gemeinschaft und den Schutz der Sozialität gegen »uferlose Sachzwänge, Funktionsargumente und Nützlichkeitserwägungen«[260]. Besser kann kaum zum Ausdruck gebracht werden, dass der Sabbat und der Sonntag um des Menschen willen, um seiner Sozialität und seiner Freiheit willen gemacht sind. Dieses wertvolle Erbe haben alle drei großen monotheistischen Religionen bewahrt. Es ist auch weiterhin für das gesellschaftliche Leben fruchtbar zu machen.

Dies gilt umso mehr, als sich die Notwendigkeit eines gemeinsam gestalteten Ruhetages in einer vor allem durch die Ökonomie globalisierten Welt mit immer größerer Dringlichkeit stellt. Wie bedeutsam, ja geradezu heilsam

---

[258]   Winfried Kretschmann, Der Sonntag macht Sinn. Zur Bedeutung des Sonntagsschutzes. – In: Fridolin Keck (Hg.), Glauben gestalten – Glaubensgestalten. Mit Robert Zollitsch auf dem Weg, Freiburg u. a. 2008, (267–271) 270.

[259]   A. a. O., 271.

[260]   A. a. O., 269.

die gemeinsame Unterbrechung der Arbeit an einem einvernehmlich verein-
barten Tag ist, beschrieb vor einigen Monaten der Soziologe Hartmut Rosa in
einem Essay. Er schildert eindrucksvoll, was wir alle wohl täglich empfinden,
dass nämlich immer mehr Menschen infolge der Beschleunigung des Lebens
»Zeitarmut« erleiden. Er spricht in diesem Zusammenhang von »Temporalin-
solvenz« und führt aus: »Ich habe mich bemüht, Zeit zu sparen, Arbeitsschritte
zu verkürzen, Aufschub zu erbetteln, mein Tempo zu beschleunigen Meine
Zeit-Schulden wachsen immer schneller.« In der Tat kommt es in der modernen Gesellschaft zu einer ungeheuren Beschleunigung aller Lebensbereiche
und es droht der »Temporalkollaps«, wobei die Menschen nicht nur Opfer des
modernen Beschleunigungssystems sind, sondern auch heimliche Täter. »Der
gleichzeitige Mensch der Moderne ist ein armer, atemloser Tropf«, resümiert
der Soziologe.[261] Wie viel besser stünde es um den modernen Menschen, wenn
er sich der segensreichen Wirkungen der Sabbatruhe erinnerte und sie in
seinem Leben Gestalt gewinnen ließe!

Unsere Gesellschaft wird an ihrer Modernität ersticken, wenn sie sich
nicht das Erbe des Sabbats bewahrt. Darum bedarf es gemeinsamer Anstrengungen aller monotheistischen Religionen und aller, welche die Gefahren einer Rund-um-die-Uhr-Gesellschaft für das Wohl der Menschen wachen Auges
sehen. Es bedarf gemeinsamer Anstrengungen, die Sozialität und die Freiheit
der Menschen durch gezielte, gemeinsame Unterbrechungen der Produktionsabläufe zu sichern. Dabei kann der Rekurs auf das biblische Sabbatgebot
hilfreich sein, um so aus der Bibel Normierendes für die Gestaltung eines Ethos
des Miteinanders, eines Ethos des Humanen zu entwickeln. Dazu aber ist es
notwendig, im Konsens aller Kirchen eine jahrhundertelange Auslegungs-
tradition zu überwinden.

14.4   Schluss

Ich kehre an den Ausgangspunkt meines Berichtes über das Verstehen der
Bibel als Gottes Wort zurück und stelle die Frage: Sollte ein solches Überwinden alter Auslegungstraditionen nicht auch für andere ethische Fragestellungen unserer Zeit denkbar und hilfreich sein? Wenn uns die Offenbarung
Gottes heute wie zu allen Zeiten nur im Modus der Interpretation gegenwärtig
ist und damit den Bedingungen der Kommunikation und den Möglichkeiten
und Grenzen von Sprache und kultureller Darstellung unterliegt, gilt für jede

---

[261] Hartmut Rosa, Weltbeziehungen im Zeitalter der Beschleunigung. Umrisse einer neuen
Gesellschaftskritik, Frankfurt am Main 2012.

ethische Fragestellung, was am Beispiel des biblischen Sabbatgebots gezeigt werden konnte. Erst die Überwindung alter Auslegungstraditionen macht es möglich, Normierendes aus der Bibel für heute anstehende Fragen zu gewinnen. Bloßes Rezitieren und Reklamieren hilft nicht weiter, wenn es darum geht, heute ethisch tragfähige Antworten zu geben, die einerseits der Bibel als Urkunde von der Offenbarung Gottes keine Gewalt antun und andererseits die Gegenwartsfragen der Menschen ernst nehmen. Und dennoch führt uns dies alles immer wieder zu der Einsicht, dass die Offenbarung Gottes für uns im Letzten ein Geheimnis bleibt, das wir zwar niemals ganz lüften werden, für das wir Gott aber in Ewigkeit loben dürfen. Deshalb schließe ich im Jahr der Kirchenmusik 2012 mit den Worten, die Johann Sebastian Bach stets unter seine vollendeten Werke schrieb und die auch ein ehrenwertes Motto für alle Versuche der Schriftauslegung sein sollten: *Soli deo gloria*.

Den Anstoß zur inhaltlichen Gestaltung meines diesjährigen Berichtes hat der Ältestenrat der Landessynode gegeben. Vor einiger Zeit hat mich die Präsidentin im Namen des Ältestenrates gebeten, mit meinem Bericht vor der Landessynode die Weiterarbeit an der Thematik des synodalen Studientages »Zukunftsfähig leben – Hoffnung gestalten« voranzubringen und einen kirchlichen Beitrag zur Nachhaltigkeitsdebatte zu leisten. Diesem Wunsch komme ich gern nach, treibt mich doch das, was mit dem Thema »Nachhaltigkeit« gemeint ist, schon seit den 80er Jahren um. Und meine Mitwirkung in der Ethikkommission der Bundesregierung und seit kurzem auch im Beirat für Nachhaltigkeit unserer Landesregierung macht ja auch deutlich, dass das Thema »Nachhaltigkeit« weit über den Bereich unserer Kirche hinaus relevant ist und ich mich hier gern engagiere. So stelle ich meinen Bericht unter das Thema »Nachhaltig glauben – nachhaltig leben« und ich wähle einen spezifisch theologischen, eher exegetischen Zugang zu dieser Thematik, indem ich im ersten Teil meines Berichts Betrachtungen zu einem biblischen Text anstelle, der in diesem Jahr oft zitiert wird, der sonst aber eher ein Schattendasein beim Nachdenken über die biblische Botschaft führt. Ich beginne mit Betrachtungen zum Hebräerbrief.

15.1 Nachhaltig glauben

15.1.1 Betrachtungen zum Hebräerbrief

Martin Luther hat einst den Hebräerbrief – wegen seiner Widersprüche zur paulinischen Theologie – von dem Platz am Ende der Paulusbriefe in einen »Anhang« zum NT verbannt und damit zu einer Art neutestamentlicher Apo-

---

[262] Bericht des Landesbischofs zur Tagung der Landessynode am 18. April 2013 in Bad Herrenalb.

kryphe erklärt. Die Verbannung aus der Reihe der Paulusbriefe geschah zu Recht, denn der Verfasser dieses Briefes ist nicht Paulus gewesen, sondern ein uns unbekannter, offenkundig hochgebildeter Christ jüdischer Abstammung, der ein ungemein schwieriges Griechisch schreibt (ein Horror für alle Studierenden der Theologie!); auch ist der Hebräerbrief eigentlich kein Brief sondern eher ein Lehrschreiben. Mit seinem negativen Urteil über die Theologie dieses Schreibens wurde aber Martin Luther dem Hebräerbrief nicht gerecht[263], wie ich zu zeigen versuche. Nicht immer ist die paulinische Theologie die richtige Messlatte für die Bewertung neutestamentlicher Schriften, wie sich auch an Luthers Urteil über den Jakobusbrief zeigt.

Der Hebräerbrief wendet sich an Christenmenschen, die müde zu werden drohen im Glauben. Es sind keine Bedrohungen von außen, die sie belasten, sondern es ist eine von innen kommende Erlahmung der Glaubenskraft, die ihnen zu schaffen macht – ausgelöst durch die Tatsache, dass die erwartete Wiederkunft Christi sich immer weiter hinauszögerte. Wie kann Glaube kraftvoll gelebt werden, wenn mit einer baldigen Wiederkunft des Herrn nicht mehr zu rechnen ist? Wie kann in einer solchen Situation eine Nachhaltigkeit im Glauben erlangt werden?

Dieser Frage widmet sich der Autor des Hebräerbriefes, indem er in einer für mich faszinierenden Weise einerseits den Blick der Glaubenden zurücklenkt in die Anfänge der Geschichte Gottes mit seinem Volk und andererseits weit vorausschaut in die Zukunft, die Gott verheißen hat. So ist der ganze Brief durchzogen von dem Bemühen, in reflektierter Weise die Schriften des Alten Testaments für die Christusbotschaft gewinnbringend auszulegen und aus diesem Blick in die Vergangenheit Hoffnungspotentiale des Glaubens freizulegen. Wie wohl keine andere neutestamentliche Schrift hat der Hebräerbrief die Vergangenheit und die Zukunft gleichermaßen im Blick: Der Blick in die Vergangenheit dient vor allem der Deutung des gegenwärtigen Heils und der Entwicklung einer Hoffnung, die nicht zu kurz greift und nachhaltig ist. Und damit lehrt uns der Hebräerbrief, dass ein nachhaltiger Glaube sein »Woher« nicht vergessen darf, wenn er sinnstiftend in der Gegenwart wirken und Hoffnungspotentiale für die Zukunft entwickeln will.

Ich verdeutliche das Gesagte an einigen Textbeispielen: In den ersten vier Kapiteln (1,1–4,13) wird die Bedeutung der Offenbarung Gottes in seinem Sohn Jesus Christus mit ständigen Bezügen auf das Alte Testament entfaltet.

---

[263] Vgl. Martin Luther, Vorrede auf die Epistel zu die Hebräer (1522). – Martin Luther. Ausgewählte Werke. Hrsg. v. H. H. Borcherdt und Georg Merz, München (Münchner Ausgabe) 1938ff, Band VI, 120f.

Programmatisch heißt es gleich in Hebr 1,1f: »Nachdem Gott vorzeiten vielfach und auf vielerlei Weise geredet hat zu den Vätern durch die Propheten, hat er in diesen letzten Tagen zu uns geredet durch den Sohn«. Damit ist Jesus Christus hineingestellt in die Reihe der Propheten. Er ist der letzte Bote Gottes. Er ist das ein für alle Mal gültige Wort Gottes, der Schluss- und Höhepunkt in der Geschichte des Redens Gottes mit seinem Volk. Er wird an die Seite Moses gestellt, aber zugleich als einer verstanden, der Mose überbietet: »Er ist größerer Ehre wert als Mose« (Hebr 3,3). Um Jesus Christus verstehen, um an ihn als das endgültige Wort Gottes glauben zu können, müssen die Anfänge des Redens Gottes mit seinem Volk mitbedacht werden. Ohne den Blick in die *Vergangenheit*, ohne den Blick auf die Anfänge des Glaubens verliert der Glaube seinen tragenden Wurzelgrund.

Der Blick in die Vergangenheit ermöglicht dem Verfasser des Hebräerbriefes, auch die *Gegenwart* des Heils in Jesus Christus zu deuten. In einer breit angelegten Erörterung stellt er das alttestamentliche Opferwesen und das Christusopfer einander gegenüber und erweist Christus als den endgültigen und wahren Hohenpriester. In sehr archaisch und fremdartig anmutenden Ausführungen entfaltet er das gegenwärtige Heil in Christus, indem er Christus als wahren Hohenpriester nach der Ordnung Melchisedeks als Mittler des neuen Bundes (Kap. 8) und als das einmalige, heilbringende Opfer für die Welt (9,1–10,18) begreift. Uns mag die Vorstellungswelt des alttestamentlichen Versöhnungs- und Opferkultes sehr fremdartig anmuten, und über Texte aus Hebr 4,14–10,18 predigen zu müssen (und das kommt immerhin 5-mal in unseren Perikopenreihen vor), gehört gewiss zum Herausforderndsten für alle im Predigtdienst Tätigen. Aber wichtig ist mir das theologische Interesse, das den Verfasser des Hebräerbriefes treibt. Nachhaltiger Glaube ist nur zu gewinnen, wenn der Glaube sich nicht in den Herausforderungen der Gegenwart verliert, sondern um seine Verwurzelung in der Geschichte der Glaubenden weiß.

Im dritten Teil des Hebräerbriefes (10,19–13,17) kommt die *Zukunft* in den Blick, genauer der Weg des wandernden Gottesvolkes durch die Zeiten. Dieses Motiv ist uns durch die biblischen Leitbilder im Rahmen unseres Kirchenkompasses inzwischen sehr vertraut. Vorbereitet wird dieses Motiv bereits in Kapitel 4,1–13, wo der Hebräerbrief in Auslegung von Psalm 95,7–11 zu einer Schlussfolgerung kommt, die das Hoffnungsziel aller Glaubenden in den Blick nimmt: »Es ist also noch eine Ruhe vorhanden für das Volk Gottes« (4,9). *Vergangenheit, Gegenwart und Zukunft* werden miteinander verknüpft in den einleitenden Worten dieses Abschnitts: »Weil wir nun durch das Blut Jesu die Freiheit haben zum Eingang in das Heiligtum und haben einen Hohenpriester über das Haus Gottes, so lasst uns hinzutreten mit wahrhaftigem Herzen in vollkommenem Glauben ... Lasst uns festhalten an dem Bekenntnis der Hoffnung und nicht wanken; denn er ist treu, der sie verheißen hat« (10,19–23 i. A.). Die Zukunft kommt in den Blick, damit auch der Aufruf zum Durchhalten: »Geduld aber habt ihr nötig, damit ihr den Willen Gottes tut und das Verheißene empfangt« (10,36). Und dann folgt die bis heute unübertroffene Definition von »Glauben« in Hebr 11,1: »Es ist der Glaube eine feste Zuversicht auf das, was man hofft, und ein Nichtzweifeln an dem, was man nicht sieht.« Glaube, der keine Zukunftsperspektive hat, ist kein nachhaltiger Glaube. Und die Zukunftsperspektive des Glaubens ist die Ewigkeit Gottes, ist die zukünftige Stadt, ist die ewige Ruhe. Diese Zukunftsperspektive macht die Nachhaltigkeit des Glaubens aus.

Diese Zukunftsperspektive aber gewinnen wir nur durch Rückvergewisserung dessen, was in der Vergangenheit den Glauben getragen hat. Deshalb wird die »Wolke der Zeugen« (12,1) aufgeboten, die uns lehren und helfen kann, nachhaltig zu glauben, glaubend zu hoffen und hoffend zu glauben: Abel, Henoch und Noah, Abraham, Sara und Isaak, Jakob und Josef, Mose, die Hure Rahab und viele andere haben durch den Glauben Gottes Zeugnis empfangen »und doch nicht erlangt, was verheißen war« (11,39). Gemeinsam mit dieser Wolke der Zeugen wandern die Gläubigen nun durch die Zeiten, aufschauend »zu Jesus, dem Anfänger und Vollender des Glaubens« (12,2), der sein wanderndes Gottesvolk durch alle Zeiten begleitet. Denn das gilt: »Jesus Christus gestern und heute und derselbe auch in Ewigkeit« (13,8). Und so mündet dieser Brief, der so eindrucksvoll von nachhaltigem Glauben spricht, in dem wunderbaren Hoffnungsbild, das uns als Losung durch dieses Jahr begleitet: »Wir haben hier keine bleibende Stadt, sondern die zukünftige suchen wir« (13,14).

15.1.2 *Der große Horizont der biblischen Botschaft*

Lange bevor die Politik den Begriff der »Nachhaltigkeit« entdeckt und zu einem Leitbegriff politischen Handelns gemacht hat, erinnert die Bibel daran, was es heißt, nachhaltig zu glauben: Verwurzelt in den Anfängen, in denen Gott mit seinem Wort die Welt erschuf und mit seinem Reden immer wieder Menschen auf dem Weg des Glaubens begleitete, geistesgegenwärtig die Gegenwart in den Blick nehmend und ausgerichtet auf ein letztes Ziel, das nicht wir Menschen setzen, sondern das Gott verheißen hat und zu dem er uns führen will. Der Hebräerbrief bildet etwas ab, was für den ganzen biblischen Kanon kennzeichnend ist. Es ist wohl kein Zufall sondern eine zentrale Glaubensaussage, wenn das erste Buch der Bibel beginnt mit den Worten »am

Anfang schuf Gott« (1. Mose 1,1), wenn der Prolog des Johannesevangeliums diese Worte aufnimmt »am Anfang war das Wort« (Joh 1,1) und wenn das letzte Buch der Bibel mit dem Sehnsuchtsruf »Maranatha, komm, Herr Jesus« (Apk 22,20) endet. Biblischer Glaube weiß um seinen Anfang und um sein Ziel; er ist in diesem Sinne protologisch und eschatologisch. Er ist tief verankert in dem Woher, das Gott geschaffen hat, er weiß um den, der »im Anfang war«, und er hofft auf den Kommenden, der alle Welt zur ewigen Ruhe sammeln wird.

Dies gilt nicht nur für die einzelnen Glaubenden, sondern auch für die Gemeinschaft der Glaubenden, die Kirche. Die Kirche ist nicht das Letzte, wenn auch manche dies meinen – durchaus im mehrdeutigen Sinn des Wortes. Ist unser Glaube wirklich immer so nachhaltig? Reden wir zum Beispiel nicht ständig über die Zukunft der Kirche, als gehöre die Zukunft nicht unserm Herrn? Haben wir vergessen, dass alle Arbeit in der Kirche Reich-Gottes-Arbeit sein muss, wenn sie denn unserem Auftrag entsprechen und unserem Glauben gemäß sein soll? Wir müssten uns in unserem kirchlichen Handeln viel öfter an dieser Botschaft und an den großen Reich-Gottes-Boten orientieren, wie etwa Johann Christoph Blumhardt, Johann Hinrich Wichern oder August Hermann Francke solche waren. Natürlich wandelt sich die äußere Gestalt der Kirche beim Gang durch die Zeiten. Aber sie hat sich jeweils den sich verändernden Bedingungen so anzupassen, dass sie ihrem Auftrag treu bleibt. Die nachhaltigen Maßstäbe ihres Kircheseins gewinnt die Kirche nicht aus sich selbst heraus oder aus der Auseinandersetzung mit den Herausforderungen der Gegenwart, sondern in der Besinnung auf das Wort Gottes, das in der Vergangenheit ergangen ist, das in die Gegenwart hineinspricht und das für die Zukunft Perspektiven eröffnet. Eine Ekklesiologie kann nur nachhaltig sein, wenn die Antworten auf die Herausforderungen der Gegenwart gewagt werden in einem nachhaltigen Glauben, der um seine Wurzeln weiß, der die Gegenwart wach wahrnimmt und der auf die Verheißungen Gottes traut.

15.1.3 *Gedanken zum Heidelberger Katechismus*

Im Woher Gottes verwurzelter und auf das Wohin Gottes hoffender Glaube ist nachhaltig. Damit ist Nachhaltigkeit das uns Eigene, nicht etwas unserem Glauben Fremdes. Wie man von einem nachhaltigen Glauben nachhaltig sprechen kann, das lehrt uns der Heidelberger Katechismus, dessen 450. Geburtstag wir in diesem Jahr feiern. Welch eine nachhaltige Wirkung hat dieser Katechismus entfaltet! Am 19. Januar 1563 in der Heidelberger Heiliggeistkirche erstmals öffentlich verlesen, fand er in der ganzen Welt große Verbreitung. Er wurde das am weitesten verbreitete, in 40 Sprachen übersetzte Lehr- und Lernbuch des Protestantismus, ein Unterrichtsbuch für Schule und Kirche, das bis heute in vielen reformierten Kirchen der Welt Sonntag für Sonntag ausgelegt und memoriert wird und das Bekenntnisgrundlage vieler Kirchen, so auch unserer badischen Landeskirche, ist. Und so ist es ganz sachgemäß, wenn die Ausstellung zum Heidelberger Katechismus, die am 11. Mai in Heidelberg eröffnet wird, den Titel trägt »Macht des Glaubens«.[264] Ja, nachhaltiger Glaube kann eine ungeheure Kraft entfalten.

Das spüren wir, wenn wir die erste Frage des HK und seine Antwort lesen: »Was ist dein ein(z)iger Trost im Leben und im Sterben?« Und dann die Antwort: »Dass ich mit Leib und Seele im Leben und im Sterben nicht mir, sondern meinem getreuen Heiland Jesus Christus zu eigen bin, der mit seinem teuren Blut für alle meine Sünden vollkommen bezahlt und mich aus aller Gewalt des Teufels erlöst hat und also bewahrt, dass ohne den Willen meines Vaters im Himmel kein Haar von meinem Haupt kann fallen, ja auch mir alles zu meiner Seligkeit dienen muss. Darum macht er mich auch durch seinen Heiligen Geist des ewigen Lebens gewiss und von Herzen willig und bereit forthin ihm zu leben.«[265]

Wie eindrucksvoll ist in diesen kurzen Worten das Woher des Glaubens, die gegenwärtige Bezeugung desselben und seine Ausrichtung auf die Zukunft zusammengefasst: Das Woher: »Christus hat mit seinem teuren Blut für alle meine Sünden vollkommen bezahlt und mich aus aller Gewalt des Teufels erlöst.« Die Erlösung ist geschehen. In seinem stellvertretenden Leiden und Sterben hat Jesus Christus am Kreuz von Golgatha meine Sünden ans Kreuz getragen und mich dadurch erlöst von allem Elend, von der Macht der Sünde, von der Gewalt des Teufels. Ich lebe aus dem, was er für mich getan hat.

Dann die gegenwärtige Glaubenserfahrung: »Jesus Christus bewahrt mich so, dass ohne den Willen meines Vaters im Himmel kein Haar von meinem Haupt kann fallen, ja auch mir alles zu meiner Seligkeit dienen muss.« Ich erfahre als Glaubender das bewahrende Handeln Gottes, meines Vaters, der dafür sorgt, dass ohne seinen Willen in meinem Leben nichts geschieht, und der mir hilft, alles in meinem Leben so zu verstehen, dass es mir zum Guten dient.

Und schließlich die Ausrichtung auf die Zukunft: »Darum macht er mich auch durch seinen Heiligen Geist des ewigen Lebens gewiss und von Herzen willig und bereit forthin ihm zu leben.« Das Leben kann unter der Perspektive des ewigen Lebens in Dankbarkeit gestaltet werden. Der Heilige Geist lässt

---

[264] Vgl. Macht des Glaubens – 450 Jahre Heidelberger Katechismus, hrsg. v. Karla Apperloo-Boersma und Herman J. Selderhuis, Göttingen 2013.

[265] Bekenntnisschriften der Evangelischen Landeskirche in Baden, (103–139) 105.

mich zuversichtlich leben in der Hoffnung auf das ewige Leben. Er ist eine tröstende Kraft in meinem Leben, die mich hinausschauen lehrt über meine begrenzten Horizonte. Die mich etwas ahnen lässt vom ewigen Leben bei Gott. Aus dem Erlösungshandeln Gottes kommt als Antwort jene Dankbarkeit, die mich bereit macht, ihm zu leben, dem Gott, der mein einziger Trost ist im Leben und im Sterben.

Und wie ein Kommentar zum Bekenntnis des Hebräerbriefes klingt es, wenn der »Heidelberger« als Quintessenz getrosten Glaubens sagen kann: »Das ist mein ein(z)iger Trost im Leben und im Sterben, dass ich mit Leib und Seele im Leben und im Sterben nicht mir, sondern meinem getreuen Heiland Jesus Christus zu eigen bin«, denn er ist es, der gestern, heute und in Ewigkeit zu seinen Gläubigen steht und sie auf dem Weg durch die Zeiten begleitet. »Was ist mein ein(z)iger Trost im Leben und im Sterben?« Die Beantwortung dieser Frage hat im Letzten damit zu tun, ob ich weiß, zu wem ich im Leben und im Sterben gehöre. Jesus Christus hat mir ein Trostangebot gemacht, indem er mein Leben und mein Sterben mit mir teilt. Zu ihm gehöre ich, sein eigen bin ich. Seine Treue tröstet mich. Deshalb können weder Engel noch Gewalten, weder geistliche oder weltliche Herren noch Mächte irgendwelche Ansprüche auf mich erheben, weder jetzt noch in Ewigkeit (Röm 8,38). Wenn das kein nachhaltiger Glaube ist!

15.2   NACHHALTIG LEBEN

Wenn heute das Thema »Nachhaltigkeit« auf der politischen Agenda und in den gesellschaftlichen Debatten ganz oben steht, wird natürlich vorrangig danach gefragt, wie nachhaltiges Handeln in Kirche und Gesellschaft gelingen kann. Weniger wird darüber nachgedacht, welche mentalen Voraussetzungen gegeben sein müssen, um überhaupt die Dimension der »Nachhaltigkeit« erfassen zu können. In einer Zeit ungebremsten Fortschrittglaubens, wie er frühere Jahrhunderte prägte, konnte sich der Gedanke der Nachhaltigkeit nicht entwickeln. Erst die Wahrnehmung großer Krisen lässt Menschen fragen, wie über das Bestehen der Krisen hinaus Leben gelingen kann. Erst wenn Risiken des Lebens bewusst wahrgenommen werden, kann sich ein Bewusstsein für die Notwendigkeit nachhaltigen Handelns entwickeln. Krisenbewusstsein, Risikowahrnehmung und Risikoabschätzung sind Voraussetzungen einer nachhaltigen Lebenseinstellung. Und erst wenn die Welt als globales Dorf wahrgenommen wird, erhalten die Risikoabschätzung und die daraus resultierende nachhaltige Lebenshaltung eine globale Dimension. Hinzu kommt, dass das Bedenken eines möglichen Untergangsszenarios Voraussetzung ei-

ner langfristigen Risikoabschätzung ist. Zugespitzt formuliert: Die Wahrnehmung der Globalität und der Horizont der Eschatologie sind Voraussetzung für
eine risikominimierende, nachhaltige Lebenshaltung. Nur wer um das Ganze
und um das Ende weiß, kann auch Risiken in den Blick nehmen. Und wer an
eine Zukunft in Gottes Reich glaubt, gewinnt zusätzliche Motivation für eine
nachhaltige Lebensführung.

Mit dieser letzten Bemerkung komme ich auf einen spezifischen Zusammenhang zwischen glaubendem Erkennen und glaubensgeleitetem Handeln
zu sprechen. Für uns Christenmenschen dürfte klar sein, dass Grundlage
allen nachhaltigen Handelns ein nachhaltiger Glaube ist, wie ich ihn bei meinen Betrachtungen zum Hebräerbrief und zum Heidelberger Katechismus
skizziert habe. Nachhaltiger Glaube ist Voraussetzung einer nachhaltigen
Lebensführung. In vielen Briefen des Neuen Testaments, besonders deutlich
im Römerbrief (im Verhältnis von Kap. 1–11 zu 12ff) bildet sich die immer
gleiche Grundstruktur von Indikativ und Imperativ ab: Aus dem Glauben folgt
das diesem Glauben gemäße Handeln, aus der Rechtfertigung die Heiligung.
Oder wie es der Heidelberger Katechismus formuliert: Aus der Erlösung des
Menschen folgt seine Antwort im dankbaren Handeln. Nachhaltig leben ist
also eine Konsequenz eines nachhaltigen Glaubens.

Aber was ist ein nachhaltiger Lebensstil, der unserem Glauben entspricht?
Wie ist Nachhaltigkeit für uns Christenmenschen in den verschiedensten Lebensbereichen zu buchstabieren? Dazu nun sieben Konkretionen aus dem
Alltag kirchlicher Arbeit. Mit diesen Konkretionen soll zugleich verdeutlicht
werden, dass Nachhaltigkeit keineswegs nur ein Thema der Klimapolitik ist,
dass vielmehr alle Lebensbereiche nachhaltig gestaltet werden müssen, wenn
ein zukunftsorientiertes Leben für möglichst viele Menschen auf dieser Erde
möglich sein soll.

15.2.1 In Generationen denken lernen

Nachhaltiges Handeln beginnt mit einer Befreiung aus dem Gebundensein
an die Gegenwart und mit der Orientierung an der Zukunft. Was christlicher
Glaube zu solcher Zukunftsorientierung beitragen kann, habe ich ausgeführt.
Greifbar, spürbar, erlebbar wird aber Zukunftsorientierung vor allem durch die
Weitergabe des Lebens an die nachfolgenden Generationen. In dieser Hinsicht
bedeutet der drastische Rückgang der Geburten in unserem Land zugleich einen Verlust vieler Menschen an einer intergenerativen Zukunftsorientierung.

Aber auch das wache Wahrnehmen einer über Jahrhunderte gewachsenen
Kultur kann zu einer Zukunftsorientierung Beiträge leisten, wenn wir uns etwa
vergegenwärtigen, dass viele Bauwerke des Mittelalters erst viele Jahrzehnte

nach Beginn des Baus von späteren Generationen genutzt werden konnten und dass ihre Erbauer die Fertigstellung dieser Bauwerke oft selbst nicht mehr erlebt haben. Es musste von Baubeginn bis zur Fertigstellung nicht immer 600 Jahre dauern – wie beim Kölner Dom –, aber das Bauen in früheren Zeiten war oft ein Bauen auf die Zukunft. Ein Verlust dieses Wissens bedeutet auch einen Verlust an Zukunftsorientierung.

Und schließlich wird das »In-Generationen-Denken« geübt bei einer bewussten Wahrnehmung unserer Wälder. Schon immer haben Forstleute in Generationen gedacht: Was sie gefällt haben, wurde vor zig Jahren gepflanzt, und was sie gepflanzt haben, wird erst die Generation ihrer Enkel oder Urenkel fällen. Die Entfremdung von der Natur, die in vielen urbanen Zentren zu beobachten ist, die Entfremdung gegenüber dem nachhaltigen Handeln im Bereich der Fortwirtschaft führt deshalb auch zu einer Reduzierung von Zukunftsorientierung.

Hans Carl von Carlowitz war es, der den Begriff der Nachhaltigkeit prägte mit seinem Grundsatz »Nur nutzen, was nachwächst«.[266] Unsere Kirche ist über die Evangelische Stiftung Pflege Schönau ein großer Waldbesitzer, und es ist von Bedeutung, dass die Forstwirtschaft der Pflege Schönau sich dem Grundsatz der Nachhaltigkeit verpflichtet fühlt. Hierbei sind vor allem zwei Aspekte zu unterscheiden:

a) Die *Nutzfunktion:* Für die Stiftung ist ein nachhaltig wirtschaftlicher Ertrag aus der Nutzung wesentlicher Aspekt zur Einhaltung des Stiftungszwecks. Damit dies möglich wird, bedarf es der Klarheit bei der Zielsetzung der Bewirtschaftung, bei den Planungen und Risikoabwägungen. Es gilt der Grundsatz »Produktionssicherheit vor Erlösmaximierung«. Produktionszeiträume brauchen langfristige Planungen, zukünftige Erwartungen und mögliche Veränderungen (Klima) sind zu berücksichtigen. Kontinuität und Stabilität der Produktion bringt dauerhaften Ertrag und volkswirtschaftlichen Nutzen. Wir leben von den Zinsen und nicht von der Substanz.

b) Die *Schutzfunktion:* Ohne den dauerhaften Schutz der Produktionsgrundlage Boden wäre eine nachhaltige Nutzung nicht möglich. Dies setzt Wissen und wissende Mitarbeiter voraus, die verantwortungsvoll mit der Natur umgehen. Im Endeffekt leidet auch die ökonomische Leistungsfähigkeit des Waldes unter der Nichtbeachtung der ökologischen Nachhaltigkeit. Als weiterer bewahrender Aspekt ist der Blick auf all jene Pflanzen und Lebewesen

---

[266] Hans Carl von Carlowitz (1645–1714) gilt als Begründer des Prinzips der Nachhaltigkeit. In seinem 1713 erschienen Werk »Sylvicultura oeconomica« forderte er, dass immer nur so viel Holz geschlagen werden sollte, wie durch planmäßige Aufforstung nachwachsen könne.

zu richten, für die der Wald die Lebensgrundlage ist und die nicht vordergründig den Nutzungsinteressen des Menschen dienen. Neben der schonenden Holznutzung und der naturnahen Produktion ist der Schutz von Arten und Biotopen ein wesentlicher Aspekt bei der Nachhaltigkeit.

Von der Fortwirtschaft lernen, heißt: In Generationen denken lernen und damit eine Zukunftsorientierung gewinnen. Beste Voraussetzung für nachhaltiges Handeln.

15.2.2 Nachhaltige Bildung

Durch wohl nichts anderes wirkt die Kirche in unserer Gesellschaft so nachhaltig wie durch die Vermittlung der aus ihrem Glauben an Jesus Christus heraus entwickelten Werte. Wichtigster Ort der Wertevermittlung ist nach wie vor die Familie, auch wenn die Glaubensvermittlung in den Familien bedenklich zu schwinden droht. Dennoch werden wesentliche Grundhaltungen im Umgang miteinander primär und vorrangig in der Familie vermittelt und diese familiären Prägungen der Kindheit sind gewiss auch weiterhin die nachhaltigsten, wobei neben der kognitiven Vermittlung von Werten im Familienkontext die Wertevermittlung durch das Vorbild der Eltern und Geschwister und die Bedeutung von familiären Ritualen nicht unterschätzt werden dürfen. Was für die Wertevermittlung in Familien gilt, gilt in ähnlicher Weise für alle Felder pädagogischen Handelns: Nachhaltige Wertevermittlung gelingt umso eher, als Lehrende die von ihnen vermittelten Werte selbst glaubwürdig verkörpern und sich bei der Vermittlung von Werten nicht ausschließlich auf kognitive Lernprozesse konzentrieren.

In diesem Zusammenhang sind Orte zu benennen, an denen unsere Kirche durch ihr pädagogisches Handeln nicht nur nachhaltig werteprägend wirkt, sondern selbst das Thema »Nachhaltigkeit« zum Inhalt pädagogischer Arbeit macht: Die Beschäftigung mit Nachhaltigkeit beginnt in den kirchlichen *Kindertageseinrichtungen*. Denn bei den Kindern und ihren veränderten Lebens- und Konsumgewohnheiten beginnt die Veränderung, die sich langfristig auswirken wird. Dazu wurden handlungsorientierte pädagogische Fortbildungen in Form von Energie-Erlebnis-Werkstätten für Erzieherinnen und Erzieher kirchlicher Einrichtungen vom Büro für Umwelt und Energie entwickelt und durchgeführt. Um das Thema »Nachhaltigkeit« langfristig bei Schülerinnen und Schülern zu verorten, muss auch der *Religionsunterricht* in seiner Breite dieses Thema aufnehmen. Die Perspektive »Bildung für nachhaltige Entwicklung« sollte in allen Dimensionen des Bildungsplanes verankert werden. In der *Konfirmandenarbeit* und im *Kindergottesdienst* werden Fragen der Bewahrung der Schöpfung und des schonenden Umgangs mit Ressourcen regelmäßig in den Themenkreisen »Schöpfung« und »eine Welt« aufgegriffen. An den *evangelischen Schulen* sind ökologisch-nachhaltiges Denken und Handeln wichtige Erziehungsziele und Teil der sozialen Kompetenz. Der Betrieb und die Neubauten der evangelischen Schulen werden nach ökologischen Kriterien geplant, so ist z. B. die evangelische Grundschule Heidelberg ein Niedrigenergiehaus. In der Arbeit des *Evangelischen Kinder- und Jugendwerkes* befasst sich insbesondere die Evangelische Gemeindejugend (EGJ) Baden mit dem Thema Nachhaltigkeit. Es wird auf Veranstaltungen thematisiert und Großveranstaltungen wie das YouVent orientieren sich bei der Verpflegung an den Prinzipien der regionalen Versorgung und des ökologischen Umgangs mit Ressourcen. Für die Tagungshäuser der Evangelischen Jugend Baden in Neckarzimmern und Ludwigshafen am Bodensee ist Nachhaltigkeit ein wichtiges Ziel bei der Gestaltung der Versorgung, der Betriebsabläufe und der Realisierung von Baumaßnahmen.

15.2.3 Nachhaltige diakonische Arbeit

Mit ihrer diakonischen Arbeit gibt die Kirche ihrem Glauben Hand und Fuß. Sie reagiert auf die Not von Menschen und bezeugt ihnen in Taten der Liebe ihren Glauben. Nun wissen wir, dass viele diakonische Arbeit punktuell und aktuell geschehen muss: Eine konkrete Hilfestellung wird durch eine Sozialstation erbracht, im Krankenhaus werden Heilungsprozesse befördert, manche wirtschaftliche Notlage kann durch einmalige Intervention behoben werden. Aber zuallermeist geht es bei diakonischer Arbeit um mehr, um Begleitung und Hilfe mit nachhaltiger Wirkung. Dazu drei Beispiele:

a) Zu den nachhaltigsten Angeboten unserer Diakonie gehört die Beratungsarbeit in den verschiedenen Feldern – von der psychologischen Beratung über die Schwangerschaftskonfliktberatung bis hin zu Schuldnerberatung und Sozialberatung. Ratsuchende finden im vertrauensvollen Gespräch mit kompetenten Fachkräften Aufmerksamkeit für ihre Problemlagen. Die Beratung unterstützt sie mit Fachkenntnissen und neuen Sichtweisen, um Handlungsspielräume zu entdecken und konflikthafte Lebenssituationen zu bewältigen. Indem Menschen in ihrer Handlungs- und Entscheidungsfähigkeit gestärkt werden, erweisen sich professionelle Beratungsangebote im kirchlich-diakonischen Kontext als nachhaltige Hilfen zur Selbsthilfe. Über die Hinwendung zu Einzelnen in ihren Lebensbezügen hinaus nimmt kirchlich-diakonische Beratung ihre Verantwortung für Nachhaltigkeit durch gesellschaftspolitische Lobbyarbeit wahr. Erkenntnisse über konkrete psychosoziale Auswirkungen gesellschaftlicher Strukturen und Entwicklungen auf Menschen bringt die Kirche durch ihre

Diakonie in den gesellschaftlichen Diskurs ein, um Veränderungsbedarfe aufzuzeigen und daran mitzuwirken.

b) Das Zusammenleben zwischen Menschen unterschiedlicher Herkunft, Kultur und Religion wird immer deutlicher zu einer Zukunftsaufgabe unserer Gesellschaft. Durch interkulturelle Öffnungsprozesse wird die Befähigung zu einem friedlichen und verständnisvollen Zusammenleben gestärkt und damit ein nachhaltiger Beitrag zur künftigen Gestaltung unserer Gesellschaft geleistet. In unserer Kirche geschieht dies etwa durch das Projekt »FIT durch interkulturelles Training«. In diesem Projekt werden beruflich Tätige und Ehrenamtliche in Kirchengemeinden, diakonischen Einrichtungen und im Bildungsbereich befähigt, in ihren alltäglichen Arbeitsbezügen interkulturell und interreligiös kompetent zu handeln. Ferner hat unsere Landeskirche mit dem Projekt »Christen und Muslime in Baden« ihre aktive Rolle im Dialog der Religionen in der Gesellschaft nachhaltig gestärkt. Für eine Vertiefung der interreligiösen Kompetenz von Christenmenschen sind Fort- und Weiterbildungsangebote sowie Materialien entwickelt worden, interreligiöse Dialoginitiativen vor Ort haben Stärkung erfahren und geben nachahmenswerte Beispiele für die Gestaltung von Begegnungen zwischen Christen und Muslimen.

c) Ein weiteres Beispiel aus dem diakonischen Bereich ist das Bemühen um Inklusion.[267] Für Menschen, die in großen Einrichtungen unserer Diakonie leben, wird künftig noch intensiver nach Möglichkeiten gesucht, wie sie am Leben der Gesellschaft teilhaben können. Um das Zusammenleben von Menschen mit und ohne Behinderung zu fördern, wird es beispielsweise neben großen Einrichtungen kleinere Einheiten in unseren Gemeinden geben, in denen Menschen mit Behinderung leben und arbeiten können. Darüber hinaus sind weitere Schritte im Bereich der Ausbildung und in Betrieben geplant, die nachhaltig dahingehend wirken sollen, Menschen mit Behinderung in unserer Gesellschaft nicht auszugrenzen, sondern ihnen größtmögliche Teilhabe und Teilnahme anzubieten.

15.2.4 *Nachhaltige Pflege der Öffentlichkeit*

Nichts scheint so kurzlebig wie die Nachricht des letzten Tages, die Meldung im Internet, die Überschrift in Zeitungen. Und doch haben all diese kurzlebigen Äußerungen in der Öffentlichkeit nachhaltige Wirkungen. Eine falsche Meldung kann die Ehre eines Menschen zerstören. Eine falsche Taste bei Facebook kann ein Chaos bei der Party, eine unbedachte Meldung verheerende

---

[267] Vgl. Herausgefordert zu besonderer Achtsamkeit. Urs Keller im Gespräch, Diakonie Baden, Magazin 2011, 52–55.

Wirkungen auf Finanzmärkten auslösen. Nichts ist so flüchtig wie das Internet, und doch vergisst dieses Medium nichts. Jugendsünden werden auf ewig erinnert. Was ist in diesen Zusammenhängen unsere kirchliche Verantwortung für nachhaltiges Handeln im Umgang mit der Öffentlichkeit?

Oberstes Ziel kirchlicher Öffentlichkeitsarbeit kann nicht das unbedingte Streben nach Aktualität sein. Dass die Aktualität ein leitendes Wahrnehmungskriterium der Mediengesellschaft darstellt, ist unumstritten. Allerdings darf die Aktualität nicht alleine auf eine möglichst geringe Zeitspanne zwischen Ereignis und Nachricht reduziert werden. Einer expliziten, temporären Aktualität ist vielmehr ein implizites Verständnis von Aktualität zur Seite zu stellen, welches sich auf Themen bezieht, die es gegenwärtig zu behandeln gilt, ohne dass sie auf Tag und Stunde genau festgelegt sind. Nicht zuletzt die journalistische Wahrnehmung von Religion und Kirche lebt häufig von solch impliziter, nachhaltiger Aktualität: Es gibt eben nicht nur die schnelle Nachricht von der Papstwahl oder das aktuelle Statement des Ratsvorsitzenden, auf welche die Medien gern zurückgreifen. Vielmehr gehört zur Kirchenberichterstattung auch die nicht auf den Tag genau aktuelle Reportage über ein junges Paar, das mit der Frage ringt, ob es als religiöse Menschen von der Präimplantationsdiagnostik Gebrauch machen darf, oder das Portrait einer Frau, die einige Jahre vor dem Ruhestand ihre Tätigkeit als Managerin reduziert und sich fortan ehrenamtlich in der Hospizarbeit engagiert. Gerade solche nachhaltigeren Themen stoßen auf eine deutliche Resonanz und zeigen, dass das Kriterium der rein temporären Aktualität für die Adressaten bei weitem nicht so wichtig ist wie für Journalisten.

Eine nachhaltige kirchliche Öffentlichkeitsarbeit darf also nicht dem Ideal eines »harten« Nachrichtenjournalismus frönen. Vielmehr gilt es, nachhaltige Darstellungsformen zu nutzen, um existentiellen Themen wie Schuld, Gnade und Vergebung nachhaltige Gestalt zu geben. Vor diesem Hintergrund ist auch eine resignative Gegenüberstellung zwischen einer in der Mediengesellschaft vermeintlich nicht-aktuellen biblischen Botschaft und dem Vorzug der journalistischen Neuigkeit nicht plausibel.

Es ist natürlich auch das Thema Nachhaltigkeit selbst, das auf der Agenda der kirchlichen Öffentlichkeitsarbeit präsent sein sollte – vor allem im Rahmen der Berichterstattung über das kirchliche Engagement zur Bewahrung der Schöpfung, etwa beim Portrait einer Kirchengemeinde, die sich der Zielsetzung einer nachhaltigen Energieversorgung verpflichtet weiß oder bei der Reportage über den Alltag in einem durch den Klimawandel bedrohten Entwicklungsland.

15.2.5   Wirtschaftliche Nachhaltigkeit

Hinsichtlich der Entwicklung einer wirtschaftlichen Nachhaltigkeit ist dafür einzutreten, dass die Nutzung erneuerbarer Naturgüter auf Dauer nicht größer sein darf als ihre Regenerationsrate. Der Verbrauch nichterneuerbarer Naturgüter darf nach Möglichkeit und auf Dauer nicht größer sein als der Aufwand für die Substitution ihrer Funktionen. Die Freisetzung von Stoffen und Energie darf auf Dauer nicht größer sein als die Anpassungsfähigkeit der natürlichen Umwelt darauf. Andernfalls gingen Ressourcen zukünftigen Generationen verloren oder würde Lebensqualität verringert.

Unstrittig ist, dass in der Nachhaltigkeitsdiskussion Fragen zur Technik- und Wirtschaftsfolgeabschätzung sowie Innovationsforschung unabdingbar sind. Die Frage der Nachhaltigkeit soll hier, prägnant ausgedrückt, jeweils *vor* der Implementierung einer neuen Technologie gestellt und auf ihre möglichen Folgen für die gesamte Welt hin geprüft werden. Ob und wie die Gesellschaft bereit ist, die ersten Schritte einer Transformation zur Nachhaltigkeit zu gehen, die für die gegenwärtige Bevölkerung Einschnitte bedeuten wird, ist völlig offen. Neue Technologien haben hier das Potenzial und die Verantwortung, die Nachhaltigkeit zu gewährleisten.

In den Diskurs über wirtschaftliche Nachhaltigkeit hat die Kirche ihren Glauben an den Schöpfer in dem Sinne einzubringen, dass die Schöpfung als eine Leihgabe verstanden wird, die der Mensch in Verantwortung vor Gott, dem Schöpfer, zu gestalten, zu bewahren und an die folgenden Generationen so zu übergeben hat, dass Lebenschancen in Gottes Schöpfung diesen künftigen Generationen erhalten bleiben und nicht minimiert werden.

Eine besondere Kompetenz hinsichtlich wirtschaftlicher Nachhaltigkeit hat sich unsere Kirche im Bereich des Kirchlichen Dienstes auf dem Lande erworben. Die technischen Möglichkeiten und die ökonomischen Kräfte in einem globalen Kontext drängen landwirtschaftliche Betriebe zu verschiedenen Alternativen – entweder in Richtung Beschränkung auf wenige renditestarke Produktionsbereiche oder in die Entkoppelung von Ackerbau und Tierhaltung, in das Wachstum der Betriebsfläche bzw. des Tierbestandes oder in die Spezialisierung. Wir beobachten mit Sorge, dass landwirtschaftliche Betriebe mit den entsprechenden (Familien-)Arbeitskräften sich einer immer größeren Arbeitsbelastung aussetzen und dabei ihre Kräftereserven aufbrauchen. Die andauernde Überforderung bringt viele Menschen an den Rand ihrer Belastungsfähigkeit. Diese äußert sich in psychischen Erkrankungen und in einer signifikanten Zunahme von Generationen-, Ehe- und Familienkonflikten.

Das Thema Bio-Energie ist eine neue Chance für den ländlichen Raum und die Landwirtschaft. Manche technisch mögliche und ökonomisch sinnvolle Entwicklung ist unter ökologischen Aspekten oder der weltweiten Gerechtigkeit aber nicht zielführend wie z. B. der Anbau von Biokraftstoffen in den Ländern der Dritten Welt und von Monomaiskulturen zur Erzeugung von Biogas bei uns. Der ethische Diskurs zwingt zu einer Gratwanderung zwischen berechtigten ökonomischen Interessen der Betriebe und berechtigten Forderungen von Verbrauchern und Tierschützern.

Lebensmittelskandale verunsichern Verbraucher immer wieder. Die Landeskirche und ihre Diakonie mit ihren Einrichtungen setzen starke Signale in Richtung einer regionalen Landwirtschaft mit saisonalen Produkten und schöpfungsbewahrenden Anbaumethoden und Tierhaltungsverfahren. Ihr beispielhaftes Verhalten appelliert an die Verantwortung der Verbraucher, mit ihrer Kaufkraft zu einem nachhaltigeren und schöpfungsverträglicheren Konsum beizutragen. In diesem Zusammenhang ist auch das Projekt »Öko-fair-soziale Beschaffung in Kirche, Diakonie und Caritas« zu nennen, für das in unserer Landeskirche eine Vorstudie erstellt wurde. Diese Vorstudie verdeutlicht die enormen Schwierigkeiten, flächendeckend in unserer Kirche und ihrer Diakonie zu Standards einer Beschaffung zu kommen, die den Forderungen einer nachhaltigen Entwicklung genügen. Dennoch behält die Mahnung des Gemeinsamen Wortes der Kirchen »Für eine Zukunft in Solidarität und Gerechtigkeit« von 1997 seine Gültigkeit: »Es genügt nicht, wenn die Kirchen die wirtschaftlichen und sozialen Strukturen und die Verhaltensweisen der darin tätigen Menschen thematisieren. Sie müssen auch ihr eigenes Handeln in wirtschaftlicher und sozialer Hinsicht bedenken. Das kirchliche Engagement für Änderungen in der Gesellschaft wirkt umso überzeugender, wenn es innerkirchlich seine Entsprechung findet.«[268] Das ist eine wichtige Mahnung an uns alle, ganz besonders an jene, die gern in Predigten soziale Missstände in unserem Land beim Namen anprangern.

15.2.6 *Nachhaltige Finanzpolitik der Kirche*

Die Frage einer wirtschaftlichen Nachhaltigkeit hat aber die Kirche nicht nur als Teilnehmerin am gesellschaftlichen Diskurs zu beschäftigen, sondern diese Frage ist auch an die Kirche selbst als Akteurin im Feld der Wirtschaft und Finanzen gerichtet. Unsere Kirche hat sich folgende Fragen zu stellen: Wie gehen wir mit den uns zur Verfügung stehenden Ressourcen um? Welche

---

[268] Für eine Zukunft in Solidarität und Gerechtigkeit. Wort des Rates der Evangelischen Kirche in Deutschland und der Deutschen Bischofskonferenz zur wirtschaftlichen und sozialen Lage in Deutschland. Herausgegeben vom Kirchenamt der Evangelischen Kirche in Deutschland und vom Sekretariat der Deutschen Bischofskonferenz, Hannover und Bonn 1997, 99.

Auswirkungen hat unser Tun für die jetzige wie die kommenden Generationen? Sind wir im Handeln als Kirche erkennbar? Das Nachdenken über diese Fragen hat Auswirkungen insbesondere auf die *Haushaltswirtschaft* und auf die Vermögensanlage.

In der *Haushaltswirtschaft* sind wir bemüht, nur so viele Ressourcen zu verbrauchen, wie uns auch zur Verfügung stehen. Das schließt Schuldenfinanzierung zum Haushaltsausgleich aus. Und es beinhaltet, Verpflichtungen, die wir verursachen, nicht der nächsten Generation aufzubürden. Deswegen muten wir der Landeskirche, den Kirchenbezirken und den Kirchengemeinden zu, Substanzerhaltungsrücklagen zu bilden. Wir wissen, dass dies noch nicht überall gelingt und dass es für viele, vor allem kleine kirchliche Körperschaften mit großen Schwierigkeiten verbunden ist. Aber wir sind sehr froh, dass diese Art der Zukunftssicherung einen breiten Konsens in unserer Kirche gefunden hat. Eine weitere, mit erheblichem Aufwand für den landeskirchlichen Haushalt gezogene Konsequenz aus dem Anspruch auf nachhaltiges Wirtschaften ist die kapitalgedeckte Altersversorgung. Wir zahlen *jetzt* für die künftigen Versorgungsempfängerinnen und -empfänger die notwendigen Beiträge in unsere Versorgungsstiftung ein. Wir überlassen das nicht der nächsten Generation, über deren Finanzkraft wir ja nur Mutmaßungen anstellen können.

Im Bereich der *Vermögensanlagen* lassen sich ebenfalls sehr konkrete Konsequenzen des nachhaltigen Wirtschaftens benennen: Nicht alles, womit man auf dem Markt Geld verdienen kann, erscheint uns als kirchlichem Anleger vertretbar. Wir haben deshalb seit Langem Ausschlusskriterien für bestimmte Branchen wie Rüstung, Glücksspiel, Pornographie, gentechnisches Saatgut. Wir freuen uns, dass es jetzt auf EKD-Ebene für alle Gliedkirchen einen »Leitfaden für ethisch nachhaltige Geldanlage« gibt. Als Aktionäre nutzen wir aktiv unsere Rechte. Dazu bedienen wir uns eines Dienstleisters. Dieser bündelt weltweit Aktionärsrechte und vertritt sie unter Nachhaltigkeitsgesichtspunkten im Dialog mit den Unternehmen, gegebenenfalls auch öffentlich auf den Hauptversammlungen bis hin zur Verweigerung der Entlastung der Verantwortlichen.

In dem Maße, in dem wir als Kirche selbst eine nachhaltige Finanzpolitik betreiben, sind wir in den gesellschaftlichen Debatten zum Thema »wirtschaftliche Nachhaltigkeit« ein ernst zu nehmender und glaubwürdiger Gesprächspartner.[269]

---

[269] Vgl. dazu: Barbara Bauer, Strukturveränderungen in den Evangelischen Landeskirchen am Beispiel der Evangelischen Landeskirche in Baden. 50 Jahre vor und zurück. – In: Deutsches Pfarrerblatt 1/2011.

15.2.7 Nachhaltige(r) Energieverbrauch

Die ersten Jahre nach der ersten Welt-Umweltkonferenz von Rio in 1992 waren von der Bereitschaft geprägt, im Rahmen der UN-Klimakonvention eine nachprüfbare Treibhausgas-Reduktion zu erreichen. 1997 ging das Kyoto-Protokoll als erstes international gültiges Klimaschutz-Abkommen in die Geschichte ein. Aktuell erleben wir eine Phase der Klimapolitik, in der die Kluft zwischen Handeln durch Erkenntnis und Verzögern durch nationale Interessen und abnehmende Gestaltungsmöglichkeiten immer größer wird. Leidtragende sind die ärmsten Länder der Welt insbesondere in Afrika und Asien. Davon konnte ich mich selbst bei meinem Besuch in Bangladesch überzeugen. Die heutige Klimapolitik ist nicht mehr nachhaltig. Das ist eine überaus alarmierende Erkenntnis. Wir brauchen eine Dynamik des Wandels von unten und wir brauchen starke Allianzen, die die Handlungsunfähigkeit der Politik aufbrechen.

Im Wissen um diese Notwendigkeiten haben wir Kampagnen zum Klimaschutz in unserer Landeskirche auf den Weg gebracht. Ziel des Klimaschutzkonzepts unserer Landeskirche ist es, eine Reduzierung des CO_2-Ausstoßes um 40% in allen Gebäuden der Gemeinden und der landeskirchlichen Einrichtungen bis 2020 im Vergleich zu 2005 zu erreichen.
Instrumente zur Erreichung dieses Zieles sind:
- der Energiecheck »Sparflamme«, an dem sich 207 Gemeinden (fast jede dritte Gemeinde) beteiligen,
- das Umweltmanagement »Grüner Gockel«[270] mit einer Beteiligung von derzeit 112 Gemeinden (etwa jede sechste Gemeinde),
- die Schulung von Energiebeauftragten, an der bislang 204 Personen teilgenommen haben,
- weitere Schulungen im Bereich »Grüner Gockel« mit rund 300 Teilnehmenden,
- die Umweltpädagogikschulung mit 88 ErzieherInnen,
- die Optimierung der Heizungsregelung in 75 Gemeinden
- und das Pfarrhaussanierungsprogramm, bei dem inzwischen 111 der rund 200 am Sonderbauprogramm teilnehmenden Pfarrhäuser entweder bereits energetisch saniert sind oder kurz vor der Sanierung stehen. Dies bedeutet eine Verminderung des Energiebedarfs um 51 und eine Heizkostenersparnis von 400.000 EUR pro Jahr, bei Investitionskosten von 16,6 Mio. EUR.
Zwar wirken die Ersparnisse im Verhältnis zu den Investitionskosten auf den ersten Blick marginal. Auf der zeitlichen Schiene hochgerechnet ergibt sich jedoch bereits ein anderes Bild. Und die Signalwirkung, die wir als Kirche mit

---

[270] Vgl. epd Dokumentation 52/2008.

diesen Maßnahmen in die Gesellschaft hinein erzielen und mit der wir andere motivieren, selbst Klimaschutz-Maßnahmen zu ergreifen, lässt sich ohnehin weniger in finanziellen Einsparungen als vielmehr in der Verringerung des CO_2-Ausstoßes bemessen. Unter diesem Blickwinkel sieht es folgendermaßen aus: In Summe haben unsere Maßnahmen bis Ende 2011 zu einer Verringerung des CO_2-Ausstoßes von 16% im Vergleich zu 2005 geführt. Die Zahlen für 2012 liegen noch nicht vollständig vor, aber es sollte in Richtung 18% gehen. Damit haben wir fast die Hälfte des Gesamtziels von 40% CO_2-Einsparung bis 2020 bereits erreicht. Aber die zweite Hälfte wird sicher »zäher« werden, da jetzt auch die Gemeinden erreicht und motiviert werden müssen, die bislang zurückhaltend waren. Am Rande bemerkt: Durch die ergriffenen Klimaschutz-Maßnahmen wurden allein 2011 rund 1,5 Mio. EUR an Energiekosten eingespart. Wenn das kein Ansporn für die noch nicht erreichten Gemeinden ist!

15.3   SCHLUSS: DIE VISION EINER TRANSFORMIERTEN WELT

Schließen will ich meinen Bericht mit einem Ausblick, der – gemäß der Intention des Hebräerbriefes – visionäre Züge trägt. Die von mir vorgetragenen Konkretionen aus dem Kontext unserer Landeskirche haben erkennen lassen, dass Nachhaltigkeit weit mehr meint als Vermeidung einer Klimakatastrophe. Vielmehr ist Nachhaltigkeit umfassender zu verstehen: Produktions-, Konsum- und Verhaltensweisen müssen global so umgestaltet werden, dass sie die Verwirklichung der Grundrechte für alle Menschen fördern und Bedürfnisse heutiger ebenso wie künftiger Generationen befriedigen. Natürlich kann Nachhaltigkeit nur in den Grenzen der ökologischen Tragfähigkeit der Erde verwirklicht werden, aber der Weg der Nachhaltigkeit ist eben zugleich untrennbar verbunden mit weltweiter sozialer Gerechtigkeit.

Darum ist von uns nicht weniger verlangt als eine Verabschiedung von einer Wachstumsideologie, an die wir uns allzu lange allzu sehr gewöhnt haben. »Anders wachsen« – das wird das Thema der Zukunft sein. Anders wachsen – so dass eine tiefgreifende Transformation unserer Lebens- und Wirtschaftsweise zu einer nachhaltigen Weltgesellschaft gelingt. Für diesen Weg einer »großen Transformation« – dieser Begriff etabliert sich erst ganz allmählich in der politischen Debatte – bekommt nach meiner Meinung eine Initiative der Forschungsgemeinschaft der Evangelischen Studiengemeinschaft (FEST) in Heidelberg besondere Bedeutung. Unter der Leitung von Prof. Hans Diefenbacher hat die FEST ein nationales Indikatorensystem zur nachhaltigen Entwicklung mit 64 Indikatoren konzipiert, die regelmäßig überprüft werden. Das Zwischenergebnis ist ernüchternd: 32 Indikatoren befinden sich in einem schlechten Zustand, nur 25 haben sich in den letzten Jahren verbessert. Die Veränderungsgeschwindigkeit in unserem Land ist viel zu langsam. Mit dem Modell »anders wachsen« verbunden ist die Idee einer Politikstrategie, die eine nachhaltige Entwicklung ermöglicht und sich zugleich vom gängigen Wachstumsfetischismus verabschiedet. Zielpunkt muss es sein, eine Transformation hin zu einer Konsum-, Produktions- und Lebensweise zu erreichen, der alle Menschen auf der Welt folgen können, ohne die Erde nachhaltig zu schädigen. Wir brauchen eine Transformation hin zu einer Ethik des Genug und zu einer Politik der Suffizienz.

In diesen Transformationsprozess haben wir als Kirche viel einzubringen. Aus unserem Glauben schöpfen wir die Kraft, Verhaltensweisen so zu verändern, dass sie einem guten Leben dienen und der Umwelt, unseren Mitmenschen und künftigen Generationen mit Respekt begegnen. Kraft schöpfend aus der Botschaft der Bibel können wir für eine Ethik des Genug eintreten, die befreiend wirkt. Der Ruf zur Umkehr hin zu einer Wirtschaft im Dienst des Lebens gehört zu unserem kirchlichen Kerngeschäft und wir können als Kirchen Pioniere eines solchen Wandels sein, wie einige Beispiele in meinem Bericht gezeigt haben. Wir bringen als Kirchen christliches Orientierungswissen ein, auch das Wissen, dass die Klimakrise unserer Erde zugleich auch eine spirituelle Krise ist. Wir wissen als Kirchen um die Notwendigkeit von Selbstkritik und wir wissen um die Verheißung für alle, die bereit sind, sich zur Umkehr rufen zu lassen. So können wir in großer ökumenischer Verbundenheit mit Christen in aller Welt bekennen: »Es gibt ein ›zu spät‹. Es gibt Grenzen unserer Möglichkeit. Wir können umkehren zum Leben.«

All dies erscheint als Zukunftsmusik. Vielleicht auch als eine nicht ganz froh machende. Aber die nächsten Jahre bieten große Chancen, Schritte einer solchen Transformation zu gehen. Einige nenne ich:

– Die Synode der Evangelischen Kirche in Deutschland hat im November 2012 einen Aufruf zu einem umfassenden Transformationsdiskurs erlassen, bei dem erstmals die wichtigsten Fragestellungen nachhaltiger Entwicklung benannt wurden.[271]

– Der Deutsche Evangelische Kirchentag im Mai dieses Jahres in Hamburg steht unter dem Thema »Soviel du brauchst« (2. Mose 16,18) und wird – mit seinem Bezug auf die biblische Erzählung vom Manna (2. Mose 16) – gewiss

---

[271] Beschluss Nr. 9 der 11. Synode der Evangelischen Kirche in Deutschland auf ihrer 5. Tagung zur kirchlichen Beteiligung am Prozess gesellschaftlicher Transformation – nachhaltig handeln – Wirtschaft neu gestalten – Demokratie stärken. – In: Bericht über die 5. Tagung der 11. Synode der Evangelischen Kirche in Deutschland vom 4. bis 7. November 2012. Timmendorfer Strand 2012. Ausgeliefert durch das Kirchenamt der EKD, Hannover 2013, 176.

viele Gelegenheiten bieten, über die Bedeutung einer Ethik des Genug nachzudenken und zu diskutieren.[272]

- Die Synode der Evangelischen Kirche in Deutschland wird sich in diesem
  Jahr mit dem Schwerpunktthema: *»Es ist genug für alle da – Welternährung
  und nachhaltige Landwirtschaft«* beschäftigen und damit ihr Nachdenken
  über Fragen der Nachhaltigkeit fortsetzen.[273]
- Der Ökumenische Rat der Kirchen will im Vorfeld der diesjährigen Vollversammlung Kirchen und Gemeinden zu einem ökumenischen »Pilgerweg
  nach Busan« einladen. Der Pilgerweg soll Raum für eine vertiefte Auseinandersetzung mit den Themen »Einheit der Christen«, »Gerechtigkeit« und
  »Frieden« bieten und damit dem Konziliaren Prozess für Gerechtigkeit, Frieden und Bewahrung der Schöpfung einen neuen Impuls geben.
- Die Werkstatt Ökonomie in Heidelberg hat einen Ökumenischen Prozess
  für eine zukunftsfähige, soziale und klimagerechte Welt unter dem Titel
  »Umkehr zum Leben – den Wandel gestalten« auf den Weg gebracht, dem
  sich bereits zahlreiche kirchliche Organisationen – darunter auch unsere
  Landeskirche – angeschlossen haben.
- Schließlich bietet auf dem Weg zum Reformationsjubiläum das Themenjahr
  2014 »Kirche und Politik« die Chance, mit dem Motto »anders wachsen«
  einen besonderen kirchlichen Akzent für die Entwicklung eines Transfor-
  mationsprozesses zu setzen.

Ich kehre zurück zum Anfang meines Berichts und damit zum Hebräerbrief.
»Wir haben hier keine bleibende Stadt, sondern die zukünftige suchen wir.«
Auch für den von uns zu gestaltenden Prozess zu einer nachhaltigen Entwick-
lung gilt der eschatologische Vorbehalt der Jahreslosung: Am Ende dieses Prozesses wird keine bleibende Stadt stehen. Aber am Ende des Prozesses könnte
deutlicher werden, auf welche Stadt wir zugehen. Wir sind als wanderndes
Gottesvolk auf dem Weg – von den Anfängen der Geschichte Gottes hin in eine
Zukunft, die wir nachhaltig gestalten, ehe wir eingehen zur ewigen Ruhe, die
Gott seinem Volk verheißen hat (Hebr 4,9). Auf dem Weg zur künftigen Stadt,
zur ewigen Ruhe Gottes dürfen wir nicht tatenlos bleiben, sondern wir werden
eingeladen und laden ein zu einer Umkehr zum Leben.

---

[272]   34. Deutscher Evangelischer Kirchentag, Hamburg 1.–5. Mai 2013: »Soviel du brauchst«
(2. Mose 16,18).

[273]   Sechste Tagung der 11. Synode vom 7. bis 13. November 2013 in Düsseldorf. Das Schwerpunktthema für die Tagung der Synode der EKD lautete: »Es ist genug für alle da« – Welternährung und nachhaltige Landwirtschaft.

II REGISTER

1 BIBELSTELLEN

2 Namen

Eberhard Winkler

Freiheit und Verantwortung

Warum Luther aktuell ist

296 Seiten | Paperback | 12 x 19 cm
ISBN 978-3-374-03125-2
EUR 18,80 [D]

Die Aktualität Luthers für die heutige evangelische Glaubenspraxis soll sich zeigen, indem der Reformator aus seiner Zeit heraus verstanden und mit Themen der Gegenwart in Beziehung gesetzt wird. Wie kann Luthers »Freiheit eines Christenmenschen« sich in der pluralistischen Gesellschaft mit verantwortlichem Handeln verbinden? Welche Bedeutung hat sein Glauben in der säkularisierten Welt? Ist der Teufel nur eine Vorstellung des Mittelalters? Inwiefern ist die Bibel die Grundlage unseres Glaubens? Wie sind Kirche und Gemeinde bei Luther zu verstehen und heute zu gestalten? Wie gehören Glauben, Nächstenliebe, Bildung und Kultur zusammen? Auch kritische Fragen wie die zur antijüdischen Polemik sind zu stellen. Indem der Reformator aus den Quellen zu Wort kommt, ergibt sich ein Beitrag zur Luther-Dekade.

EVANGELISCHE VERLAGSANSTALT

Leipzig www.eva-leipzig.de

Tel +49 (0) 341/ 7 11 41 -16   vertrieb@eva-leipzig.de